国家技能型、实用型人才培养工程规划教材
国家示范性职业院校专业建设项目成果

电气控制与 PLC

主 编 李新德 任 军
副主编 孙晓建 韩祥凤 代战胜 牛晓敏

中国商业出版社

图书在版编目(CIP)数据

电气控制与 PLC/李新德,任军主编.—北京:中国商业出版社,2018.6
ISBN 978-7-5044-6198-8

Ⅰ.电… Ⅱ.①李…②任… Ⅲ.①电气控制-高等学校:技术学校-教材②可编程序控制器-高等学校:技术学校-教材 Ⅳ.TM921.5 TP332.3

中国版本图书馆 CIP 数据核字(2009)第 013294 号

责任编辑:刘树林

中国商业出版社出版发行
010-63180647　www.c-cbook.com
(100053　北京广安门内报国寺 1 号)
新华书店经销
北京市兴怀印刷厂印刷
* * * * *
787×1092 毫米　16 开　22 印张　480 千字
2018 年 6 月第 2 版　2018 年 6 月第 1 次印刷

定价:55.00 元
* * * *
(如有印装质量问题可更换)

编写说明

《电气控制与 PLC》是新世纪高等职业教育教材编审委员会组编的机电类课程规划教材之一。教材内容突出反映了我们打造精品课程的实际做法和训练手段,介绍了电气控制、PLC 的新知识、新技术、新元器件和新电路,体现了高等职业教育教学的新思路和新方法,在培养和训练学生的电气控制与 PLC 的基本技能方面有所突破。本书在内容上可分为十部分,第一部分是主电路中常用的低压电器;第二部分是控制电路中常用的电器元件;第三部分是继电接触式自动控制系统;第四部分是可编程序控制器基础知识;第五部分是 S7-200 的组成原理;第六部分是 S7-200 的指令系统;第七部分是 S7-200 的网络及通信基础;第八部分是 PLC 控制系统的应用设计;第九部分是实验与实训。本书在力求保证电气控制与 PLC 的基本技能训练的基础上,注重电气控制与 PLC 技能的综合训练,注重按照工厂实际操作技能进行训练,并结合国家相关工种的职业资格技能考试的要求,将必须掌握的技能融于各个实训环节之中,使学生达到职业资格考试对岗位技能所要求的程度。

电气控制与 PLC 已广泛应用于机电技术的各个领域,并已扩展到国民经济的各个部门。本书在编写过程中强调了理论联系实际和电路的读图能力,我们编写的原则是:

1. 内容安排上遵循循序渐进的原则,由浅入深、由易到难。

2. 内容丰富、全面、详实、涵盖高职机电类学生必须掌握的各种基本技能。较系统地和确切地叙述电气控制与 PLC 技能训练在教学中的地位、作用和要求。体现能力为本位的职教特色,选用大量难度不同、规格不同的实训课题,既有实用性,又便于实现。

3. 在内容安排上以"必须"和"够用"为原则。对典型的电路分析不做过于繁杂的理论推导,对 PLC 着重介绍其外部特性和主要参数,重点放在其使用方法和实际应用上。

4. 将 PLC 的基本技能放在了首位,突出了技能训练的重要性。在实训课题的选用上,选了有一定难度的实用电路,从 PLC 基本技能的各个方面对学生进行全面培养和综合训练。

参加本书编写的人员都是长期担任专业课的教师,每位参编者都有较为扎实的基础理论知识和专业技能,丰富的教学和生产实践经验,增强了本书的实用性和通用性。

本教材有商丘职业技术学院李新德、任军担任主编,孙晓建、韩祥凤、代战胜、牛晓敏任副主编,任军负责全书的统稿工作,汪洋审阅了全书,并提出了许多宝贵的意见和建议,在此谨致谢忱。

由于编者水平有限,加之时间仓促,疏漏错误之处在所难免,恳请相关教学单位和读者在使用本教材的过程中给予关注,并把意见和建议及时反馈给我们,以便修订时改进。

本书在编写过程中,参考了一些书刊内容,并引用了其中的一些资料,难以一一列举,在此一并向相关作者表示衷心的感谢。

编 者
2018 年 6 月

目 录

第一章 主电路中常用的低压电器 (1)
- 1.1 低压电器的作用与分类 (1)
- 1.2 电磁式低压电器的基础知识 (2)
- 1.3 刀开关 (11)
- 1.4 组合开关 (15)
- 1.5 低压断路器 (16)
- 1.6 熔断器 (20)
- 1.7 接触器 (26)

第二章 控制电路中常用的电器元件 (36)
- 2.1 概述 (36)
- 2.2 电磁式继电器 (36)
- 2.3 时间继电器 (40)
- 2.4 热继电器 (44)
- 2.5 速度继电器 (48)
- 2.6 干簧继电器 (49)
- 2.7 固态继电器 (50)
- 2.8 主令电器 (54)
- 2.9 信号灯 (61)

第三章 继电接触式自动控制系统 (64)
- 3.1 电气控制系统图的绘制规则和常用符号 (64)
- 3.2 组成电气控制线路的基本规律 (74)
- 3.3 三相异步电动机启动控制线路 (80)
- 3.4 三相异步电动机制动控制线路 (91)
- 3.5 三相调速异步电动机控制线路 (99)
- 3.6 行程控制线路 (104)
- 3.7 直流电动机启、制动控制线路 (109)

第四章 可编程序控制器基础知识 (116)
- 4.1 可编程序控制器概述 (116)

4.2 可编程序控制器的组成 (121)
4.3 可编程序控制器的工作原理 (123)
4.4 可编程序控制器的硬件基础 (126)
4.5 可编程序控制器的软件基础 (134)
4.6 可编程序控制器的性能指标 (136)

第五章 S7-200 的组成原理 (139)
5.1 S7-200 的技术指标 (139)
5.2 S7-200 的接口模块 (145)
5.3 S7-200 的系统组成 (153)

第六章 S7-200 的指令系统 (157)
6.1 S7-200 的数据区 (157)
6.2 S7-200 的寻址方式 (164)
6.3 S7-200 的程序结构 (167)
6.4 S7-200 的位逻辑指令 (168)
6.5 S7-200 的定时器和计数器指令 (176)
6.6 S7-200 的传送和比较指令 (184)
6.7 S7-200 的运算指令 (188)
6.8 S7-200 的程序控制指令 (217)
6.9 S7-200 的特殊功能指令 (223)
6.10 堆栈和时钟操作指令 (248)

第七章 S7-200 的网络及通信基础 (252)
7.1 PLC 的通信及网络基本知识 (252)
7.2 S7-200 的通信实现 (258)
7.3 S7-200 的网络通信 (265)
7.4 S7-200 的自由口通信模式 (269)

第八章 PLC 控制系统的应用设计 (279)
8.1 PLC 控制系统的设计原则 (279)
8.2 PLC 控制系统的设计步骤 (280)
8.3 PLC 控制系统的硬件设计 (283)
8.4 PLC 控制系统的软件设计 (289)
8.5 PLC 控制系统设计实例 (308)

第九章 实验与实训 (316)
9.1 基本指令的编程练习 (316)

9.2 LED 数码显示控制 …………………………………………………………（320）
9.3 天塔之光模拟控制 …………………………………………………………（321）
9.4 步进电机运动控制 …………………………………………………………（322）
9.5 直线运动控制系统 …………………………………………………………（323）
9.6 温度 PID 实验 ………………………………………………………………（324）
9.7 直流电机调速实验 …………………………………………………………（326）
9.8 运料小车控制模拟 …………………………………………………………（326）
9.9 十字路口交通灯控制 ………………………………………………………（327）
9.10 十字路口交通灯控制（带倒计时显示）…………………………………（328）
9.11 三层电梯控制系统的模拟 …………………………………………………（330）
9.12 三相鼠笼式异步电动机点动控制和自锁控制 ……………………………（331）
9.13 三相鼠笼式异步电动机连锁正反转控制 …………………………………（332）
9.14 三相鼠笼式异步电动机带延时正反转控制 ………………………………（333）
9.15 三相鼠笼式异步电动机星/三角换接启动控制 …………………………（334）
9.16 装配流水线的模拟控制 ……………………………………………………（334）
9.17 机械手动作的模拟 …………………………………………………………（335）
9.18 加工中心的模拟控制 ………………………………………………………（336）
9.19 低压电器的识别 ……………………………………………………………（339）
9.20 交直流电压继电器动作电压的整定 ………………………………………（339）
9.21 万能转换开关的使用 ………………………………………………………（340）
9.22 低压电器的选择 ……………………………………………………………（340）
9.23 根据电气原理图绘制电气接线图 …………………………………………（340）
9.24 基本控制线路的接线练习 …………………………………………………（342）

第一章 主电路中常用的低压电器

●**内容提要**:本章首先介绍了电磁式低压电器的基础知识,包括电磁机构和触点系统及其故障原因和预防措施,然后介绍了电流较大的主电路中常用的刀开关、组合开关、低压断路器、熔断器、接触器等电器的结构、基本工作原理、作用、应用场合、主要技术参数、典型产品、图形符号和文字符号以及选择、整定、使用和维护方法等。

1.1 低压电器的作用与分类

电器是一种能够根据外界信号的要求,手动或自动地接通或断开电路,断续或连续地改变电路参数,以实现电路或非电对象的切换、控制、保护、检测、变换和调节作用的电气设备。简言之,电器就是一种能控制电的设备。

电器按其工作电压等级可分成高压电器和低压电器。低压电器通常是指用于交流额定电压 1200V、直流额定电压 1500V 及以下的电路中起通断、保护、控制或调节作用的电器产品。本书仅介绍电力拖动控制系统中的常用低压电器。

电力拖动控制系统一般分成两大部分。一部分是主电路,由电动机和接通、断开、控制电动机的接触器主触点等电器元件组成,一般主电路的电流较大;另一部分是控制电路,由接触器线圈、继电器等电器元件组成,它的任务是根据给定的指令,依照自动控制系统的规律和具体的工艺要求对主电路系统进行控制,控制电路的电流较小。由此可见,主电路和控制电路对电器元件的要求不同,为使读者有一个比较明确的概念,本章和下一章将分别对主电路和控制电路所使用的低压电器元件分别进行讨论。

低压电器的用途广泛,作用多样,品种规格繁多,原理结构各异。为了概括地了解这些低压电器,从以下几个方面加以分类。

1.1.1 按操作方式分

1. 手动电器
由人工直接操作才能完成任务的电器称为手动电器,如刀开关、按钮和转换开关等。
2. 自动电器
指不需要人工直接操作,按照电的或非电的信号自动完成接通、分断电路任务的电器称为自动电器,如低压断路器、接触器和继电器等。

1.1.2 按用途分

1. 低压配电电器
主要用于低压供电系统,如刀开关、低压断路器、转换开关和熔断器等。
2. 低压控制电器
主要用于电力拖动控制系统,如接触器、继电器、控制器、控制按钮、行程开关、主令控制器和万能转换开关等。

1.1.3 按工作原理分

1. 电磁式电器

根据电磁感应原理来工作的电器,如交直流接触器、电磁式继电器等。

2. 非电量控制电器

电器的工作是靠外力或非电物理量的变化而动作的电器。如刀开关、行程开关、按钮、速度继电器、压力继电器和温度继电器等。

其中电磁式电器在电气控制线路中使用量较大,其类型也很多,并且各类电磁式电器在工作原理和结构上基本相同。为此,下面将介绍电磁式低压电器的基本知识。

1.2 电磁式低压电器的基础知识

从结构上看,电器一般都具有两个基本组成部分,即感测部分和执行部分。感测部分是接收外界输入的信号,并通过转换、放大、判断,做出有规律的反应,使执行部分动作,输出相应的指令,实现控制目的。对于电磁式电器,感测部分大都是电磁机构,而执行部分则是触点系统。

1.2.1 电磁机构

电磁机构是电磁式电器的重要组成部分之一,它将电磁能转换成机械能,带动触电使之闭合或断开。电磁机构由吸引线圈、铁心(静铁心)、衔铁(动铁心)、铁轭和空气隙等组成。电磁机构中的线圈、铁心是静止不动的,只有衔铁是可动的。

1. 电磁机构的分类

根据磁路的形状和衔铁的运动方式的不同,以及线圈接入电路的方式不同,电磁机构可分成多种形式和类型。不同形式和类型的电磁机构可构成多种类型的电磁式电器。

(1)按磁路形状和衔铁运动方式分

①U 形拍合式。铁心制成 U 字形,而衔铁的一端绕棱角或转轴做拍合运动。图 1-1(a)表示铁心和衔铁均由工程软铁制成而衔铁绕棱角运动,此种形式的电磁机构广泛用于直流电磁式电器(直流接触器和直流继电器)中。图 1-1(b)表示的铁心和衔铁均由电工钢片叠成衔铁绕转轴转动,此种形式的电磁机构广泛用于交流电磁式电器中。

②E 形拍合式和 E 形直动式。铁心和衔铁均制成 E 字形,且均由电工钢片叠成,线圈套装在中间铁心柱上。这两种形式的电磁机构均用于交流电磁式电器中。E 形拍合式如图 1-1(c)所示,广泛用于 60A 及其以上的交流接触器中。E 形直动式如图 1-1(d)所示,该种形式的电磁机构广泛用于 40A 交流接触器和交流电压继电器、中间继电器及时间继电器中。

③空心螺管式。这种电磁机构只有线圈和圆柱性衔铁而无铁心,衔铁在空心线圈内做直线运动,如图 1-1(e)所示。主要用于交流电流继电器和供电系统用的时间继电器中。

④装甲螺管式。在空心线圈的外面罩以用导磁材料制成的外壳,而圆柱性衔铁在空心线圈内做直线运动,如图 1-1(f)所示。常用于交流电流继电器中。

⑤回转式。铁心制成 C 字形,且用电工钢片叠成,两个可串接或并接的线圈分别绕在铁心开口侧的铁心柱上,而衔铁是 Z 形转子,如图 1-1(g)所示。这种机构应用于供电系统的电流继电器中。

第一章　主电路中常用的低压电器

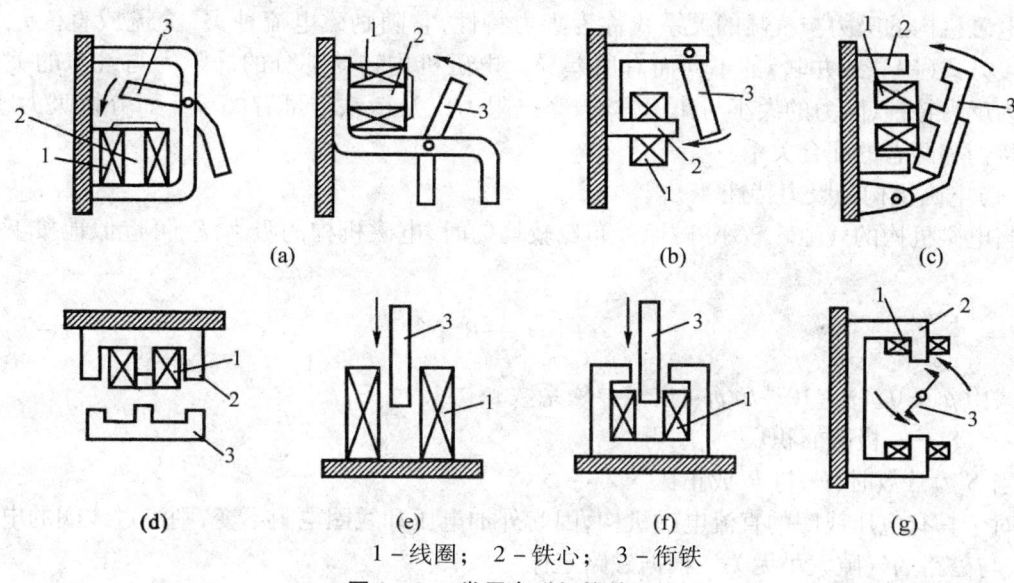

1-线圈；　2-铁心；　3-衔铁
图1-1　常用电磁机构的形式

（2）按线圈接入电路方式分

①串联电磁机构。电磁机构的线圈串接于电路中，如图1-2（a）所示。按电路的电流种类又可分为直流串联电磁机构和交流串联电磁机构。串联电磁机构的衔铁动作与否取决于线圈中电流的大小，而衔铁的动作不会引起线圈中电流的变化。这种接入方式的线圈又称为电流线圈，具有这种电磁机构的电器都属于电流型电器。为了不影响电路中负荷的端电压和电流，要求线圈的内阻很小，因此，串联电磁机构的线圈导线截面积较粗，且线圈匝数较少。

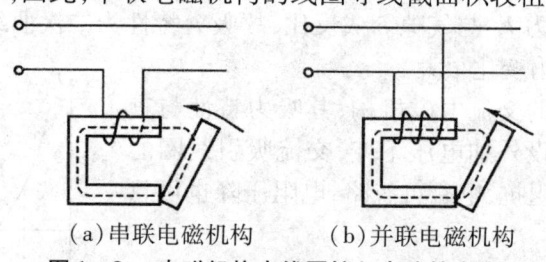

（a）串联电磁机构　　（b）并联电磁机构
图1-2　电磁机构中线圈接入电路的方式

②并联电磁机构。电磁机构的线圈并接于电路中，如图1-2（b）所示。按电路的电流种类又可分为直流并联电磁机构和交流并联电磁机构。并联电磁机构的衔铁动作与否取决于线圈两端的电压大小，这种接入方式的线圈又称为电压线圈，具有这种电磁机构的电器都属于电压型电器。直流并联电磁机构的衔铁动作不会引起线圈中电流的变化，但对于交流并联电磁机构，其衔铁动作会引起线圈阻抗的变化，从而会引起线圈中电流的变化。由实验得知，对于U形电磁机构，衔铁打开时线圈中电流值为衔铁闭合后6～7倍，E形电磁机构可达10～15倍。而线圈的允许电流值是按衔铁闭合后的电流值设计的，所以一旦线圈有电而衔铁由于某种原因闭合不上或频繁操作时，线圈易过热乃至烧坏，这也是交流电压型电器比直流电压型电器易损坏的原因之一。

2. 电磁机构的特性

电磁机构的工作情况常用吸力特性和反力特性来表征，二者间的配合关系将直接影响电磁式电器的工作可靠性。

电磁机构的吸力与气隙的关系线称为吸力特性,它随励磁电流种类(交流或直流)、线圈的连接方式(串联或并联)的不同而有所差异。电磁机构转动部分的静阻力与气隙的关系曲线称为反力特性,阻力的大小与作用弹簧、摩擦阻力以及衔铁重量有关。下面分析吸力特性、反力特性和两者的配合关系。

(1)电磁机构的吸力特性

当电磁机构的气隙 δ 较小,磁通分布比较均匀时,电磁机构的吸力 F_{at} 可近似地按下式求得:

$$F_{at} = \frac{1}{2\mu_0} B^2 S \quad (1-1)$$

式中 $\mu_0 = 0.4\pi \times 10^{-6} H/m$(空气导磁系数);

S ——极靴面积。

当 S 为常数时,F_{at} 与 B^2 成正比。

对于具有电压线圈的直流电磁机构,因为外加电压和线圈电阻不变,则流过线圈的电流为常数,与磁路的气隙大小无关。根据磁路定律

$$\varphi = \frac{I \cdot N}{Rm} \propto \frac{1}{Rm} \quad (1-2)$$

则 $F_{at} \propto \varphi^2 \propto \left(\frac{1}{R_m}\right)^2$

根据式(1-1)不难推出吸力 F_{at} 与气隙 δ 间的关系为

$$F_{at} = \frac{1}{2}(IN)^2 \mu_0 S \frac{1}{\delta^2}[N] \quad (1-3)$$

由式(1-3)可见吸力 F_{at} 与气隙 δ 成反比,故吸力特性为二次曲线形状,如图 1-3 所示。它表明衔铁闭合前后吸力变化很大。

对于具有电压线圈的交流电磁机构,其吸力特性与直流电磁机构有所不同。设外加电压不变,交流吸引线圈的阻抗主要取决于线圈的阻抗,电磁可忽略,电阻压降也可忽略,则

$$U(\approx E) = 4.44 f\varphi N \quad (1-4)$$

$$\varphi = \frac{U}{4.44 fN} \quad (1-5)$$

当频率 f、匝数 N 和电压 U 均为常数时,φ 为常数,由式(1-1)知,F_{at} 亦为常数,说明 F_{at} 与 δ 大小无关。实际上考虑到漏磁的作用,吸力 F_{at} 随气隙 δ 的减小略有增加,如图 1-4 所示。

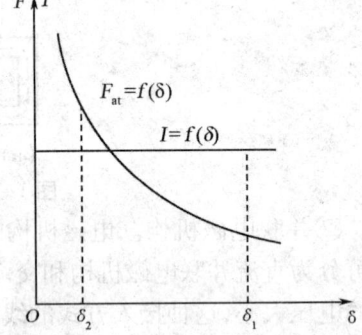

图 1-3 直流电磁机构的吸力特性

对于交流并联电磁机构,当线圈的外加电压不变时,线圈的阻抗随着气隙的改变而改变,所以线圈中的电流也改变。气隙大时,线圈电流也大,反之则小。当气隙变化时,电流 I 与气隙 δ 成线性关系,如图 1-4 所示。

由以上分析可以看出,直流电磁机构的吸力与气隙的平方成反比,而交流电磁机构的吸力与气隙的大小无关。因此,直流电磁机构的吸力特性比交流电磁机构的吸力特性要陡。

(2)电磁机构的反力特性

在忽略电磁机构运动部件重力的情况下,电磁机构的反力主要由释放弹簧和动、静触点的反力构成,用 F_r 表示。由于弹簧的作用力与其长度成线性关系,所以反力特性曲线都是直线段,如图1-5中的曲线3所示。δ_1 为气隙的最大值,此时对应的动、静触点之间的距离称为触点开距,也叫触点行程。它的全称是触点断开距离。在衔铁闭合过程中,当气隙由 δ_1 开始减小时,反力逐渐增大,如曲线3中的段ab所示,这一段为释放弹簧的反力变化。到达气隙 δ_2 位置时,动、静触点刚刚接触,由于触点弹簧预先被压缩了一段,因而当动、静触点刚刚接触时,由触点弹簧产生一个压力,称为初压力。此时初压力作用到衔铁上,反力突增,曲线也突变,如曲线3中bc所示,这一段为触点弹簧的初压力。当气隙由 δ_2 再减小时,释放弹簧和触点弹簧同时起作用,使反力变化增大。气隙越小触点压得越紧,反力越大,线段较 $\delta_1 \sim \delta_2$ 段陡,如曲线3的cd段所示。

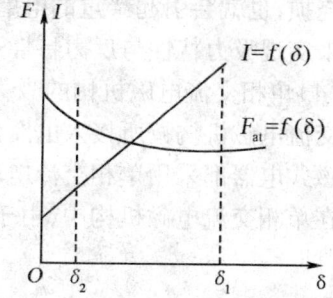

图1-4 交流电磁机构的吸力特性

触点弹簧压缩的距离称为触点的超行程,即从动、静触点,刚开始接触到触点压紧而动触点向前压紧的距离。触点完全闭合后动触点已不再向前运动时的触点压力称为终压力。

由以上分析可以看出,气隙减小的过程就是触点闭合的过程。开距、超行程、初压力、终压力是触点的四个主要参数。开距是为保证断开电弧和在规定的试验电压下不被击穿;超行程是保证触点可靠地接触所必不可少的;初压力主要是限制并防止触点在刚接触时发生的机械振动;终压力是保证触点在闭合状态下接触电阻较小(详见1.2.2中的有关内容),使触点温升不超过允许值。

改变释放弹簧的松紧,可以改变反力特性曲线的位置,若将释放弹簧扭紧,则反力特性曲线上移;若将释放弹簧放松,则反力特性曲线平行下移。

(3)电磁机构的吸力特性与反力特性的配合

吸力特性与反力特性适当配合的宗旨是在保证衔铁产生可靠吸合动作的前提下,尽量减少衔铁和铁心柱端面间的机磨损和触点的电磨损。为此,反力特性曲线应在吸力特性曲线的下方且彼此靠近,如图1-5所示。如果反力特性曲线在吸力特性曲线的上方,这时衔铁无法产生闭合动作,尤其是对于交流并联电磁机构,由于衔铁无法吸合而导致线圈严重过热乃至烧坏。如果反力过小,则反力特性曲线远离吸力特性曲线的下方,这时衔铁虽然能产生闭合动作,但由于吸力过大,使衔铁闭合时的运动速度过大,因而会产生很大的冲击力,使衔铁与铁心柱端面造成严重的机械磨损。此外,过大的冲击力有可能使触点产生弹跳现象,从而导致触点的熔

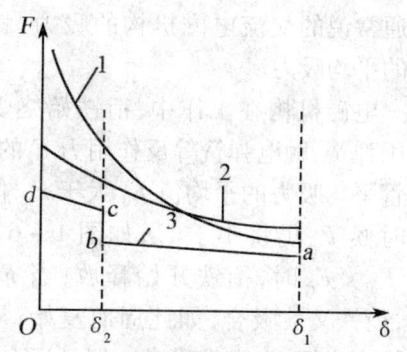

1-直流电磁机构的吸力特性
2-交流电磁机构的吸力特性
3-反力特性

图1-5 吸力特性与反力特性

焊或烧损,也就会引起严重的电磨损,降低触点的使用寿命。为此,可以通过改变释放弹簧的松紧来实现吸力特性与反力特性适当配合。

(4) 单相交流电磁机构的吸力

交流电磁机构按所接入电路的类型分单相和三相两种,在电力拖动控制系统中所用的交流电磁式电器都采用单相交流电磁机构。

在单相交流电磁机构中,由于外加正弦交流电压,所以其气隙磁感应强度是按正弦规律变化的,即

$$B = B_m sin\omega t \qquad (1-6)$$

将式(1-6)代入式(1-1)中,经过整理得电磁吸力的公式为:

$$F_{at} = F_m - \frac{1}{2}F_m - \frac{1}{2}F_m cos2\omega t \qquad (1-7)$$

式中：F_m——电磁吸力最大值

$$F_m = \frac{1}{2\mu_0}B_m^2 S$$

电磁吸力的平均值为:

$$F_0 = \frac{1}{T}\int_0^T F_{at} dt = \frac{1}{2}F_m \qquad (1-8)$$

则式(1-7)可写为

$$F_{at} = F_0(1 - cos2\omega t) \qquad (1-9)$$

由式(1-9)可知,交流电磁机构的电磁吸力是一个二倍电源频率的周期性变量。它有两个分量:一个是恒定分量 F_0,其值为最大吸力值的一半;另一个是交变分量 $F_0(1-cos2\omega t)$,其幅值也为最大吸力值的一半,但以二倍电源频率变化。总的电磁吸力 F_{at} 在从零到 F_m 的范围内变化,如图1-6所示。

交流电磁机构的电磁吸力是随时间变化而变化的。在工作中,决定其能否将衔铁吸住的是平均吸力 F_0 的大小。所以我们通常说的交流电磁机构的吸力,就是指它的平均吸力。

电磁机构在工作中,衔铁始终受到反作用弹簧、触电弹簧等反作用力 F_r 的作用。尽管平均吸力的平均值 F_0 大于 F_r,但在某些时候 F_{at} 仍将小于 F_r,如图1-6所示。当 $F_{at} < F_r$ 时,衔铁开始释放;当 $F_{at} > F_r$ 时,衔铁又被吸合,如此周而复始,从而使衔铁产生振动,发出噪声。振动还会使电器结构松散、寿命降低,同时使触电接触不良,易于熔焊和烧损。因此,必须采取措施抑制振动和噪声。

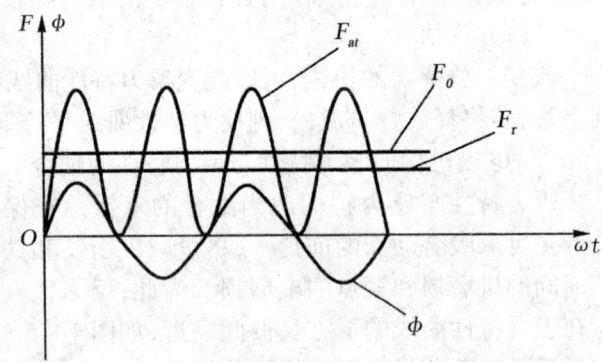

图1-6 交变磁通和它的吸力

由以上分析可知,只有使电磁机构的吸力 F_{at} 在任何时候都大于反力 F_r,才有可能消除振动和噪声。为此,设法将气隙磁通分为两部分,使它们在相位上错开一个角度 φ,而且当一个磁通为零时,另一个磁通恰好为最大或接近于最大。这样,不论在什么时候,两磁通产生的电

磁吸力都不会同时为零,而且它们的合力有可能一直大于反力 F_r,从而消除振动和噪声。具体办法是在铁心端部开一个槽,槽内嵌以铜环,如图 1-7(a) 所示。交变磁通 φ_2 穿过分磁环,在其中产生感应电势 $\dot{E}_k$,且 $\dot{E}_k$ 滞后 $\varphi_2 90^0$ 相位。$\dot{E}_k$ 在分磁环中产生环流 $\dot{I}_k$,$\dot{I}_k$ 在闭合处附近又产生磁通 φ_k,而 φ_k 与 $\dot{I}_k$ 是同相位但滞后于 $\dot{E}_k$ 一个很小的相角,如图 1-7(a)(b) 所示。

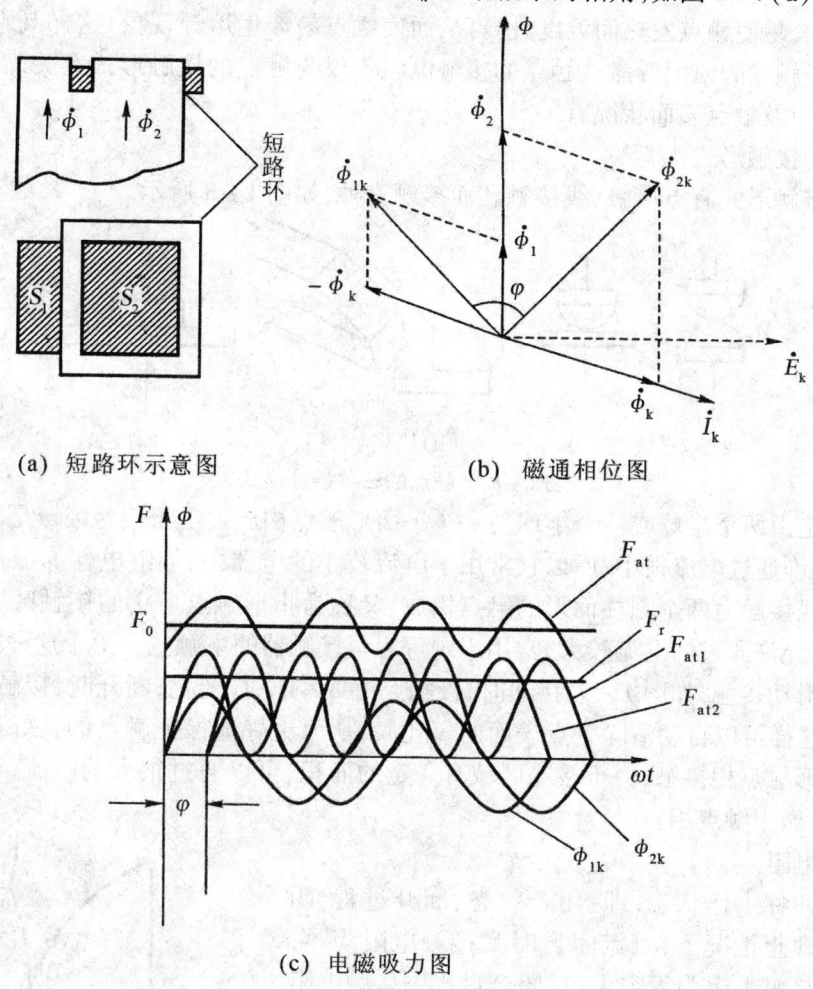

(a) 短路环示意图   (b) 磁通相位图

(c) 电磁吸力图

图 1-7 加短路环后的磁通和电磁吸力图

有了 φ_k 后,穿过分磁环部分的总磁通为 $\varphi_{2k} = \varphi_2 + \varphi_k$。

而未穿过分磁环部分的总磁通为 $\varphi_{1k} = \varphi_1 - \varphi_k$。

可见 φ_{1k} 与 φ_{2k} 之间有相角差 φ 存在。也就是说,原来统一于 φ_k 的 φ_1 和 φ_2,在分磁环的作用下变成 φ_{1k} 和 φ_{2k},且它们不是同相位,如图 1-7(b) 所示。在 φ_{1k} 和 φ_{2k} 的作用下,它们分别产生的吸力为 F_{at1} 和 F_{at2},在任何瞬间都不会出现吸力过零,如图 1-7(c) 所示。F_{at1} 和 F_{at2} 合成的结果,总吸力 F_{at} 虽然仍是脉动的,但其最小吸力不再过零了。如果分磁环设计得比较理想,即 φ 角近似为 90^0,且 F_{at1} 和 F_{at2} 也近似相等,则总吸力 F_{at} 也就比较平坦。所以,只要衔铁的反力比最小吸力小,衔铁就不会产生机械振动现象。

1.2.2 电接触

触点是电磁式电器的执行元件,电器就是通过触点的动作来分合被控制的电路。触点在闭合状态下动、静触电完全接触,并有工作电流通过时,称为电接触。电接触情况的好坏将影响接触点的工作可靠性和使用寿命。影响电接触工作情况的主要因素是触点的接触电阻,因为接触电阻大,易使触点发热而温度升高,从而使触点易产生熔焊现象,这样既影响工作的可靠性又降低了触点的使用寿命。触点的接触电阻不仅与触点的接触形式有关,而且还与接触压力、触点材料及触点表面状况有关。

1. 触点的接触形式

触点的接触形式有点接触、线接触和面接触三种,如图1-8所示。

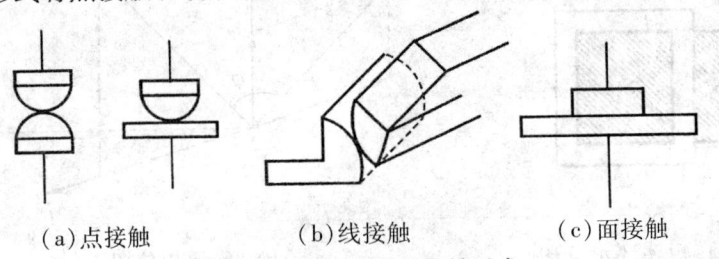

(a)点接触　　(b)线接触　　(c)面接触

图1-8　触点的三种接触形式

点接触是由两个半球或一个半球与一个平面形触点构成。由于接触区域是一个点或面积很小的面,允许通过电流很小,所以它常用于电流较小的电器中,如继电器的触点和接触器的辅助触点。线接触由两个圆柱面形的触点构成,又称为指形触点。它的接触区域是一条直线或一条窄面,允许通过的电流较大,常用于中等容量接触器的主触点。由于这种接触形式在通断过程中是滑动接触,如图1-9,接通时,接触点由 A-B-C 变化;断开时,接触点则由 C-B-A 变化。这样可以自动清除触点表面的氧化膜,从而更好地保证触点的良好接触。面接触是两个平面形触点相接触,由于接触区域有一定的面积,可以通过很大的电流,常用于大容量的接触器中,做主触点用。

2. 接触电阻

触点有四种工作状态,即:闭合状态、断开过程、闭合过程。在理想情况下,触点闭合时其接触电阻为零;触点断开时接触电阻为无穷大;在闭合过程中接触电阻瞬时由无穷大变为零;在断开过程中接触电阻瞬时由零变为无穷大。但实际上,在闭合状态时耦合触点间有接触电阻存在,若接触电阻太大,就可能导致被控电路压降过大或不通;在断开状态时要求触点间有一定的绝缘电阻,若绝缘电阻不足就可能导致击穿放电,致使被控

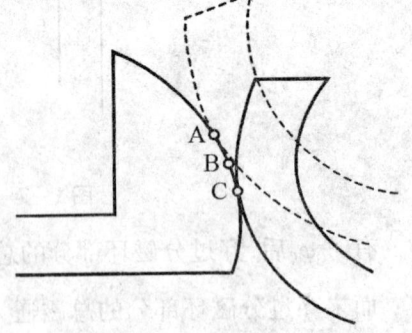

图1-9　指形触点的接触过程

电路导通;在闭合过程中有触点弹跳现象,可能破坏触点的可靠闭合;在断开过程中可能产生电弧破坏触点可靠断开。

从微观观察,不管触点表面如何光洁,实际上表面总是凹凸不平的,所以两个触点接触时总是由许多斑点接触,如图1-10所示。在电接触中,起很大作用的就是所谓的收缩电阻 R_E,它是由于电流通过真正接触面的微观面(斑点面),导致电力线收缩而产生的,如图1-11所

示。触点表面因各种原因而产生表面膜,表面膜进一步增加触点的接触电阻,这部分增量(电阻)称为表面膜电阻 R_F。

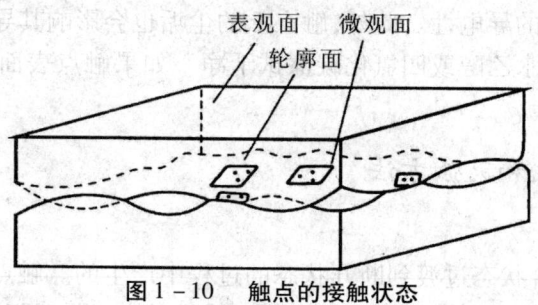

图 1-10　触点的接触状态

触点电阻 R_k(即接触电阻)就是由收缩电阻 R_E 和表面膜电阻 R_F 的总和组成,即

$$R_K = R_E + R_F$$

因此,实际中应采取相应的措施减小接触电阻。

3. 影响接触电阻的因素及其减小方法

前面已经提到,触点表面总是凹凸不平的,电流的导通是经过大量的非均匀分布的微观面而实现的,微观面的尺寸、数目和分布与触点的形状、接触压力、温度、材料性能等有关,其中触点压力是一个非常重要的因素。增加接触压

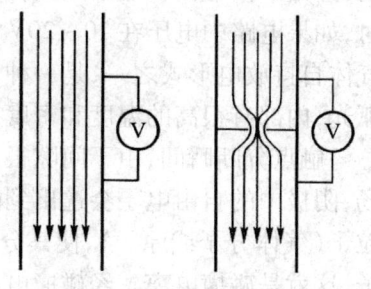

图 1-11　收缩电阻

力,可以增加接触面积,使接触电阻减小。为此,在动触点上安装一个触点弹簧,如图 1-12 所示。该弹簧预先被压缩了一段,因而产生一个初压力 F_1,如图 1-12(b)所示。触点闭合后由于弹簧在超行程内继续压缩而产生终压力 F_2,如图 1-12(c)所示。弹簧压缩的距离 l 为触点的超行程,即从静、动触点刚开始接触到触点向前压紧的距离。有了超行程,触点在有磨损的情况下,仍具有一定的压力,故可使接触电阻减小。当触点磨损严重时可以更换触点。

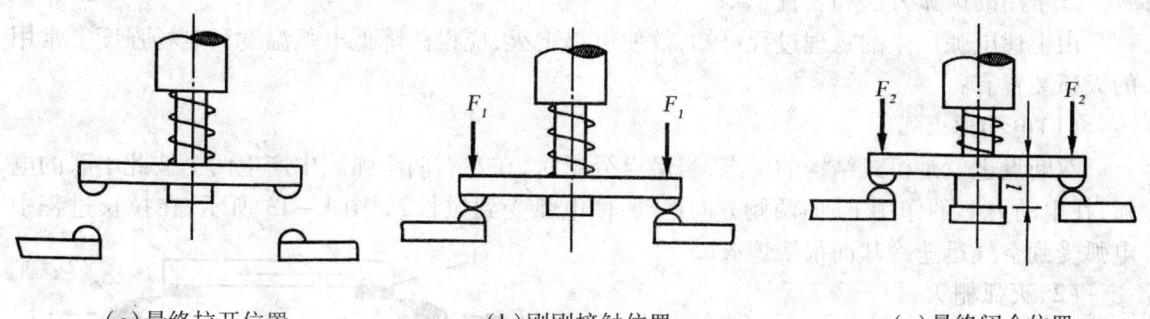

(a)最终拉开位置　　　　　(b)刚刚接触位置　　　　　(c)最终闭合位置

图 1-12　触点的位置示意图

材料的电阻系数越小,接触电阻也越小。在金属中银的电阻系数最小,但银比铜的价格贵,实际中常在铜基触点上镀银或嵌银,以减小接触电阻。

在空气中触点表面会被氧化而形成表面膜电阻,触点温度升高会加速氧化的过程。由于一般金属氧化物的电阻系数均比金属本身大得多,所以一旦金属表面生成氧化物之后,会使接触电阻增大,严重的氧化会使触点间形成绝缘而导致电路不通。银的氧化物的电阻系数比纯

银大得不是太多,因此,在小容量的电器中可采用银或镀银触点。在大容量的电器中,可采用具有滑动作用的指形触点,这样在每次闭合过程中都可以磨去氧化膜,从而让清洁的金属接触面相互接触,以增强触点的导电性。此外,触点上的尘垢也会影响其导电性,因此,当触点表面聚集了尘垢以后,须用无水乙醇或四氯化碳擦拭干净。如果触点表面被电弧烧灼而出现烟熏状,也需按上述方法处理。

1.2.3 电弧的产生和灭弧方法

1. 电弧的产生

电弧是在触点由闭合状态过渡到断开状态的过程中产生的。触点的断开过程是逐步进行的,开始时接触面积逐渐减少,接触电阻随之增加,温升随之增加。根据实验,当触点切断电路时,如果电路中电压在 10~20V 之间,电流在 80~100mA 之间,触点间便会产生电弧。电弧是气体自持放电形式之一,是一种带电质点(电子或离子)的急流。它的主要特点是外部有白炽弧光,内部有很高的温度和密度很大的电流。

触点分断瞬间,由于间隙很小,电路电压几乎全部加在触点之间,在触点间形成很强的电场,阴极中的自由电子会逸出到间隙中并向阳极加速运动。前进中的自由电子中途碰撞中性粒子(气体分子或原子),使其分裂为电子和正离子,电子在向阳极运动过程中又碰撞其它粒子,这就是碰撞电离。经碰撞电离后产生的正离子向阴极运动,撞击阴极表面并使其温度逐渐升高,当温度达到一定值时,部分电子将从阴极表面逸出并再参与碰撞电离,此时,间隙内产生弧光并使温度继续升高,当弧温达到 8000~10000K 以后,触点间的中性粒子以很高的速度作不规则的运动并相互剧烈碰撞,也产生电离,这就是由于高温作用使中性粒子碰撞产生的热电离。上述几种电离的结果,在触点间出现大量的离子流,这就是电弧。电弧形成之后,热电离占主导地位。

电弧一方面烧蚀触点,降低电器寿命和电器工作的可靠性;另一方面会使分断时间延长,严重时会引起火灾或其他事故。因此在电路中应采取适当措施熄灭电弧。

2. 常用的灭弧方法和装置

由上述电弧产生的物理过程可知,欲使电弧熄灭,应设法降低电弧温度和电场强度。常用的灭弧装置有:

(1)电动力灭弧

双断点也就是桥式结构的触点,当触点分断时,在左右两个弧隙中产生两个彼此串联的电弧,在电动力 F 的作用下,向两侧方向运动,使电弧受到拉长,如图 1-13 所示,在拉长过程中电弧受到空气迅速冷却而很快熄灭。

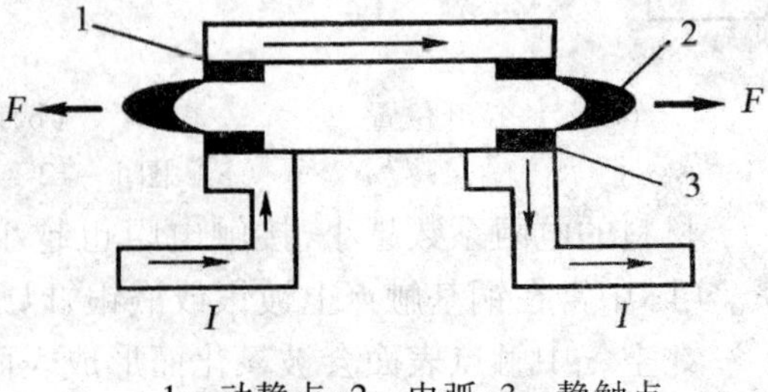

(2)灭弧栅灭弧

灭弧栅的灭弧原理如图 1-14 所示。灭弧栅 3 由多个镀铜薄钢片组成,彼此之间互相绝缘,片间距离为 2~3mm,这些金属片称为栅片,安放在触点上方的灭弧罩(图中未画出)内。一旦产生电弧,电弧周围产生磁场,导磁的钢片将电弧吸入栅片,电弧被栅片分割成许多串联的短电弧,而栅片就是这些短电弧的电极。栅片的作用在于:能导出

1—动静点;2—电弧;3—静触点

图 1-13 电动力灭弧原理图

电弧的热量;由于电弧被分割成许多段,而每一栅片又相当于一个电极,那么也就要有许多个阳极压降和阴极压降。有利于电弧的熄灭。

(3) 灭弧罩灭弧

比灭弧栅更为简单的是采用一个陶土和石棉水泥做成的耐高温的灭弧罩。电弧进入灭弧罩后,可以降低弧温和隔离。在直流接触器的主触点上广泛采用这种灭弧装置。

(4) 磁吹式灭弧装置

借助电弧与弧隙磁场相互作用而产生的电磁力实现灭弧的装置,称为磁吹式灭弧装置。如图 1-15 所示。在触点电路中串入一个具有铁心的吹弧线圈3,它产生的磁通通过导磁夹片4引向触点周围,其方向如图中"×"所示。电弧产生后,其磁通方向如图中"⊗"和"⊙"符号所示。产生的电弧可看成是一个载流导体,电流方向由静触点流向动触点。这时,根据左手定册可确定出电弧在磁场中所受电磁力 F 的方向是向上的。由于电弧向上运动,它一方面被拉长,另一方面又被冷却,促使电弧很快熄灭。熄弧角除了有引导电弧运动的作用外,还能把电弧从触点处引开,从而起到保护触点的作用。

由于磁吹线圈串接于主电路中,所以作用于电弧的磁场力随电弧电流的大小而改变,电弧电流越大,灭弧能力越强,而且磁吹力的方向与电流方向无关。所以,磁吹式灭弧装置适用于交、直流控制电器中。

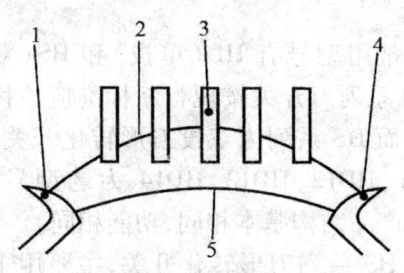
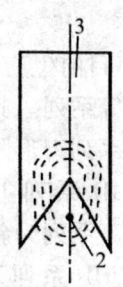

(a) 栅片灭弧原理　　(b) 电弧进入栅片的图形
1-静触点;2-短电弧;3-灭弧栅片
4-动触点;5-长电弧

图 1-14　灭弧栅的灭弧原理

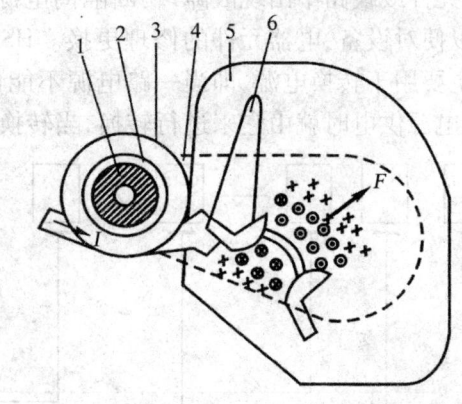

1-铁心;2-绝缘管;3-吹弧线圈
4-导磁火片;5-灭弧罩;6-熄弧角

图 1-15　磁吹式灭弧装置

1.3　刀开关

1.3.1　概述

刀开关是低压配电电器中结构最简单、应用最广泛的电器,主要用在低压成套配电装置中,作为不频繁地手动接通和分断交直流电路或隔离开关用。也可以用于不频繁地手动接通与分断额定电流以下的负载,如小型电动机等。

刀开关的典型结构如图 1-16 所示,它由手柄、触刀、静插座和底板组成。

刀开关按极数分为单极、双极和三极；按操作方式分为直接手柄操作式、杠杆操作机构式和电动操作机构式；按刀开关转换方向分为单投和双投等。

目前生产的产品常用型号有 HD（单投）和 HS（双投）等系列。其中 HD 系列刀开关按现行新标准应该称 HD 系列刀形隔离器，而 HS 系列为双投刀形转化开关。在 HD 系列中，HD11、HD12、HD13、HD14 为老型号，HD17 系列为新型号，产品结构基本相同，功能相同。

HD 系列刀开关、HS 系列刀形转化开关，主要用于交流 380V，50Hz 电力网路中作电源隔离或电流转换之用，是电力网路中必不可少的电器元件，常用于各种低压配电柜、配电箱、照明箱中。当电源一进入首先是接刀开关，之后再接熔断器、断路器、接触器等其他电器元件，以满足各种配电柜、配电箱的功能要求。当其下的电器元件或线路中出现故障，切断隔离电源就靠它来实现，以便对设备、电器元件的修理更换。HS 刀形转化开关，主要用于转换电源，即当一路电源不能供电，需要另一路电源供电时就由它来进行转换，当转换开关处于中间位置时，可以起隔离作用。

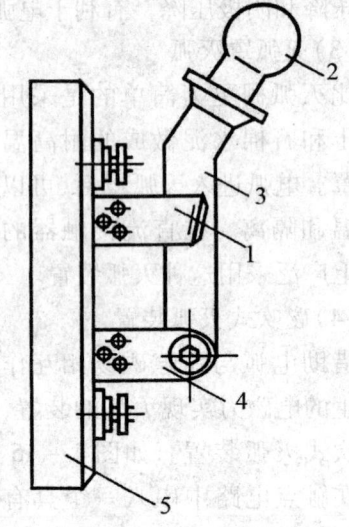

1 - 静插座；2 - 手柄；3 - 触刀
4 - 铰链支座；5 - 绝级底板；

图 1-16　刀开关的典型结构

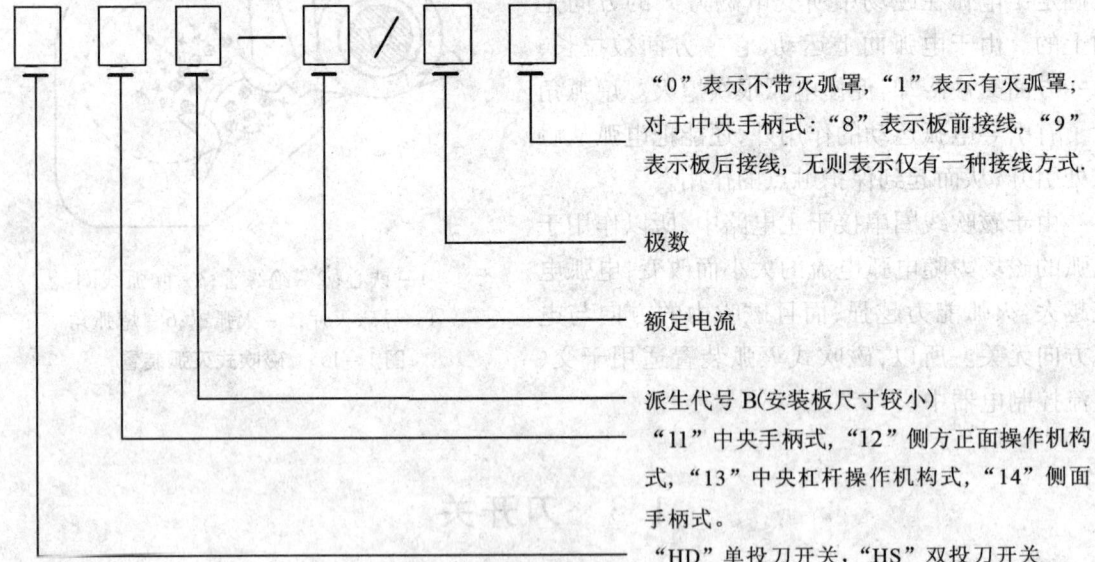

"0"表示不带灭弧罩，"1"表示有灭弧罩；对于中央手柄式："8"表示板前接线，"9"表示板后接线，无则表示仅有一种接线方式.

极数

额定电流

派生代号 B（安装板尺寸较小）

"11"中央手柄式，"12"侧方正面操作机构式，"13"中央杠杆操作机构式，"14"侧面手柄式

"HD"单投刀开关，"HS"双投刀开关

刀开关的型号及其含义如下：
刀开关的主要技术参数见表 1-1。

为了使用方便和减少体积，在刀开关上安装熔丝或熔断器，组成兼有通断电路和保护作用的开关电器，如胶盖闸刀开关、熔断器式开关等。

表1-1　　　　　　　　HD17系列刀形隔离器的主要技术参数

额定电流(A)	通断能力(A)			在AC380V和60%额定电流时,刀开关的电气寿命(次)	电动稳定性电流峰值(kA)	1s热稳定性电流(kA)
	AC 380V cosφ=0.72~0.8	DC T=0.01~0.011s				
		220V	440V			
200	200	200	100	1000	30	10
400	400	400	200	1000	40	20
600	600	600	300	500	50	25
1000	1000	1000	500	500	60	30
1500	—	—	—	—	80	40

1.3.3 胶盖刀开关

胶盖刀开关即开启式负荷开关,适用于交流50Hz,额定电压单相220V、三相380V,额定电流至100A的电路中,作为不频繁地接通和分断有负载的电路与小容量线路的保护之用。其中三极开关适当降低容量后,可作为小型感应电动机手动不频繁操作的直接启动及分断用。常用的有HK1和HK2系列。

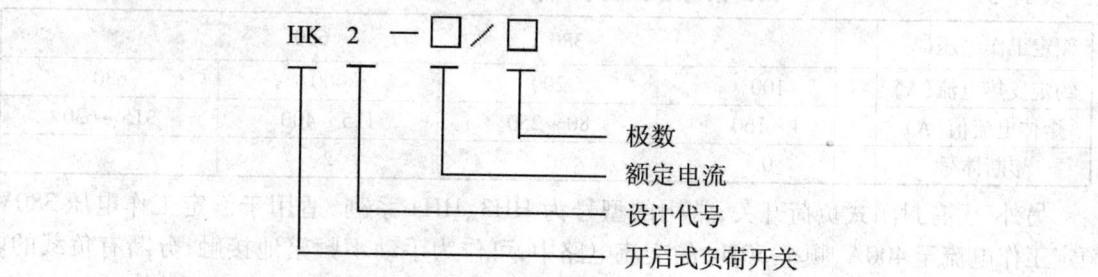

胶盖刀开关的型号及其含义如下:

HK2系列开启式负荷开关的主要技术参数见表1-2。

表1-2　　　　　　　　HK2开启式负荷开关的主要技术参数

型号规格	额定电压(V)	极数	额定电流(A)	型号规格	额定电压(V)	极数	额定电流(A)
HK2-100/3	380	3	100	HK2-60/2	220	2	60
HK2-60/3	380	3	60	HK2-30/2	220	2	30
HK2-30/3	380	3	30	HK2-15/2	220	2	15
HK2-15/3	380	3	15	HK2-10/2	220	2	10

1.3.4 熔断器式刀开关

熔断器式刀开关即熔断器式隔离开关,是以熔断体或带有熔断体的载熔件作为动触点的一种隔离开关。常用的型号有 HR3、HR5、HR6 系列,其中 HR5 和 HR6 系列符合 GB14048.3 及 IEC408 标准。主要用于额定电压 AC 660V(45~62 Hz),约定发热电流至 630A 的具有高短路电流的配电电路和电动机电路中,作为电源开关、隔离开关、应急开关,并作为电路保护用,但一般不作为直接开关单台电动机之用。HR5、HR6 熔断器式隔离开关中的熔断器为 NT 型低压高分断型熔断器。NT 型熔断器系引进德国 AEG 公司制造技术生产的产品。

HR5、HR6 系列若配用有熔断撞击器的熔断体,当某极熔断体熔断,撞击器弹出使辅助开关发出信号,以实现断相保护。

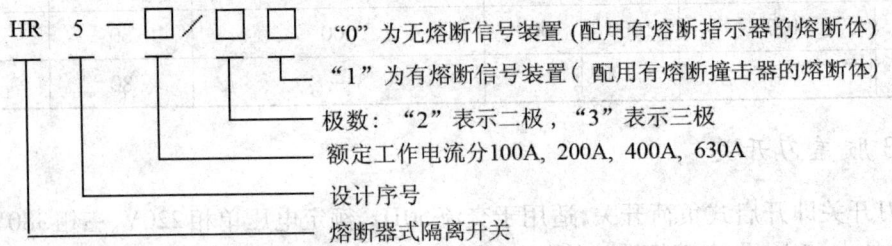

熔断器式刀开关的型号及其含义如下:

HR5 系列的主要技术参数及所配用的熔体列于表 1-3。

表 1-3   HR5 系列熔断器式隔离开关的主要技术参数

额定工作电压(V)	380		660	
约定发热电流(A)	100	200	400	630
熔体电流值(A)	4~160	80~250	125~400	315~630
熔断体号	0	1	2	3

另外,还有封闭式负荷开关,常用的型号为 HH3、HH4 系列,适用于额定工作电压 380V、额定工作电流至 400A、频率 50Hz 的交流电路中,可作为手动不频繁地接触、分断有负载的电路,并有过载和短路保护作用。

1.3.5 刀开关的选用及图形、文字符号

刀开关的额定电压应等于或大于电路额定电压。其额定电流应等于(在开启和通风良好的场合)或稍大于(在封闭的开关柜内或散热条件较差的工作场合,一般选 1.15 倍)电路工作电流。在开关柜内使用还应考虑操作方式,如杠杆操作机构、旋转式操作机构等。当用刀开关控制电动机时,其额定电流要大于电动机额定电流的 3 倍。

刀开关的图形符号及文字符号如图 1-17 所示。

图 1-17   刀开关的图形符号及文字符号

1.4 组合开关

组合开关又称转换开关,也是一种刀开关。不过它的刀片(动触片)是转动式的,比刀开关轻巧而且组合性强,能组成各种不同的线路。

组合开关有单极、双极和三极之分,由若干个动触点及静触点分别装在数层绝缘件内组成,动触点随手柄旋转而变更其通断位置。顶盖部分是有滑板、凸轮、扭簧及手柄等零件构成操作机构。由于该机构采用了扭簧储能结构从而能快速闭合及分断开关,使开关闭合和分断的速度与手动操作无关,提高了产品的通断能力。其结构示意图如图1-18所示。由图可知,静止时虽然触点位置不同,但当手柄转动90°时,三对动、静触点均闭合,接通电路。

常用的组合开关有HZ5、HZ10和HZW(3LB、3ST1)系列。其中HZW系列主要用于三相异步电动机负荷启动、转向以及作主电路和辅助电路转换之用,可全面代替HZ10、HZ12、LW5、LW6、HZ5-S等转换开关。

HZW1开关采用组合式结构,由定位、限位系统,接触系统及面板手柄等组成。接触系统采用桥式双断点结构。绝缘基座分为1-10节共10种,定位系统采用棘爪式结构,可获得360°旋转范围内90°、60°、45°、35°定位,相应实现4位、6位、8位、12位的开关状态。

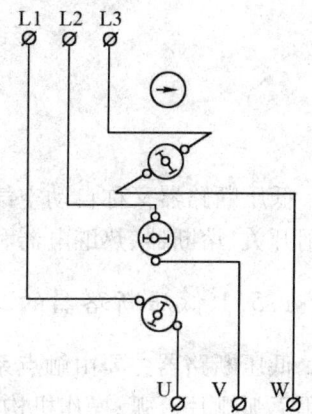

图1-18 组合开关的结构示意图

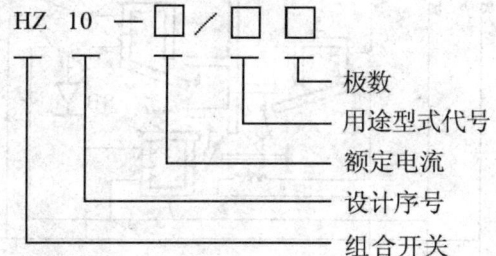

组合开关的型号及其含义如下:

HZ10系列组合开关的主要技术参数列于表1-4。

表1-4　　　　HZ10系列组合开关的主要技术参数

型 号	用途	DC(A)		AC(A)		次 数
		断开	接通	断开	接通	
HZ10-10(1,2,3极)	配电电器用	10	10	10	10	10000
HZ10-25(2,3极)		25	25	25	25	15000
HZ10-60(2,3极)	作控制电流电动机用	60	60	60	60	5000
HZ10-10(3极)		10	60			5000
HZ10-25(3极)		150	25			

组合开关的图形和文字符号如图1-19所式。

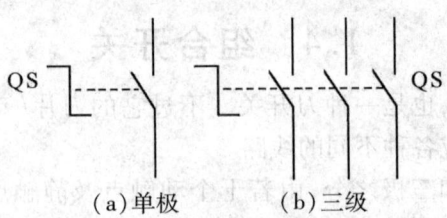

(a)单极　　　(b)三级

图1-19　组合开关的图形及文字符号

1.5　低压断路器

低压断路器又称自动空气开关或自动空气断路器,主要用于低压动力线路中。它相当于刀闸开关、熔断器、热继电器和欠压继电器的组合,是一种自动切断电路故障的保护电器。

1.5.1 低压断路器的工作原理

低压断路器主要由触点系统、操作机构和保护元件三部分组成。主触点由耐弧合金制成,采用灭弧栅片灭弧;操作机构复杂,其通断可用操作手柄操作,也可用电磁机构操作,故障时自动脱扣,触点通断瞬时动作与手柄操作速度无关。其工作原理如图1-20所示。

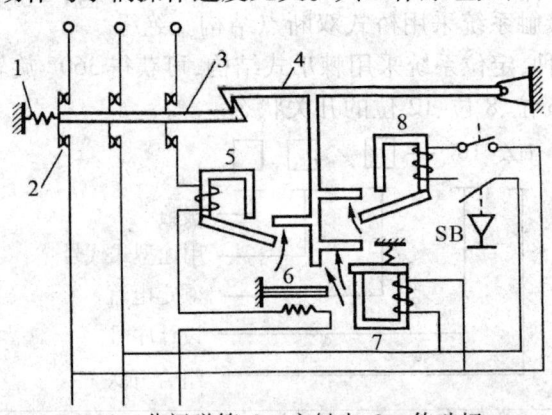

1-分闸弹簧;2-主触点;3-传动杆
4-锁扣;5-过电流脱扣器;6-过载脱扣器
7-失压脱扣器;8-分励脱扣器

图1-20　低压断路器原理图

断路器的主触点2是靠操作机构手动或电动合闸的,并由自动脱扣机构将主触点锁在合闸位置上。如果电路发生故障,自动脱扣机构在有关脱扣器的推动下动作,使钩子脱开,于是主触点在弹簧的作用下迅速分断。过电流脱扣器5的线圈和过载脱扣器6的线圈与主电路串联,失压脱扣器7的线圈与主电路并联,当电路发生短路或严重过载时,过电流脱扣器的衔铁被吸合,使自动脱扣机构动作;当电路过载时,过载脱扣器的热元件产生的热量增加,使双金属片向上弯曲,推动自动脱扣机构动作;当电路失压时,失压脱扣器的衔铁释放,也使自动脱扣机构动作。分励脱扣器8则作为远距离分断电路使用,根据操作人员的命令或其他信号使线圈通电,从而使断路器跳闸。

断路器根据不同用途可配备不同的脱扣器。

1.5.2 低压断路器的主要技术参数和典型产品介绍

1. 低压断路器的主要技术参数

(1) 额定电压。额定电压分额定工作电压、额定绝缘电压和额定脉冲电压。

断路器的额定工作电压在数值上取决于电网的额定电压等级,我国电网标准规定为 AC220、380、660 及 1140V,DC220、440V 等。应该指出,同一断路器可以规定在几种额定工作电压下使用,但相应的通断能力并不相同。

额定绝缘电压是设计断路器的电压值。一般情况下,额定绝缘电压就是断路器的最大额定工作电压。

开关电器工作时,要承受系统中所发生的过电压,因此开关电器(包括断路器)的额定电压参数中给定了额定脉冲耐压值,其数值应大于或等于系统中出现的最大过电压峰值。额定绝缘电压和额定脉冲电压共同决定了开关电器的绝缘水平。

(2) 额定电流。断路器的额定电流就是过电流脱扣器的额定电流,一般是指断路器的额定持续电流。

(3) 通断能力。开关电器在规定的条件下(电压、频率及交流电路的功率因数和直流电路的时间常数),能在给定的电压下接通和分断的最大电流值,也称为额定短路通断能力。

(4) 分断时间。指切断故障电流所需的时间,它包括固有的断开时间。

2. 低压断路器的保护特性

低压断路器的保护特性主要是指其过载和过电流保护特性,即断路器的动作时间与过载和过电流脱扣器的动作电流的关系特性。为了能起到良好的保护作用,断路器的保护特性应同保护对象的允许发热特性匹配,即断路器的保护特性应位于保护对象的允许发热特性之下,如图 1-21 所示,其中曲线 1 为保护对象的发热特性,曲线 2 为低压断路器的保护特性。

为了充分利用电器设备的过载能力,尽可能缩小事故范围,低压断路器的保护特性必须具有选择性,即它应当是分段的。保护特性的 ab 段是过载保护部分,它是反时限的,即动作电流的大小同动作时间的长短成反比。df 段是瞬时动作部分,只要故障电流超过 i_1 时,过电流脱扣器便瞬时动作,切除故障电路。ce 段是定时限延时动作部分,只要故障电流超过 i_1 时,过电流脱扣器经过一定的延时后即动作,切除故障电路。根据需要,断路器的保护特性可以是两段式的,如 abdf 式,即过载延时和短路瞬时动

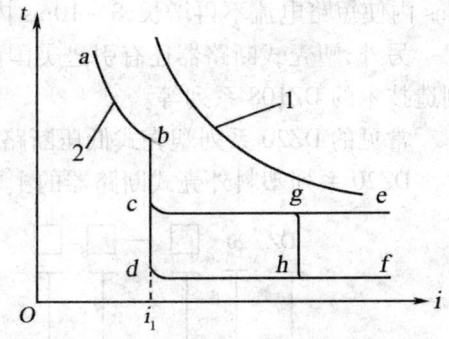

1—保护对象的发热特性
2—低压断路器的保护特性

图 1-21 低压断路器的保护特性

作;abce 式,即过载长延时和短路短延时动作。为了获得更完整的选择性和上、下级开关间的协调配合,还可以有三段式的保护特性,即 abcghf 式的保护特性,过载长延时、短路短延时和特大短路瞬时动作。

3. 低压断路器典型产品介绍

低压断路器按其用途和结构特点可分为框架式低压断路器、塑料外壳式低压断路器、直流快速低压断路器和限流式低压断路器等。下面将主要介绍框架式和塑料外壳式两大类。

(1)框架式断路器。框架式低压断路器又叫万能式低压断路器,主要用于40~100kw电动机回路的不频繁全压启动,并起短路、过载、失压保护作用。其操作方式有手动、杠杆、电磁铁和电动机操作四种。额定电压一般为380V、额定电流有200~4000A若干种。常见的框架式低压断路器有DW系列等。

①DW10系列断路器。本系列产品额定电压为交流380V和直流440V,额定电流为200~4000A,非选择型(即无短路短延时),由于其技术指标较低,现已逐渐被淘汰。

②DW15系列断路器。它是更新换代产品,其额定电压为交流380V,额定电流为200~4000A,极限分断能力均比DW10系列大一倍。它分选择型和非选择型两种产品,选择型(具有三段特性)的采用半导体脱扣器。在DW15系列断路器的结构基础上,适当改变触点的结构,则制成DWX15系列限流式断路器,它具有快速断开和限制短路电流上升的特点,因此特别适用于可能发生特大短路电流的电路中。在正常情况下,它也可作为电路的不频繁通断及电动机的不频繁启动用。

除此以外,还有引进国外先进技术生产的ME、AE、AH及3WE系列的具有高分析能力的框架式断路器。

(2)塑料外壳式低压断路器。塑料外壳式低压断路器又称装置式低压断路器或塑壳式低压断路器。一般用作配电线路的保护开关,以及电动机和照明线路的控制开关等。

塑料外壳式断路器有绝缘塑料外壳,触点系统、灭弧室及脱扣器等均安装于外壳内,而手动扳把露在正面壳外,可手动或电动分合闸。它也有较高的分断能力和稳定性以及比较完善的选择性保护功能。我国目前生产的塑壳式断路器有DZ5、DZ10、DZX10、DZ12、DZ15、DZX19及DZ20等系列产品,其中DZX10和DZX19系列为限流式断路器,二者均是利用短路电流通过结构特殊的触点回路时,产生的巨大电动斥力实现迅速分断来达到限流的目的,它能在4~5ms内使短路电流不再增长,8~10ms内可全部分断电路。

另外,塑壳式断路器还有引进美国西屋公司制造技术的H系列以及引进德国西门子公司制造技术的DZ108系列等。

常见的DZ20系列塑壳式低压断路器型号意义及技术参数如下:
DZ20系列塑料外壳式断路器的主要技术参数列于表1-5。

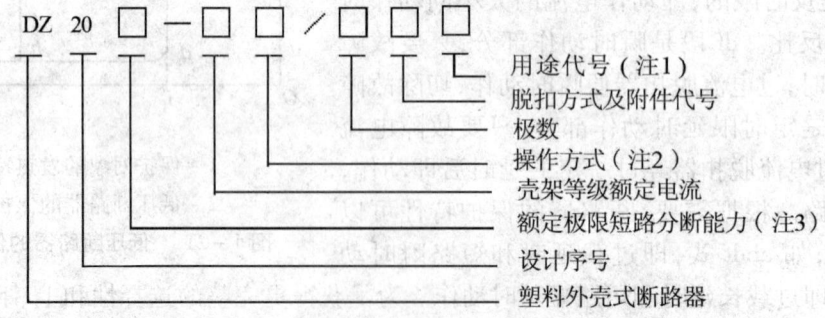

注:1. 配电用无代号;保护电动机用以"2"表示。
2. 手柄直接操作无代号;电动机操作用"P";转动手柄用"Z"表示。
3. 按额定极限短路分断能力高低分为:
Y—一般型;G—最高型;S—四极型;J—较高型;C—经济型。

表1-5　　　　　　　DZ20系列塑料外壳式断路器的主要技术参数

型号	额定电压(V)	壳架额定电流(A)	断路器额定电流（A）	瞬时脱扣器整定电流倍数
DZ20Y-100	380 ~220	100	16、20、25、32、40、50、63、80、100	配电用10I_N 保护电机用12I_N
DZ20J-100				
DZ20G-100				
DZ20Y-225		225	100、125、160、180、200、225	配电用5I_N,10I_N 保护电机用12I_N
DZ20J-225				
DZ20G-225				
DZ20Y-400		400	250、315、350、400	配电用10I_N 保护电机用12I_N
DZ20J-400				
DZ20G-400		630	400、500、630	配电用5I_N 保护电机用10I_N
DZ20Y-630				
DZ20J-630				

断路器的图形符号和文字符号如图1-22所示。

1.5.3 低压断路器的选用与维护

1. 低压断路器的选用

（1）断路器的额定工作电压应大于或等于线路设备的额定工作电压。对于配电电路来说应注意区别是电源端保护还是负载保护，电源端电压比负载端电压高出约5%左右。

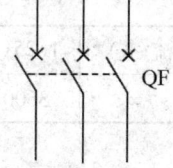

图1-22　断路器的图形符号和文字符号

（2）断路器主电路额定工作电流大于或等于负载工作电流。

（3）断路器的过载脱扣整定电流应等于负载工作电流。

（4）断路器的额定通断能力大于或等于电路的最大短电流。

（5）断路器的欠电压脱扣器额电压等于主电路额定电压。

（6）断路器类型的选择，应根据电路的额定电流及保护的要求来选用。

2. 断路器的维护

（1）使用前应将脱扣器电磁铁工作面的防锈油脂抹去，以免影响电磁机构的动作值。

（2）在使用一定次数后（一般为1/4机械寿命），转动部分应加加润滑油（小容量的塑壳式不需要）。

（3）定期清除断路器的灰尘，以保持绝缘良好。

（4）灭弧室在分断短路电流或较长时间后，应清除其内壁和栅片上的金属颗粒和黑烟。

（5）断路器的触点使用一定次数后，如果表面有毛刺和颗粒等应及时清理修整，以保证接触良好。

（6）定期检查各脱扣器的整定值。

1.6 熔断器

熔断器是一种广泛应用的最简单有效的保护电器之一。其主体是低熔点金属丝或金属薄片制成的熔体，串联在被保护的电路中。在正常情况下，熔体相当于一根导线，当发生短路或过载时，电流很大，熔体因过热熔化而切断电路。

熔断器作为保护电器，具有结构简单、体积小、重量轻、使用和维护方便、价格低廉、可靠性高等优点。

1.6.1 熔断器的结构及保护特性

熔断器由熔体和绝缘底座（或称熔管）等组成。熔体为丝状或片状。熔体材料通常有两种：一种是由铅锡合金和锌等低熔点、导电性能差的金属制成，因而不易灭弧，多用于小电流的电路；另一种由银、铜等高熔点、导电性能好的金属丝制成，易于灭弧，多用于大电流电路。当正常工作的时候，流过熔体的电流小于或等于它的额定电流，由于熔体发热温度尚未达到熔体的熔点，所以熔体不会熔断，电路仍保持接通。当流过熔体的电流达到额定电流的 1.3~2 倍时，熔体缓慢熔断；当流过熔体的电流达到额定电流的 8~10 倍时，熔体迅速熔断。电流越大，熔断越快，熔断器的这种特性称为保护特性或安秒特性。如表 1-6 和图 1-23 所示。表中 I_N 为熔体额定电流，通常取 $2I_N$ 为熔断器的熔断电流，其熔断时间约为 30~40s。因此，熔断器对轻度过载反应比较迟钝，一般只能作短路保护用。

表 1-6　　　　　常用熔体的安秒特性

熔体通过电流(A)	$1.25I_N$	$1.6I_N$	$1.8I_N$	$2.0I_N$	$2.5I_N$	$3I_N$	$4I_N$	$8I_N$
熔断时间(s)	∞	3600	2.5	1200	1	40	8	

1.6.2 熔断器的主要技术参数

1. 额定电压

熔断器的额定电压是指熔断器长期工作时和分断后能够承受的电压，它取决于线路的额定电压，其值一般等于或大于电气设备的额定电压。

2. 额定电流

熔断器的额定电流是指熔断器长期工作时，各部件温升不超过规定值时所能承受的电流。熔断器的额定电流等级比较少，而熔体的额定电流等级比较多，即在一个额定电流等级的熔断管内可以分装不同额定电流等级的熔体，但熔体的额定电流最大不能超过熔断管额定电流。

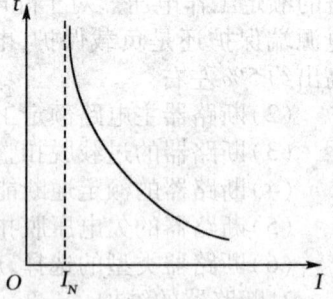

图 1-23　熔断器的保护特性

3. 极限分断能力

是指熔断器在规定的额定电压和功率因数（或时间常数）的条件下，能分断的最大短路电流值。在电路中出现的最大电流值一般是指短路电流值。所以，极限分断能力也是反映了熔断器分断短路电流的能力。

1.6.3 常用的熔断器

1. 瓷插式熔断器

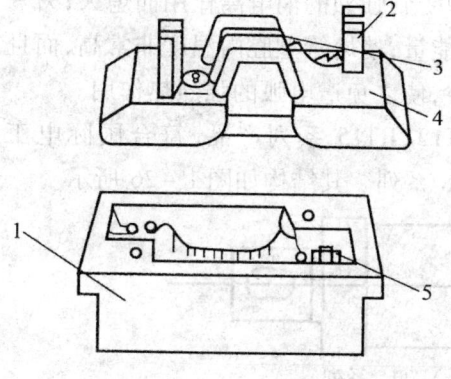

1—瓷底座；2—动触点；3—熔体
4—瓷插件；5—静触点
图1-24 瓷插式熔断器

常用的瓷插式熔断器为RC1A系列，其结构如图1-24所示。它有瓷底座1、动触点2、熔体3和静触点5组成，瓷插件4突出部分与瓷底座之间的间隙形成灭弧室。

RC1A系列熔断器用于交流50Hz，额定电压380V及以下的电路末端，作为供配电系统导线及电气设备（如电动机、负荷开关）的短路保护，也可作为民用照明等电路的保护。

2. RM10系列无填充料封闭管式熔断器

该系列熔断器由熔断管、熔体和静插座等部分组成，静插座结构与刀开关静插座相类似而装于绝缘底板上。熔断管由钢质纤维（俗称反白管）制成圆管状，管的两端由铜螺帽封闭，管内不充填料。熔体为变截面的锌片，由螺钉固定于熔断器两端的接触刀上，并装于熔断那内。熔体熔断时，电弧在管内不会向外喷出，钢质纤维管在电弧的高温作用下，使其局部分解而产生大量气体，气体一方面在管内壁形成旋涡，加强了离子的复合作用，另一方面又产生强大的压力，增强了消电离作用，从而促使电弧很快熄灭，相应地提高了熔断器的分断能力。RM10系列熔断器的结构如图1-25所示，它的优点是更换熔体方便，使用比较安全，恢复供电也较快。

RM10系列熔断器适用于经常发生过载和短路故障的场合，作为低压电力线路或成套配电装置的连续过载及短路保护是比较合适的。

RM10系列熔断器的技术数据如表1-7所示。

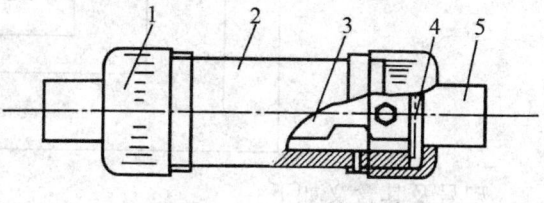

1—铜帽；2—绝缘管；3—熔体
4—垫片；5—接触刀
图1-25 RM10系列熔断器

表1-7　　RM10系列无填充料封闭管式熔断器的基本技术数据

型号	额定电流(A)	熔体额定电流(A)	极限分断能力(kA)
RM10-15	15	6、10、15	1、2
RM10-60	60	15、20、25、35、45、60	3、5
RM10-100	100	60、80、100	10
RM10-200	200	100、125、160、200	10
RM10-350	350	200、225、260、300、350	10
RM10-600	600	350、430、500、600	12
RM10-1000	1000	600、700、850、1000	12

3. 有填料封闭管式熔断器

目前,熔断器最广泛使用的灭弧介质填料是石英砂。因为石英砂具有热稳定性好、熔点高、化学惰性、热导率高和价格低等优点。

熔断器熔断时,一方面电弧在石英砂颗粒间的窄缝中受到强烈的消电离作用而熄灭;另一方面,电弧在极短的时间内、在很小的容积里产生巨大的能量,使熔管型腔内温度非常高,而且温升很快。这时,颗粒填料层的存在就保护了熔断器零件,使之免遭电弧的强烈热作用。

常用的有填料封闭管式熔断器有:螺栓连接的 RT12、RT15 系列产品,符合国际电工 IEC269 低压电器标准;圆筒形帽熔断器 RT14、RT19、RT18 系列。其结构如图 1-26 所示。

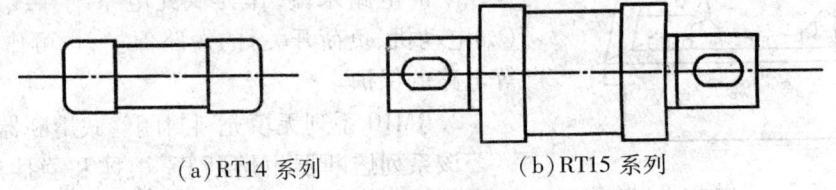

(a) RT14 系列　　　(b) RT15 系列

图 1-26　有填料封闭管式熔断器

RT14、RT19 系列配带撞击器的熔断器,与熔断式隔离器配合使用时,可作为电动机的缺相保护。

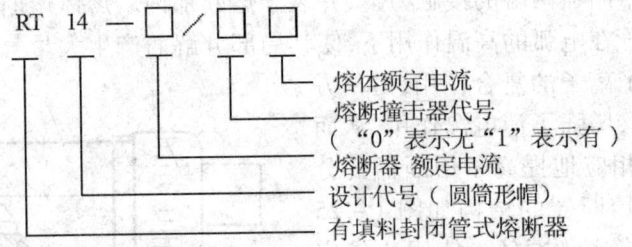

型号及其含义如下:

RT14、RT15 系列熔断器的主要技术参数列于表 1-8。

表 1-8　　　　　　　　　RT 型熔断器的主要技术参数

型号	额定电压(V)	支持件额定电流(A)	熔体额定电流(A)	额定分断能力(kA)
RT14	380	2、4、6、10、16、20	20	100
		32	2、4、6、10、20、25、32	
		63	10、16、25、32、40、50、60	
RT15	415	40、50、63、100	100	80
		200	125、160、200	
		315	250、315	
		400	350、400	

4. 螺旋式熔断器

螺旋式熔断器的结构如图 1-27 所示。主要由瓷帽 1、熔心 2 和底座 3 组成。适用于电气线路中,作输配电设备、电缆、导线过载和短路保护元件。

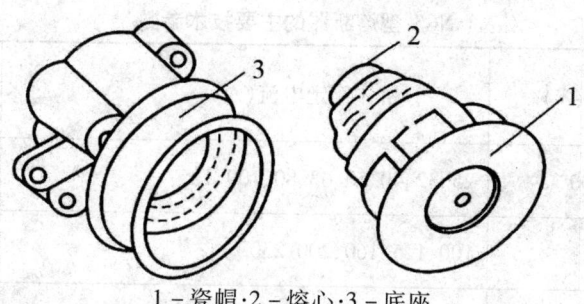

1—瓷帽;2—熔心;3—底座

图 1-27 螺旋式熔断器

常用的螺旋式熔断器有 RL6 系列中的 RL6-25(R021)、RL6-63(R022)以及 R024、R026 等。产品全部符合 IEC269 标准。

型号及其含义如下：

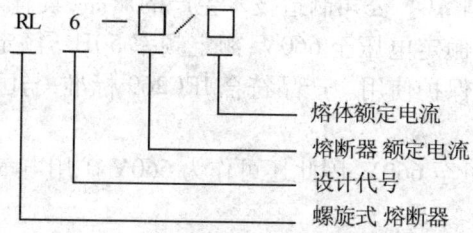

螺旋式熔断器的主要技术参数列于表 1-9。

表 1-9　　　　　　　　螺旋式熔断器的主要技术参数

型号	额定电压(V)	熔断器额定电流(A)	熔体额定电流(A)	额定分断能力(kA)
R021(RL6-25)	500	25	2、4、6、10、16、20、25	50
R023(RL6-63)		35、50、63	63	

5. 半导体器件保护用熔断器

由于半导体元件的过载能力很低，只能在极短时间内承受较大的过载电流，因此要求短路保护具有快速熔断的特性。目前常用的半导体保护性熔断器有 NGT 型和 RS0、RS3 系列快速熔断器，以及 RS21、RS22 型螺旋式快速熔断器。其中 NGT 型是引进德国 AGE 公司熔断器技术制造，是国内率先符合 IEC269 标准的产品。

NGT 型熔断器具有分析能力强、限流特性好、周期性负载特性稳定、低功率损耗等优点，能可靠地保护半导体器件晶闸管及其成套装置。产品的电压等级为 380~1000V，电流规格齐全，技术数据完整。

NGT 型熔断器的主要技术参数列于表 1-10。

表 1-10　　　　　　　　　　NGT 型熔断器的主要技术参数

型号	额定电压(V)	熔体额定电流(A)	额定分断能力(kA)
NGT00	380、800	25、32、40、50、63、80、100、125	100
NGT1	380	100、125、160、200、250	100
NGT2	660	200、250、280、315、355、400	100
NGT3	1000	355、400、450、500、560、630	100

6. NT 型低压高分断能力熔断器

NT 型熔断器是引进德国 AGE 公司制造技术生产的产品,具有体积小、重量轻、功耗小、分断能力强等特点。广泛用于额定电压至 660V,额定频率 50Hz,额定电流至 1000A 的电路,作为工业电气设备过载和短路保护使用。产品符合 IEC269 标准,与国外同类产品具有通用性和互换性。

NT 型熔断器额定电压可至 660V,因此还可作为 660V 矿用电气设备的过载和短路保护之用。

NT 型熔断器的主要技术参数列于表 1-11。

表 1-11　　　　　　　　　　NT 型熔断器的主要技术参数

型号	额定电压(V)	底座额定电流(A)	熔体额定电流(A)	额定分断能力(kA)
NT00	00	160	4、6、10、16、20、25、32、35、40、50、63、80、100、125、160	00V 120 kA
NT0	00	160	6、10、16、20、25、32、35、40、50、63、80、100、125、160	00V 120 kA
NT1	660	250	80、100、125、160、200、224、250	660V 50 kA
NT2	660	400	125、160、200、224、250、300、315、355、400	660V 50 kA
NT3	660	630	315、355、400、425、500、630	660V 50 kA
NT4	380	1000	800、1000	100

7. 自复式熔断器

自复式熔断器是一种限流元件,它本身不能分断电路,而是与低压断路器串联使用,以提高分断能力。当故障消除后,它又能迅速复原,重新投入运行。因此,这种限流元件被称为自复熔断器或永久熔断器。

自复式熔断器的外壳用不锈钢制成,内部有一个绝缘管,外部与绝缘管之间浇注填充剂,一般以云母玻璃或低熔点玻璃浇注。电流从一个端子通过氧化铍陶瓷绝缘管细孔内的金属钠熔体通向另一个端子,形成通路。一旦发生故障,巨大的故障电流使钠熔体急剧发热、迅速汽化,并处于高温、高压和高电阻率的等离子状态,限制了故障电流的继续增大。熔体汽化以后,其高压作用于一个活塞上,活塞移动,压缩氩气。当断路器切断已被自复熔断器限制了的故障电流后,钠蒸汽温度下降,压力也下降。此时,原来受压的氩气膨胀,推动活塞复位,熔断器迅速复原。由于钠蒸汽又凝结为固体,其电阻也降低为原值,为下一次工作做好准备。

从工作原理来看,自复熔断器实质上是一个非线性电阻。为了抑制分断时出现的过电压,并保证断路器的脱扣机构始终有一个动作电流,以保证其工作的可靠性,自复熔断器要并联一附加电阻 R,一般为 80~120mΩ,如图 1-28 所示。

自复熔断器的工业产品有 RZ1 系列等,它用于交流 380V 的电路,与断路器配合使用。熔断器的额定电流有 100A、200A、400A、600A 四个等级,在 $\cos\varphi \leq 0.3$ 时的分断能力为 100 kA。

必须指出,尽管自复熔断器可多次重复使用,但其技术特性却将逐渐劣化,故一般只能重复工作数次。

熔断器的图形符号及文字符号如图 1-29 所示。

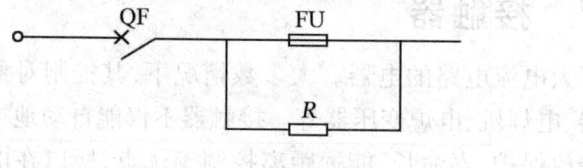
图 1-28 自复熔断器应用电路

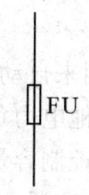
图 1-29 熔断器的图形符号及文字符号

1.6.4 熔断器的选择与维护

1. 熔断器的选择

工业上选择熔断器一般从以下几个方面考虑:

(1)熔断器的类型应根据线路的要求、使用场合及安装条件进行选择。

(2)熔断器的额定电压必须等于或高于熔断器工作点的电压。

(3)熔断器的额定电流根据被保护的电路(支路)及设备的额定负载电流选择。熔断器的额定电流必须等于或高于所装熔体的额定电流。

(4)熔断器的额定分断能力必须大于电路中可能出现的最大故障电流。

(5)熔断器的选择需考虑电路中其他配电电路、控制电器之间选择性配合等要求。为此,应使上一级(供电干线)熔断器的熔体额定电流比下一级(供电干线)大 1~2 个等级。

(6)熔断器所装熔体额定电流的选择:

① 对于照明线路等没有冲击电流的负载,应使熔体的额定电流等于或稍大于电路的工作电流,即

$$I_{FU} \geq I$$

式中,I_{FU} 为熔体的额定电流,I 为电路的工作电流。

② 对于电动机类负载,要考虑启动冲击电流的影响,应按下式计算:

$$I_{FU} \geq (1.5 \sim 2.5) I_N$$

③ 对于多台电动机由一个熔断器保护时,熔体的额定电流应按下式计算:

$$I_{FU} \geq (1.5 \sim 2.5)I_{Nmax} + \sum I_N$$

式中，I_{Nmax} 为容量最大的一台电动机的额定电流，$\sum I_N$ 为其余电动机额定电流的总和。

④ 降压启动的电动机选用熔体的额定电流等于或略大于电动机的额定电流。

2. 熔断器在使用维护方面应注意以下事项

(1) 安装前检查熔断器的型号、额定电流、额定电压、额定分断能力等参数是否符合规定要求。

(2) 安装时应注意熔断器与底座触刀接触应良好，以避免因接触不良造成温升过高，引起熔断器误动作和周围电器元件损坏。

(3) 熔断器熔断时，应更换同一型号规格的熔断器。

(4) 工业用熔断器的更换应由专职人员更换，更换时应切断电源。

(5) 使用时应经常清除熔断器表面积有的尘埃，在定期检修设备时，如发现熔断器有损坏，应及时更换。

1.7 接触器

接触器是一种用来自动地接通或断开大电流电路的电器。大多数情况下，其控制对象是电动机、也可以是其他电力负载，如电热器、电焊机、电炉变压器等。接触器不仅能自动地接通和断开电路，还具有控制容量大、低电压释放保护、寿命长、能远距离控制等优点，所以在电气控制系统中应用十分广泛。

接触器的触点系统可以用电磁铁、压缩空气或液体压力等驱动，因而可分为电磁式接触器、气动式接触器和液压式接触器，其中以电磁式接触器应用最为广泛。根据接触器主触点通过电流的种类，可分为交流接触器和直流接触器。

1.7.1 交流接触器

交流接触器主要由触点系统、电磁系统和灭弧装置等组成。

1. 触点系统

触点是接触器的执行元件，用来接通和断开电路。交流接触器一般采用双断点桥式触点，两个触点串于同一电路中，同时接通或断开。接触器的触点有主触点和辅助触点之分，主触点用以通断主电路，辅助触点用以通断控制回路。

2. 电磁机构

电磁机构的作用是将电磁能转换成机械能，操纵触点的闭合或断开。交流接触器一般采用衔铁绕轴转动的拍合式电磁机构和衔铁作直线运动的电磁机构。由于交流接触器的线圈通交流电，在铁心中存在磁滞和涡流损耗，会引起铁心发热。为了减少磁滞损耗和涡流损耗，以免铁心发热过甚，铁心由硅钢片叠铆而成。同时，为了减少机械振动和噪音，在静铁心极面上要装有分磁环。

3. 灭弧装置

交流接触器分断大电流电路时，往往会在动、静触点之间产生很强的电弧。电弧一方面会烧伤触点，另一方面会使电路切断时间延长，甚至会引起其他事故。因此，灭弧是接触器的主要任务之一。

容量较小(10A以下)的交流接触器一般采用的灭弧方法是双断触点和电动力灭弧。容量较大(20A以上)的交流接触器一般采用灭弧栅灭弧。

4. 其他部分

交流接触器的其他部分有底座、反力弹簧、缓冲弹簧、触点压力弹簧、传动机构和接线柱等。反力弹簧的作用是当吸引线圈断电时,迅速使主触点和动合辅助触点断开;缓冲弹簧的作用是缓冲衔铁在吸合时对静铁心和外壳的冲击力;触点压力弹簧的作用是增加动、静触点之间的压力,增大接触面积以降低接触电阻,避免触点由于接触不良而过热灼伤,并有减振作用。

交流接触器的工作原理如图1-30所示。当交流接触器电磁系统中的线圈6、7间通入交流电流以后,铁心8被磁化,产生大于反力弹簧10弹力的电磁力,将衔铁9吸合。一方面,带动了动合主触点1、2、3的闭合,接通主电路;另一方面,动断辅助触点(在4和5处)首先断开,接着,动合辅助触点(也在4和5处)闭合。当线圈断电或外加电压太低时,在反力弹簧10的作用下衔铁释放,动合主触点断开,切断主电路;动合辅助触点首先断开,接着,动断触点恢复闭合。图中11~17和21~27为各触点的接线柱。

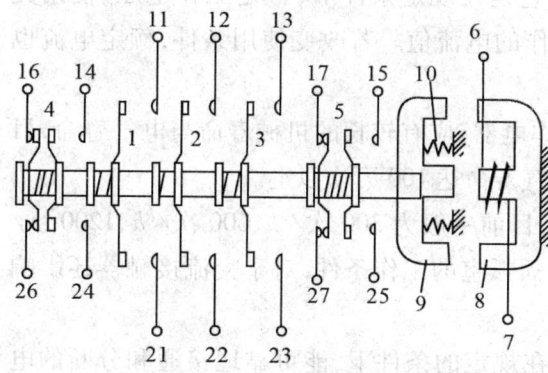

图1-30 交流接触器的工作原理

1.7.2 直流接触器

直流接触器和交流接触器一样,也是由触点系统、电磁机构和灭弧装置等部分组成。图1-31为直流接触器的结构原理。

1. 触点系统

直流接触器有主触点和辅助触点。主触点一般做成单极或双极,由于主触点接通或断开的电流较大,故采用滚动接触的指形触点;辅助触点的通断电流较小,常采用点接触的双断点桥式触点。

2. 电磁机构

因为线圈中通的是直流电,铁心中不会产生涡流,所以铁心可用整块铸铁或铸钢制成,也不需要安装短路环。铁心中无磁滞和涡流损耗,因而铁心不发热。线圈的匝数较多,电阻大,线圈本身发热,因此吸引线圈做成长而薄的圆筒状,且不设线圈骨架,使线圈与铁心直接接触,以便散热。

3. 灭弧装置

直流接触器一般采用磁吹式灭弧装置。

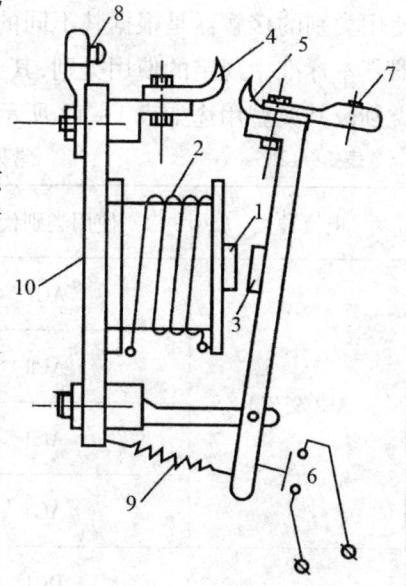

1-铁心;2-线圈;3-衔铁;4-静触点
5-动触点;6-辅助触点;7、8-接线柱
9-反作用弹簧;10-底板

图1-31 直流接触器的结构原理

1.7.3 接触器的主要技术参数及常用的接触器

1. 接触器的主要技术参数

(1) 额定电压。指主触点的额定工作电压,此外还应规定辅助触点及吸引线圈的额定电压。直流线圈常用的电压等级为 $24V$、$48V$、$110V$、$220V$、$440V$ 等,交流线圈常用的电压等级为 $36V$、$127V$、$220V$ 及 $380V$ 等。

(2) 额定电流。指主触点的额定工作电流。它是在规定条件下(额定工作电压、使用类别、额定工作制和操作频率等),保证电器正常工作的电流值。若改变使用条件,额定电流也要随之改变。

(3) 机械寿命与电气寿命。接触器是频繁操作电器,应有较长的机械寿命与电气寿命,目前有些接触器的机械寿命已达 1000 万次以上,电气寿命达 100 万次以上。

(4) 操作频率。是指每小时允许的操作次数,目前一般为 300 次/h、600 次/h、1200 次/h 等几种。操作频率直接影响接触器的电寿命及灭弧室的工作条件,对于交流接触器还影响线圈温升,是一个重要的技术指标。

(5) 接通与分断能力。是指接触器的主触点在规定的条件下,能可靠地接通和分断的电流值。在此电流值下,接通时,主触点不应发生熔焊;分断时,主触点不应发生长时间燃弧。

根据接触器的使用类别不同对接触器主触点的接通和分断能力的要求也不一样,而不同使用类别的接触器是根据其不同的控制对象(负载)的控制方式所规定的。根据我国低压电器基本标准中规定的使用类别,其分类比较多。但在电力拖动控制系统中,常见的接触器使用类别及其典型用途如表 1-12 所示。

表 1-12 常见的接触器使用类别及典型用途

电流种类	使用类别代号	典型用途
AC(交流)	AC1	无感或微感负载、电阻炉
	AC2	绕线型电动机的启动和中断
	AC3	笼型电动机的启动和运转中分断
	AC4	笼型电动机启动、反接制动、反向和点动
DC(直流)	DC1	无感或微感负载、电阻炉
	DC3	并励电动机的启动、反接制动、反向和点动
	DC5	串励电动机的启动、反接制动、反向和点动

接触器的使用类别代号通常标注在产品的铭牌上或产品手册中。表 1-12 中要求接触器主触点达到的接通和分断能力是这样的:AC1 和 DC1 类允许接通和分断额定电流;AC2、DC3

和 DC5 类允许接通和分断 4 倍的额定电流;AC3 类允许接通 8~10 倍的额定电流和分断 6~8 倍的额定电流;AC4 类允许接通 10~12 倍的额定电流和分断 8~10 倍的额定电流。

2. 常用接触器介绍

目前常用的交流接触器有:CJ40、CJ20、CJ12、CJ10 和 CJX1、CJX2 系列以及 B 系列等。

其中 CJ40 系列交流接触器,执行最新的国际、国内标准,符合 IEC947-4-1(1990)和 GB14048.4-93 标准,是我国接触器产品第一个执行以上标准的产品。CJ40 系列产品的主要技术参数都达到甚至超过国外产品。因 CJ40 系列是对 CJ20 系列产品的二次开发,使 CJ40 系列产品的价格同 CJ20 非常接近,部分规格还低于 CJ20 相应规格的售价。

CJ20 系列交流接触器为直动式、双断点、立体布置,结构紧凑,外形安装较 CJ10、CJ8 等系列老产品大大缩小。其中某些型号的辅助触点可以任意组合,只需改变交流桥及少数零件即可,有五种组合:四动断、三动断一动合、二动断二动合、一动断三动合、四动合。

CJX1 系列是引进德国西门子公司制造技术产品,性能等同于 3TB 和 3TF 系列;CJX2 系列是引进法国 TE 公司的 LC1 系列接触器;B 系列为引进德国 ABB 公司的产品。

常用的直流接触器有:CZ0、CZ21、CZ22、CZ18 等系列。

接触器的型号及其含义如下:

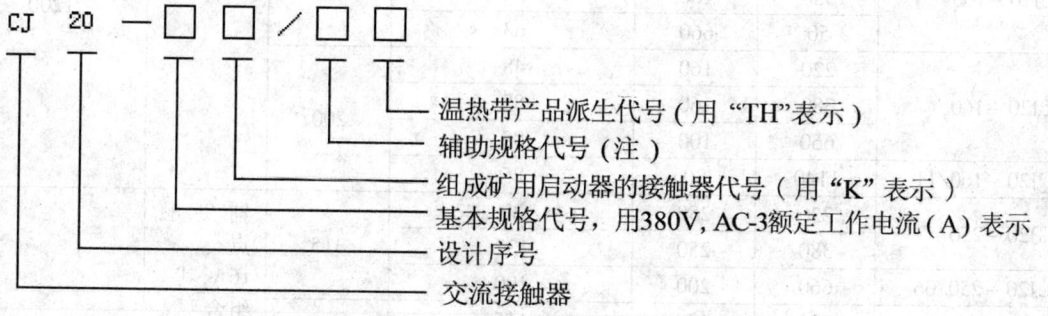

注:以数字代表额定工作电压:"03"代表 380V,一般不可写出;"06"代表 660V,如其产品结构无异于 380V 的产品的结构时,也可不写出;"11"代表 1140V。

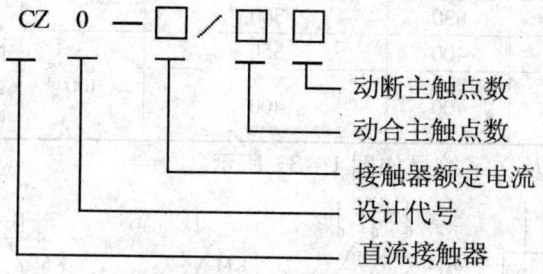

CJ20 系列交流接触器的主要技术参数列于表 1-13 中。

表 1-13　　　　CJ20 系列交流接触器的主要技术参数

型号	额定工作电压（V）	额定工作电流（A）	AC3 使用类别下的额定控制功率（kW）	约定发热电流（A）	结构特征	机/电寿命（万次）操作频率（次/h）
CJ20-10	220	10	2.2	10	辅助触点 10A 2 动合 2 动断	1000/100 1200
	380	10	4			
	660	5.8	7.5			
CJ20-16	220	16	4.5	16		
	380	16	7.5			
	660	13	11			
CJ20-25	220	25	5.5	32		
	380	25	11			
	660	14.5	13			
CJ20-40	220	40	11	55		
	380	40	22			
	22	660	25			
CJ20-63	220	63	18	80		
	380	63	30			
	660	40	35			
CJ20-100	220	100	28	125		600/120 1200
	380	100	50			
	50	660	63			
CJ20-160	220	160	48	200		
	380	160	85			
	660	100	85			
CJ20-160/11	1140	80	85			
CJ20-250	220	250	80	315	辅助触点 16A，其组合型式为:4动合、2动断；3动合、3动断；2动合、4动断	300/600 600
	380	250	132			
CJ20-250/06	660	200	190			
CJ20-400	220	400	115	400		
	380	400	200			
CJ20-400/06	660	250	220			
CJ20-630	220	630	175	630		
	380	630	300			
CJ20-630/06	660	400	350	400		
CJ20-630/11	1140	400	400			300/12 120

接触器的图形符号及文字符号如图 1-32 所示。

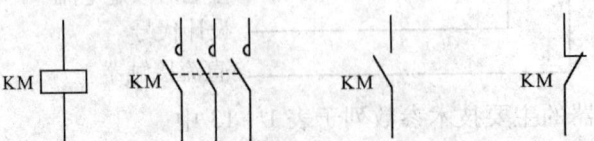

(a)线圈　　(b)主触点　(c)动合辅助触点　(d)动断辅助触点

图 1-32　接触器的图形符号及文字符号

1.7.4 接触器的选用

为了保证系统正常工作,必须根据以下原则正确选择接触器,使接触器的技术参数满足控制线路的要求。

1. 接触器类型的选择

接触器的类型应根据电路中负载电流的种类来选择。即交流负载应选用交流接触器,直流负载应选用直流接触器。

根据使用类别选用相应系列产品,接触器产品系列是按使用类别设计的,所以应根据接触器负担的工作任务来选择相应的使用类别。若电动机承担一般任务,其接触器可选用 AC3 类;若承担重任务可选用 AC4 类。如选用 AC3 类用于重任务时,应降低容量使用,例如,AC3 设计的控制 4kW 电动机的接触器,用于重任务时,应降低一个容量等级,只能控制 2.2kW 电动机,等等。直流接触器的选择类别与交流接触器类似。

2. 接触器主触点的额定电压选择

被选用的接触器主触点的额定电压应大于或等于负载的额定电压。

3. 接触器主触点的额定电流的选择

对于电动机负载,接触器主触点的额定电流按下式计算:

$$I_N = \frac{P_N \times 10^3}{\sqrt{3} U_N COS\varphi \cdot \eta}(A) \tag{1-10}$$

式中:P_N - 电动机功率(kw);

U_N - 电动机额定线电压(V);

$cos\varphi$ - 电动机功率因数,其值大约在 0.85~0.9 之间;

η - 电动机的效率,其值一般在 0.8~0.9 之间。

在选用接触器时,其额定电流应大于计算值。也可以根据电气设备手册给出的被控电动机的容量和接触器额定电流对应的数据选择。

根据(1-10)式,在已知接触器主触点额定电流的情况下,可以计算出控制电动机的功率。例如,CJ20—63 型交流接触器在 380V 时的额定工作电流为 63A,故它在 380V 时能控制的电动机的功率为:

$$P_N = \sqrt{3} \times 380 \times 36 \times 0.9 \times 0.9 \times 10^{-3} \approx 33(KW)$$

其中 COSφ 和 η 均取 0.9。

由此可见,在 380V 的情况下,63A 的接触器的额定控制功率为 33kw。

在实际应用中,接触器主触点的额定电流也常常按下面的经验公式计算:

$$I_N = \frac{P_N \times 10^3}{K U_N} \tag{1-11}$$

式中:K - 经验系数,取 1~1.4。

在确定接触器主触点电流等级时,如果接触器的使用类别与所控制负载的工作任务相对应时,一般应使主触点的电流等级与所控制的负载相当,或者稍大一些。如果不对应,例如用 AC3 类的接触器控制 AC3 与 AC4 混合类负载时,则需降低电流等级使用。表 1-14 列出了 CJ10—10 型交流接触器降级使用情况。

表 1-14　　　　　　　　CJ10—10 型交流接触器降级使用情况

AC4 类负载在混合负载中所占百分数	降级使用情况	
	可控制电动机功率(kW)	电寿命(万次)
0%	4	60
10%	2.2	30
100%	2.2	6.7%×60
100%	4	2%×60

由表可知,当用 CJ10—10 型交流接触器控制 AC3 类负载的 380V、4 笼型电动机时,其电寿命可达 60 万次。如果用它来控制混合类负载,由于电寿命降低,只能降级使用。所以,是否降级使用,取决于电寿命的要求,而电寿命又决定于操作频率。如果控制对象的平均操作频率超过接触器的额定操作频率时,则对短时间控制尚可使用,否则,就应降级使用。降级使用后,其操作频率也不是可以任意提高的,因为一是灭弧有困难,二是线圈也会因过热而损坏。

当负载为电容器或白炽灯时,接通时的冲击电流可达额定工作电流的十几倍。这时宜选用 AC4 类的接触器。如果不得不用 AC3 使用类别的产品,则应降低为 70%～80% 额定容量来使用。

4. 接触器吸引线圈电压的选择

如果控制线路比较简单,所用接触器数量较少,则交流接触器线圈的额定电压一般直接选用 380V 和 220V。如果控制线路比较复杂,使用的电器又比较多,为了安全起见,线圈的额定电压可选低一些。例如,交流接触器线圈电压可选择 127V、36V 等,这时需要附加一个控制变压器。

直流接触器线圈的额定电压应视控制回路的情况而定。同一系列、同一容量等级的接触器,其线圈的额定电压有几种,可以选与直流控制电路的电压一致的线圈额定电压。

直流接触器的线圈加的是直流电压,交流接触器的线圈一般是加交流电压。有时为了提高接触器的最大操作频率,交流接触器也有采用直流线圈的。

1.7.5 接触器的使用和维护

1. 安装前的检查

(1)检查接触器铭牌与线圈的技术数据是否符合控制线路的要求。

(2)检查接触器的外观,应无机械损伤。用手推动接触器的活动部分时要动作灵活,无卡住现象。

(3)必要时,对新购进或搁置已久的接触器作解体检查。

(4)检查接触器在 85% 额定电压时能否正常工作,有无卡住现象;在失压或电压过低时能否释放。

(5)检测产品的绝缘电阻。

2. 日常维护

(1)定期检查接触器各部件,观察螺丝是否松动,可动部分是否灵活。对有故障的元件应及时处理。

(2)当触点表面因电弧烧蚀而有金属小粒时,应及时清除。但当银和银基合金触点表面因电弧而烧成黑色,因为氧化银的导电能力很好,所以不要锉去,锉掉会缩短触点的寿命。当触点磨损到只剩1/3时,则应更换。

(3)灭弧罩往往较脆,拆装时应注意不要损坏。不允许将灭弧罩去掉,因为这样容易发生电流短路。

3．常见故障及处理方法

(1)触点接触不良：

① 铜触点表面日久氧化或因维护不当产生积垢,因此要刮掉氧化层或清除积垢。

② 触点过热导致压力弹簧变形,应在消除过热原因后更换触点压力弹簧。

③ 触点因电弧温度过高使触点金属汽化等原因造成触点磨损,必须更换触点。

(2)触点过热。

触点过热的原因主要是接触电阻过大,在额定电流通过触点时,触点的温升超过允许值所致。其主要原因是：

① 触点压力不够。更换损坏变形的触点弹簧或磨损的触点后,重新调整触点压力。

② 触点表面氧化或产生积垢对症处理。

③ 触点容量不够。必须更换一个触点容量较大的接触器。

④ 触点烧毛或熔焊。触点在闭合或分断时产生电弧,在电弧的作用下,使触点表面形成许多凸出的小点,而后小点面积扩大,这就是烧毛。触点闭合时,如果跳动,电弧会将触点熔化而导致熔焊。触点烧毛,要用整形锉整。触点熔焊需更换触点。

⑤ 接触器线圈通电后不能完全吸合。主要原因是动铁心被卡住、反作用弹簧反力过大、电源电压太低等。查清原因,对症处理即可。

(3)接触器线圈断电后衔铁不释放：

① E形铁心中柱端面与底面间的气隙应为 0.05~0.2mm,若因多次吸合碰撞变形导致气隙减小,使剩磁太大,线圈虽断电,但仍能吸住衔铁。只要将中柱端面锉去少许,保持与底面的距离在吸合时为 0.05~0.2mm 内即可。

② 反作用弹簧因疲劳变形造成弹力不足。更换反作用弹簧。

③ 可动部分被卡住。要对症修理。

④ 触点熔焊。更换新触点。

(4)接触器吸合后噪声过大：

① 动、静铁心的端面接触不良或有油垢。前者要在细砂布上磨平端面,使之接触面在80%以上,后者要用汽油或四氯化碳清洗。

② 铁心上的短路环断裂。按原样更换或将断裂处焊上。

③ 电源电压太低。提高电源电压到额定值。

④ 铁心卡住不能完全吸合。此时不仅噪声大,而且线圈中电流增大、温度升高,如果不及时处理,将会烧毁线圈。找出铁心卡住的原因,使铁心完全吸合,即可消除噪声。

(5)接触器线圈过热或烧毁。

流过线圈的电流过大,其原因是：

① 线圈匝间短路。更换新的线圈即可。

② 动、静铁心不能完全吸合。处理方法同前。

③ 电源电压低,吸力不足而使衔铁振动。调整电压到额定值。

④ 操作频繁。要减少接触器频繁闭合和断开,以免产生频繁的大电流冲击

(6)灭弧困难

此故障多发生在灭弧系统,主要有:
① 灭弧罩受潮。设法烘干。
② 灭弧罩破碎。更换新的灭弧罩。
③ 灭弧线圈匝间短路。更换新线圈。
④ 灭弧栅片脱落或损坏。可用铁板制作予以更换。

本章小结

1. 电磁式低压电器的电磁机构、触点系统、主要故障现象和和防护措施。
2. 电弧的产生和灭弧的方法。
3. 刀开关、组合开关、低压断路器、熔断器、接触器等电器的结构、基本工作原理、作用、应用场合、主要技术参数、典型产品、图形符号和文字符号以及选择、整定、使用和维护方法等。

习题

1.1 判断题(用√和×表示)
(1) 一台额定电压为220V的交流接触器在交流220V和直流220V的电源上均可使用。( )
(2) 交流接触器通电后如果铁心吸合受阻,将导致线圈烧毁。( )
(3) 交流接触器铁心端面嵌有短路铜环的目的是保证动、静铁心吸合严密,不发生震动与噪声。( )
(4) 直流接触器比交流接触器更适用于频繁操作的场合。( )
(5) 低压断路器又称为自动空气开关。( )
(6) 只要外加电压不变化,交流电磁铁的吸力在吸合前、后是不变的。( )
(7) 直流电磁铁励磁电流的大小与行程成正比。( )
(8) 闸刀开关可以用于分断堵转的电动机。( )
(9) 熔断器的保护特性是反时限的。( )
(10) 低压断路器具有失压保护的功能。( )

1.2 选择题
(1)电磁机构的吸力特性与反力特性的配合关系是( )。
A. 反力特性曲线应在吸力特性曲线的下方且彼此靠近。
B. 反力特性曲线应在吸力特性曲线的上方且彼此靠近。
C. 反力特性曲线应在远离吸力特性曲线的下方。
D. 反力特性曲线应在远离吸力特性曲线的上方。
(2)关于接触电阻,下列说法中不正确的是( )。
A. 由于接触电阻的存在,会导致电压损失。
B. 由于接触电阻的存在,触点的温度降低。
C. 由于接触电阻的存在,触点容易产生熔焊的现象。
D. 由于接触电阻的存在,触点工作不可靠。
(3)为了减小接触电阻,下列做法中不正确的是( )。
A. 在静铁心的端面上嵌有短路铜环。
B. 加一个触点弹簧。
C. 触点接触面保持清洁。

D. 在触点上镶一块纯银块。
(4) 由于电弧的存在,将导致( )。
A. 电路的分断时间加长。
B. 电路的分断时间缩短。
C. 电路的分断时间不变。
D. 分断能力提高。
(5) CJ20—160 型交流接触器在 380V 时的额定工作电流为 160A,故它在 380V 时能控制的电动机的功率约为( )。
 A. 85kW   B. 100 kW   C. 20 kW   D. 160 kW
(6) 在接触器的铭牌上常见到 AC3、AC4 等字样,它们代表( )。
 A. 生产厂家代号   B. 使用类别代号
 C. 国标代号   D. 电压级别代号
(7) CJ20—160 型交流接触器在 380V 时的额定电流为( )。
 A. 160A   B. 20A   C. 100A   D. 80 A
(8) 交流接触器在不同的额定电压下,额定电流( )。
 A. 相同   B. 不相同   C. 与电压无关   D. 与电压成正比
(9) 熔断器的额定电流与熔体的额定电流( )。
 A. 是一回事   B. 不是一回事
(10) 低压断路器的两段式保护特性是指( )。
A. 过载延时和特大短路的瞬时动作。
B. 过载延时和短路短延时动作。
C. 短路短延时和特大短路的瞬时动作。
D. 过载延时、短路短延时和特大短路瞬时动作。

1.3 问答题

(1) 什么是低压电器?常用的低压电器有哪些?
(2) 电磁式低压电器有哪几部分组成?说明各部分的作用。
(3) 什么是电接触?接触电阻是怎样产生的?有哪些危害?
(4) 说明触点分断时电弧产生的原因及常用的灭弧方法。
(5) 低压断路器可以起到哪些保护作用?说明其工作原理。
(6) 熔体的熔断电流一般是额定电流的多少倍?
(7) 如何选择熔体和熔断器规格?
(8) 交流接触器的铁心端面上为什么要安装短路环?
(9) 交流接触器频繁操作后线圈为什么会发热?其衔铁卡住后会发生什么后果?
(10) 交流接触器能否串联使用?为什么?
(11) 在接触器的铭牌上常见到 AC3、AC4 等字样,它们有何意义?
(12) 从接触器的结构上,如何区分是交流接触器还是直流接触器?

第二章　控制电路中常用的电器元件

●**内容提要：**本章主要介绍了继电器(电磁式继电器、时间继电器、热继电器、速度继电器、干簧继电器、固态继电器等)和主令电器（按钮、行程开关、接近开关、光电开关、万能转换开关、主令控制器等）的结构、基本工作原理、作用、应用场合、主要技术参数、典型产品、图形符号和文字符号以及选择、整定、使用和维护方法等。

2.1　概述

控制电路中常用的电器元件有各种类型的继电器和主令电器。

继电器是一种根据电量(电流、电压等)或非电量(热、时间、转速、压力等)的变化使触点动作,接通或断开控制电路,以实现自动控制和保护电力拖动装置的电器。继电器一般由感测机构、中间机构和执行机构三个基本部分组成。感测机构把感测到的电量或非电量传递给中间机构,将它与预定值(整定值)进行比较,当达到整定值时,中间机构便使执行机构动作,从而接通或断开电路。

继电器的种类很多,主要按以下方法分类。

1. 按用途可分为控制继电器和保护继电器。
2. 按工作原理可分为电磁继电器、感应式继电器、热继电器、机械式继电器、电动式继电器和电子式继电器。
3. 按反应的参数(动作信号)可分为电流继电器、电压继电器、时间继电器、速度继电器、压力继电器等。
4. 按动作时间可分为瞬时继电器(动作时间小于 0.05 s)和延时继电器(动作时间大于 0.15 s)。
5. 按输出形式可分为有触点继电器和无触点继电器。

在电力系统中,用得最多的是电磁式继电器。

主令电器是一种机械操作的控制电器,对各种电气系统发出控制指令,使继电器和接触器动作,从而改变拖动装置的工作状态(如电动机的启动、停车、变速等),以获得远距离控制。

主令电器应用广泛,种类繁多。最常见的有：控制按钮、行程开关、接近开关、转换开关和主令控制器等。

本章主要讲述在电力拖动自动控制系统中用得最多的电磁式继电器、热继电器、时间继电器、速度继电器、干簧继电器、固态继电器等,以及各种常用的主令电器。

2.2　电磁式继电器

2.2.1　概述

电磁式继电器是以电磁力为驱动力的继电器,是电气控制设备中用得最多的一种继电器。

图2-1是电磁式继电器的典型结构,它由铁心、衔铁、线圈、反力弹簧和触点等部分组成。在这种磁系统中,铁心7和铁轭为一整体,减少了非工作气隙;极靴8为一圆环,套在铁心端部;衔铁6制成板状,绕棱角(或绕轴)转动;线圈不通电时,衔铁靠反力弹簧2作用而打开。衔铁上垫有非磁性垫片5。装设不同的线圈后可分别制成电流继电器、电压继电器和中间继电器。这种继电器线圈有交流和直流的两种,即构成交流电磁式继电器和直流电磁式继电器。直流电磁式继电器再加装铜套11后可构成电磁式时间继电器。

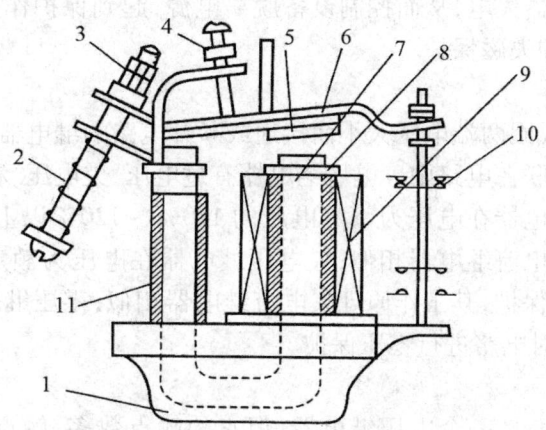

1—底座;2—反力弹簧;3、4—调整螺钉
5—非磁性垫片;6—衔铁;7—铁心
8—极靴;9—电磁线圈;10—触点系统

图2-1 电磁式继电器的典型结构

尽管继电器和接触器都是用来自动接通和断开电路,但也有不同之处。首先,继电器一般用于控制电路中,控制小电流电路,触点额定电流不大于5A,所以不加灭弧装置;而接触器一般用于主电路中,控制较大电流电路,主触点额定电流不小于5A,需加灭弧装置。其次,接触器一般只能对电压的变化做出反应,而各种继电器可以在相应的各种电量或非电量作用下动作。

2.2.2 工作原理

1. 电磁式电流继电器

电流继电器的线圈串联在被测量的电路中,以反应电路电流的变化。为了不影响电路的正常工作,电流继电器线圈匝数少、导线粗、线圈阻抗小。

除一般用于控制的电流继电器外,还有保护用过电流继电器和欠电流继电器。

(1)过电流继电器

线圈电流高于整定值时动作的继电器称为过电流继电器。过电流继电器的动断触点串在接触器的线圈电路中,动合触点一般用作对过电流继电器的自锁和接通指示灯线路。

过电流继电器在电路正常工作时衔铁不吸合,当电流超过某一整定值时衔铁才吸上(动作)。于是它的动断触点断开,从而切断接触器线圈电源,使接触器的动合触点断开被测电路,使设备脱离电源,起到保护作用。同时过电流继电器的动合触点闭合进行自锁或接通指示灯,指示发生过电流。过电流继电器整定值的整定范围为1.1~3.5倍额定电流。有的过电流继电器发生过电流后不能自动复位,需要手动复位,这样可避免重复过电流的事故发生。

(2)欠电流继电器

当线圈电流低于整定值时动作的继电器称为欠电流继电器。欠电流继电器一般将动合触点串在接触器的线圈电路中。

欠电流继电器的吸引电流为线圈额定电流的30%~65%,释放电流为额定电流的10%~20%。因此,在电路正常工作时,衔铁是吸合的,只有当电流降低到某一整定值时,继电器释放,输出信号去控制接触器失电,从而控制设备脱离电源,起到保护作用。这种继电器常用于直流电动机和电磁吸盘的失磁保护。

2. 电磁式电压继电器

电压继电器是根据线圈两端电压大小而接通或断开电路的继电器。这种继电器线圈的导线细、匝数多、阻抗大,并联在电路中。电压继电器有过电压、欠电压、和零电压继电器之分。

一般来说,过电压继电器在电压为额定电压的110%~120%以上时动作,对电路进行过压保护,其工作原理与过电流继电器相似;欠电压继电器在电压为额定电压的40%~70%时动作,对电路进行欠电压保护,其工作原理欠电流继电器相似;零压继电器在电压降至额定电压的5%~25%时动作,对电路进行零压保护。

3. 中间继电器

中间继电器在结构上是一个电压继电器,但它的触点数多、触点容量大(额定电流5~10A),是用来转换控制信号的中间元件。其输入是线圈的通电或断电信号,输出信号为触点的动作。其主要用途是当其他继电器触点数或触点容量不够时,可借助中间继电器来扩大它们的触点数或触点容量。

2.2.3 常用的电磁式继电器

目前常用的电磁式继电器有:JZC1、JZC4系列接触器式中间继电器,J27系列中间继电器,JL12过电流延时继电器,JL14系列电流继电器,以及用作直流电压、时间、欠电流、中间继电器的JT3系列。

其中JZC1系列性能指标等同于德国西门子公司的3TH系列产品。JZC4系列符合国际IEC及国家GB1497标准,是JZ7系列的更新换代产品。

型号及其含义如下:

JZC4系列中间继电器的主要技术参数列于表2-1。

表2-1　　　　　　　　JZC4系列中间继电器主要技术参数

额定绝缘电压(V)	约定发热电流(A)	最小负载(可靠工作)	额定功率		电寿命(次数×104)	机械寿命(次数×104)	线圈电压AC(V)
			DC	AC			
660	10	0.6VA (6V或10mA以上)	DC-11 220V 33W DC-13 50W	AC-11 380V 300VA AC-15 400VA	≥200	≥2000	24、(36)、48、110、(127)、220、380

2.2.4 电磁式继电器的特性、主要参数和整定方法

1. 电磁式继电器的特性

继电器的主要特性是输入——输出特性,电磁式继电器的特性如图2-2所示,这一矩形曲线统称为继电器特性曲线。

当继电器输入量 x 由零增至 x_2 以前,继电器输出量 y 为零。当输入量增加到 x_2 时,继电器吸合,通过其触点的输出量为 y_1,若 x 再增加,y 值不变。当 x 减小到 x_1 时,继电器释放,输出 y_1 降到零,x 再减小,y 值恒为零。

图中,x_2 称为继电器的吸合值,欲使继电器动作,输入量 x 必须大于此值;x_1 称为继电器的释放值,欲使继电器释放,输入量 x 必须小于此值。$K = x_1/x_2$ 称为继电器的返回系数。它是继电器的主要参数之一。

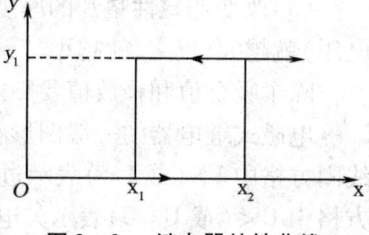

图2-2 继电器特性曲线

2. 电磁式继电器的主要参数

(1) 灵敏度

使继电器动作的最小功率称为继电器的灵敏度。

(2) 额定电压和额定电流

对于电压继电器,它的线圈额定电压为该继电器的额定电压;对于电流继电器,它的线圈额定电流为该继电器的额定电流。

(3) 吸合电压或吸合电流

使继电器衔铁开始运动时线圈的电压(对电压继电器)或电流(对电流继电器)称为吸合电压或吸合电流,用 U_{XH} 或 I_{XH} 表示。

(4) 释放电压或释放电流

继电器衔铁开始释放时线圈的电压或电流,用 U_{SF} 或 I_{SF} 表示。

(5) 返回系数

释放电压(或电流)与吸合电压(或电流)的比值,用 K 表示,K 值恒小于1。

电压继电器的返回系数 $K = U_{SF}/U_{XH}$

电流继电器的返回系数 $K = I_{SF}/I_{XH}$

K 值可以调节,具体方法随继电器的结构不同而有所差异。返回系数实际上是表示继电器的吸合值与释放值的接近程度。

(6) 吸合时间和释放时间

吸合时间是从线圈接受电信号到衔铁完全吸合所需要的时间;释放时间是线圈失电到衔铁完全释放所需要的时间。它们的大小影响继电器的操作频率。一般继电器的吸合时间和释放时间为 0.05~0.15s,快速继电器可达 0.005~0.05s。

(7) 整定值

根据控制系统的要求,预先使继电器达到某一个吸合值或释放值,吸合值(电压或电流)或释放值(电压或电流)就叫整定值。

3. 电磁式继电器的整定方法

继电器在使用前,应预先吸合值和释放值或返回系数整定到控制系统所需要的值。对图

2-1 所示的继电器整定方法如下：

（1）调整调节螺钉 3 上的螺母可以改变反力弹簧 2 的松紧度，从而调整吸合电流（或电压）。反力弹簧调得越紧，吸合电流（或电压）就越大，反之，就越小。

（2）调整调节螺钉 4 可以改变初始气隙的大小，从而调整吸合电流（或电压）。气隙越大，吸合电流（或电压）就越大，反之，就越小。

（3）改变非磁性垫片的厚度可以调整释放电流（或电压）。非磁性垫片越厚，释放电流（或电压）就越大，反之，就越小。

除了吸合值和释放值要整定外，有些继电器要求增大返回系数，以提高控制灵敏度。

电磁式继电器的一般图形符号是相同的，如图 2-3 所示。电流继电器的文字符号为 KA，线圈方格中 I＞（或 I＜）表示过电流（或欠电流）继电器。电压继电器的文字符号为 KV，线圈方格中 U＜（或 U＝0）表示欠电压（或零压）继电器。

电磁式继电器在选用时应考虑继电器线圈电压或电流满足控制线路的要求，同时还应按照控制需要区别选择过电流继电器、欠电流继电器、过电压继电器、欠电压继电器、中间继电器等，还要注意交流与直流之分。

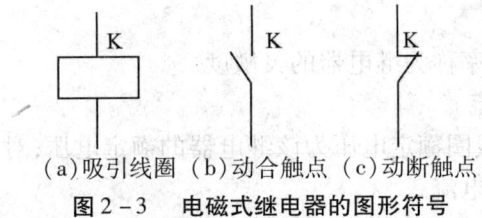

(a) 吸引线圈 (b) 动合触点 (c) 动断触点

图 2-3 电磁式继电器的图形符号

2.3 时间继电器

在电力拖动控制系统中，不仅需要动作迅速的继电器，而且需要当吸引线圈通电或断电以后，其触点经过一定延时再动作的继电器，这种继电器称为时间继电器。按其动作原理与构造不同，可分为电磁式、空气阻尼式、电动式和电子式等时间继电器。

2.3.1 直流电磁式时间继电器

电磁式时间继电器一般在直流电气控制电路中应用较广，只能直流断电延时动作。它的结构是在图 2-1 的 U 形静铁心 7 的另一柱上安装上阻尼铜套 11，即构成时间继电器。

其工作原理是，当线圈 9 断电后，通过铁心 7 的磁通要迅速减少，由于电磁感应，在阻尼铜套 11 内产生感应电流。根据电磁感应定律，感应电流产生的磁场总是阻碍原磁场的减弱，使铁心继续吸持衔铁一小段时间，以达到延时的目的。

这种时间继电器延时时间的长短是靠改变铁心与衔铁间非磁性垫片的厚度（粗调）或改变释放弹簧的松紧（细调）来调节的。垫片越厚延时越短，反之越长。因非导磁性垫片的厚度一般为 0.1 mm、0.2 mm、0.3 mm，具有阶梯性，故用于粗调。而弹簧越紧则延时越短，反之越长，由于弹簧松紧可连续调节，故用于细调。

电磁式时间继电器的优点是，结构简单，运行可靠，寿命长，但延时时间短。

2.3.2 空气阻尼式时间继电器

空气阻尼式时间继电器是利用空气阻尼作用获得延时的,线圈电压为交流,因交流继电器不能象直流继电器那样依靠断电后磁阻尼延时,因而采用空气阻尼式延时。它分为通电延时和断电延时两种类型。图2-4是JS7-A系列时间继电器的结构示意图,它主要由电磁系统、延时机构和工作触点三部分组成。其工作原理如下:

图2-4(a)为通电延时型时间继电器,当线圈1通电后,铁心2将衔铁3吸合,同时推板5使微动开关16立即动作。活塞杆6在塔形弹簧8的作用下,带动活塞12及橡皮膜10向上移动,由于橡皮膜下方气室空气稀薄,形成负压,因此活塞杆6不能迅速上移。当空气由进气孔14进入时,活塞杆逐渐上移。移到最上端时,杠杆7才使微动开关15动作。延时时间即为自电磁铁吸引线圈通电时刻起微动开关15动作为止这段时间。通过调节螺杆13来改变进气孔的大小,就可以调节延时时间。

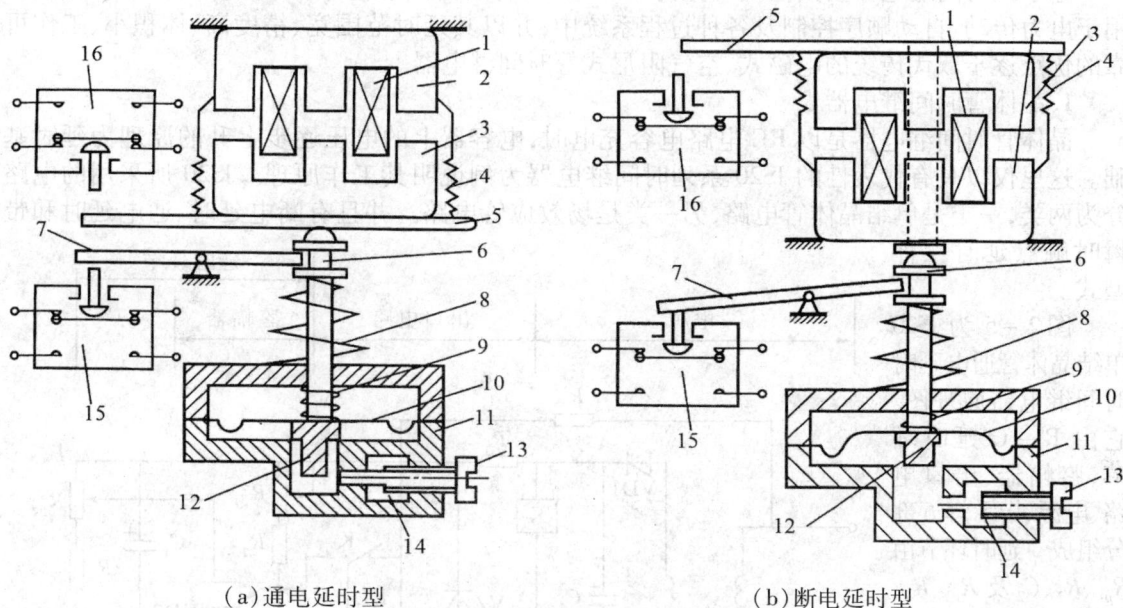

(a)通电延时型　　　　　　　　　　(b)断电延时型

1-线圈;2-铁心;3-衔铁;4-复位弹簧;5-推板;6-活塞杆;7-杠杆;8-塔形弹簧;
9-弱弹簧;10-橡皮膜;11-空气室壁;12-活塞;13-调节螺杆;14-进气孔;15、16-微动开关

图2-4　JS7-A系列时间继电器动作原理图

当线圈1断电时,衔铁3在复位弹簧4的作用下将活塞12推向最下端。因活塞被往下推时,橡皮膜下方气室内的空气,都通过橡皮膜10、弱弹簧9和活塞12肩部所形成的单向阀,经上气室缝隙顺利排掉,因此延时与不延时的微动开关15与16都能迅速复位。

将电磁机构翻转180°安装后,可得到图2-4(b)所示的断电延时型上继电器。它的工作原理与通电延时型相似,微动开关15是在吸引线圈断电后延时动作的。

空气阻尼式时间继电器的优点是结构简单,寿命长,价格低,还附有不延时的触点,所以应用较为广泛。缺点是准确度低,延时误差大(±10%~±20%),在要求延时精度高的场合不宜采用。

JS7-A系列空气阻尼式时间继电器主要技术参数列于表2-2。

表 2-2　　　　　JS7—A 系列空气阻尼式时间继电器主要技术参数

型号	瞬时动作触点数量		有延时的触点数量				触点额定电压（V）	触点额定电流（A）	线圈电压（V）	延时范围（s）	额定操作频率（次/h）
			通电延时		断电延时						
	动合	动断	动合	动断	动合	动断					
JS7-1A	—	—	1	1	—	—	380	5	24、36、110、127、220、380、420	0.4~60 及 0.4~180	600
JS7-2A	1	1	1	1	—	—					
JS7-3A	—	—	—	—	1	1					
JS7-4A	1	1	—	—	1	1					

2.3.3 电子式时间继电器

电子式时间继电器按其构成可分为 R-C 式晶体管时间继电器和数字式时间继电器。多用于电力传动、自动顺序控制及各种过程系统中，并以其延时范围宽、精度高、体积小、工作可靠的优点逐步取代传统的电磁式、空气阻尼式等时间继电器。

1. 晶体管时间继电器

晶体管时间继电器是以 RC 电路电容充电时，电容器上的电压逐步上升的原理为延时基础。这里仅以具有代表性的 JS20 系列时间继电器为例说明其工作原理。JS20 所采用的电路分为两类，一类是单结晶体管电路，另一类是场效应管电路。并且有断电延时、通电延时和带瞬时触点延时三种型式。

图 2-5 为 JS20 单结晶体管通电延时时间继电器原理图。它由 R-C 延时环节、鉴幅器、出口电路、电源、指示灯五部分组成。延时环节由 R_{p1}、R_2、C_2 及 R_{p2}、R_4、VD2、C_2 组成，其中由低值电阻 R_{p2}、R_4、R_5 组成的分压器经二极管 VD2 向电容器 C_2 提供预充电回路。电源由交流电供电，经变压器 T 及二极管

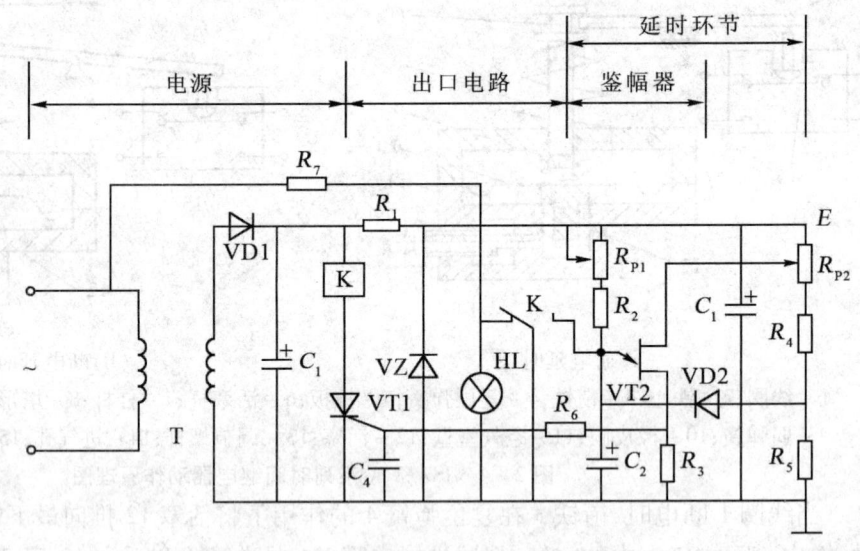

图 2-5　JS20 单结晶体管时间继电器电路

VD2 整流，电容器 C_1 滤波直接供出口电路中的小型晶闸管 VT1 及继电器 K。电源的稳压部分由 R_1 及稳压管 VZ 构成，并为延时环节及鉴幅器电路提供电源。鉴幅器主要由单结晶体管 VT1 及电容器 C_2 构成。

接通电源后经 VD1 整流、C_1 滤波、VZ 稳压后的直流电压，通过 R_{p2}、R_4、VD2 向电容器 C_2 以极小的时间常数快速充电，与此同时也通过 R_{p1}、R_2 向电容器 C_2 充电。电容器 C_2 上的电压在预充电压的基础上，依指数规律逐渐升高，当此电压大于单结晶体管 VT2 的峰点电压 U_p 时，单结晶体管导通，输出脉冲电压触发小型晶体管 VT1。VT1 导通后使执行继电器 K 线圈通电、

衔铁吸合，其触点将接通或分断外电路。利用执行继电器 K 的一个动合触点将 C_2 短路，使电容迅速放电，同时动断触点断开使氖指示灯 HL 起辉，表示延时完毕。

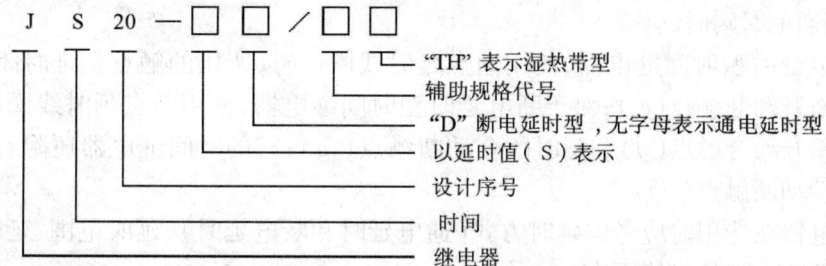

当切断电源时，K 释放，电路恢复原始状态，等待下次动作。电位器 R_{P1} 用于调节延时时间。

型号及其含义如下：

JS20 系列晶体管时间继电器是全国统一设计产品，延时范围有 0.1～180、0.1～300、0.1～3600 三种，电气寿命达 10 万次。适用于交流 50Hz、电压 380V 及以下或直流 110V 及以下的控制电路中。此外，常用的晶体管时间继电器还有 JS14A、JS15、JSJ 系列。

2. 数字式时间继电器

R-C 晶体管时间继电器是利用 R、C 充放电原理制成的。由于受延时原理的限制，不容易做成长延时，且延时精度易受电压、温度的影响，精度较低，延时过程也不能显示，因而影响了它的使用。随着半导体技术，特别是集成电路技术的进一步发展，采用新延时原理的时间继电器——数字式时间继电器便应运而生，各种性能指标得到大幅度的提高。目前最先进的数字式时间继电器内部装有微处理器。

国内外数字式时间继电器按其时基发生器构成原理不同，可分为电源分频式、R-C 振荡式和石英分频式三种类型的数字式时间继电器。它们的延时精度高、延时范围广、延时过程可数字显示和延时方法灵活，但电路复杂、价格较高。

目前市场上的数字式时间继电器型号有很多，有 DH48S、DH14S、DH11S、JSS1、JS14S、JS14P 系列等。其中 JS14S 系列与 JS14、JS14P、JS20 系列时间继电器兼容，取代方便。DH48S 系列数显时间继电器，为引进技术及工艺制造，替代进口产品；延时范围为 0.01～9999，任意预置；精度高、体积小、功耗小、性能可靠。另外，还有从日本富士公司引进生产的 ST 系列等。

时间继电器的图形符号和文字符号如图 2-6 所示。

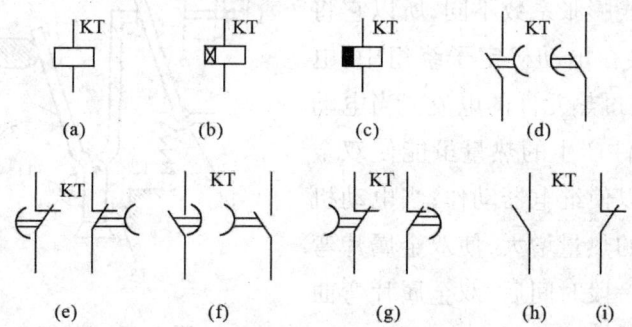

（a）线圈一般符号　（b）通电延时线圈　（c）断电延时线圈（d）延时闭合动合触点
（e）延时断开动断触点　（f）延时断开动合触点　（g）延时闭合动断触点
（h）瞬动动合触点　（i）瞬动动断触点

图 2-6　时间继电器的图形符号

在图 2-6 中，(d)和(e)为通电延时型时间继电器的触点，它们在线圈通电时延时动作，在线圈断电时瞬时动作；(f)和(g)为断电延时型时间继电器的触点，它们在线圈断电时延时动作，在线圈通电时瞬时动作。

对于通电延时型时间继电器，使用通点延时线圈(b)，所用的触点是延时闭合动合触点(d)和延时断开动断触点(e)；对于断电延时型时间继电器，使用断点延时线圈(c)，所用的触点是延时断开动合触点(f)和延时闭合动断触点(g)；有的时间继电器还附有瞬动动合触点(h)和瞬动动断触点(i)。

时间继电器在选用时应考虑延时方式(通电延时和断电延时)、延时范围、延时精度要求、外形尺寸、安装方式、价格等因素。

常用的时间继电器有气囊式、空气阻尼式、电磁式、电动式及电子式等，在要求延时范围大、延时准确度较高的场合，应选用电动式或电子式时间继电器。当要求精度不高、电源电压波动大的场合，可选用价格较低的电磁式或气囊式时间继电器。

2.4 热继电器

热继电器是一种具有反时限(延时)过载保护特性的过电流继电器，广泛用于电动机的过载保护，也可用于其他电气设备的过载保护。

电动机在运行过程中，如果长期过载、频繁启动、欠电压运行或者断相运行等都可能使电动机的电流超过它的额定值。如果超过额定值的量不大，熔断器在这种情况下不会熔断，这样将引起电动机过热，损坏绕组的绝缘，缩短电动机的使用寿命，严重时甚至烧坏电动机。因此，常采用热继电器作为电动机的过载保护。

2.4.1 热继电器的结构及工作原理

热继电器有各种各样的结构形式，最常用的是双金属片式结构，图 2-7 为热继电器结构原理图。双金属片 2 是用两种不同线膨胀系数的金属片，通过机械碾压在一起制成的，一端固定，另一段为自由端。当双金属片的温度升高时，由于两种金属的线膨胀系数不同，所以它将弯曲。热元件 3 串接在电动机定子绕组中，电动机绕组电流即为流过热元件的电流。当电动机正常运行时，热元件产生的热量虽能使双金属片 2 弯曲，但不足以使继电器动作；当电动机过载时，热元件产生的热量增大，使双金属片弯曲位移量增大，经过一段时间后，双金属片弯曲推动导板 4，并通过补偿双金属片 5 与推杆 14

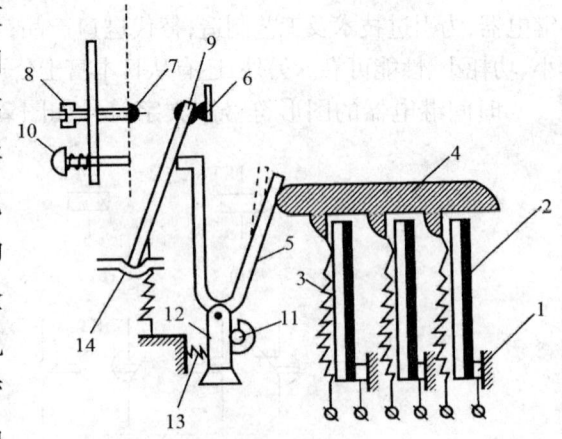

图 2-7 热继电器结构原理图

将触点 9 和 6 分开，触点 9 和 6 为热继电器串于接触器线圈回路的动断触点，断开后使接触器失电，接触器的动合触点断开电动机等负载回路，保护了电动机等负载。

补偿双金属片 5 可以在规定范围内（+40℃～-30℃）补偿环境温度对热继电器的影响。如果周围环境温度升高，双金属片向左弯曲程度加大，然而补偿双金属片 5 也向左弯曲，使导板 4 与补偿双金属片之间距离保持不变，故继电器特性不受环境温度升高的影响，反之亦然。有时可采用欠补偿，使补偿双金属片 5 向左弯曲的距离小于双金属片 2 因环境温度升高向左弯曲的变动值，以便在环境温度较高时，热继电器动作较快，更好地保护电动机。

调节旋钮 11 是一个偏心轮，它与支撑件 12 构成一个杠杆，转动偏心轮，即可改变补偿双金属片 5 与导板 4 的接触距离，从而达到调节整定动作电流值的目的。此外，靠调节复位螺钉 8 来改变动合静触点 7 的位置使热继电器能工作在手动复位和自动复位两种工作状态。调试手动复位时，在故障排除后需按下按钮 10 才能使动触点 9 恢复与静触点 6 相接触的位置。

2.4.2 带断相保护的热继电器

上述结构的热继电器适用于三相同时出现时出现过载电流的情况，若三相中有一相断线而出现过载电流，则因为断线那一相的双金属片不弯曲而使热继电器不能及时动作，有时甚至不动作，故不能起到保护作用。这时就需要使用带断相保护的热继电器，其结构原理如图 2-8 所示，其中剖面 3 为双金属片，虚线表示动作位置，图 2-8（a）为断电时的位置。

当电流为额定值时，三个热元件均正常发热，其端部均向左弯曲推动上、下导板同时左移，但达不到动作位置，继电器不会动作，如图 2-8（b）所示。

当电流过载达到整定值时，双金属片弯曲过大，把导板和杠杆推到动作位置，继电器动作，使动断触点立即打开，如图 2-8（c）所示。

当一相（设 L1 相）断路时，L1 相（右侧）的双金属片逐渐冷却降温，其端部向右移动，推动上导板向右移动；而另外两相双金属片温度上升，使端部向左移动，产生差动作用，使杠杆扭转，继电器动作，起到断相保护作用。

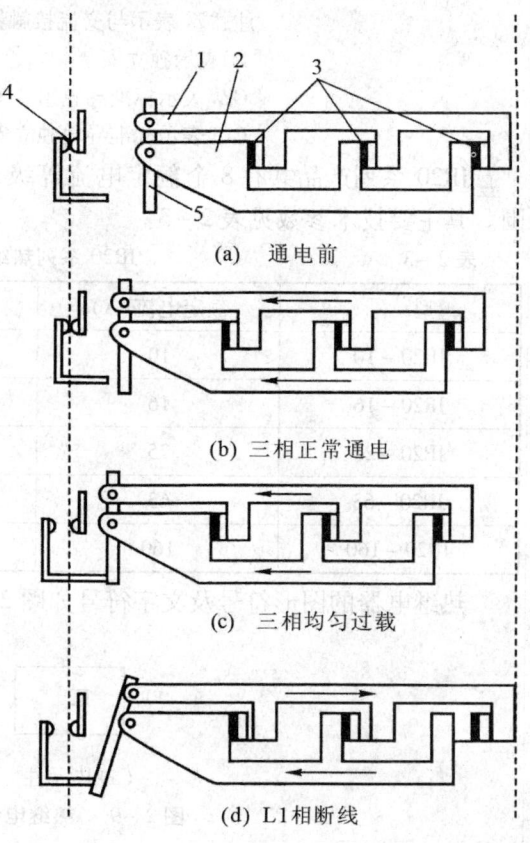

(a) 通电前

(b) 三相正常通电

(c) 三相均匀过载

(d) L1 相断线

1-上导板；2-下导板；3-双金属片
4-动断触点；5-杠杆

图 2-8 带断相保护的热继电器

2.4.3 常用的热继电器

目前国内生产的热继电器品种很多，常用的有 JR20、JRS1、JRS2、JRS5、JR16B 和 T 系列等。其中 JRS1 为引进法国 TE 公司的 LR1—D 系列，JRS2 为引进德国西门子公司的 3UA 系列，JRS5 为引进日本三菱公司 TH—K 系列，T 系列为引进德国 ABB 公司的产品。

JR20 系列热继电器采用立体布置式结构,且系列动作机构通用。除具有过载保护、断相保护、温度补偿以及手动和自动复位功能外,还具有动作脱扣灵活、动作脱扣指示以及断开检验按钮等功能装置。

型号及其含义如下:

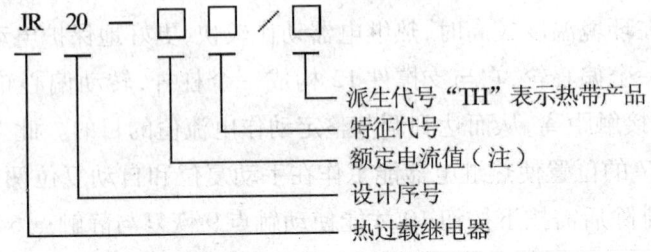

注:"Z"表示与交流接触器组合安装
"L"表示独立安装
"GZ"表示标准导轨组合安装
"GL"表示标准导轨独立安装

JR20 系列产品共有 8 个额定电流等级,46 个热元件规格,可适用于 0.1~630A 保护范围。其主要技术参数见表 2-3。

表 2-3 JR20 系列热继电器主要技术参数

型 号	额定电流(A)	热元件号	额定电流调节范围(A)
JR20-10	10	1R~15R	0.1~11.6
JR20-16	16	1S~6S	3.6~18
JR20-25	25	1T~4T	7.8~29
JR20-63	63	1U~6U	16~71
JR20-160	160	1W~9W	33~176

热继电器的图形符号及文字符号如图 2-9 所示。

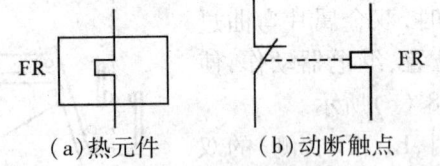

(a)热元件   (b)动断触点

图 2-9 热继电器的图形符号及文字符号

2.4.4 热继电器接入电动机定子电路方式

三相交流电动机的过载保护大多数采用三相式热继电器,由于热继电器有带断相保护和不带断相保护两种,根据电动机绕组的接法,这两种类型的热继电器接入电动机定子电路的方式也不尽相同。

当电动机定子绕组为星形接法时,带断相保护和不带断相保护的热继电器均可接在线电路中,如图 2-10 (a)所示。采用这种接入电路方式,在发生三相均匀过载、不均匀过载乃至发生一相断线事故时,流过热继电器的电流即为流过电动机绕组的电流,所以热继电器可以如实地反映电动机的过载情况。

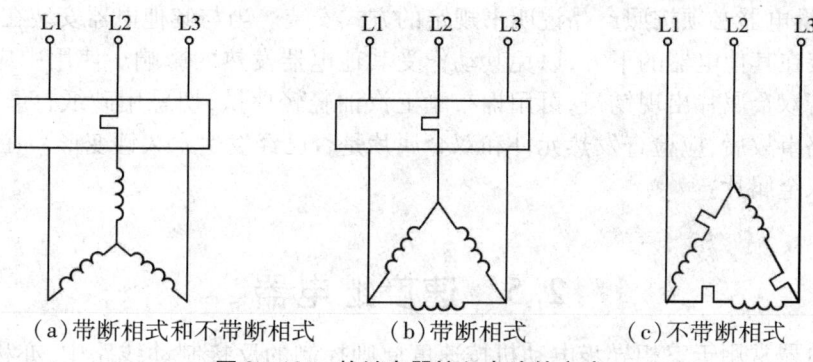

(a)带断相式和不带断相式　　(b)带断相式　　(c)不带断相式

图2-10　热继电器接入电路的方式

电动机的额定电流是指线电流,电动机在三角形接法时,额定线电流为每相绕组额定相电流的$\sqrt{3}$倍。当发生断相运行时,如果故障线电流达到电动机的额定电流,可以证明,此时电动机电流最大一相绕组的电流将达到额定相电流典1.15倍。若将热继电器的热元件串接在三角形接法电动机的电源进线中,并且按电动机的额定电流选择热继电器,当故障线电流达到额定电流时,在电动机绕组内部,电流较大的那一相绕组的故障相电流将超过额定电流。因热继电器串在电源进线中,所以热继电器不动作,但对电动机来说就有过热危险了。

因此,当电动机定子绕组为三角形接法时,若采用普通热继电器,为了能进行断相保护,必须将三个发热元件串接在电动机的每相绕组上,如图2-10(c)所示。如果采用断相式热继电器,可以采用图2-10(b)的接线形式。

2.4.5　热继电器的选用与维护

热继电器的选用是否得当,直接影响着对电动机进行过载保护的可靠性。

1.热继电器有两相式、三相式和三相带断相保护等形式。星形接法的电动机及电源对称性较好的情况可选用两相或三相结构的热继电器;三角形接法的电动机应选用带断相保护装置的三相结构热继电器。

2.原则上热继电器的额定电流应按电动机的额定电流来选择,但对于过载能力较差的电动机,其配用的热继电器(主要是发热元件)的额定电流应适当小一些,一般选取热继电器的额定电流(实际上是选取发热元件的额定电流)为电动机额定电流的60%~80%。在不频繁启动的场合,要保证热继电器在电动机的启动过程中不产生误动作。通常,当电动机的启动电流为其额定电流的6倍、启动时间不超过6s且电动机很少连续启动时,就可按电动机的额定电流来选用热继电器。

热元件选好后,还需按电动机的额定电流来调整它的整定值。

3.对于工作时间较短、间歇时间较长的电动机,以及虽然长期工作但过载的可能性很小的电动机,可以不设过载保护。

4.双金属片式热继电器一般用于轻载、不频繁启动电动机的过载保护。对于重载、频繁启动的电动机,则可用过电流继电器(延时动作型的)作它的过载保护和短路保护。因为热元件受热变形需要时间,故热继电器不能作短路保护用。

5.热继电器有手动复位和自动复位两种方式。对于重要设备,宜采用手动复位方式;如果热继电器和接触器的安装地点远离操作地点,且从工艺上又易于看清过载情况,宜采用自动复位方式。

另外,热继电器必须按照产品说明书规定的方式安装。当与其他电器安装在一起时,应将热继电器安装在其他电器的下方,以免其动作受其他电器发热的影响。使用中应定期除去尘埃和污垢。若双金属片出现锈斑,可用棉布蘸上汽油轻轻擦拭,切忌用砂纸打磨。另外,当主电路发生短路事故后,应检查发热元件和双金属片是否已经发生永久性变形。在作调整时,绝不允许弯折双金属片。

2.5 速度继电器

速度继电器常用于三相异步电动机按速度原则控制的反接制动线路中,亦称反接制动继电器。它主要由转子、定子和触点三部分组成。转子是一个圆柱形永久磁铁,定子是一个笼形空心圆环,由硅钢片叠成,并装有笼形绕组。

速度继电器的工作原理如图 2-11 所示。其转子轴与电动机轴相连接,定子空套在转子上。当电动机转动时,速度继电器的转子(永久磁铁)随之转动,在空间产生旋转磁场,切割定子绕组,而在其中感应出电流。此电流又在旋转磁场作用下产生转矩,使定子随转子转动方向而旋转一定的角度,与定子装在一起的摆锤推动触点动作,使动断触点断开,动合触点闭合。当电动机转速低于某一值时,定子产生的转矩减小,动触点复位。

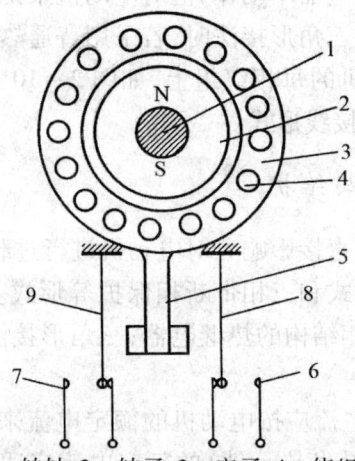

1—转轴;2—转子;3—定子;4—绕组
5—摆锤;6、7—静触点;8、9—动触点
图 2-11 速度继电器原理示意图

常用的速度继电器有 JY1 型和 JFZ0 型。JY1 型能在 3000r/min 以下可靠工作;JFZ0—1 型适用于 300~1000r/min,JFZ0—2 型适用于 1000~3600r/min;JFZ0 型有两对动合、动断触点。一般速度继电器转轴在 120r/min 左右即能动作,在 100r/min 以下触点复位。

速度继电器的图形符号及文字符号如图 2-12 所示。

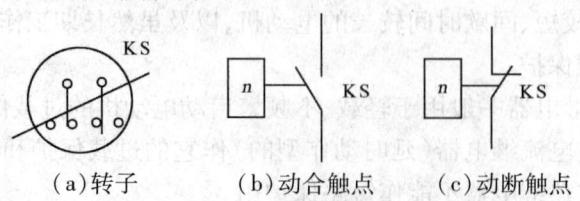

(a)转子　　　(b)动合触点　　　(c)动断触点

图 2-12 速度继电器的图形符号及文字符号

JY1 型和 JFZ0 型速度继电器的主要技术参数列表2-4

表2-4　　　　　　　　JY1 型和 JFZ0 型速度继电器的主要技术参数

型号	触点容量		触点数量		额定工作转速(r/min)	允许操作频率(次/h)
	额定电压(V)	额定电流(A)	正转时动作	反转时动作		
JY1	380	2	1组转换触点	1组转换触点	100~3600 300~3600	<30

2.6　干簧继电器

干式舌簧继电器简称干簧继电器,是近年来迅速发展起来的一种新型密封触点的继电器。普通的电磁继电器由于动作部分惯量较大,动作速度不快;同时因线圈的电感较大,其时间常数也较大,因而对信号的反映不够灵敏。而且普通继电器的触点又暴露在外,易受污染,使触点接触不可靠。干簧继电器克服了上述缺点,具备快速动作、高度灵敏、稳定可靠和功率消耗低等优点,为自动控制装置和通讯设备所广泛采用。

干簧继电器的主要部件是由铁镍合金制成的干簧片,它即能导磁又能导电,兼有普通电磁继电器的触点和磁路系统的双重作用。干簧片装在密封的玻璃管内,管内充有纯净干燥的惰性气体,以防止触点表面氧化。为了提高触点的可靠性和减小接触电阻,通常在干簧片的触点表面镀有导电性良好,耐磨的贵金属(如金、铂、铑及合金)。

在干簧管外面套一励磁线圈就构成一只完整的干簧继电器,如图2-13(a)所示。当线圈通以电流时,在线圈的轴向产生磁场,该磁场使密封管内的两干簧片被磁化,于是两干簧片触点产生极性相反的两种磁场,它们相互吸引而闭合。当切断线圈电流时,磁场消失,两干簧片也失去磁性,依靠其自身的弹性而恢复原位,使触点断开。

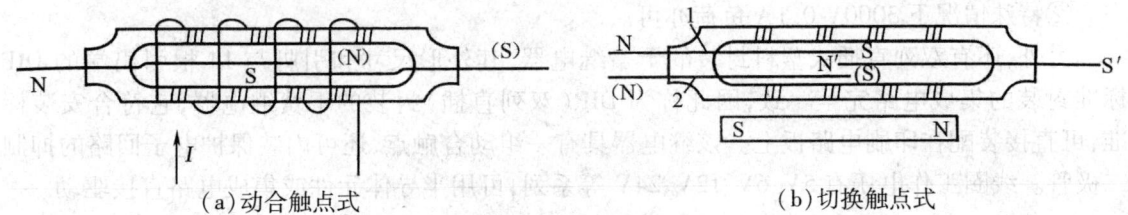

(a)动合触点式　　　　　　　　　　(b)切换触点式

图2-13　干簧继电器

除了可以用通电线圈来作为干簧片的励磁之外,还可以直接用一块永久磁铁靠近干簧片来励磁,如图2-13(b)所示。当永久磁铁靠近干簧片时,触点同样也被磁化而闭合,当永久磁铁离开干簧片时,触点则断开。

干簧片的触点有两种:一种是如图2-13(a)所表示的动合触点,另一种则是如图2-13(b)所表示的切换式触点。后者当给予励磁时(例如用条形永久磁铁靠近),干簧管中的三根干簧片均被磁化,其中簧片1、2的触点被磁化后产生相同的磁极(图示为S极性)因而互相排斥,使动断触点断开;而簧片1、3的触点因被磁化后产生的磁性相反而吸合。

常用的干簧继电器有JAG-2-1型,小型JAG-4型,大型JAG-5型等。其主要技术参数列于表2-5。

表 2-5　　　　　　　　　　干簧继电器主要技术参数

型号 参数	JAG-2		JAG-3		JAG-4		JAG-5	
	Z型	H型	Z型	H型	Z型	H型	Z型	H型
触点型式	动合	转换	动合	转换	动合	转换	动合	转换
使用环境温度(℃)	-10~+55		-25~+55		-10~+55		-10~+55	
舌簧管外形尺寸(mm)	Φ×36	Φ×35	Φ3×20	Φ3×21	Φ3×20		Φ8×42	Φ8×50
吸合安匝	60~80	45~65	45~85		25~40	60~100	180~330	
释放安匝	≥25	≥20	25~30	25~30	≥8	≥20	≥60	≥60
吸合时间(ms)	≤1.7	≤2.5	≤3	≤3	≤0.9	≤5	≤5	
接触电阻(Ω)	≤0.1	≤0.15	≤0.2	≤0.2	≤0.15	≤0.15	≤0.5	≤0.5
触点容量(阻性)	24V直流×0.2A	24V直流×0.1A	24V直流×0.1A		12V直流×0.05A		最大电压300V直流最大电流2A 最大功率200W	
寿命(次)	10^7	10^6	10^6	10^5	10^6	10^6	$5×10^4$	
备注	上述参数均在线圈中测出						环境温度可达+55℃	

① 为参考数据。
② 特殊情况下 3000V 0.1A 负荷亦可。

另外,还有双列直插式塑料封装的干簧继电器,其外形尺寸和引脚与 14 根引出端的 DIP 标准封装的集成电路完全一致,因此称为 DIP(双列直插)封装的干簧继电器,它符合安装标准,可直接装配在印刷电路板上。该继电器具有一组动合触点,还可内装保护电子回路的抑制二极管。线圈工作电压有 5V、6V、12V、24V 等系列,可用半导体元件或集成电路直接驱动。

2.7 固态继电器

2.7.1 概述

固态继电器简称 SSR,是一种无触点通断电子开关,因为可实现电磁继电器的功能,故称"固态继电器";又因其"断开"和"闭合"均为无触点,无火花,因而又称其"无触点开关"。

由于固态继电器是由固体元件组成的无触点开关元件,所以与电磁继电器相比,它具有体积小、重量轻、工作可靠、寿命长、对外界干扰小、能与逻辑电路兼容、抗干扰能力强、开关速度快、使用方便等一系列优点。同时由于采用整体集成封装,使其具有耐腐蚀、抗振动、防潮湿等特点,因而在许多领域有着广泛的应用,在某些领域有逐步取代传统的电磁继电器的趋势。固态继电器的应用还在电磁继电器难以胜任的领域得到扩展,如计算机和可编程控制器的输入输出接口、计算机外围和终端设备、机械控制、中间继电器、电磁阀、电机等的驱动、调压、调速装置等。在一些要求耐振、耐潮、耐腐蚀、防爆的特殊装置和恶劣的工作环境中,以及要求工作可靠性高的场合中使用固态继电器都较传统电磁继电器具有无可比拟的优越性。

2.7.2 固态继电器的分类

1. 按负责电源类型分类,固态继电器可分为交流型固态继电器(AC－SSR)和直流型固态继电器(DC－SSR)两种。AC－SSR 以双向可控硅作为开关元件,而 DC－SSR 一般以功率晶体管作为开关元件,分别用来接通或关断交流或直流负载电源。

交流型固态继电器可分为过零型(过零触发型)和随机导通型(调相型)两种,它们之间的主要区别在于负载端交流电流导通的条件不同。对于随机导通型 AC－SSR,当在其输入端加上导通信号时,不管负载电源电压处于何种相位状态下,负载端立即导通,如图 2－14 (a);而对于过零型 AC－SSR,当在其输入端加上导通信号时,负载端并不一定立即导通,只有当电源电压过零时才导通,如图 2－14 (b),因此减少了可控硅接通时的干扰,高次谐波干扰少,可用于计算机 I/O 接口等场合。随机导通型 AC－SSR 由于是在交流电源的任意状态(指相位)上导通,因而导通瞬间可能产生较大的干扰。

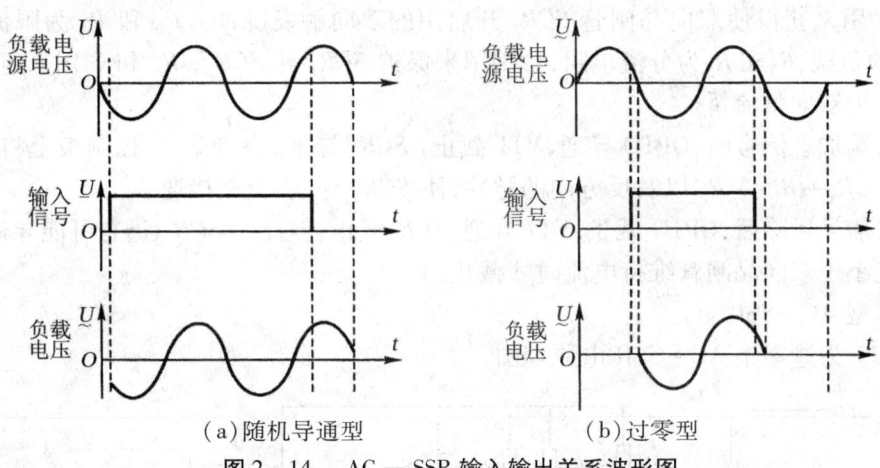

图 2－14　AC－SSR 输入输出关系波形图

由于双向可控硅的关断条件是控制极导通电压撤除,同时负载电流必须小于双向可控硅导通的维持电流。因此,对于随机导通型和过零型 AC－SSR,在导通信号撤除后,都必须在负载电流小于双向可控硅维持电流时才关断,可见这两种 SSR 的关断条件是相同的。

直流型固态继电器(DC－SSR)的输入——输出波形如图 2－15。DC－SSR 内部的功率器件一般为功率晶体管,在控制信号的作用下工作在饱和导通或截止状态。DC－SSR 在导通信号撤除后立刻关掉。

2. 若以安装形式来分类,则固态继电器又可分为装配式固态继电器、焊接型固态继电器和插座式固态

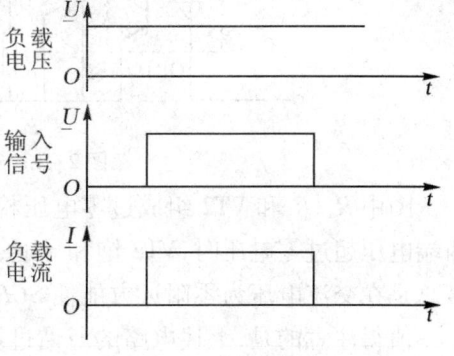

图 2－15　DC－SSR 输入输出关系图

继电器。装配式 SSR 可装配在电路板上,焊接式 SSR 可直接焊接在印刷电路板上。

2.7.3 固态继电器的工作原理

AC—SSR 为四端器件,两个输入端,两个输出端。DC—SSR 有四端型和五端型之分,其中两个为输入端,对于五端型输出增加一个负端。图 2-16 和图 2-17 分别为随机导通型和过零型 AC—SSR 电原理图,下面将分别介绍它们的工作原理。

1. 随机导通型 AC—SSR

图 2-16 所示为随机导通型 AC—SSR 电原理图。

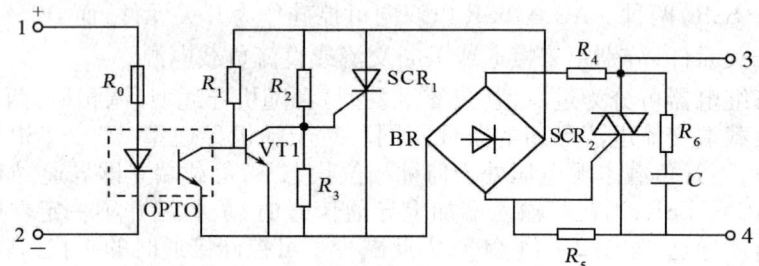

图 2-16　随机导通型 AC—SSR 电原理图

图 2-16 中,OPTO 为光电隔离器,它把输入输出两部分从电气上隔离,VT1 为放大器,SCR_1 和 BR 用来获得使双向晶闸管 SCR_2 开启用的双向触发脉冲。R_0 和 R_4 为限流电阻,R_4 也为 SCR 的负载,R_3 和 R_5 为分流电阻,分别用来保护 SCR_1 和 SCR_2,R_6 和 C 用来组成浪涌吸收电路,BR 为双向整流桥。

当输入端加上信号时,OPTO 导通,VT1 截止,SCR_1 导通,在 SCR_2 的控制极上将会得到从 $R_4 \rightarrow BR \rightarrow SCR_1 \rightarrow BR \rightarrow R_5$ 以及反方向的脉冲,使 SCR_2 导通,负载接通。

当输入信号撤除后,OPTO 截止,VT1 导通,SCR_1 截止,但此时 SCR_2 仍有可能导通,必须等到负载电流小于双向晶闸管维持电流时才截止。

2. 过零型 AC-SSR

图 2-17 为过零型 AC-SSR 电原理图。

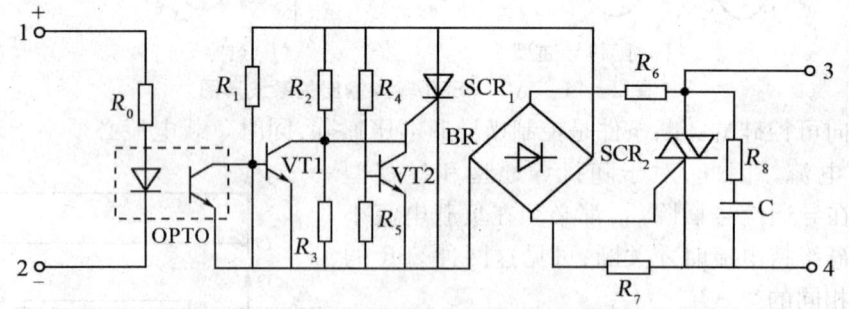

图 2-17　过零型 AC-SSR 电原理图

图中 R_4、R_5 和 VT2 组成过零电压检测电路,只要适当选择分压电阻 R_4、R_5,使得在 SCR_1 两端电压超过零电压时,VT2 饱和导通,反之则 VT2 截止。VT1 和 VT2 组成门电路,即输入信号总是在交流电压为零附近方能使 SCR_1 导通,接通负载,实现过零触发。

值得注意的是,上述电路的所谓过零并非真的是 0V 处导通,而是一般在 ±10～±25V 区域内,因为开关电路需要供电。

有些交流固态继电器采用的是可控硅型光电隔离器。对于过零型光耦合双向可控硅驱动器,其内部还带过零检测电路。在具体使用时,图 2-16 和图 2-17 中的 1、2 端接控制信号,3、4 端接负载和交流电源,如图 2-18 所示。图中的 R_L 为负载。

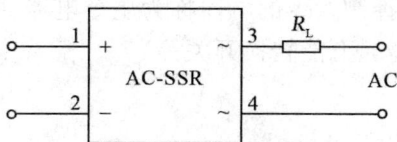

图 2-18　固态继电器应用电路图

直流固态继电器的使用与交流固态继电器类似,这里不再叙述了。在使用时注意参看产品说明书。

2.7.4 固态继电器型号及使用注意事项

国产固态继电器的型号及其含义如下:

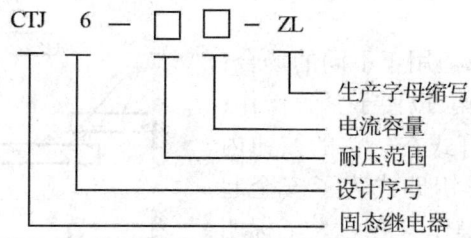

固态继电器的主要技术参数如表 2-6。

表 2-6　　　　　　GTJ6 系列固态继电器主要技术参数

输入参数				输出参数		
输入电压	关闭电压	输入电流	接通电流	工作电压	工作电流	绝缘电压
3~12VDC	1.5VDC	≤25mA	5mA	220VAC 380 VAC	0.5~2A	2000VAC
3~12VDC					1~3A	2500VAC
3~32VDC					10~60A	2500VAC

固态继电器的输入端一般只需 100mA 左右的驱动电流即可,最小工作电压为 3V,所以 MOS 管逻辑信号通常要经过晶体管缓冲级放大后再去控制固态继电器的,对于 CMOS 电路可利用 NPN 晶体管缓冲器,当输出端的负载容量很大时,直流固态继电器可通过功率晶体管(交流固态继电器通过双向晶闸管)再驱动负载。

当温度超过 35℃ 左右后,固态继电器的负载能力(最大负载电流)随温度升高而降低,因此使用时必须注意散热或降低电流使用。

对于容性或电阻类负载,应限制其开通瞬间的浪涌电流值(一般为负载电流的 7 倍),对于电感性负载,应限制其瞬时峰值电压,以防止损坏固态继电器。具体使用时,可参照产品使用说明书。

固态继电器 SSR 的内部电子元件均具有一定的漏电流,其值通常在 5~10mA。因此,它的输出回路不能实现电气隔离,这一点在使用中应特别注意。

2.8 主令电器

自动控制系统中用于发送控制指令的电器称为主令电器。常用的主令电器有控制按钮、行程开关、接近开关、主令控制器、万能转换开关等。

2.8.1 控制按钮

控制按钮是发出控制指令和信号的电器开关,是一种手动且一般可以自动复位的主令电器。用于对电磁启动器、接触器、继电器及其他电气线路发出指令信号控制。

控制按钮的结构如图 2-19 所示,它是由按钮帽 1、复位弹簧 2、动触点 3、动断静触点 4、动合静触点 5 和外壳等组成,通常制成具有动合触点和动断触点的复式结构。指示灯式按钮内可装入信号灯显示信号。

按钮的结构型式有多种,适用于不同的场合:紧急式装有突出的蘑菇形钮帽,以便于紧急操作;旋钮式用于旋转操作;指示灯式在透明的按钮内装入信号灯,用作信号显示;钥匙式为了安全起见,须用钥匙插入方可旋转操作等等。为了标明各个按钮的作用,避免误操作,通常将按钮帽做成不同的颜色以示区别,其颜色有红、绿、黑、黄、蓝、白等。一般以红色表示停止按钮,绿色表示启动按钮。

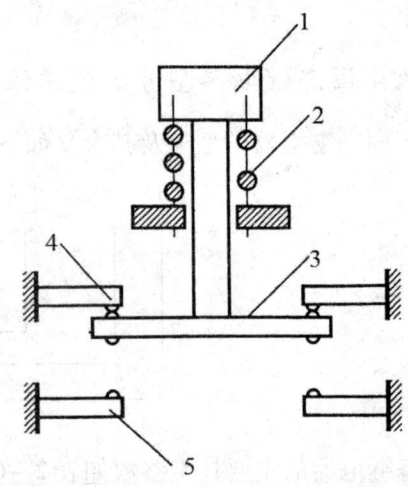

1-按钮帽;2-复位弹簧;3-动触点
4-动断静触点;5-动合静触点
图 2-19 按钮结构示意图

目前使用比较多的有 LA18、LA19、LA25、LAY3、LAY5、LAY9 等系列产品。其中 LAY3 系列是引进产品,产品符合 IEC337 标准和国家标准 GB1497-85。LAY5 系列是仿法国施耐德电气公司产品,LAY9 系列是综合日本和泉公司、德国西门子公司等产品的优点而设计制作,符合 IEC337 标准。

按钮的型号及含义如下:

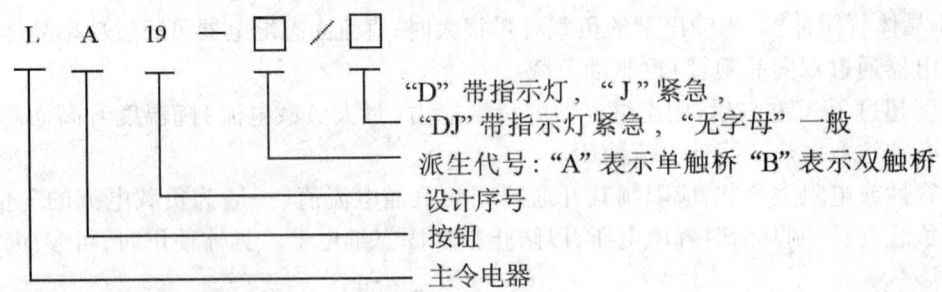

图 2-20 是按钮的图形及文字符号。

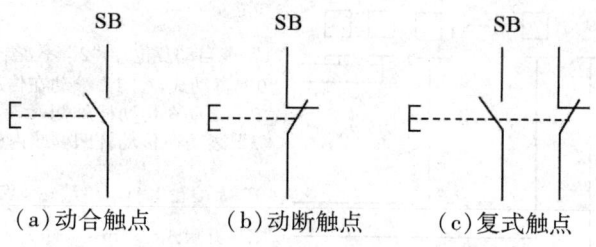

(a) 动合触点　　(b) 动断触点　　(c) 复式触点

图 2-20　的图形及文字符号

控制按钮的选用依据主要是根据需要的触点对数、动作要求、是否需要带指示灯、使用场合以及颜色等要求。

2.8.2 行程开关

依据生产机械的行程发出命令以控制其运行方向和行程长短的主令电器,称为行程开关。若将行程开关安装于生产机械行程终点处,以限制其行程,则称为限位开关或终点开关。行程开关广泛用于各类机床和起重机械中以控制这些机械的行程。

行程开关的种类很多,其主要变化在于传动操作方式和传动头形状的变化。操作方式有瞬动型和蠕动型。头部结构有直动、滚动直动、杠杆单轮、双轮、滚动白杆可调式、杠杆可调式以及弹簧式等。

行程开关的工作原理与控制按钮类似,只是它用运动部件上的撞块来碰撞行程开关的推杆。行程开关触点运动及运动示意图如图 2-21 所示。触点结构是双断点直动式,为瞬动型触点,瞬动操作是靠传感头推动推杆 1 达到一定行程后,触桥中心过死点、以使触点在弹簧 2 作用下迅速从一个位置跳到另一个位置,完成接触状态转换,使动断触点断开(动触点 3 和静触点 4 分开),动合触点闭合(动触点 3 和静触点 5 闭合)。闭合与分断速度不取决于推杆行进速度,而由弹簧刚度和结构决定。各种结构的行程开关,只是传感部件的机构方式不同,而触点的动作原理都是类似的。

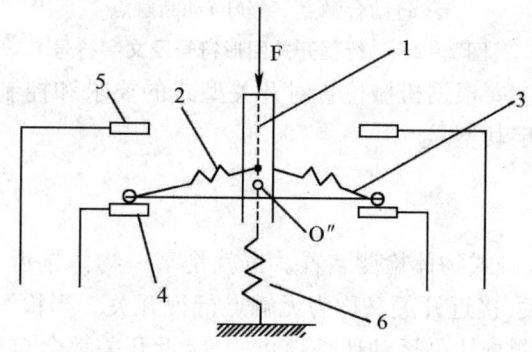

1-推杆;2-弹簧;3-动触点;4-动断静触点
5-动合静触点;6-复位弹簧

图 2-21　行程的触点结构示意图

常用的行程开关有 JLXK1、LX19、LX32、LX33 和微动开关 LXW11、JLXK1-11、LXK3 等系列。
行程开关的型号及含义如下:

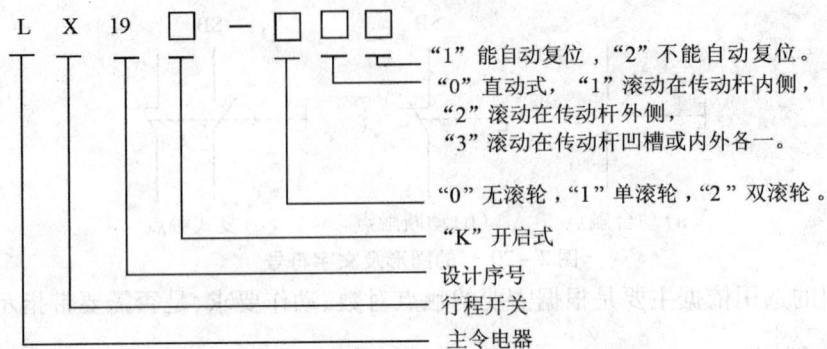

图 2-22 所示为 LX19 系列行程开关外形图，(a) 为单轮旋转式，(b) 为双轮旋转式。

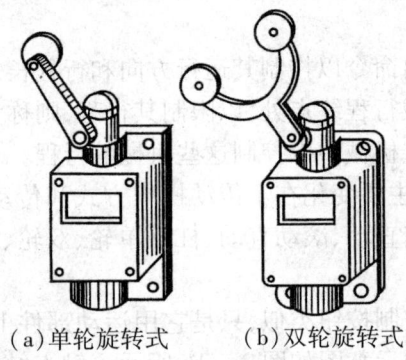

(a) 单轮旋转式　　(b) 双轮旋转式
图 2-22　LX19 系列行程开关

行程开关图形符号及文字符号如图 2-23 所示。

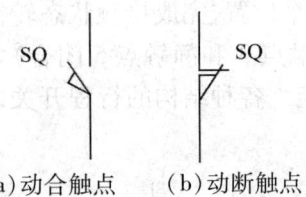

(a) 动合触点　　(b) 动断触点
图 2-23　行程开关图形符号及文字符号

行程开关在选用时，主要根据机械位置对开关型式的要求和控制线路对触点的数量要求以及电流、电压等级来确定其型号。

2.8.3　接近开关

接近开关是一种无接触式物体检测装置。也就是某一物体接近某一信号机构时，信号机构发出"动作"信号的开关，接近开关又称为无触点行程开关。当检测物体接近它的工作面并达到一定距离时，不论检测物体是运动还是静止的，接近开关都会自动地发出物体接近而"动作"的信号，而不像机械式行程开关那样需施以机械力。

接近开关是一种开关型传感器，它既有行程开关、微动开关的特性，同时又具有传感器的性能，且动作不但可靠、性能稳定、频率响应快、抗干扰能力强，而且具有防水、防震、耐腐蚀等特点。它不但有行程控制方式，而且根据其特点，还可以用于计数、测速、零件尺寸检测、金属和非金属的探测，无触点按钮，液面控制等非电量检测的自动化系统中，还可以同微机、逻辑元件配合使用,组成无触点控制系统。

接近开关的种类很多,但不论任何型式的接近开关,其基本组成都是由信号发生机构(感测机构)、振荡器、检波器、鉴幅器和输出电路组成。感测机构的作用是将物理量变换成电量,实现由非电量向电量的转换。图2-24是接近开关基本组成方框图。

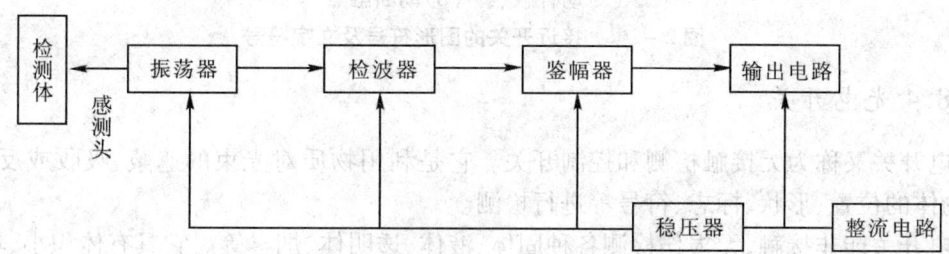

图2-24　接近开关机构组成方框图

接近开关的产品有电感式、电容式、霍尔式、交直流型。图2-25为接近开关原理图,它采用了变压器反馈式振荡器。

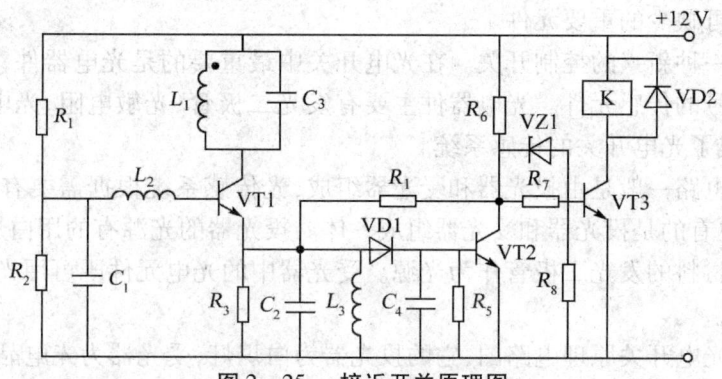

图2-25　接近开关原理图

在电路中,L_1、L_3组成并联振荡回路,反馈线圈L_2把信号反馈到晶体管VT1的基极,从而使振荡器产生高频振荡。输出线圈L_3获得高频信号,由二极管VD1整流,经C_4滤波后,在R_5上产生直流电压,使VT2饱和导通,此时VT3的基极电位接近于零,使VT3截止,继电器K不动作。R_1、R_2为振荡电路的基极提供直流电压,C_1为滤波电容,起到抗干扰的作用。

当有金属接近感测头时,由于涡流起磁,使振荡器停振。此时L_3没有高频电压,VT2截止,VT3的基极电压升高,使VT3获得基极电流而饱和导通,继电器动作,VD2为续流二极管,用以保护晶体管VT3。VZ1的作用是快速起振,当VT2截止时,它为VT1的发射极提供一个较低电位,从而使VT1在VT2由截止变导通时,VT1的发射极从较低电位开始下降,则振荡器的起振更为迅速。

该电路上设置了正反馈电阻R_4,实现了后级电路对振荡器的正反馈作用。当金属接近时,VT2由饱和导通向截止转化,升高电位通过R_4反馈到VT1的发射极,因而VT1加速截止振荡器迅速停振。当金属离去时,振荡恢复、VT2导通,VT2的集电极电位降低。R_4的存在缩短了接近开关的动作时间。

目前市场上接近开关的产品,型号各异,但功能基本相同,外形有M6~M34圆柱型、方型、普通型、分离型、槽型等,适用于工业生产自动化流水线,定位检测、计数等配套使用。

接近开关的图形符号及文字符号如图2-26所示。

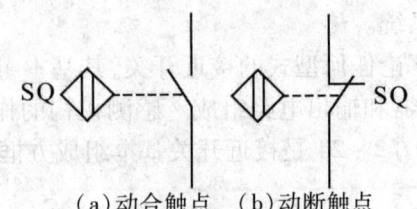

(a) 动合触点　(b) 动断触点

图2-26　接近开关的图形符号及文字符号

2.8.4 光电开关

光电开关又称为无接触检测和控制开关。它是利用物质对光束的遮蔽、吸收或反射等作用,对物体的位置、形状、标志、符号等进行检测。

光电开关能非接触、无损伤检测各种固体、液体、透明体、烟雾等。它具有体积小、功能多、寿命长、功耗低、精度高、响应速度快、检测距离远和抗光、电、磁干扰性能好等优点。它广泛应用于各种生产设备中作为物体检测、液位检测、行程控制、产品计数、速度检测、产品精度检测、尺寸控制、宽度鉴别、色斑与标记识别、自动门、人体接近开关和防盗警戒等,成为自动控制系统和生产线中不可缺少的重要元件。

光电开关是一种新兴的控制开关。在光电开关中最重要的是光电器件,是把光照强弱的变化转换为电信号的传感元件。光电器件主要有发光二极管、光敏电阻、光电晶体管、光电耦合器等,它们构成了光电开关的传感系统。

光电开关的电路一般是由投光器和受光器组成,光传感系统根据需要有的是投光器和受光器相互分离;也有的是投光器和受光器组成一体。投光器的光源有的用白炽灯,而现在普遍采用以磷化镓为材料的发光二极管作为光源。受光器中的光电元件既可用光电三极管也可用光电二极管。

图2-27为光电开关原理电路图,它的投光器为白炽灯,受光器为光电晶体管。白炽灯的光源直接由变压器T的副边所得,而开关电路的工作电源是在变压器降压后,通过整流桥BR整流,电容C_1滤波后提供的。光电开关的门限电压是由电阻R_3、R_4分压所得,即,$IU_{dB}=R_4U/(R_3+R_4)$其中U为图中E点的电压值。

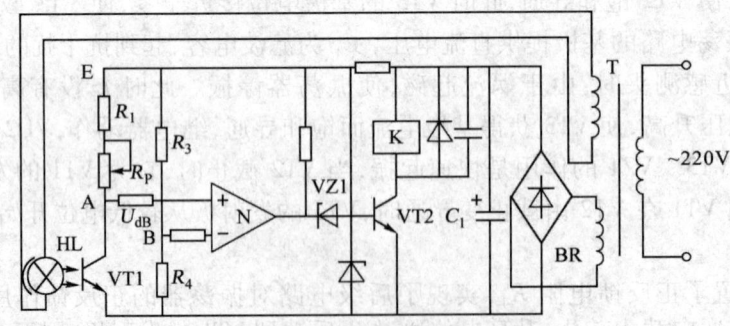

图2-27　光电开关原理电路图

当无被测体接近时,白炽灯HL照射光电光晶体管VT1,此时光电晶体管VT1饱和导通,A点电位低于门限电压U_{dB},比较器N输出低电平,稳压二极管VZ1截止,使得三极管VT2无基极电流流入,VT1截止,继电器K不动作;当有被测体接近时,白炽灯的光线被遮挡,照射光电晶体管的光度减弱,光电晶体管VT1由导通状态变为截止状态,使得A点电位升高接近电源电压值，$U_A > U_{dB}$，比较器 N 输出高电平，使得稳压管 VZ1 击穿导通，给三极管 VT2 提供基极电流，三极管 VT2 由截止状态转变为饱和导通状态，继电器 K 动作。如果将光电晶体管 VT1 和电阻 R_1 及电位器 R_P 调换位置，则光电开关的工作过程与上述相反。

目前市场上的光电开关型号很多，但功能基本相同，需要注意的是并非所有的光电开关都能做人身安全保护。

2.8.5 主令控制器

主令控制器是用来较为频繁地切换复杂的多回路控制电路的主令电器。它操作比较轻便，允许每小时通电次数较多，触点为双断点桥式结构，适用于按顺序操作的多个控制回路。

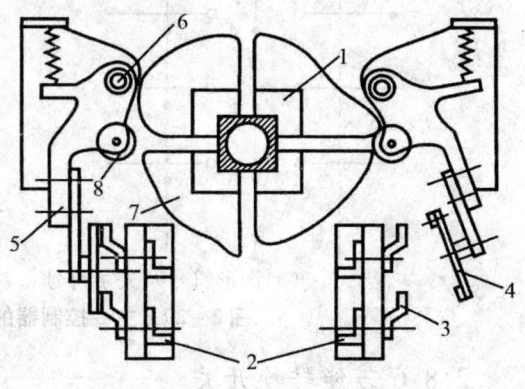

主令控制器一般由触点、凸轮、定位机构、转轴、面板及其支承件等部分组成。图 2-28 为主令控制器的工作原理，图中 1 和 7 是固定于方轴上的凸轮块，2 是接线柱，由它连向操作的回路；静触点 3 由桥式动触点 4 来闭合与断开，静触点 3 固定于能绕轴 6 转动的支杆 5 上。当操作者用手柄转动凸轮块 7 的方轴使凸轮块达到推压小轮 8 带动支杆 5 向外张开，将被操作的回路断电，在其他情况下（凸轮块离开推压轮）触点是闭合的。根据每块凸轮块的形状不同，可使触点按一定的顺序闭合与断开。这样只要安装一层层不同形状的凸轮块即可实现控制回路顺序地接通与断开。

1、7—凸轮块；2—接线柱；3—固定触点
4—动触点；5—支杆；6—转动轴；8—小轮

图 2-28 主令控制器的工作原理

从结构型式来看，主令控制器有两种类型，一种是凸轮调整式主令控制器，它由凸轮片上开有孔和槽，凸轮片的位置可根据给定的触点分合表进行调整；另一种是凸轮非调整式主令控制器，其凸轮不能调整，只能按触点分合表作适当的排列组合。

目前常用的主令控制器有：LK1、LK4、LK5 和 LK18 系列。其中 LK4 系列属于调整式主令控制器，即闭合顺序可根据不同要求进行任意调节。

主令控制器的型号及其含义如下：

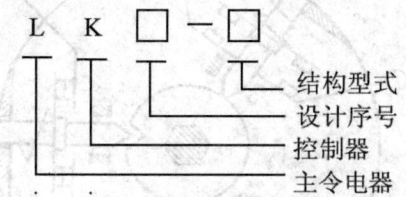

主令控制器的图形符号及文字符号如图 2-29（a）所示。图形符号中"每一横线"代表一路触点，而用竖的虚线代表手柄位置。哪一路接通就在代表该位置的虚线上的触点下面用黑点"·"表示。触点通断也可用通断表来表示，如图 2-29（b）所示，表中"×"表示触点闭合，空白表示触点分断。例如，在图 2-28 中，当主令控制器的手柄置于"Ⅰ"位时，触点"1"、"3"接通，其他触点断开；当手柄置于"Ⅱ"位时，触点"2"、"4"、"5"、"6"接同，其他触点断开等等。

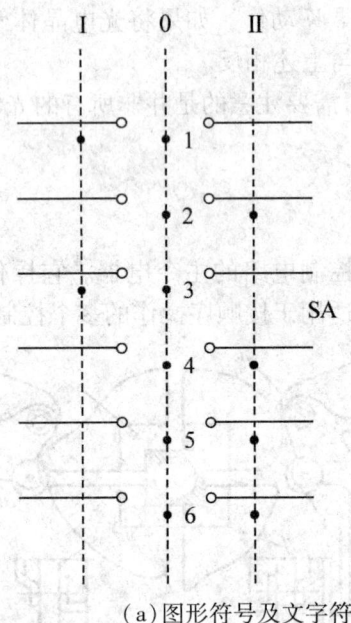

触点号	Ⅰ	0	Ⅱ
1	×	×	
2		×	×
3	×	×	
4		×	×
5		×	×
6		×	×

(a)图形符号及文字符号　　　　　　(b)通断表

图 2-29　主令控制器的图形符号及文字符号与通断表

2.8.6 万能转换开关

万能转换开关是一种多档式且能对电路进行多种转换的主令电器。它是由多组相同结构的触点组件迭装而成的多路控制回路,主要用于各种配电装置的远距离控制,也可作为电气测量仪表的转换开关或用作小容量电动机的启动、制动、调速和换向的控制。由于触点档数多,换接的线路多,用途又广泛,故称万能转换开关。

万能转换开关一般由操作机构、面板、手柄及数个触点座等部件组成,用螺栓组装成为整体。触点的分断与闭合由凸轮进行控制,如图 2-30 所示。由于每层凸轮可做成不同的形状,因此当手柄转到不同位置时,通过凸轮的作用,可以使各对触点按需要的规律接通和分断。

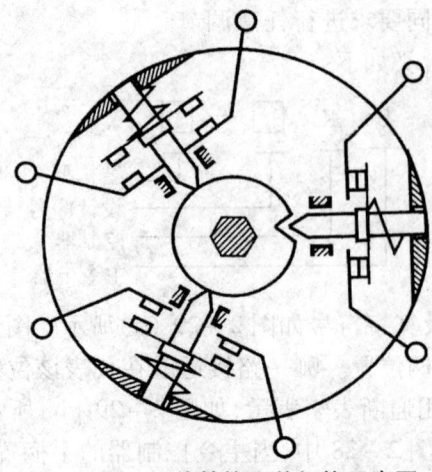

图 2-30　万能转换开关机构示意图

目前常用的万能转换开关有:LW2、LW5、LW6、LW8、LW9、LW12 和 LW15 等系列。其中

LW9 和 LW12 系列符合国际 IEC 有关标准和国家标准,该产品采用一系列新工艺、新材料,性能可靠,功能齐全,能替代目前全部同类产品。

万能转换开关型号及其含义如下:

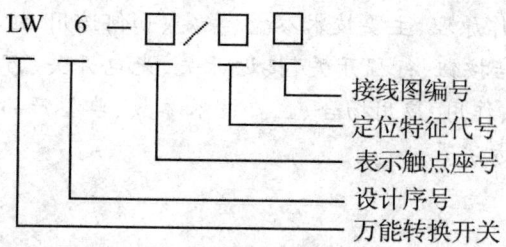

万能转换开关的图形符号及文字符号与操作手柄在不同位置时的触点分合状态的表示方法和主令控制器相同,这里不再重述。使用时不同操作位置各触点的分合情况,可以根据定位特征代号和接线图编号查阅有关手则而得。

2.9 信号灯

信号灯又称指示灯,在控制电路中用作灯光指示信号。

信号灯由灯座、灯罩、灯泡和外壳组成。灯罩由有色玻璃或塑料制成,通常有红、黄、绿、乳白、橙色、无色等六种。灯泡的额定电压通常有 6、12、24、36、48、110、127、220、380、660V 等多种,以适应各种控制电压的信号指示。灯泡一般是白炽灯和氖灯,但发展趋势是使用发光二极管(LED)。发光二极管具有体积小、使用寿命长(可连续工作 30000 小时以上)、工作电流小、温升低、功耗少,是高效节能产品。

我国生产的信号灯主要系列有 AD1、AD2、AD11、ADJ1、ADY1 等系列。AD1 的灯泡有白炽灯和氖灯两种,采用变压器或电阻降压;AD2 为白炽灯,采用电容降压;ADJ1 采用发光二极管作为电源;AD11 系列为半导体节能信号灯。这些产品可替代进口和各种老产品。

信号灯型号及其含义如下:

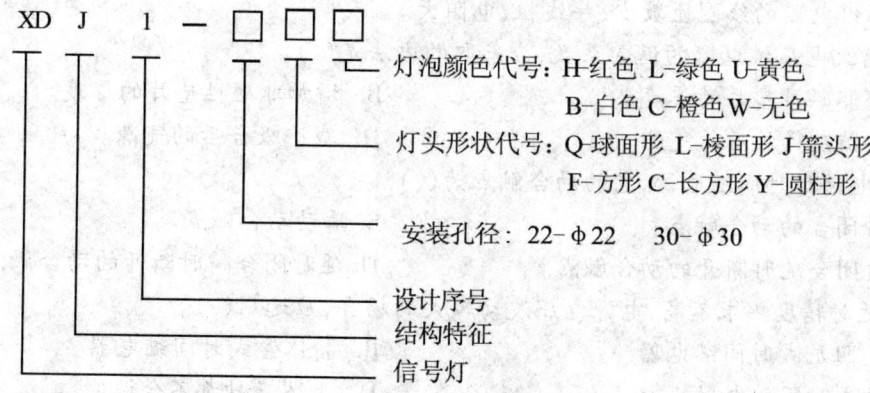

本章小结

1. 各种继电器(包括电磁式继电器、时间继电器、热继电器、速度继电器、干簧继电器、固态继电器等等)的结构、工作原理、主要技术参数、整定、如何选用、维护方法等。

2. 各种主令电器(包括按钮、行程开关、接近开关、光电开关、万能转换开关、主令控制器等)的结构、基本工作原理、作用、应用场合、主要技术参数、典型产品、图形符号和文字符号以及选择、整定、使用和维护方法等。

习题

2.1 判断题(用√和×表示)
(1)一定规格的热继电器,其所装的热元件规格可能是不同的。( )
(2)无断相保护装置的热继电器就不能对电动机的断相提供保护。( )
(3)热继电器的额定电流就是其触点的额定电流。( )
(4)热继电器的保护特性是反时限的。( )
(5)行程开关、限位开关、终端开关是同一种开关。( )
(6)万能转换开关本身带有各种保护。( )
(7)主令控制器除了手动式产品外,还有由电动机驱动的产品。( )
(8)继电器在整定值下动作时所需的最小电压称为灵敏度。( )
(9)在本质上,中间继电器不属于电压继电器。( )
(10)固态继电器是一种无触点的继电器。( )

2.2 选择题
(1)电压继电器的线圈与电流继电器的线圈相比,具有的特点是( )。
A. 电压继电器的线圈与被测电路串联。
B. 电压继电器的线圈匝数多、导线细、电阻大。
C. 电压继电器的线圈匝数少、导线粗、电阻小。
D. 电压继电器的线圈匝数少、导线粗、电阻大。
(2)欲增大电压继电器的返回系数,应采取的办法是( )。
A. 减小非磁性垫片的厚度。　　　B. 增加非磁性垫片的厚度。
C. 增加衔铁释放后的气隙。　　　D. 减小吸合后的气隙。
(3)断电延时时间继电器,它的动合触点为( )。
A. 延时闭合的动合触点。　　　B. 瞬动动合触点。
C. 瞬时闭合延时断开的动合触点。　D. 延时闭合瞬时断开的动合触点。
(4)在延时精度要求不高、电源电压波动较大的场合,应选用( )。
A. 空气阻尼式时间继电器。　　　B. 晶体管式时间继电器。
C. 电动式时间继电器。　　　　　D. 上述三种都不合适。
(5)交流电压继电器和直流电压继电器铁心的主要区别是( )。

A. 交流电压继电器的铁心是由彼此绝缘的硅钢片叠压而成,而直流电压继电器的铁心则不是。
B. 直流电压继电器的铁心是由彼此绝缘的硅钢片叠压而成,而交流电压继电器的铁心则不是。
C. 交流电压继电器的铁心是由整块软钢制成,而直流电压继电器的铁心则不是。
D. 交、直流电压继电器的铁心都是由整块软钢制成,但其大小和形状不同。

(6) 电压继电器的返回系数是指( )。

A. 释放电压与吸合电压的比值。 B. 释放电流与吸合电流的比值。
C. 吸合电压与释放电压的比值。 D. 吸合电流与释放电流的比值。

(7) 通电延时型时间继电器,它的动作情况是( )。

A. 线圈通电时触点延时动作,断电时触点瞬时动作。
B. 线圈通电时触点瞬时动作,断电时触点延时动作。
C. 线圈通电时触点不动作,断电时触点瞬时动作。
D. 线圈通电时触点不动作,断电时触点延时动作。

2.3 问答题

(1) 什么是继电器?按用途不同可分为哪两大类?两类中常用的继电器各有哪些?
(2) 中间继电器和接触器有何异同?在什么条件下可以用中间继电器来代替接触?
(3) 什么是时间继电器?它有何用途?
(4) 电压继电器和电流继电器在电路中各起何作用?它们的线圈和触点各接于什么电路中?
(5) 在电动机启动过程中,热继电器会不会动作?为什么?
(6) 既然在电动机的主电路中装有熔断器,为什么还要装热继电器?装有热继电器是否就可以不装熔断器?为什么?
(7) 带断相保护的热继电器与不带断相保护的热继电器有何区别?它们接入电动机定子电路的方式有何异同?
(8) 转换开关内的弹簧起什么作用?
(9) 控制按钮与主令控制器在电路中各起什么作用?
(10) 接近开关与行程开关有何异同?

第三章 继电接触式自动控制系统

●**内容提要**：本章首先介绍电气图纸的类型、国家标准及电气原理图的绘制原则，然后介绍组成电器控制线路的基本规律以及交直流电动机启动、运行、制动、调速和生产机械的行程控制线路，介绍电器联锁、保护环节以及电气控制线路的操作方法。本章内容是电气控制线路设计和分析的基础。

在学习了各种低压电器之后，就可以利用它们对生产机械进行控制了。在广泛使用的生产机械中，一般都是由电动机拖动的，也就是说，生产机械的各种动作都是通过电动机的各种运动实现的。因此，控制电动机就间接地实现了对生产机械的控制。最常见的是继电接触器控制方式，又称电气控制。它是由各种有触点的接触器、继电器、控制器、行程开关等组成的控制系统。它具有结构简单、维护调整方便、价格低廉等优点。因此，仍是目前应用最广泛、最基本的一种控制方式。

实际的控制线路是千差万别的，但它们都遵循一定的原则和规律，只要通过典型控制线路的分析研究，掌握其规律，就能够阅读控制线路和设计控制线路。本章主要介绍继电接触器控制系统的组成原理及典型线路。由于涉及到电气系统图，所以首先介绍电气图的类型、画法及国家标准。

3.1 电气控制系统图的绘制规则和常用符号

3.1.1 电气控制系统图的分类

电气控制系统是由许多电器元件按一定要求连接而成的。为了表达生产机械电气控制系统的结构、原理等设计意图，同时也为了便于电器元件的安装、接线、运行、维护，将电气控制系统中的各电器元件的连接用一定的图形表示出来，这种图就是电气控制系统图。

由于电气控制系统描述的对象复杂，应用领域广泛，表达形式多种多样，因此表示一项电气工程或一种电器装置的电气控制系统图有多种，它们以不同的表达方式反映工程问题的不同侧面，但又有一定的对应关系，有时需要对照起来阅读。按用途和表达方式的不同，电气控制系统图可分为以下几种。

1. 电气系统图和框图

电气系统图和框图是用符号或带注释的框，概略表示系统的组成、各组成部分相互关系及其主要特征的图样，它比较集中地反映了所描述工程对象的规模。

2. 电气原理图

电气原理图是为了便于阅读与分析控制线路，根据简单、清晰的原则，采用电器元件展开的形式绘制而成的图样。它包括所有电器元件的导电部件和接线端点，但并不按照电器元件的实际布置位置来绘制，也不反映电器元件的大小。其作用是便于详细了解工作原理，指导系统或设备的安装、调试与维修。电气原理图是电气控制系统图中最重要的种类之一，也是识图的难点和重点。

3. 电器布置图

电器布置图主要是用来表明电气设备上所有电器元件实际位置,为生产机械电气控制设备的制造、安装提供必要的资料。通常电器布置图与电器安装接线图组合在一起,既起到电器安装接线图的作用,又能清晰表示出电器的布置情况。

4. 电器安装接线图

电器安装接线图是为了安装电气设备和电器元件进行配线或检修电器故障服务的。它是用规定的图形符号,按各电气元件相对位置绘制的实际接线图,它清楚地表示了各电气元件相对位置和它们之间的电路连接,所以安装接线图不仅要把同一电器的各个部件画在一起,而且各个部件的位置要尽可能符合这个电器的实际情况,但对比例和尺寸没有严格要求。不但要画出控制柜内部之间的电器连接还要画出柜外电器的连接。电器安装接线图中的回路标号是电气设备之间、电器元件之间、导线与导线之间的连接标记,它的文字符号和数字符号应与原理图中的标号一致。

5. 功能图

功能图的作用是提供绘制电气原理图或其他有关图样的依据,它是表示理论的或理想的电路关系而不涉及实现方法的一种图。

6. 电器元件明细表

电器元件明细表是把成套装置、设备中各组成元件(包括电动机)的名称、型号、规格、数量列成表格,供准备材料及维修使用。

以上简要介绍了电器系统图的分类,不同的图有不同的应用场合。本书将主要介绍电气原理图、电器布置图和电器安装接线图的绘制规则。

3.1.2 电气图的一般特点

1. 电气图的主要表达方式——简图

电气图是一种简图,它并不是严格按几何尺寸和绝对位置测绘的,而是用规定的标准符号和文字表示系统或设备的组成部分间的关系。这一点是与机械图、建筑图等有所区别的。

2. 电气图的主要表达内容——元件和连接线

电气图的主要描述对象是电器元件和连接线。连接线可用单线法和多线法表示,两种表示方法在同一张图上可以混用。电器元件图中可以采用集中表示法、半集中表示法、分开表示法来表示。集中表示法是把一个元件的各组成部分图形符号绘在一起的方法;分开表示法是将同一元件的各组成部分分开布置,有些可以画在主回路,有些画在控制回路;半集中表示法介于上述两种方法之间,在图中将一个元件的某些部分的图形符号分开绘制,并用虚线表示其相互关系。

绘制电气图时一般采用机械制图规定的八种线条中的四条,见表 3-1 所示。

表 3-1　　　　　　　　　　图线及其应用

序 号	图线名称	一 般 应 用
1	实 线	基本线、简图主要内容用线、可见轮廓线、可见导线
2	虚 线	辅助线、屏蔽线、机械连接线、不可见轮廓线、不可见导线、计划扩展内容用线

续表

序 号	图线名称	一 般 应 用
3	点划线	分界线、结构围框线、分组围框线
4	双点划线	辅助围框线

3. 电气图的主要组成部分——图形符号和文字符号

一个电气系统或一种电气装置总是由各种电器元件组成的,在主要以简图形式表达的电气图中,无论是表示构成、功能或电器接线等等,都没有必要也不可能一一画出各种元器件的外形结构,通常是用一种简单的图形符号表示的。但是在大多数情况下,在同一系统中,或者说在同一个图上有两个以上作用不同的同一类型电器(例如在某一系统中使用了两个接触器),显然此时在同一图上用一个符号来表示是不严格的,还必须在符号旁标注不同的文字符号以区别其名称、功能、状态、特征及安装位置等等。这样图形符号和文字符号的结合,就能使人们一看就知道它是不同用途的电器。

3.1.3 电气图的图形符号和文字符号

电气系统图中,电气元件的图形符号和文字符号必须有统一的标准。我国在 1990 年以前采用国家科委 1964 年颁布的"电工系统图图形符号"的国家标准(即 GB312－64)和"电工设备文字符号编制通则"(即 GB315－64)的规定。近年来,各部门都相应引进了许多国外设备,为了适应新的发展需要,便于掌握引进技术,便于国际交流,国家标准局在认真研究了 IEC (International Electrotechnical Commission)标准的基础上,对电气图原有的标准做了大量的修改,颁布了一系列新标准,其中包括 GB4728－85《电气图用图形符号》及 GB6988－87《电气制图》和 GB7159－87《电气技术中的文字符号制定通则》等等。

1987 年 3 月 17 日国家标准局发出了《在全国电气领域全面推行电气制图和图形符号国家标准的通知》,国家规定从 1990 年 1 月 1 日起,所有电气技术文件和图纸一律使用新的国家标准,不准再使用旧的国家标准。由于旧国标现在还不可能立即在所有技术资料和以前出版的教科书中消失,因此表 3－2 给出电气图常用图形符号和文字符号的新旧对照表。

表 3－2　　　　电气图中常用图形符号和文字符号的新旧对照表

名称	新符号		旧符号	
	图形符号 (GB4728－85)	文字符号 (GB7159－87)	图形符号 (GB312－64)	文字符号 (GB315－64)
直流电	—— 或 -----			
交流电	 ∼		 ∼	
交直流	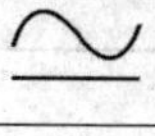 ≈		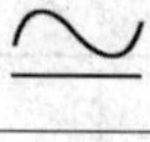 ≈	
导线的连接	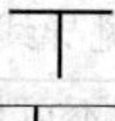 ⊤ 或  ✚		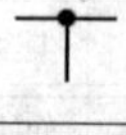 ⊤	
导线的多线连接	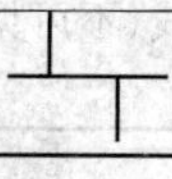 ⊥⊤ 或  ✚		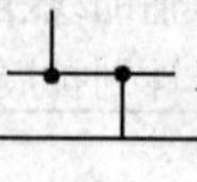 ⊥⊤ 或  ✚	

续表

名称	新符号		旧符号	
	图形符号 (GB4728-85)	文字符号 (GB7159-87)	图形符号 (GB312-64)	文字符号 (GB315-64)
导线不连接				
接地一般符号		E		E
单相自耦变压器		T		B
星形联结的三相自耦变压器		T		Z0B
电流互感器		TA		LH
三相笼型异步电动机		M 3~		JD
三相绕线异步电动机		M 3~		JD
他励式直流电动机		M		ZD
并励式直流电动机		M		ZD
永磁式直流测速发电机		TG		SF
熔断器		FU		RD
插头		XP		GT
插座		XP		CZ
单极刀开关	或	Q		K

续表

名称	新符号		旧符号	
	图形符号 (GB4728-85)	文字符号 (GB7159-87)	图形符号 (GB312-64)	文字符号 (GB315-64)
三极开关刀开关组合开关		Q		K
三相断路器		QF		ZK
手动三极开关一般符号		Q		
动合(常开)触点	或		或	
动断(常闭)触点				
先断后合的转换触点				
按 钮				
按钮开关动合触点（启动按钮）		SB		QA
按钮开关动断触点（停止按钮）		SB		
限位开关				
动合触点		SQ		XK
动断触点		SQ		XK
接触器				
线圈		KM		C

续表

名称	新符号		旧符号	
	图形符号 (GB4728-85)	文字符号 (GB7159-87)	图形符号 (GB312-64)	文字符号 (GB315-64)
动合(常开)触点		KM		C
动断(常闭)触点		KM		C
继电器				
动合(常开触点)		符号同操作元件		符号同操作元件
动断(常闭)触点				
继电器				
延时闭合的动合(常开)触点	或	KT		J
延时断开的动合(常开)触点	或			
延时闭合的动断(常闭)触点	或			
延时闭合的动断(常闭)触点	或			
延时闭合和延时断开的动合(常开)触点				
延时闭合和延时断开的动合(常闭)触点				
时间继电器线圈(一般符号)	或	KT		SJ
中间继电器线圈		K		ZJ
缓慢释放(断电延时型)时间继电线圈		KT		SJ

续表

名称	新符号		旧符号	
	图形符号 (GB4728-85)	文字符号 (GB7159-87)	图形符号 (GB312-64)	文字符号 (GB315-64)
缓慢吸合（通电延时型）时间继电器线圈		KT		SJ
欠电压继电器线圈	$U<$	KV	$U<$	OYJ
过电流继电器线圈	$I>$	KA	$I>$	CLJ
热继电器热元件		FR		RJ
热继电器的动断触点		FR		RJ
主令控制器的触点		SA		LX
电磁器		YA		DCT
电磁吸盘		YH		DX
电磁制动器		YB		ZC
电铃		HA		DL
扬声器（电喇叭）		HA		LB
照明灯		EL		ZD
信号灯		HL		XD

下面将对图形符号和文字符号做一简要介绍。

1. 图形符号

通常用于图样或其他文件以表示一个设备或概念的图形、标记或文字,统称为图形符号。它由一般符号、符号要素、限定符号等组成。

(1) 一般符号。用以表示一类产品或此类产品特征的一种通常很简单的符号,称为一般符号。如电机的一般符号为"⊛","＊"号用 M 代替可表示电动机,用 G 代替可表示发电机。

(2) 符号要素。一种具有确定意义的简单图形,必须同其他图形组合以构成一个设备或概念的完整符号。如电动机符号"Ⓜ"就是由表示装置的符号"○"要素加上英文名称的字头 M 组成的。

(3) 限定符号。用于提供附加信息的一种加在其他符号上的符号,称为限定符号。限定符号一般不能单独使用,但它可使图形符号更具多样性。例如,在电阻器一般符号的基础上分别加上不同的限定符号,则可得到可变电阻器、压敏电阻器、热敏电阻器等。

2. 文字符号

文字符号使用于电气技术领域中文件的编制,也可表示在电气设备、装置和元器件上或其近旁,以标明电气设备、装置和元器件的名称、功能和特征。

文字符号分为基本文字符号(单字母或双字母)和辅助文字符号。文字符号用大写正体拉丁字母。

(1) 基本文字符号。基本文字符号有单字母或双字母符号两种。

单字母符号是按拉丁字母将各种电气设备、装置和元器件划分为 23 个大类,每一大类用一个专用单字母符号表示。如"C"表示电容器类,"R"表示电阻类。

双字母符号是用一个表示种类的单字母符号与另一字母组成。其组合形式是单字母符号在前,另一个字母在后的次序列出。如"F"表示保护器件类,"FU"表示熔断器。

(2) 辅助文字符号。辅助文字符号是用以表示电气设备、装置和元器件以及线路的功能、状态和特征的。如"L"表示限制,"RD"表示红色等。辅助文字符号也可放在表示种类的单字母符号后边组成双字母符号。如"YB"表示电磁制动器,"SP"表示压力传感器等。为简化文字符号起见,若辅助文字符号有两个以上字母组成时,允许只采用其第一位字母进行组合,如"MS"表示同步电动机等。辅助文字符号还可以单独使用,如"ON"表示接通,"PE"表示保护接地,"M"表示中间等。

(3) 补充文字符号。补充文字符号的原则是如基本文字符号和辅助文字符号不能满足使用要求,可按国家标准的符号组成规则予以补充。

① 在不违背国家标准原则的条件下,可采用国际标准中规定的电气技术文字符号。

② 在优先采用标准中规定的单字母符号、双字母符号和辅助文字符号的前提下,可补充标准中未列出的双字母符号和辅助文字符号。

③ 文字符号应按有关电气名词术语国家标准或专业标准中规定的英文术语缩写而成。基本文字符号不得超过两个字母,辅助文字符号一般不能超过三个字母。

④ 因拉丁字母"I"和"O"易同阿拉伯数字"1"和"0"混淆,不允许单独作为文字符号使用。

3. 线路和三相电气设备端标记

线路采用字母、数字、符号及其组合标记。

三相交流电源采用 L1、L2、L3 标记,中性线采用 N 标记。

电源开关之后的三相交流电源主电路分别按 U、V、W 顺序标记。

分级三相交流电源主电路采用三相文字代号 U、V、W 前加上阿拉伯数字 1、2、3 等来标记,如 1U、1V、1W 及 2U、2V、2W 等。

各电动机分支电路各接点标记,采用三相文字代号后面加数字来表示,数字中的个位数表示电动机代号,十位数表示该支路各接点的代号,从上到下按数字大小顺序标记。如 U11 表示 M1 电动机第一相的第一个接点代号,U21 为第一相的第二个接点代号,依次类推。电动机绕组首端分别用 U、V、W 标记,尾端分别用 U′、V′、W′ 标记,双绕组的中点用 Z 标记。

控制电路采用阿拉伯数字编号,一般由三位或三位以下的数字组成。标记方法按"等电位"原则进行。在垂直绘制的电路中,标记顺序一般由上而下编号,凡是被线圈、绕组、触点或电阻、电容元件所间隔的线段,都应标记以不同的线路标记。线路标记见图 3-1 所示。

3.1.4 电气原理图的绘制规则

系统图和框图,对于从整体上理解系统或装置的组成和主要特征无疑是十分重要的。然而要达到详细理解电气作用原理,进行电气接线,分析和计算电路特征,还必须有另外一种图,这就是电气原理图。下面以图 3-1 所示的电气原理图为例介绍电气原理图的绘制原则、方法以及注意事项。

1. 电气原理图的绘制原则

(1) 原理图一般分主电路和辅助电路两部分:主电路就是从电源到电动机大电流通过的路径。辅助电路包括控制电路、照明电路、信号电路及保护电路等,由继电器和接触器的线圈、继电器的触点、接触器的辅助触点、按钮、照明灯、信号灯、控制变压器等电器元件组成。

(2) 控制系统内的全部电机、电器和其他器械的带电部件,都应在原理图中表示出来。

(3) 原理图中各电器元件不画实际的外形图,而采用国家规定的统一标准图形符号,文字符号也要符合国家标准规定。

(4) 原理图中,各个电气元件和部件在控制线路中的位置,应根据便于阅读的原则安排。同一电气元件的各个部件可以不画在一起。例如,接触器、继电器的线圈和触点可以不画在一起。

(5) 图中元件、器件和设备的可动部分,都按没有通电和没有外力作用时的开闭状态画出。例如,继电器、接触器的线圈和触点,按吸引线圈不通电状态画出;主令控制器、万能转换开关按手柄处于零位时的状态画;按钮、行程开关的触点按不受外力作用时的状态画等。

(6) 原理图的绘制应布局合理、排列均匀,为了便于看图,可以水平布置,也可以垂直布置。

(7) 电气元件应按功能布置,并尽可能按工作顺序排列,其布局顺序应该是从上到下,从左到右。电路垂直布置时,类似项目宜横向对齐;水平布置时,类似项目宜纵向对齐。例如,图 3-1 中,线圈属于类似项目,由于线路采用垂直布置,所以接触器线圈应横向对齐。

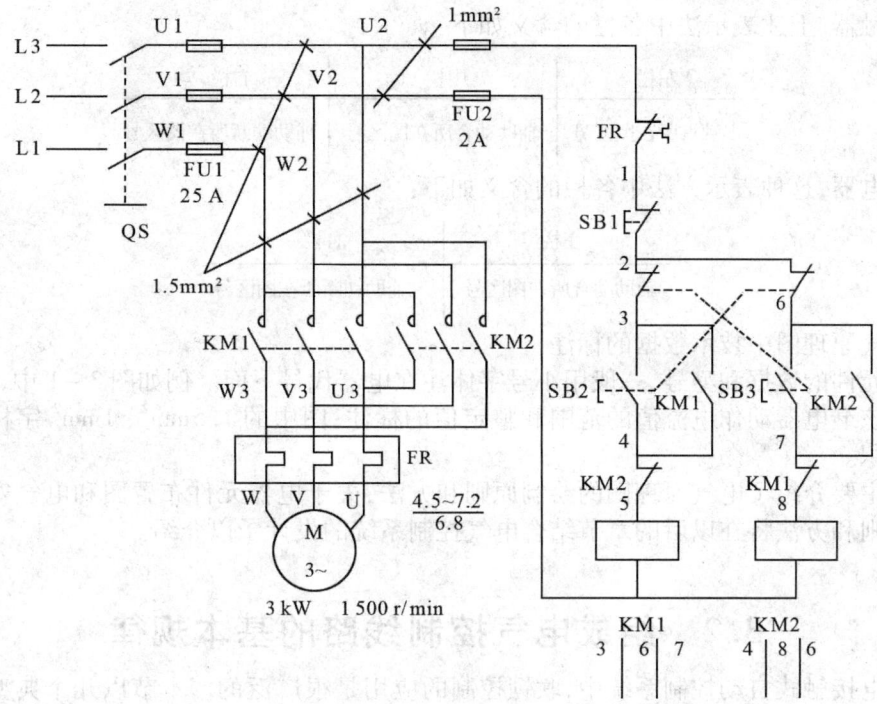

图 3-1 三相笼型异步电动机可逆运行电气原理图

(8)电气原理图中,有直接联系的交叉导线连接点,要用黑圆点表示;无直接联系的交叉导线连接点不画黑圆点。

2. 图幅分区及符号位置索引

为了便于确定图上的内容,也为了在用图时查找图中各项目位置,往往需要将图幅分区。

图幅分区的方法是:在图的边框处,竖边方向用大写拉丁字母,横边方向用阿拉伯数字,编号顺序应从左上角开始。图幅分区式样如图 3-2 所示。

图幅分区以后,相当于在图上建立了一个坐标。项目和连接线的位置可用如下方式表示:

(1)用行的代号(拉丁字母)表示;
(2)用列的代号(阿拉伯数字)表示;
(3)用区的代号表示。区的代号为字母和数字的组合,且字母在左,数字在右。

在具体使用时,对水平布置的电路,一般只需标明行的标记;对垂直布置的电路,一般只需标明列的标记;复杂的电路需标明组合标记。例如图 3-1 中,只标明了列的标记。

图 3-1 中,图区编号下方的"电源开关及保护"等字样,表明它对应的下方元件或电路的功能,使读者能清楚地知道某个元件或某部分电路的功能,以利于理解全电路的工作原理。

图 3-1 中 KM1 及 KM2 线圈下方的是接触器 KM1 和 KM2 相应触点的索引。它表示接触器 KM1 的主触点在图区 3,动合辅助触点在图区 6,动断辅助触点在图区 7;接触器 KM2 的主触点在

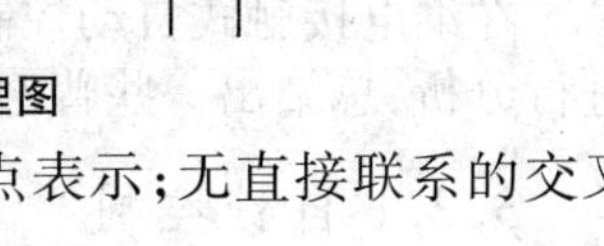

图 3-2 图幅分区示例

图区4,动合辅助触点在图区8,动断辅助触点在图区6。

电气原理图中,接触器和继电器线圈与触点的从属关系应用附图表示,即在原理图中相应线圈的下方,给出触点的文字符号,并在其下面注明相应触点的索引代号,对未使用的触点用"X"表明,有时也可省略。

对接触器,上述表示法中各栏的含义如下:

左栏	中栏	右栏
主触点所在图区号	辅助动合所在图区号	辅助动断所在图区号

对继电器,这种表示方法中各栏的含义如下:

左栏	右栏
辅助动合所在图区号	辅助动断所在图区号

3. 电气原理图中技术数据的标注

电气元件的数据和型号,一般用小号字体注在电器代号下面。例如图3-1中,FR下面的数据表示该继电器动作电流值的范围和整定值的标注;图中的 $1.5mm^2$、$1mm^2$ 字样表明该导线的截面积。

本节主要介绍了电气原理图的绘制原则和方法,关于电器元件布置图和电气安装接线图的绘制原则和方法将在以后的章节结合电气控制系统的设计予以介绍。

3.2 组成电气控制线路的基本规律

在继电接触式自动控制系统中,联锁控制的应用是很广泛的。本节以几个典型线路为例进行分析,总结出一些普遍性规律。掌握它将有助于对控制系统的分析和设计。

3.2.1 自锁控制

图3-3是三相鼠笼型异步电动机直接启动、自由停车的电器控制线路。主电路刀开关QS起隔离作用,熔断器FU对主电路进行短路保护,接触器KM的主触点控制电动机的启动、运行和停车,热继电器FR用作过载保护。

控制电路中的FU1作短路保护,SB2为启动按钮,SB1为停止按钮。

线路的工作情况如下:

启动时,合上刀开关QS引入三相电源。按下启动按钮SB2,KM的吸引线圈通电动作,KM的衔铁吸合,其中KM的主触点闭合使电动机接通电源启动运转;与SB2并联的KM动合辅助触点闭合,使接触器的吸引线圈经两条线路供电。一条线路是经SB1和SB2,另一条线路是经SB1和接触器KM已经闭合的动断辅助触点。这样,当手松开,SB2自动复位时,接触器KM的吸引线圈仍可通过其动合辅助触点继续供电,从而保证电动机的连续运行。这种依靠

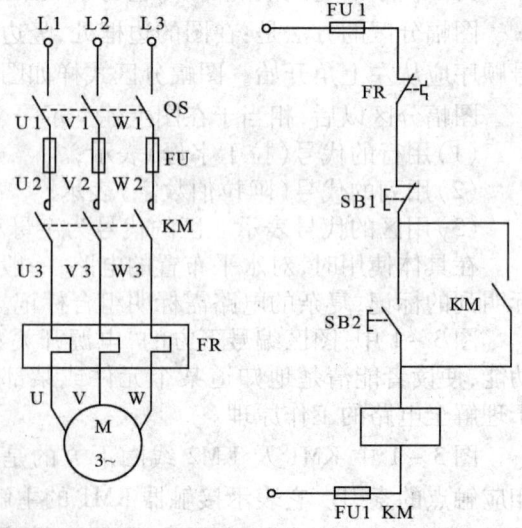

图3-3 三相鼠笼型异步电动机启、停控制线路

接触器自身辅助触点而使其线圈保持通电的现象,称为自锁或自保持。这个起自锁作用的辅助触点,称为自锁触点。

停车时,按下停止按钮 SB1,这时接触器 KM 线圈断电,主触点和自锁触点均恢复到断开状态,电动机脱离电源停止运转。当手松开停止按钮 SB1 后,SB1 在复位弹簧的作用下恢复闭合状态,但此时控制电路已经断开,只有再按下启动按钮 SB2,电动机才能重新启动运转。

在电动机运行过程中,当电动机出现长期过载而使热继电器 FR 动作时,其动断触点断开,KM 线圈断电,电动机停止运转,实现电动机的过载保护。

实际上,上述所说的自锁控制并不局限在接触器上,在控制线路中电磁式中间继电器也常用自锁控制。自锁控制的另一个作用是实现欠压和失压保护。图 3-3 中,当电网电压消失(如停电)后又重新恢复供电时,电动机及其拖动的机构不能自行启动,因为不重新按启动按钮,电动机就不能启动,这就构成了失压保护。它可防止在电源电压恢复时,电动机突然启动而造成设备和人身事故。另外,当电网电压较低时,达到释放电压,接触器的衔铁释放,主触点和辅助触点均断开,电动机停止运行,它可以防止电动机在低压下运行,实现欠压保护。

3.2.2 互锁控制

各种生产机械常常要求具有上、下、左、右、前、后等相反方向的运动,这就要求电动机能够正、反向运动。对于三相交流电动机可借助正、反向接触器改变定子绕组相序来实现。图 3-4 为三相笼型异步电动机实现正、反转的控制线路。图中 KM1、KM2 分别为正、反转接触器,它们的主触点接线的相序不同,KM1 按 U-V-W 相序接线,KM2 按 V-U-W 相序接线,即将 U、V 两相对调,所以两个接触器分别工作时,电动机的旋转方向不一样,实现电动机的可逆运转。

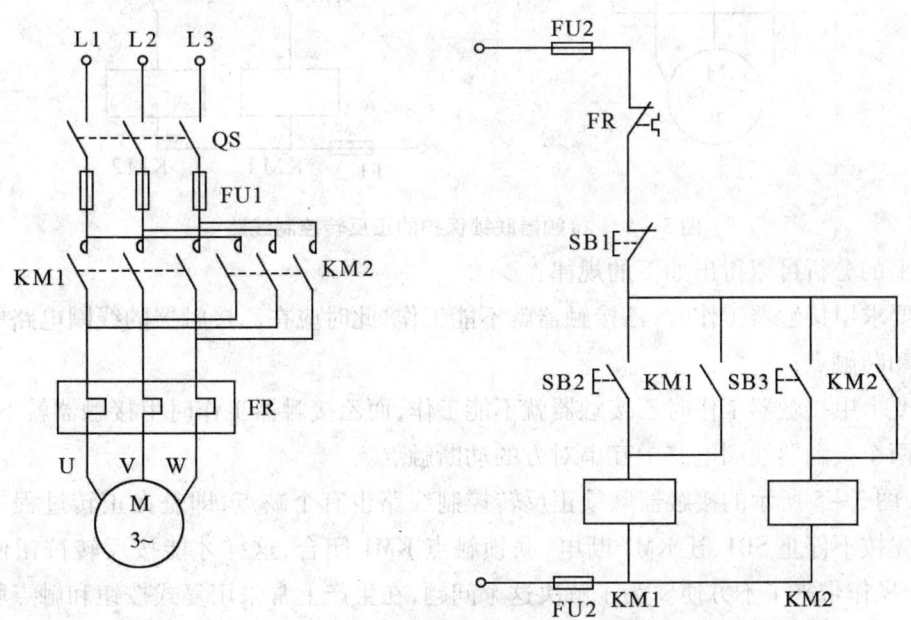

图 3-4 接触器正反转控制线路

图 3-4 所示控制线路虽然可以完成正、反转的控制任务,但这个线路是有缺点的,在按下

正转按钮 SB2 时,KM1 线圈通电并且自锁,接通正序电源,电动机正转。若发生错误操作,在按下 SB2 的同时又按下反转按钮 SB3,KM2 线圈通电并自锁,此时在主电路中将发生 U、V 两相电源短路事故。

为了避免上述事故的发生,就要求保证两个接触器不能同时工作。这种在同一时间里两个接触器只允许一个工作的控制作用称为互锁或联锁。图 3 - 5 为带接触器联锁保护的正、反转控制线路。在正、反两个接触器中互串一个对方的动断触点,这对动断触点称为互锁触点或联锁触点。这样当按下正转启动按钮 SB2 时,正转接触器 KM1 线圈接通,主触点闭合,电动机正转,与此同时,由于 KM1 的动断辅助触点断开而切断了反转 接触器 KM2 的线圈电路。因此,即使说按反转启动按钮 SB3,也不会使反转接触器的线圈通电工作。同理,在反转接触器 KM2 动作后,也保证了正转接触器 KM1 的线圈电路不能再工作。

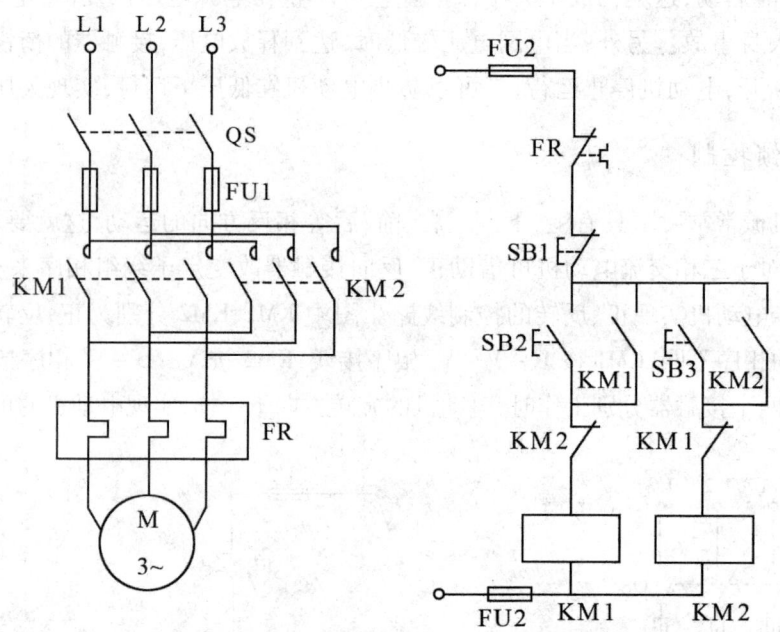

图 3 - 5   接触器联锁保护的正反转控制线路

由以上的分析可以得出如下的规律:

1. 当要求甲接触器工作时,乙接触器就不能工作,此时应在乙接触器的线圈电路中串入甲接触器的动断触点;

2. 当要求甲接触器工作时乙接触器就不能工作,而乙接触器工作时甲接触器就不能工作,此时要在两个接触器线圈电路中互串对方的动断触点。

但是,图 3 - 5 所示的接触器联锁正反转控制线路也有个缺点,即是在正转过程中要求反转时必须先按下停止 SB1,让 KM1 断电,联锁触点 KM1 闭合,这样才能按反转按钮使电动机反转,这给操作带来了不方便。为了解决这个问题,在生产上常采用复式按钮和触点联锁的控制线路,如图 3 - 6 所示。

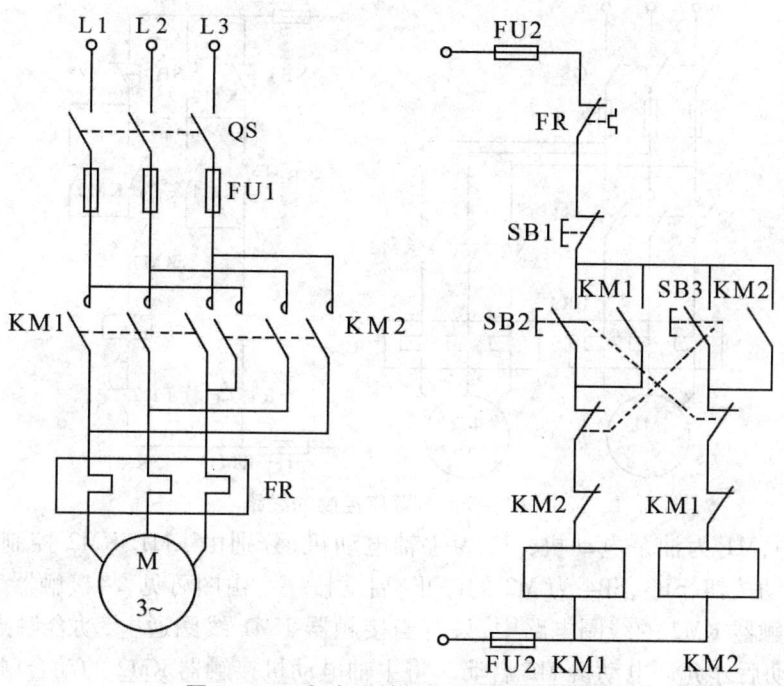

图 3-6　复合联锁的正反转控制线路

如图 3-6 中，保留了由接触器动断触点组成的互锁电气联锁，并添加了由按钮 SB2 和 SB3 的动断触点组成的机械联锁。这样，当电动机由正转变为反转时，只需按下反转按钮 SB3，便会通过 SB3 的动断触点断开 KM1 电路，KM1 起互锁作用的触点闭合，接通 KM2 线圈控制电路，实现电动机反转。

这里需注意一点，复式按钮不能代替联锁触点的作用。例如，当主电路中正转接触器 KM1 的触点发生熔焊（即静触点和动触点烧蚀在一起）现象时，由于相同的机械连接，KM1 的触点在线圈断点时不复位，KM1 的动断触点处于断开状态，可防止反转接触器 KM2 通电使主触点闭合而造成电源短路故障，这种保护作用仅采用复式按钮是做不到的。

这种线路既能实现电动机直接正反转的要求，又保证了电路可靠地工作，常用在电力拖动控制系统中。

3.2.3　按顺序工作时的联锁控制

在生产实践中，常要求各种运动部件之间或生产机械之间能够按顺序工作。例如车床主轴转动时，要求油泵先给润滑油，主轴停止后，油泵方可停止润滑，即要求油泵电动机先启动，主轴电动机后启动，主轴电动机停止后，才允许油泵电动机停止。实现该过程的控制线路如图 3-7 所示。

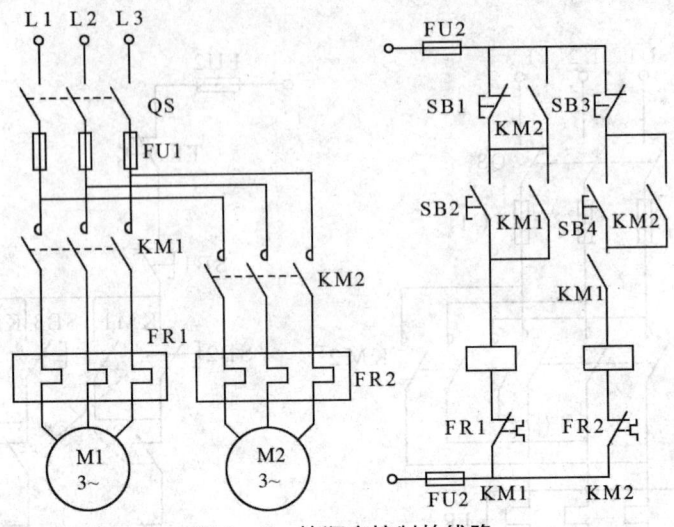

图 3-7 按顺序控制的线路

图 3-7 中，M1 为油泵电动机，M2 为主轴电动机，分别由 KM1、KM2 控制。SB1、SB2 为 M1 的停止、启动按钮，SB3、SB4 为 M2 的停止、启动按钮。由图可见，将接触器 KM1 的动合辅助触点串入接触器 KM2 的线圈电路中，只有当接触器 KM1 线圈通电，动合触点闭合后，即电动机 M1 先启动后才允许电动机 M2 启动。将主轴电动机接触器 KM2 的动合触点并联接在油泵电动机的停止按钮 SB1 两端，即当主轴电动机 M2 启动后，SB1 被 KM2 的动合触点短路，不起作用，直到主轴电动机接触器 KM2 断电，油泵停止按钮 SB1 才能起到断开 KM1 线圈电路的作用，油泵电动机才能停止。这样就实现了按顺序启动、按顺序停止的连锁控制。

总结上述关系，可以得到如下的控制规律：

1. 当要求甲接触器工作后方允许乙接触器线圈电路中串入甲接触器的动合触点；
2. 当要求乙接触器线圈断电后方允许甲接触器线圈断电，则将乙接触器的动合触点并联在甲接触器的停止按钮两端。

3.2.4 正常工作与点动的联锁控制

有些生产机械常常要求既能正常工作，又能实现调整时的点动。

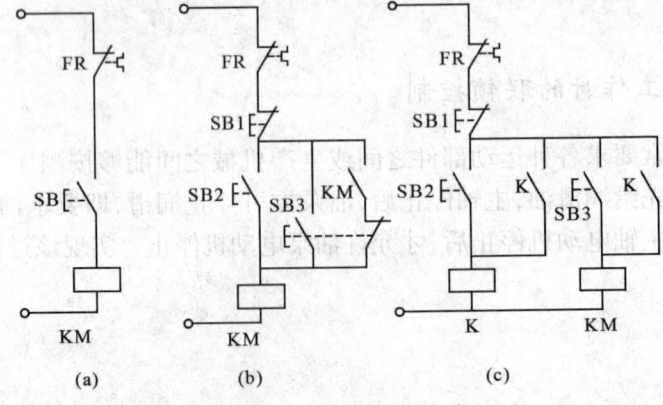

图 3-8 点动控制线路

图3-8(a)为最基本的点动控制线路。当按下点动按钮SB时,接触器KM吸合,主触点闭合,电动机接通电源。当手松开按钮时,接触器KM断电释放,主触点断开,电动机被切断电源而停转。电动机转动时间是由按钮按下的时间决定的。

图3-8(b)所示的电路将点动按钮SB3的动断触点作为联锁触点串联在接触器KM的自锁触点电路中,当正常启动时按下启动按钮SB2,接触器KM通电动作并自锁。当点动工作时,按下点动按钮SB3,其动合触点闭合,接触器KM得电,但SB3是动断触点将KM的自锁电路切断,手一松开按钮,接触器KM断电,从而实现了点动控制。

图3-8(c)中增加了一个中间继电器K,正常工作时按下启动按钮SB2,K得电并自锁,使接触器KM得电,电动机正常启动运转。当需要点动时按下点动按钮SB3,因为不能自锁,则松开按钮SB3,KM便断电,从而实现了正常工作与点动的联锁控制。

3.2.5 实现多点控制启、停的联锁控制

在大型设备中,为了操作方便,常常要求能在多个地方进行控制。图3-9所示为一台笼型三相异步电动机单方向旋转的两地控制线路。

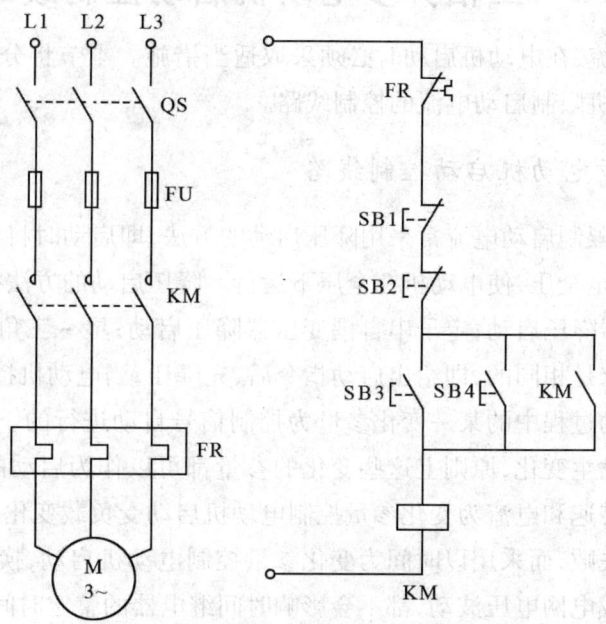

图3-9 三相异步电动机两地控制线路

在图3-9中,各启动按钮是并联的,即当任一处按下启动按钮,接触器线圈都能通电并自锁;各停止按钮是串联的,即当任一处按下停止按钮后,都能使接触器线圈断电,电动机停转。由此可以得出普遍结论:欲使几个电器都能控制甲接触器通电,则几个电器的动合触点应并联接到甲接触器的线圈电路中;欲使几个电器能控制甲接触器断电,则几个电器的动断触点应串联接到甲接触器的线圈电路中。

以上以三相笼型异步电动机直接启动的控制为例,介绍了组成电器控制线路的基本规律,这些规律同样适用于绕线型异步电动机和直流电动机的控制线路。

本节所介绍的控制线路电动机都是采用直接启动,或者叫做全压启动,它是通过开关或接触器,将额定电压直接加在定子绕组上使电动机启动的方法。这种方法的优点是启动设备简

单、启动力矩较大、启动时间短。缺点是启动电流大(启动电流为额定电流的 5~7 倍),当电动机的容量很大时,过大的启动电流将会造成线路上很大的电压降落,这不仅影响到线路上其他设备的运行,同时,由于电压降落也会影响到启动转矩($T \propto U^2$),严重时,会导致电动机无法启动。因此,直接启动只能用于电源容量较电动机容量大得多的情况。

电源容量是否允许电动机在额定电压下直接启动,可根据下式判断:

$$\frac{I_{ST}}{I_N} \leq \frac{3}{4} + \frac{电源容量(KW \cdot A)}{4 \times 电动机额定功率(KW)} \qquad (3-1)$$

式中:I_{ST}——电动机全压启动电流(A)

I_N——电动机额定电流(A)

一般容量小于 10 kW 的电动机常采用直接启动。若电动机不能直接启动,则需采用下节介绍的启动方法。

3.3 三相异步电动机启动控制线路

为了减小启动电流,在电动机启动时必须采取适当措施。本节将分别介绍笼型异步电动机和绕线型异步电动机限制启动电流的控制线路。

3.3.1 笼型异步电动机启动控制线路

笼型异步电动机限制启动电流常采用降压启动的方法,即启动时将定子绕组电压降低,启动结束将定子电压升至全压,使电动机在全压下运行。降压启动的方法很多,如定子串电阻降压启动;定子串电抗器降压启动;定子串自耦变压器降压启动;星-三角降压启动等。无论哪种方法,对控制的要求是相同的,即给出启动指令后,先降压,当电动机接近额定转速时再加全压,这个过程是以启动过程中的某一变化参量为控制信号自动进行的。在启动过程中,转速、电流、时间等参量都发生变化,原则上这些变化的参量都可以作为启动的控制信号。但是,经过分析可以发现,以转速和电流为变化参量控制电动机启动受负载变化、电网电压波动的影响较大,往往造成启动失败,而采用以时间为变化参量控制电动机启动,换接是靠时间继电器的动作,不论负载变化或电网电压波动,都不会影响时间继电器的整定时间,可以按时切换,不会造成启动失误。所以,控制电动机启动,几乎毫无例外地采用以时间为变化参量来进行控制。

1. 定子电路串电阻(或电抗器)的降压启动

图3-10是笼型异步电动机以时间为变化参量控制启动的线路。该线路是根据启动过程中时间的变化,利用时间继电器控制降压电阻的切除。时间继电器的延时时间按启动过程所需时间整定。当合上刀开关 QS,按下启动按钮 SB2 时,KM1 立即通电吸合,使电动机在串接定子电阻 R 的情况下启动,与此同时,时间继电器 KT 通电开始计时,当达到时间继电器的整定值时,其延时闭合的动合触点闭合,使 KM2 通电吸合,KM2 的主触点闭合,将启动电阻短接,电动机在额定电压下进入稳定正常运转。

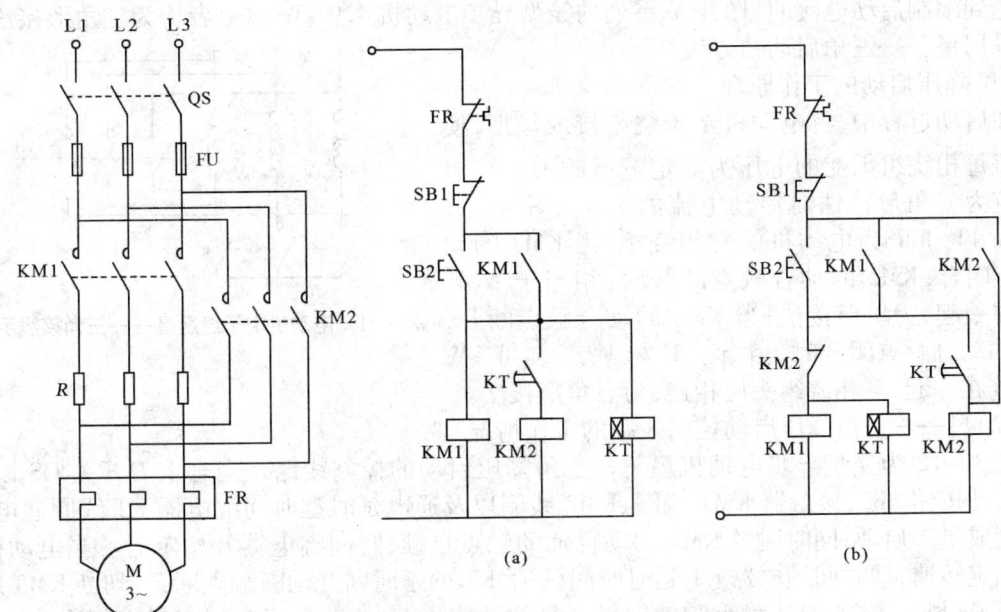

图 3 – 10　定子串电阻降压启动控制线路

由图 3 – 10（a）可以看出，本线路在启动结束后，KM1、KT 一直得电动作，这是不必要的。如果能使 KM1、KT 在电动机启动结束后断电，可减少能量损耗，延长接触器、继电器的使用寿命。其解决方法为：在接触器 KM1 和时间继电器 KT 的线圈电路中串入 KM2 的动断触点，KM2 要有自锁，见图 3 – 10（b）所示。这样当 KM2 线圈通电时，其动断触点断开使 KM1、KT 线圈断电。

定子所串电阻一般采用由电阻丝绕制的板式电阻或铸铁电阻，它的阻值小、功率大，允许通过较大的电流。每相串接的降压电阻可用以下经验公式计算：

（1）电阻值的计算公式

$$R = \frac{220}{I_N}(\frac{I_{ST}}{I'_{ST}})^2 - 1(\Omega) \tag{3-2}$$

式（3 – 2）中：
I_N——电动机额定电流；
I_{ST}——额定电压下未串电阻时的启动电流，一般取 $I_{ST} = (5 \sim 7)I_N$；
I'_{ST}）——串联电阻后所要求达到的电流，一般取 $I'_{ST}) = (2 \sim 3)I_N$。

（2）降压电阻功率的计算

$$P = RI_{ST}^2 \tag{3-3}$$

由于启动电阻只在启动时应用，而启动时间又很短，所以实际选用电阻功率可比计算值小 3 ~ 4 倍。若电动机定子回路只串接两相启动电阻，则电阻值应取式 3 – 2 计算值的 1.5 倍。

定子串电阻降压启动的方法由于不受电动机接线形式的限制，设备简单，所以在中小型生产机械上应用广泛。但是，定子串电阻降压启动，能量损耗较大。为了节省能量可采用电抗器代替电阻，但其成本较高，它的控制线路与电动机定子串电阻的控制线路相同，这里就不再重复了。

2. 星——三角降压启动控制线路

凡是正常运行时定子绕组接成三角形的笼型异步电动机可采用星——三角的降压启动方法来达到限制启动电流的目的。Y系列的笼型异步电动机4.0 kW以上者均为三角形接法,都可以采用星——三角启动的方法。

(1) 降压启动的工作原理

在启动过程中,将电动机定子绕组接成星形,使电动机每相绕组承受的电压为额定电压的$1/\sqrt{3}$,启动电流为三角形接法时启动电流的1/3。图3-11中,UU' VV' WW'为电动机的三相绕组,当KM3的动合触点闭合,KM2的动合触点断开时,相当于U' V' W'连在一起,为星形接法;当KM3的动合触点断开, KM2的动合触点闭合时,相当于U与V'、V与W'、W与U'连在一起,三相绕组头尾相连,为三角形接法。

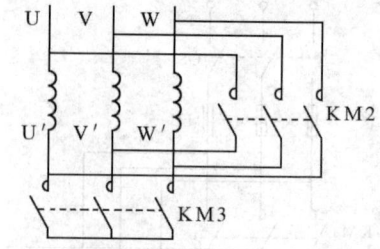

图3-11　电动机定子绕组星——三角接线示意图

(2) 星——三角降压启动控制线路的工作情况

图3-12为笼型异步电动机星——三角降压启动的控制线路。当合上刀开关QS以后,按下启动按钮SB2,接触器KM1线圈、KM3线圈以及通电延时型时间继电器KT线圈通电,电动机接成星形启动;同时通过KM1的动合辅助触点自锁,时间继电器开始定时。当电动机接近于额定转速,即时间继电器KT延时时间已到,KT的延时断开动断触点断开,切断KM3线圈电路,KM3断电释放,其主触点和辅助触点复位;同时,KT的动合延时闭合触点闭合,使KM2线圈通电自锁,主触点闭合,电动机接成三角形运行。时间继电器KT线圈也因KM2动断触点断开而失电,时间继电器的触点复位,为下一次启动做好准备。图中的KM2、KM3动断触点是互锁控制、防止KM2、KM3线圈同时得电而造成电源短路。

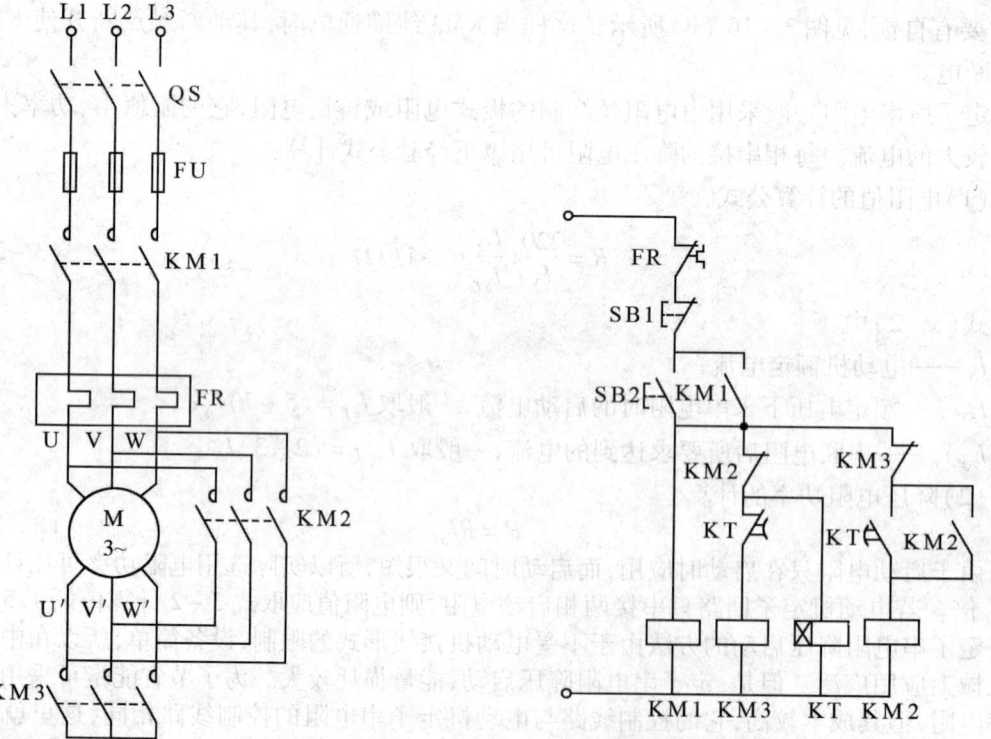

图3-12　星-三角降压启动控制线路

图3-12所示的控制线路适用于电动机容量较大(一般为13 kW以上)的场合。当电动机的容量较小(4~13 kW)时,通常采用图3-13所示的两个接触器的星—三角降压启动控制线路。线路的工作情况是:按下启动按钮SB2,时间继电器KT和接触器KM1线圈通电,利用KM1的辅助动合触点自锁,主触点接通主电路,时间继电器开始延时,而KM2线圈因SB2动断触点和KM1动断触点的相继断开而始终不得电,KM2的动断触点闭合,电动机接成星形启动。当电动机接近于额定转速,即时间继电器延时时间已到,其延时打开的动断触点断开,KM1线圈断电,电动机瞬时断电。KM1的动断触点及KT的延时闭合动合触点闭合,接通KM2的线圈电路,KM2通电动作并自锁,主电路中的动断触点断开,动合触点闭合,电动机定子绕组接成三角形。同时KM2的动合辅助触点闭合,再次接通KM1线圈,KM1主触点闭合接通三相电源,电动机进入正常运转状态。

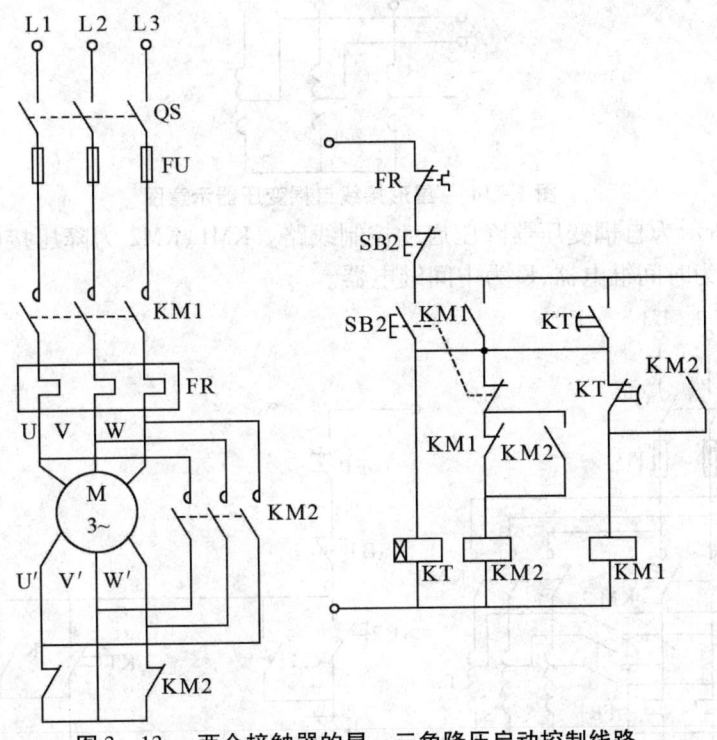

图3-13 两个接触器的星-三角降压启动控制线路

本线路的主要特点是:

①主电路中所用KM2动断触点为辅助触点,如工作电流太大就会烧坏触点,因此这种控制线路只适用于功率较小的电动机。

②由于本线路只用了两个接触器和一个时间继电器,所以线路简单。另外,在由星形接法转换为三角形接法时,KM2是在不带负载的情况下吸合的,这样可以延长使用寿命。

本线路在设计时充分利用了电器中联动的动合、动断触点在动作时,动断触点先断开,动合触点后闭合,中间有个延时这样的特点。例如,在按下SB2时,动断触点先断开,动合触点后闭合;KT延时时间已到,动断延时打开触点先断开,动合延时闭合触点后闭合,等等。理解和掌握电器的这一特点对分析、设计电器控制线路是很重要的。

三相笼型异步电动机星—三角降压启动具有投资少,线路简单的优点。但是,在限制启动电流的同时,启动转矩也为三角形直接启动时转矩的 1/3。因此,它只适用于空载或轻载启动的场合。

3. 自耦变压器降压启动控制线路

(1) 降压启动的工作原理

图 3-14 所示,自耦变压器按星形接线,启动时将电动机定子绕组接到自耦变压器二次侧。这样,电动机定子绕组得到的电压即为自耦变压器的二次电压,改变自耦变压器抽头的位置可以获得不同的启动电压。在实际应用中,自耦变压器一般有 65%、85% 等抽头。当启动完毕时,自耦变压器被切除,额定电压(即自耦变压器的一次电压)直接加到电动机定子绕组上,电动机进入全压正常运行。

(2) 自耦变压器降压启动控制线路的工作过程

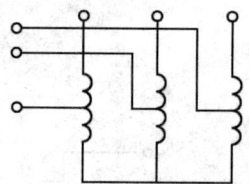

图 3-14　星形接线自耦变压器示意图

图 3-15 所示为自耦变压器降压启动控制线路。KM1、KM2 为降压接触器,KM3 为正常运行接触器,KT 为时间继电器,K 为中间继电器。

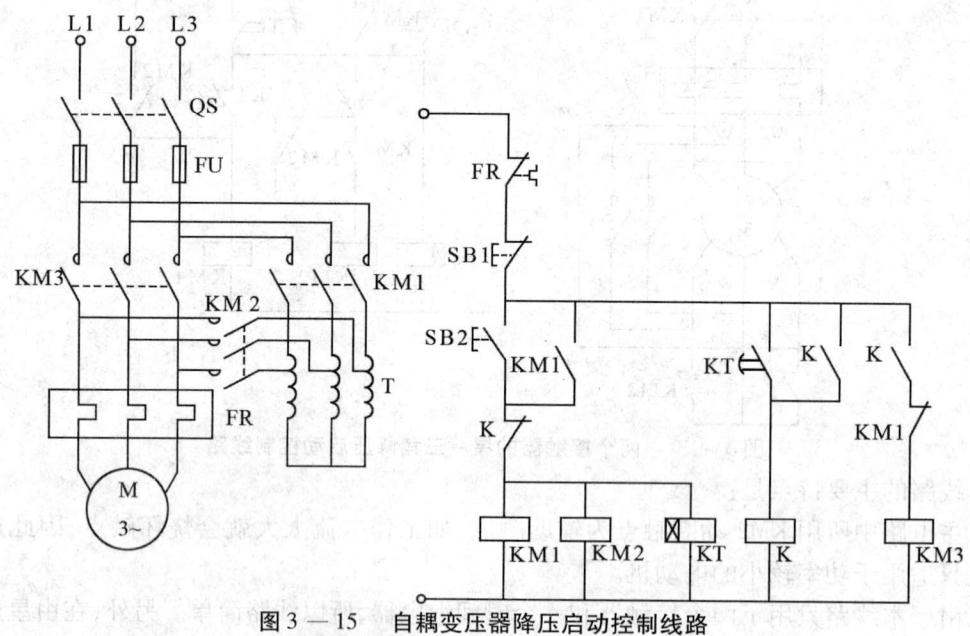

图 3-15　自耦变压器降压启动控制线路

线路的工作情况如下:

合上电源开关 QS,按下启动按钮 SB2,KM1、KM2 的线圈及 KT 的线圈通电并通过 KM1 的动合辅助触点自锁,KM1、KM2 的主触点将自耦变压器接入,电动机定子绕组经自耦变压器供电作降压启动。同时,时间继电器 KT 开始延时。当电动机转速上升到接近额定转速时,对应的 KT 延时结束,其延时闭合的动合触点闭合,中间继电器 K 通电动作并自锁,K 的动断触点断开使 KM1、KM2、KT 的线圈均断电,将自耦变压器切除,K 的动合触点闭合使 KM3 线圈通电动作,主触点接通电动机主电路,电动机在全压下运行。

自耦变压器降压启动方法适用于电动机容量较大,正常工作时接成星形或三角形的电动机。启动转矩可以通过改变抽头的连接位置得到改变。它的缺点是自耦变压器价格较贵,而且不允许频繁启动。

一般工厂常用的自耦变压器启动方法是采用成品的补偿降压启动器。这种启动包括手动、自动操作两种形式。手动操作的补偿器有 QJ3、QJ5 等型号,自动操作的补偿器有 XJ01 型和 CT2 系列等。

XJ01 型补偿降压启动器适用于 14~28KW 的电动机,其控制线路如图 3—16 所示。

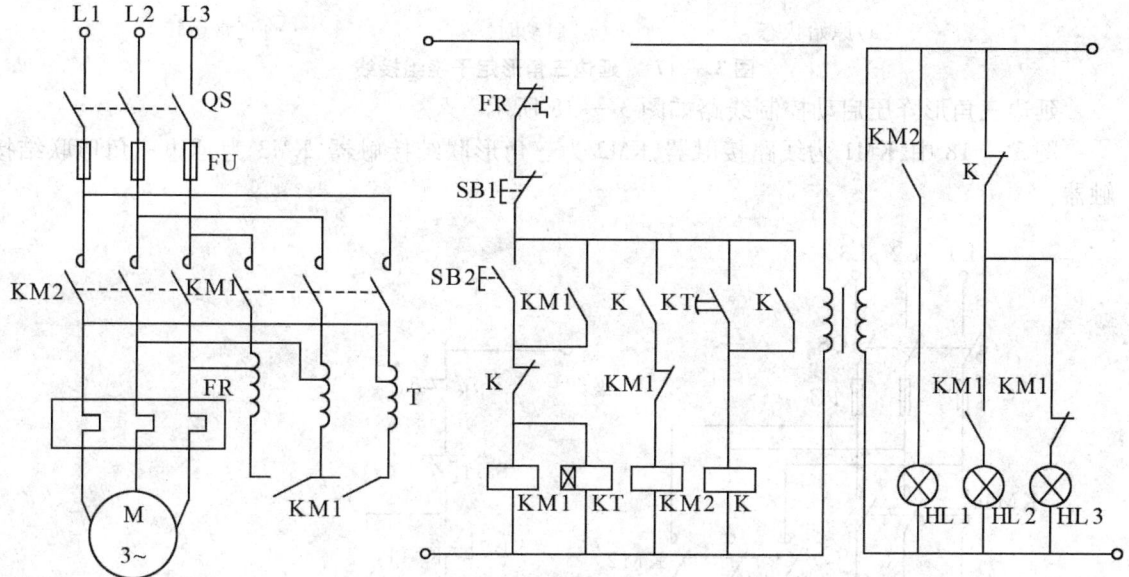

图 3—16 XJ01 型补偿器降压启动控制线路

线路的工作情况如下:

启动时先合上电源开关 QS,按下按钮 SB2,接触器 KM1、时间继电器 KT 线圈通电,KM1 的动合主触点闭合将自耦变压器接入电路,电动机降压启动;KM1 的两个动合辅助触点一个用于自锁,一个用于接通指示灯 HL2;KM1 的动断辅助触点断开使指示灯 HL3 熄灭。同时 KT 开始延时。当电动机转速上升到接近额定转速时,对应的时间继电器延时结束,KT 的动合延时闭合触点接通,中间继电器 K 线圈通电,动断触点断开,KM1 线圈断电,KM1 的主触点断开,切除自耦变压器,KM1 的动断触点闭合,通过 K 的动合触点接通 KM2 的线圈,KM2 的主触点接通电动机主电路,电动机在全压下运行,KM2 的动合辅助触点接通指示灯 HL1。

由以上分析可以看出,指示灯 HL1、HL2、HL3 分别用于电动机正常运行、降压启动及停车指示。

4. 延边三角形降压启动控制线路

延边三角形降压启动是既不增加启动设备,又能适当增加启动转矩的一种降压启动方法,它适用于定子绕组特别设计的异步电动机,这种电动机的定子绕组共有九个出线端,如图 3—17(a)所示。在电动机启动过程中将定子绕组一部分接成星形,一部分接成三角形,即延边三角形接法,如图 3—17(b)所示。待启动结束时,再将定子绕组接成三角形进入正常运行,如图 3—17(c)所示。电动机定子绕组作延边三角形接线时,每相绕组承受的电压比三角形接法时低,又比星形接法高,介于二者之间。这样既可实现降压启动,又可提高启动转矩。

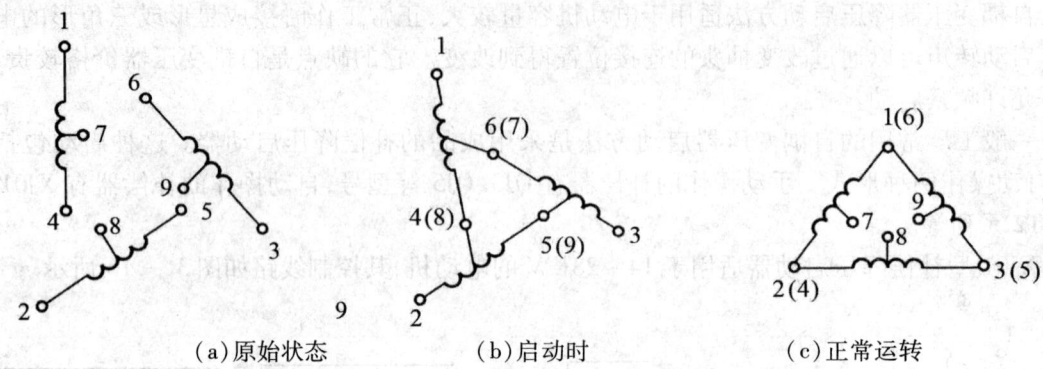

(a)原始状态　　　　(b)启动时　　　　(c)正常运转

图 3—17　延边三角形定子绕组接线

延边三角形降压启动控制线路如图 3—18 所示。

图 3—18 中,KM1 为线路接触器,KM2 为三角形联结接触器,KM3 为延边三角形联结接触器。

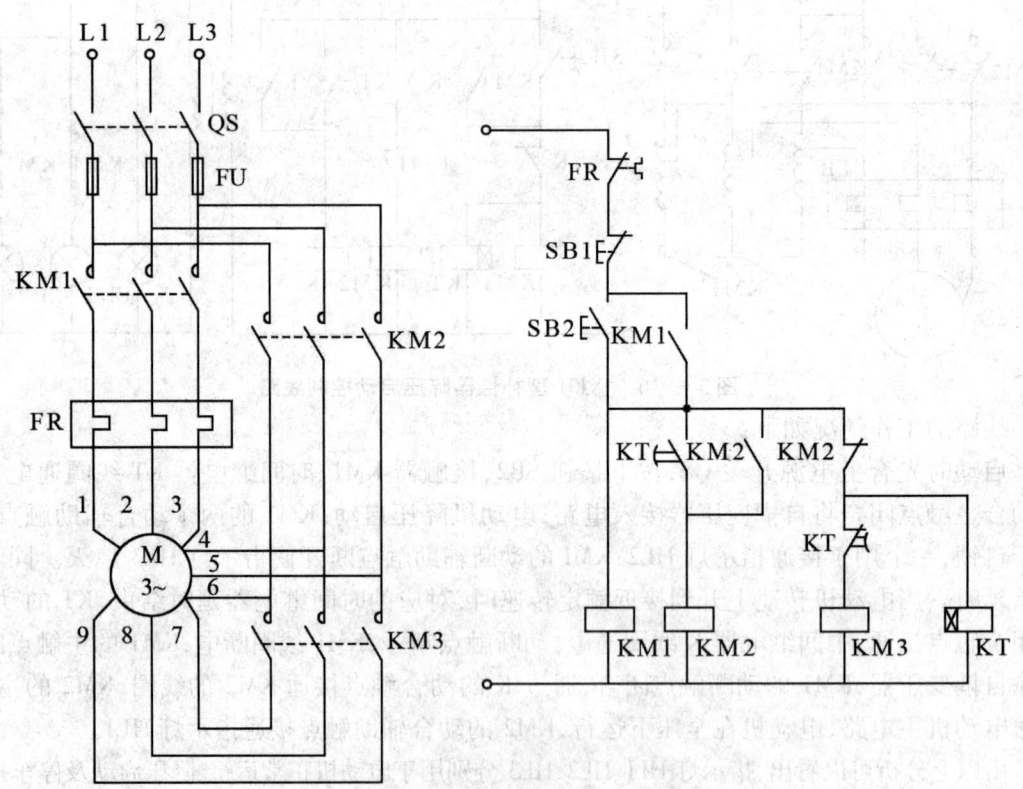

图 3—18　延边三角形降压启动控制线路

启动时,合上电源开关 QS,按下启动按钮 SB2 后,KM1、KM3 线圈通电并自锁,此时通过 KM3 的主触点将电动机定子绕组的 6 与 7、5 与 9、4 与 8 连在一起,电动机定子绕组的 1、2、3 接线端接电源,此时电动机按延边三角形接线,同时时间继电器 KT 线圈通电开始延时。当电动机转速接近额定转速时,即 KT 延时结束,其动断延时断开的触点断开,KM3 线圈断电,主触点断开,同时 KT 的动合延时闭合的触点闭合,接触器 KM2 通电并自锁,KM2 的主触点及 KM1 的主触点将电动机定子绕组的1与6、2与4、3与5连在一起,电动机接成三角形正常运转。

延边三角形降压启动要求电动机有9个出线端,使电机制造工艺复杂,同时给控制系统的安装接线增加了麻烦,因此尚未被广泛使用。

电气控制线路除了要求满足生产机械的工艺要求以外,还必须具有完善的保护环节,用以保护电网、电动机、控制电器以及其他电器元件,消除不正常工作时的有害影响,避免因误操作而发生事故。

当电路发生短路时,短路电流引起电气设备绝缘损坏和产生强大的电动力,使电动机和电路中的各种电器设备产生机械性损坏。因此,当电路中出现短路电流时,必须迅速而可靠地断开电源。常用的短路保护元件有熔断器和自动开关。当电动机容量较小时,其控制电路不需另设熔断器,主电路的熔断器也作为控制电路的短路保护;若电动机的容量较大,则控制电路一定要单独设置短路保护熔断器。自动开关既可作为短路保护又可作为过载保护。

电动机长期超载运行,其绕组的温升将超过允许的温升而损坏,所以应设过载保护环节。此种保护多采用热继电器为保护元件。热继电器具有反时限的特性,但由于热惯性的关系,热继电器不会受短路电流的冲击而瞬时动作。当有8~10倍额定电流通过热继电器时,需经1~3 s之后动作,这样在热继电器动作前,就可能使热继电器的发热元件已烧坏。所以,在使用热继电器作过载保护时,还必须装有熔断器或过电流继电器配合使用。因此,以上所介绍的笼型三相异步电动机的控制线路中既有热继电器作过载保护,又有熔断器作短路保护,尽管都是电流保护,但由于故障电流、动作值以及保护特性是不同的,所以不能相互代替。

直流电动机或绕线型异步电动机广泛使用过电流保护。对于三相笼型异步电动机,由于其短时过电流不会产生严重后果,故可不设置过电流保护。过电流往往是由于不正确的启动和过大的负载引起的,一般比短路电流要小,在电动机运行中产生过电流比发生短路的可能性更大,尤其是在频繁正反转启动的重复短时工作制电动机中更是如此。直流电动机和绕线型异步电动机控制线路中,过电流继电器也起着短路保护的作用。过电流继电器的动作值一般整定为电动机启动电流的1.2倍。

3.3.2 三相绕线型异步电动机启动控制线路

三相绕线型异步电动机较直流电动机结构简单,维护方便,调速和启动性能比笼型异步电动机优越。有些生产机械虽不要求调速,但要求较大的启动力矩和较小的启动电流,笼型异步电动机不能满足这种启动性能的要求,在这种情况下可采用绕线型异步电动机拖动,通过滑环在转子绕组中串接外加设备达到减小启动电流,增大启动转矩及调速的目的。

1. 转子绕组串电阻启动控制线路

图3—19所示为转子电路串电阻启动控制线路,为了可靠,控制电路采用直流操作。启动、停止和调速采用主令控制器SA控制,KA1、KA2、KA3为过电流继电器,KT1、KT2为断电延时型时间继电器。

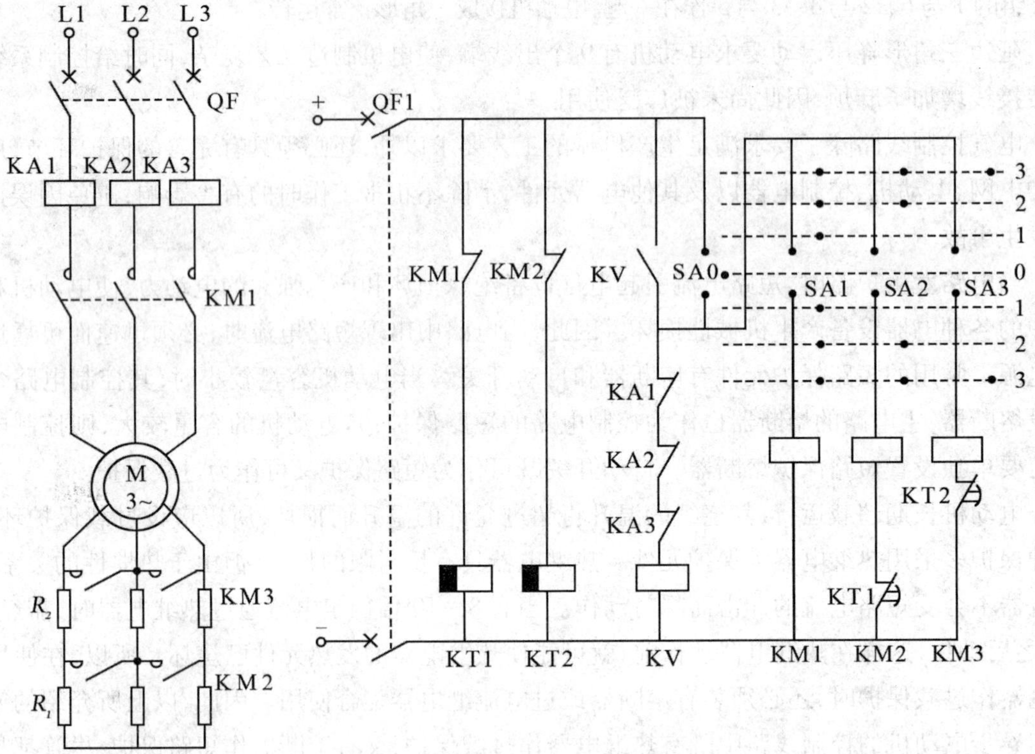

图 3—19 绕线型异步电动机转子串电阻启动控制线路

电路的控制过程如下：

(1) 启动前的准备

首先将主令控制器 SA 手柄置到"0"位，则触电 SA0 接通。然后合上自动开关 QF、QF1 于是时间继电器 KT1、KT2 线圈通电，它们的动断延时闭合触点瞬时打开；零位继电器 KV 线圈通电自锁，为 KM1、KM2、KM3 线圈的通电做好准备。

(2) 启动过程

将 SA 由"0"位推向"3"位，SA 的触点 SA1、SA2、SA3 闭合，KM1 线圈通电，主触点闭合，电动机在转子每相串两段电阻情况下启动，KM1 的动断辅助触点断开，KT1 线圈断电开始延时。当 KT1 延时结束时，其动断延时闭合的触点闭合，KM2 线圈通电，一方面 KM2 的动合主触点闭合，切除电阻 R1；另一方面 KM2 的动断辅助触点断开，KT2 线圈断电开始延时。当 KT2 延时结束时，其动断延时闭合的触点闭合，KM3 线圈通电，主触点闭合，切除电阻 R2，电动机进入全速运转。

可见，本线路在启动过程中，通过时间继电器的控制，将转子电路中的电阻分段切除，达到限制启动电流的目的。

(3) 电动机调速控制

当要求调速时，可将主令控制器手柄推向"1"位或"2"位。当主令控制器的手柄推向"1"位时，由图可以看出，主令控制器的触点只有 SA1 接通。接触器 KM2、KM3 均不能得电，电阻 R1、R2 将接入转子电路中，电动机便在低速下运行；当主令控制器的手柄推向"2"位时，电动机将在转子接入一段电阻的情况下运行，这样就实现了调速控制。

(4) 电动机停车控制

当要求电动机停车时,将主令控制器手柄拨回到"0"位,接触器 KM1、KM2、KM3 均断电,电动机断电停车。

(5) 保护环节

线路中的零位继电器 KV 起失压保护的作用,电动机每次启动前必须将主令控制器的手柄扳回到"0"位,否则电动机无法启动。KA1、KA2、KA3 作过流保护,正常时继电器不动作,动断触点闭合;若出现过流时,其动断触点断开,KV 线圈断电,使 KM1、KM2、KM3 线圈断电,起到保护作用。

2. 转子绕组串频敏变阻器的启动控制线路

绕线型异步电动机转子串电阻的启动方法,由于在启动过程中逐渐切除转子电阻;在切除的瞬间电流及转矩会突然增大,产生一定的机械冲击力。如果想减小电流的冲击,必须增加电阻的级数,这将使控制线路复杂,工作不可靠,而且启动电阻体积较大。

频敏变阻器的阻抗能够随着电动机转速的上升、转子电流频率的下降而自动减小,所以它是绕线型异步电动机较为理想的一种启动装置,常用于较大容量的绕线型异步电动机的启动控制。

(1) 频敏变阻器简介

频敏变阻器实质上是一个铁心损耗非常大的三相电抗器。它的铁心是由几片或十几片较厚的钢板或铁板叠成,并制成开启式,三个绕组按星形联结,将其串联在转子电路中,如图 3 – 20 (a) 所示。转子一相的等效电路如图 3 – 20 (b) 所示。图中 R_b 为绕线电阻,R 为频敏变阻器的铁损等值电阻,X 为电抗,R 与 X 并联。

当电动机接通电源启动时,频敏变阻器通过转子电路得到交变电动势,产生交变磁通,其电抗为 X,而频敏变阻器铁心由较厚的钢板制成,在交变磁通作用下,产生很大的涡流损耗和较小的磁滞损耗(涡流损耗占总损耗的 80% 以上)。此涡流损耗在电路中以一个等效电阻 R 表示。由于电抗 X 和电阻 R 都是由交变磁通产生的,所以其大小都随转子电流频率变化而变化。在电动机启动过程中,转子电流频率 f_2 与电源频率 f_1 的关系为 $f_1 = sf_2$,其中 s 为转差率。当电动机转速为零时,转差率 s = 1,即 $f_1 = f_2$;当 s 随着转速上升而减小时,f_2 便下降。频敏变阻器的 X、R 是与 f_2 的平方成正比的。由此可见,启动开始,频敏变阻器的等效阻抗很大,限制了电动机的启动电流,随着电动机转速的升高,转子电流频率降低,等效阻抗自动减小,从而达到了自动改变电动机转子阻抗的目的,实现了平滑无级启动。当电动机正常运行时,f_2 很低为 $(0.05f_1 \sim 0.1f_1)$,其阻抗很小。另外,在启动过程中,转子等效阻抗及转子回路感应电动势都是由大到小,所以实现了近似恒转矩的启动特性。

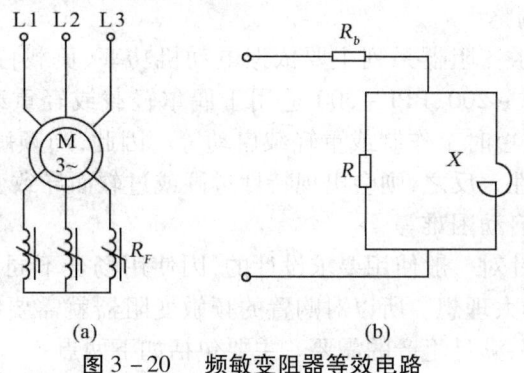

图 3 – 20 频敏变阻器等效电路

(2) 转子绕组串频敏变阻器启动控制线路

图 3-21 所示为绕线型异步电动机转子串频敏变阻器启动控制线路。图中 KM1 为线路接触器,KM2 为短接频敏变阻器接触器,KT 为控制启动时间的通电延时型时间继电器,K 为中间继电器,由于是大电流系统,所以,热继电器 FR 接在电流互感器的二次侧。

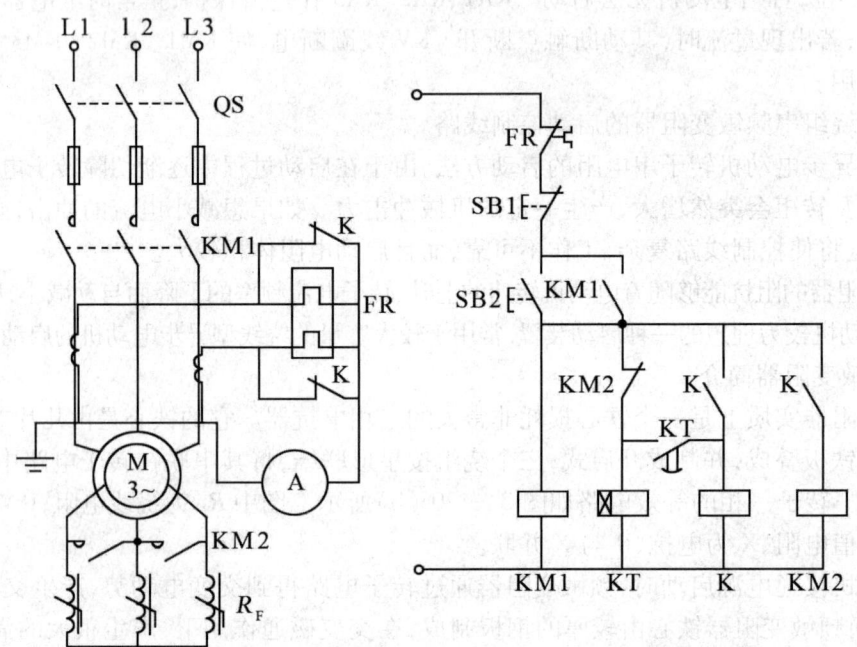

图 3-21　绕线型异步电动机转子串频敏变阻器启动控制线路

线路的工作情况如下:

合上电源开关 QS,按下启动按钮 SB2,接触器 KM1 线圈得电自锁,电动机接通三相交流电源,电动机转子串频敏变阻器启动;同时,时间继电器 KT 线圈通电开始延时。当延时结束,KT 的动合延时闭合触点闭合,K 线圈通电并自锁,K 的动断触点断开,热继电器 FR 接入电路作过载保护;K 的两个动合触点闭合,一个用于自锁,另一个接通 KM2 线圈电路,KM2 动合触点闭合将频敏变阻器切除,电动机进入正常运转状态。

在启动过程中,为了避免启动时间过长而使热继电器误动作,用 K 的动断触点将热继电器 FR 的发热元件短接。

(3) 频敏变阻器的调整

我国目前生产的频敏变阻器系列主要依据电动机功率、负载特性、启动运行方式等为设计、计算依据。例如 BPI-200、BPI-300 适用于偶尔轻载或轻重载启动的传动设备,BPI-500、BP2-700 用于重复短时工作制或重轻载启动等。因此,当频敏变阻器选用得当时,就可以得到恒转矩的启动特性。反之,则会出现特性过硬或过软而导致变阻器线圈过热、电动机长时间受大电流冲击以及启动困难等。

由于频敏变阻器是针对一般使用要求设计的,因使用场合不同、负载不同、电动机参数的差异,其启动特性往往不太理想。所以对购置的频敏变阻器就需要结合现场作某些必要的调整,使之发挥产品的作用,满足生产的需要。主要包括如下两点:

① 改变线圈匝数,频敏变阻器线圈大多留有几组抽头。增加或减小匝数将改变频敏变阻

器的等效阻抗,可起到调整电动机启动电流和启动转矩的作用。如果启动电流过大、启动太快,应增加匝数;反之,则减小匝数。

② 磁路调整,刚启动时,启动转矩过大,对机械有冲击;启动完毕后,稳定转速低于额定转速较多;短接频敏变阻器时电流冲击大。遇到这些情况时,调整磁路,增加上轭板与铁心间的气隙。

3.4 三相异步电动机制动控制线路

电动机断电后,由于惯性作用,停车时间较长。某些生产工艺要求电动机能迅速而准确地停车,这就要求对电动机进行强迫制动。制动停车的方式有机械制动和电气制动两种,机械制动是采用机械抱闸制动;电气制动是产生一个与原来转动方向相反的制动力矩。笼型异步电动机与直流电动机和绕线型异步电动机一样,制动可采用反接制动和能耗制动。无论哪种制动方式,在制动过程中,电流、转速、时间三个参量都在变化,因此可以取某一变化参量作为控制信号,在制动结束时及时取消制动转矩。

以电流为变化参量进行制动控制,由于受负载变化和电网电压波动影响较大,所以一般不被采用。如果取时间作为控制制动过程的变化参量,其控制线路简单,价格便宜,这是它的优点。但是,按时间原则控制的制动时间是整定值,实际制动过程与负载有关。负载变动时,对制动时间有影响,当负载增大时,制动时间变短,制动过程加快;反之,负载减小时,则制动时间加长,制动过程变慢。这样,以时间为变化参量控制反接制动时,时间继电器按原来整定的时间动作,当负载减小时,在转速还未到零就取消了制动,延缓了制动时间;反之,当负载增大时,在转速已经为零时,仍未取消制动,可能造成电动机反向启动。由此可见,以时间为变化参量控制反接制动,只适用于负载变化不大,制动时间基本一定的场合。

以时间为变化参量进行能耗制动时,在转速未到零时取消能耗制动,转矩很小,影响不大。当转速为零时,仍未取消制动,也不会反转。所以,以时间为变化参量进行控制,对能耗制动是合适的。

如果取转速为变化参量,用速度继电器检测转速,能够正确地反应转速变化,不受外界因素的影响。所以,反接制动常采用以转速为变化参量进行控制。当然,能耗制动也可以采用以转速为变化参量进行控制。

3.4.1 笼型异步电动机能耗制动控制线路

三相笼型异步电动机能耗制动就是把在运动过程中储存在转子中的机械能转变为电能,又消耗在转子电阻上的一种制动方法。将正在运转的三相笼型异步电动机从交流电源上切除。向定子绕组通入直流电流,便在空间产生静止的磁场,此时电动机转子因惯性而继续运转,切割磁感应线,产生感应电动势和转子电流,转子电流与静止磁场相互作用,产生制动力矩,使电动机迅速减速停车。

1. 按时间原则控制的能耗制动线路

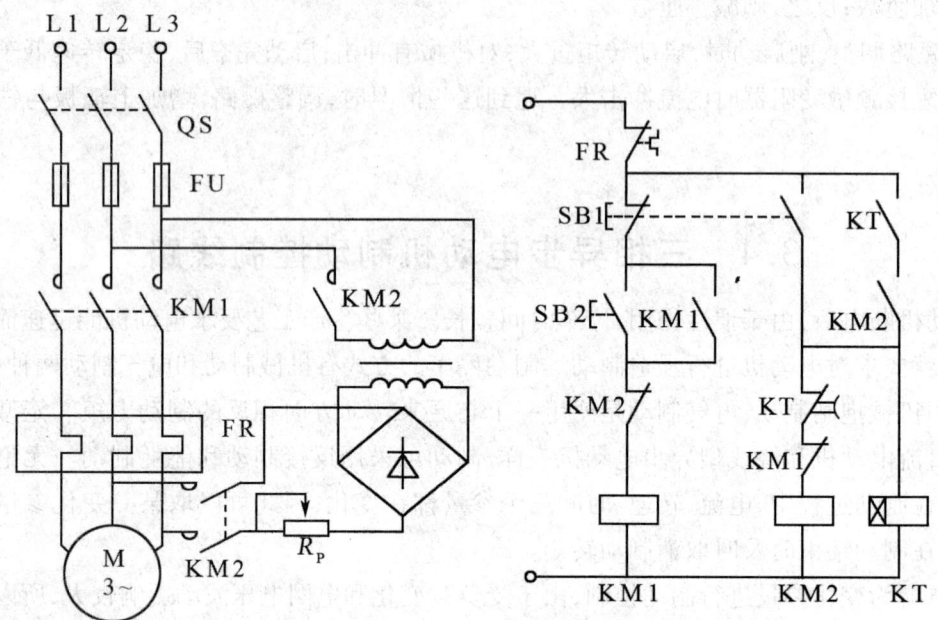

图 3-22 按时间原则控制的能耗制动控制线路

(1) 线路工作情况分析

图 3-22 为按时间原则控制的笼型异步电动机能耗制动控制线路。

线路工作情况如下:

启动时,合上电源开关 QS,按下启动按钮 SB2,则接触器 KM1 动作自锁,其主触点接通电动机主电路,电动机在全压下启动运行。

停车时,按下停止按钮 SB1,其动断触点断开使 KM1 线圈断电,切断电动机电源,SB1 的动合触点闭合,接触器 KM2、时间继电器 KT 线圈通电并经 KM2 的辅助触点和 KT 的瞬动触点自锁;同时,KM2 的主触点闭合,给电动机两相定子绕组送入直流电流,进行能耗制动。经过一定时间后,KT 延时结束,其动断延时打开的触点打开,KM2 线圈断电释放,切断直流电源,并且 KT 线圈断电,为下次制动做好准备。显见,时间继电器 KT 的整定值即为制动过程的时间。图中利用 KM1 和 KM2 的动断触点进行互锁的目的是防止交流电和直流电同时加入电动机定子绕组。

(2) 直流电源的估算方法

① 参数的确定 先用电桥测量电动机定子绕组任意两相之间的冷态电阻 R,也可以从手册中查到;测出电动机的空载电流 I_0,也可根据 $I_0 = (30\% \sim 40\%)I_N$ 来确定,其中为 I_N 为电动机的额定电流。

一般取直流制动电流为 $I_Z = (1.5 \sim 4)I_N$,当传动装置转速高、惯性大时,系数可取大些,否则取小些;一般取直流电源的制动电压为 RI_Z。

② 变压器容量及二极管的选择

变压器副边电压取 $U_2 = 1.11 RI_Z$

变压器副边电流取 $I_2 = 1.11 I_Z$

变压器容量为 S = $U_2 I_2$

考虑到变压器仅在制动过程短时间内工作,它的实际容量通常取计算容量的三分之一左右。

当采用桥式整流电路时,每只二极管流过的电流平均值为 $\frac{1}{2} I_z$,反向电压为 $\sqrt{2} U_2$,然后再考虑 1.5～2 倍的安全量,选择适当的二极管。

2. 按速度原则控制的可逆运行能耗制动控制线路

图 3－23 为按速度原则控制的可逆运行能耗制动控制线路。图中 KM1、KM2 分别为正、反转接触器,KM3 为制动接触器,KV 为速度继电器,KV1、KV2 分别为正、反转时对应的动合触点。

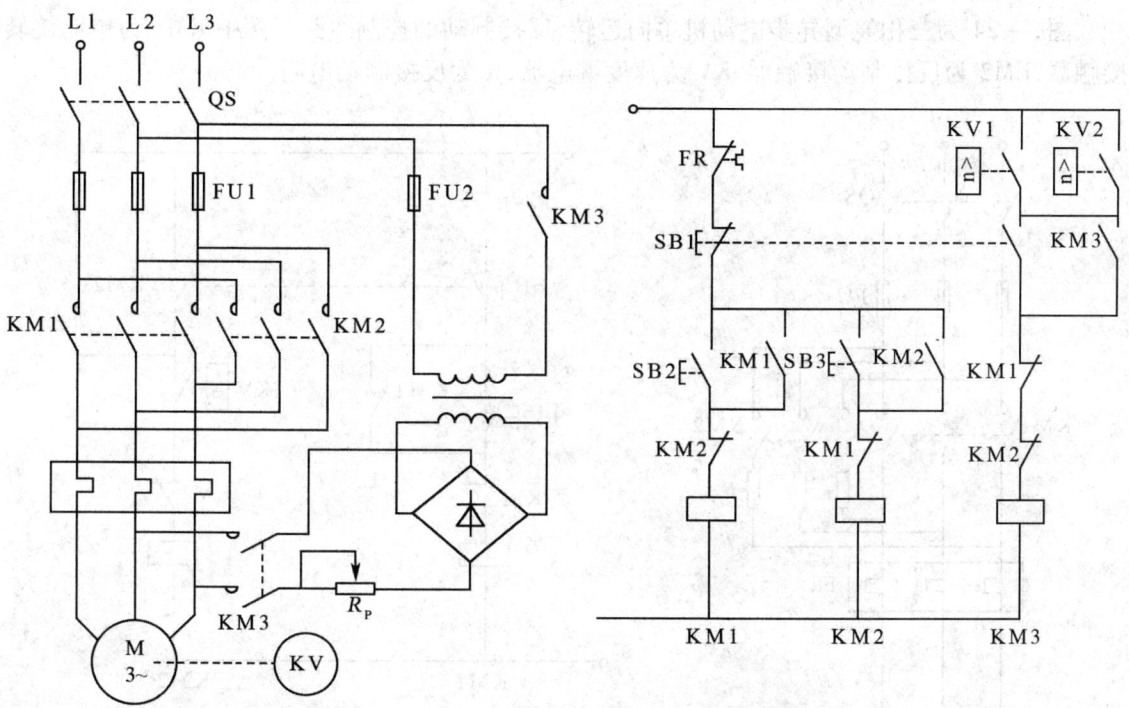

图 3－23 按速度原则控制的可逆能耗制动控制线路

线路的工作情况如下:

启动时,合上电源开关 QS,根据需要按下正转按钮或反转按钮,相应的接触器 KM1 或 KM2 线圈通电并自锁,电动机正转或反转,此时速度继电器触点 KV1 或 KV2 闭合。

停车时,按下停车按钮 SB1,使 KM1 或 KM2 线圈断电,SB1 的动合触点闭合。接触器 KM3 线圈通电动作并自锁,电动机定子绕组接入直流电源进行能耗制动,转速迅速下降。当转速下降到 100 r/min 时,速度继电器 KV 的动合触点 KV1 或 KV2 断开,KM3 线圈断电,能耗制动结束,以后电动机自由停车。

能耗制动的特点是制动电流较小,能量损耗小,制动准确,但它需要直流电源,制动速度较慢,所以它适用于要求平稳制动的场合。

3.4.2 笼型异步电动机反接制动控制线路

三相笼型异步电动机反接制动是依靠改变定子绕组中的电源相序,使定子绕组旋转磁场反向,转子受到与旋转方向相反的制动力矩作用而迅速停车。因此它的控制要求是制动时使电源反相序,制动到接近零转速时,电动机电源自动切除。反接制动的优点是制动能力强,制动时间短,缺点是能量损耗大、制动时冲击力大、制动准确度差。但是采用以转速为变化参量,用速度继电器检测转速信号,能够准确地反映转速,不受外界因素干扰,有很好的制动效果,反接制动适用于生产机械的迅速停车与迅速反向。

在反接制动时,电动机定子绕组流过的电流相当于全电压直接启动时电流的两倍,为了限制制动电流对电动机转轴的机械冲击力,往往在制动过程中在定子电路中串入电阻。

1. 单向反接制动控制线路

图 3-24 为三相笼型异步电动机单向运转、反接制动的控制线路。图中 KM1 为单向旋转接触器,KM2 为反接制动接触器,KV 为速度继电器,R 为反接制动电阻。

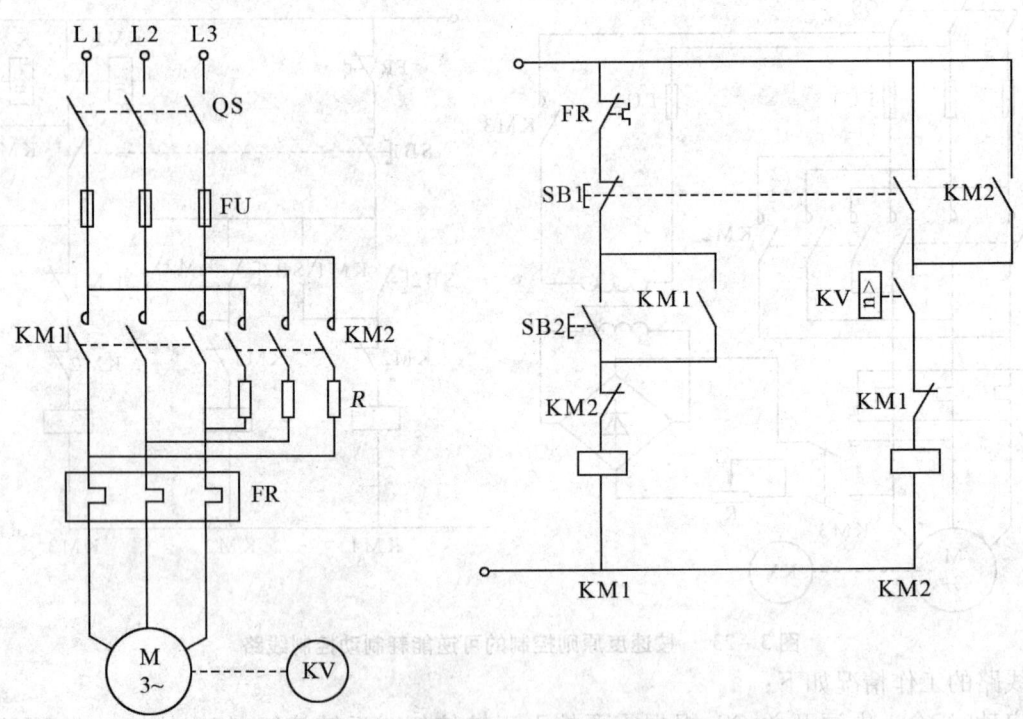

图 3-24 按速度原则控制的单向运行反接制动控制线路

线路的工作过程如下:

合上电源开关 QS,按下启动按钮 SB2,接触器 KM1 线圈通电并自锁,电动机在全压下启动运行,当转速升到某一值(通常为大于 120 r/min)以后,速度继电器 KV 的动合触点闭合,为制动接触器 KM2 的通电做准备。

停车时,按下停车按钮 SB1,KM1 断电释放,KM2 线圈通电动作并自锁,KM2 的动合主触点闭合,改变了电动机定子绕组中电源的相序,电动机在定子绕组串入电阻 R 的情况下反接制动,电动机转速迅速下降,当转速低于 100 r/min 时,速度继电器 KV 复位,KM2 线圈断电释放,制动过程结束。

2. 电动机可逆运行反接制动控制线路

图 3-25 为笼型异步电动机降压启动可逆运行反接制动控制线路。图中 KM1、KM2 为正、反转接触器，KM3 为短接电阻用接触器，K1~K4 为中间继电器，电阻 R 既能限制反接制动电流，也能限制启动电流。

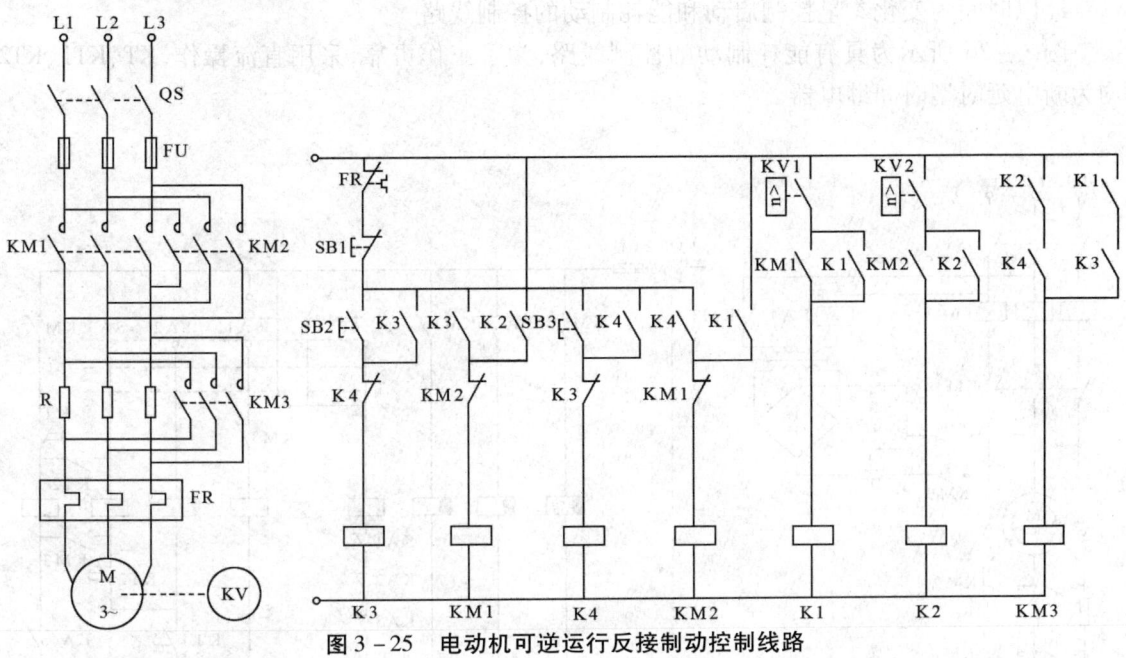

图 3-25 电动机可逆运行反接制动控制线路

线路的工作过程如下：

（1）正向启动控制过程

按下启动按钮 SB2，中间继电器 K3 线圈通电动作并自锁，K3 的动合触点闭合使接触器 KM1 线圈通电，KM1 的主触点闭合，电动机在定子绕组串电阻 R 情况下降压启动。当转速上升到一定值时，速度继电器 KV 动作，动合触点 KV1 闭合，中间继电器 K1 线圈通电动作并自锁，K1 的动合触点闭合，KM3 线圈通电动作，KM3 的动合主触点闭合，切除电阻 R，电动机在全压下正转运行。

（2）停车控制过程

按停车按钮 SB1，K3 及 KM1 线圈相继断电，触点复位，电动机正向电源被断开，由于电动机转速还较高，速度继电器的动合触点 KV1 仍闭合，中间继电器 K1 线圈保持着通电状态。KM1 断电后，动断触点的闭合使反转接触器 KM2 线圈通电，接通电动机反向电源，进行反接制动。同时，由于中间继电器 K3 线圈断电，接触器 KM3 断电，电阻 R 被串入主电路，限制了反接制动电流。电动机转速迅速下降，当转速下降到小于 100 r/min 时，KV 的动合触点 KV1 断开复位，K1 线圈断电，KM2 线圈也断电，反接制动结束。

（3）反向启动控制过程

按反向启动按钮 SB3，其启动和制动停车过程与正转时相似，请读者自行分析。

3.4.3 三相绕线型异步电动机制动控制线路

接电次数在每小时 700 次左右，对调速又无特殊要求的生产机械，可采用交流绕线型异步电动机拖动。为了提高可靠性,用直流操作,并以时间为变化参量控制分级启动。单向运转并要求准确停车的,一般采用能耗制动;可逆运转并要求迅速反向的,一般采用反接制动,静阻转矩变化不大时,可以采用以时间为变化参量控制反接制动,否则采用以转速(电势)为变化参量控制反接制动。

1. 以时间为变化参量控制启动和能耗制动的控制线路

图 3-26 所示为具有能耗制动的控制线路,为了工作可靠,采用直流操作,KT、KT1、KT2 均为断电延时型时间继电器。

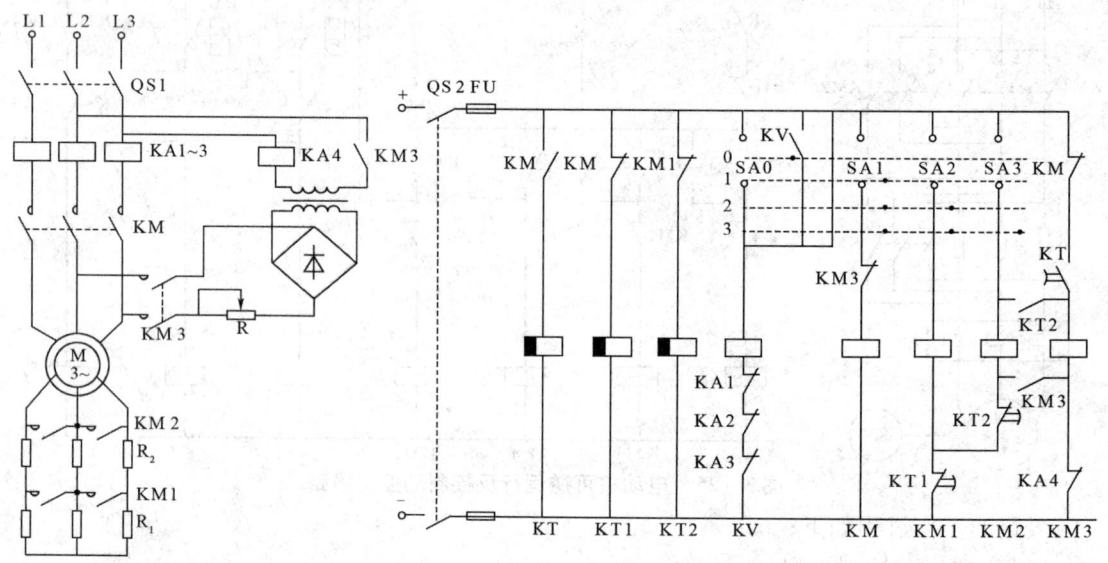

图 3-26 以时间为变化参量控制启动和能耗制动的线路

线路的工作过程如下:

(1)启动前的准备

先将主令控制器 SA 的手柄置到"0"位,再合电源开关 QS1、QS2,则:

① 零位继电器 KV 线圈通电并自锁;

② KT1、KT2 线圈得电,其动断延时闭合的触点瞬时打开,确保 KM1、KM2 线圈断电。

(2)启动控制过程

将 SA 的手柄推向"3"位,SA 的触点 SA1、SA2、SA3 均接通,KM 线圈通电。则:

① KM 的动合触点闭合,主触点将电动机接入交流电源,电动机在转子串两段电阻情况下启动。同时,KM 的动合辅助触点接通 KT 线圈,KT 的动合延时打开触点闭合。

② KM 的动断触点打开,KT1 线圈断电开始延时,当延时结束时,KT1 动断触点闭合,KM1 线圈通电,一方面,KM1 的动合触点闭合,切除一段电阻 R_1;另一方面,由于 KM1 的动断触点断开,KT2 线圈断电开始延时,当延时结束时,KT2 的动断触点闭合,KM2 线圈通电,其动合触点闭合,切除电阻 R_2,启动结束。

需要说明一点,在启动过程中,KM 线圈通电时,其动断触点先断开,动合触点后闭合,这样确保 KM3 线圈不通电。

(3)制动控制过程。

制动时,将主令控制器的手柄扳回"0"位,此时 KM、KM1、KM2 线圈均断电,电动机切除交流电源。同时,KT1、KT2 线圈得电,动断延时闭合触点打开,KT2 的瞬动动合触点闭合。其制动过程如下:

① KM 的动断触点闭合,KM3 线圈通电,电动机接入直流电源进行能耗制动;同时,KM2 线圈通电,电动机在转子短接全部电阻情况下能耗制动。

② KM 的动合辅助触点断开,KT 线圈断电开始延时,当延时结束时,KT 的动合延时断开触点断开,KM2、KM3 线圈均断电,制动结束。

(4)调速控制过程

当需要电动机在低速下运行时,可将主令控制器手柄推向"2"位或"1"位,其工作过程请读者自行分析。

图 3–26 中的 KA1、KA2、KA3、KA4 均为过电流继电器,起过流保护作用。

2. 以时间为变化参量控制启动,以转速为变化参量控制反接制动的线路

由于需要经常正、反向启动的三相绕线型异步电动机,常采用反接制动。图 3–27 所示为采用以时间为变化参量控制启动加速,以速度为变化参量控制反接制动的线路。速度信号来自转子电压,接在转子两相的桥式整流器向反接继电器 K_R 线圈供电,实现以转速为变化参量的控制。

根据公式 $\qquad E_{2s} = sE_{20} \qquad$ (3–4)

式中:E_{2s}——转子电动势;

s——转差率;

E_{20}——转子开路电动势。

转子不动时 $s = 1$;反接制动时,$1 < s < 2$。所以,转子不动时的转子电动势小于反接时的转子电动势,而反接继电器 K_R 的吸合电压按大于转子不动时的电压整定。因此,启动时 K_R 不动作,可使 KM1 很快吸合,切除反接电阻;在反接时 K_R 动作,保证反接电阻接入,以限制反接电流。为实现在转速接近于零时才取消反接制动,K_R 的释放值一般按 $s = 1.1$,即释放电压按 $1.1E_{20}$ 时整定;另一方面,为了保证在低速运转时反向,也能先进行反接制动,再反向启动,要求 K_R 的吸合值应尽量接近释放值,即要选用高返回系数的继电器。回路中降压电阻 R_4 可按下式计算

$$R_4 = \frac{0.9 \times 1.1E_{20} - 2\triangle U - U_L}{I_L} \qquad (3-5)$$

式中:U_L——继电器 KR 的释放电压;

I_L——继电器 KR 的释放电流;

$\triangle U$——整流管的管压降。

本线路通过主令控制器手柄置于不同位置,可获得三种速度。当手柄置于"3"位时,启动完毕全部电阻切除;当手柄置于"2"位时,转子中保留一段电阻;当手柄置于"1"位时,转子中保留全部启动电阻,即 R_2 与 R_3。图中的电阻 R_1 为反接电阻,用于限制反接电流。下面对本线路的工作过程进行分析。

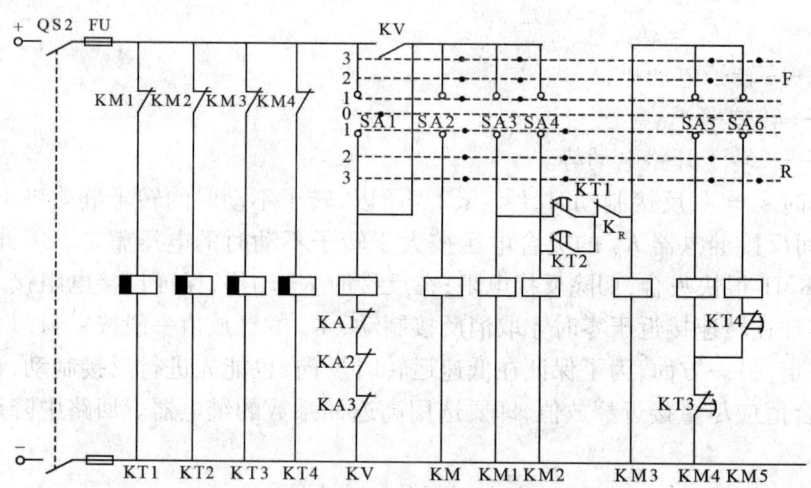

图 3-27 以时间为变化参量控制启动，
以转速为变化参量控制反接制动的线路

(1) 启动前的准备

将主令控制器的手柄置"0"位，合电源开关 QS1、QS2，则：

① 零位继电器 KV 通电并自锁，为启动做好准备；

② 断电延时型时间继电器 KT1、KT2、KT3、KT4 线圈均通电，其动断触点均打开，确保启动开始 KM3、KM4、KM5 线圈均断电，减小启动冲击。

(2) 启动时，将主令控制器手柄从"0"位扳向正转"3"位置，主令控制器的触点 SA2、SA3、SA5、SA6 均接通，各电器动作情况如下：

① 接触器 KM、KM1 线圈通电,主触点闭合,接通电动机定子绕组,电动机在转子绕组串全部电阻情况下启动。

② KM1 动断触点断开,时间继电器 KT1 线圈断电开始延时。当延时结束时,KT1 的动断触点闭合。由于此时 K_R 未动作,其动断触点闭合,所以接触器 KM3 线圈通电,动合触点闭合,切除反接电阻尼,KM3 的动断触点断开使时间继电器 KT3 断电延时。当延时结束时,KT3 的动断触点闭合,KM4 线圈通电,其动合触点闭合切除电阻 R_2,KT4 的动断触点断开使 KT4 线圈断电开始延时,当延时结束时,KT4 的动断触点闭合,KM5 线圈通电,KM5 的主触点闭合,切除电阻 R_3,电动机进入正常运行。

在启动刚开始,由于时间继电器 KT1 的作用,反接电阻 R_1 接入转子电路一段时间,为启动做好准备,以免在启动时,因启动转矩大而使各连接件产生冲击。

(3)反接时,将主令控制器从正转位置扳向反转位置(例如扳向反转位置"3"),当手柄经过零位时,全部接触器释放,然后 KM、KM2 接通,电动机定子绕组电源相序改变,虽然 KT2 线圈断电,但其触点需经延时才能闭合,保证反接继电器 K_R 来得及动作,不会因为手柄扳动过快,而误将反接接触器 KM3 接通,造成反接电流过大。此时电动机将在转子电阻全部接入的情况下进行反接制动,并且 K_R 因达到吸合值而动作,电动机转速迅速下降。当电动机转速接近于零,也就是电动机转子电动势下降达到 K_R 的释放值时,K_R 释放,K_R 的动断触点闭合,由于此时 KT2 的延时已结束,其动断触点已闭合,所以 KM3 线圈通电,动合触点闭合,切除反接电阻 R_1,电动机进行反向启动,其控制过程与正向启动类似,这里就不再赘述了。

可见,电动机在由正转到反转时,先要经过反接制动,然后再启动。

(4)本线路中,欲使电动机停车,则将主令控制器的手柄置于"0"位,进行自由停车。

(5)线路图中的 KA1、KA2、KA3 用作过流保护,当电路出现过流时,其动断触点断开,KV 线圈断电,KV 的动合触点断开,全部接触器释放,切断电路。

由于本线路能够正确地反应转速变化,不受负载变化的影响,因此获得了广泛的应用。

3.5 三相调速异步电动机控制线路

由于电力电子、计算机控制以及矢量控制等技术的进步,使交流变频调速技术发展很快,是将来调速的主要方向。但是,以前存在的一些三相异步电动机调速装置目前在工业现场仍然被广泛地使用,如三相笼型电动机的变极调速、三相绕线型异步电动机改变转子电路电阻实现调速、电磁滑差离合器调速等。下面仅对变极调速和电磁滑差离合器调速的控制线路进行介绍。

3.5.1 笼型多速异步电动机控制线路

当电网频率固定以后,三相异步电动机的同步转速与它的磁极对数成反比。因此,只要改变电动机定子绕组磁极对数,就能改变它的同步转速,从而改变转子转速。在改变定子极数时,转子极数也必须同时改变。为了避免在转子方面进行变极改接,变极电动机常用笼型转子,因为笼型转子本身没有固定的极数,它的极数由定子磁场极数确定,不用改接。

磁极对数的改变可用两种方法:一种是在定子上装置两个独立的绕组,各自具有不同的极数;第二种方法是在一个绕组上,用改变绕组的连接来改变极数,或者说改变定子绕组每相的电流方向,由于构造的复杂,通常速度改变的比值为2∶1。如果希望获得更多的速度等级,例如四速电动机,可同时采用上述两种方法,即在定子上装置两个绕组,每一个都能改变极数。

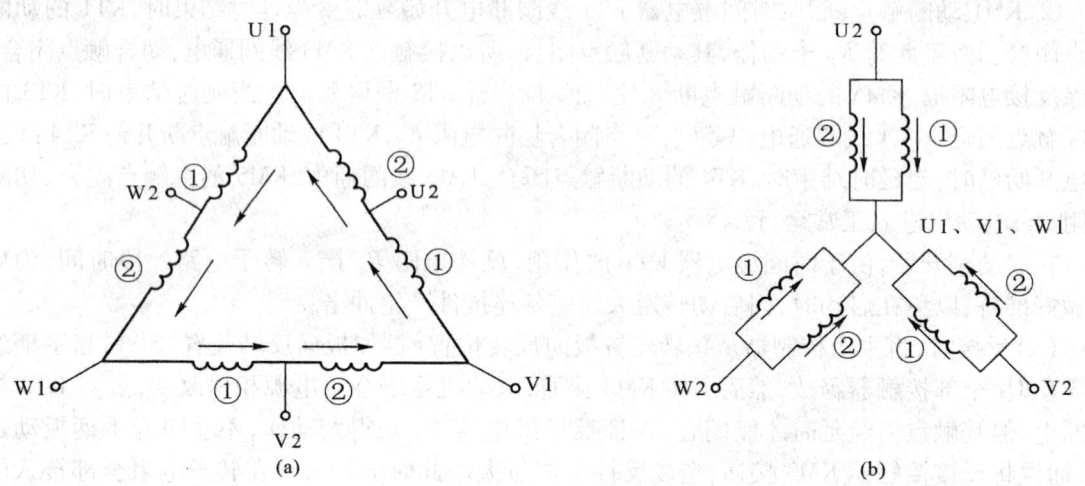

图 3-28 4/2 极的双速电动机定子绕组接线示意图

图 3-28 所示为 4/2 极的双速电动机定子绕组接线示意图。电动机定子绕组有六个接线端,分别为 U1、V1、W1、U2、V2、W2。图(a)是将电动机定子绕组的 U1、V1、W1 三个接线端接三相交流电源,而将电动机定子绕组的 U2、V2、W2 三个接线端悬空,三相定子绕组按三角形接线,此时每个绕组中的①、②线圈相互串联,电流方向如图 3-28(a)中的箭头所示,电动机的极数为四极;如果将电动机定子绕组的 U2、V2、W2 三个接线端子接到三相电源上,而将 U1、V1、W1 三个接线端子短接,则原来三相定子绕组的三角形联结,变成双星形接线,此时每相绕组中的①、②线圈相互并联,电流方向如图 3-28(b)中箭头所示,于是电动机的极数变为二极。注意观察两种情况下各绕组的电流方向。

必须注意,绕组改极后,其相序方向和原来相序相反。所以,在变极时,必须把电动机任意两个出线端对调,以保持高速和低速时的转向相同。例如,在图 3-28 中,当电动机绕组为三角形联结时,将 U1、V1、W1 分别接到三相电源 U、V、W 上;当电动机的定子绕组为双星形联结,即由四极变到二极时,为了保持电动机转向不变,应将 U2、V2、W2 分别接到三相电源 U、V、W 上。当然,也可以将其他任意两相对调。

图 3-29 所示为 4/2 极双速异步电动机的控制线路。该线路利用开关 S 进行高低速转换。当开关 S 处在低速 L 位置时,接触器 KM3 线圈通电,KM3 的主触点闭合,将定子绕组的接线端 U1、V1、W1 接到三相电源上,而此时由于 KM1、KM2 动合触点不闭合,所以电动机定子绕组按三角形接线,电动机低速运行。在变极时,将电动机的两个出线端 U2、W2 对调。

当开关 S 处在高速位置 H 时,线路的工作情况如下:

1. 时间继电器 KT 首先通电,其瞬动动合触点闭合,接触器 KM3 线圈通电,主触点闭合,将电动机接成三角形作低速启动;

2. 经过一段时间延时后,KT 的延时断开动断触点断开,KM3 线圈断电,其触点复位。而 KT 的延时闭合动合触点闭合,使 KM2 的线圈通电,KM2 的主触点闭合将 U1、V1、W1 连在一起,同时通过 KM2 的动合触点闭合使 KM1 线圈通电,KM1 的主触点闭合使电动机以双星形接线高速运行。

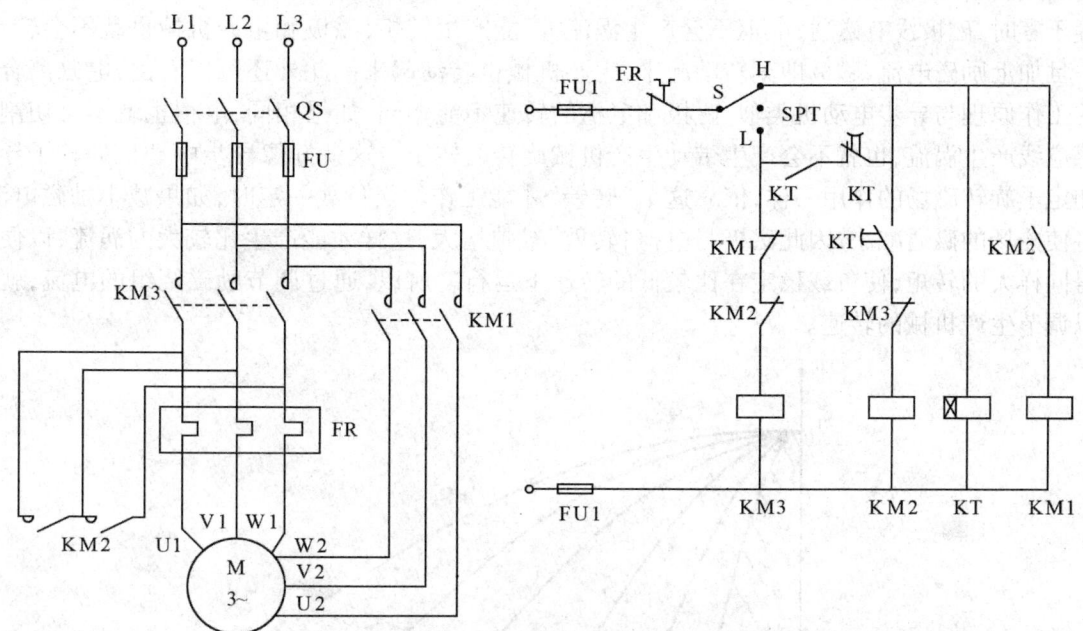

图 3-29 4/2 极双速异步电动机控制线路

通过本线路可以实现变极调速电动机的控制,在实际应用中,首先必须正确识别电动机的各接线端子,这一点是很重要的。变极多速电动机主要用于驱动某些不需要平滑调速的生产机械上,如冷拔拉管机、金属切削机床、通风机、水泵和升降机等。在某些机床上,采用变极调速与齿轮箱调速相配合,可以较好地满足生产机械对调速的要求。

3.5.2 电磁滑差离合器调速电动机控制线路

异步电动机利用电磁滑差离合器进行调速,可以获得均匀平滑的调速特性,即无级调速的特性。电磁滑差离合器调速是将异步电动机转轴和生产机械转轴作软性连接以传递功率的一种装置。

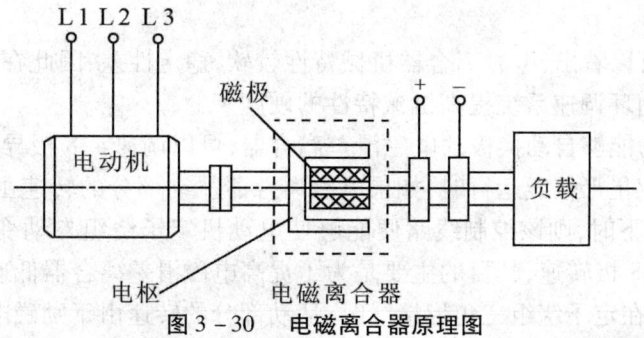

图 3-30 电磁离合器原理图

图 3-30 所示为电磁滑差离合器调速系统的结构示意图。离合器由电枢和磁极两个主要部分组成,电枢是用铸钢做成的圆筒形结构,用联轴节和电动机作硬性连接,由电动机带着它转动称为主动部分。磁极部分由铁心和励磁绕组两部分组成,绕组可通过滑环和电刷接到直流电源或晶闸管整流电源上。磁极部分通过联轴节和生产机械作硬性联接,称为从动部分。

当电动机带着电枢旋转时,因切割磁极的磁感应线,在电枢内感应出涡流,涡流再与磁极相互作用产生转矩;推动着磁极跟随电枢而旋转,从而带着生产机械转动起来。显然,当励磁电流等于零时,磁极没有磁通,电枢不会产生涡流,不能产生转矩,磁极和生产机械也就不会转动;一旦加上励磁电流,磁极即刻转动起来,生产机械也转动起来。此外还可以看出,电磁离合器的工作原理与异步电动机类似,磁极和电枢的转速不能相同,如果相同,电枢也就不会切割磁感应线产生涡流,也就不会产生带动生产机械旋转的转矩。这就好像异步电动机的转子导体和定子旋转磁场的作用一样,依靠这个"转差"才能工作。当负载一定时,如果减小励磁电流,将使磁场的磁通减小,因此磁极与电枢"转差"被迫增大,这样才能产生比较大的涡流,以便获得同样大的转矩,使负载稳定在比较低的转速下运行。所以,通过调节励磁绕组的电流,就可以调节生产机械的转速。

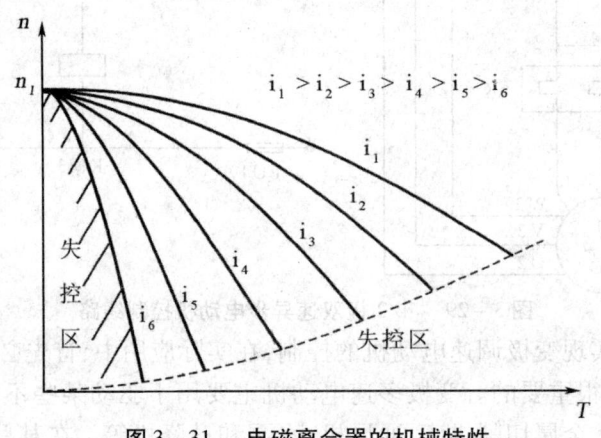

图 3-31 电磁离合器的机械特性

图 3-31 所示为电磁滑差离合器的机械特性,它表示从动轴的转速 n 与转矩 T 的关系,它的理想空载转速 n_1 就是电动机的转速。改变励磁电流的大小,就改变了磁场的强弱,实质上和异步电动机改变定子电压相似。当从动部分的转轴带有一定的负载转矩时,励磁电流的大小便决定了转速的高低。励磁电流愈大,转速愈高;反之,励磁电流愈小,转速愈低。

如果励磁电流太小,磁通太弱,产生的转矩太小,从动轴转动不起来,就会失控;在一定的磁场下,如果负载过大,从动轴转速太低,也会形成从动部分跟不上主动部分而失控。因此,应避免工作在失控区。

从图 3-31 中可以看出,电磁离合器机械特性较软,稳定性差,因此在工程实践中,常常采用带转速负反馈的闭环调速系统提高机械特性的硬度。

图 3-32 所示为能够自动换极的电磁滑差离合器,可以调速 4/8 极异步电动机控制线路。在电动机定子绕组双星形接线运行时,如果电磁离合器从动部分的转速由于励磁电流减小而下降到 600 r/min 以下时,则该控制线路便能够使电动机定子绕组自动变换到三角形接线运行,即由 4 极变换到 8 极转速,其目的主要是为了提高电磁滑差离合器低速运行时的效率。同样,如果电动机运行在定子绕组三角形接线时,从动部分的转速由于励磁电流的增大而上升到 600 r/min 以上时,为了使速度进一步提高,该控制线路能够使电动机的定子绕组自动变换到双星形接线。电磁滑差离合器的励磁电流是由单结晶体管触发的单相半控桥式整流电路提供的,调节电阻 R_p 可以改变励磁电流的大小,也就改变了生产机械的转速。为了使电动机由 4/8 或者 8/4 极变换时,其转向维持不变,在具体接线时,将 U2、V2 对调,如图 3-32 所示。

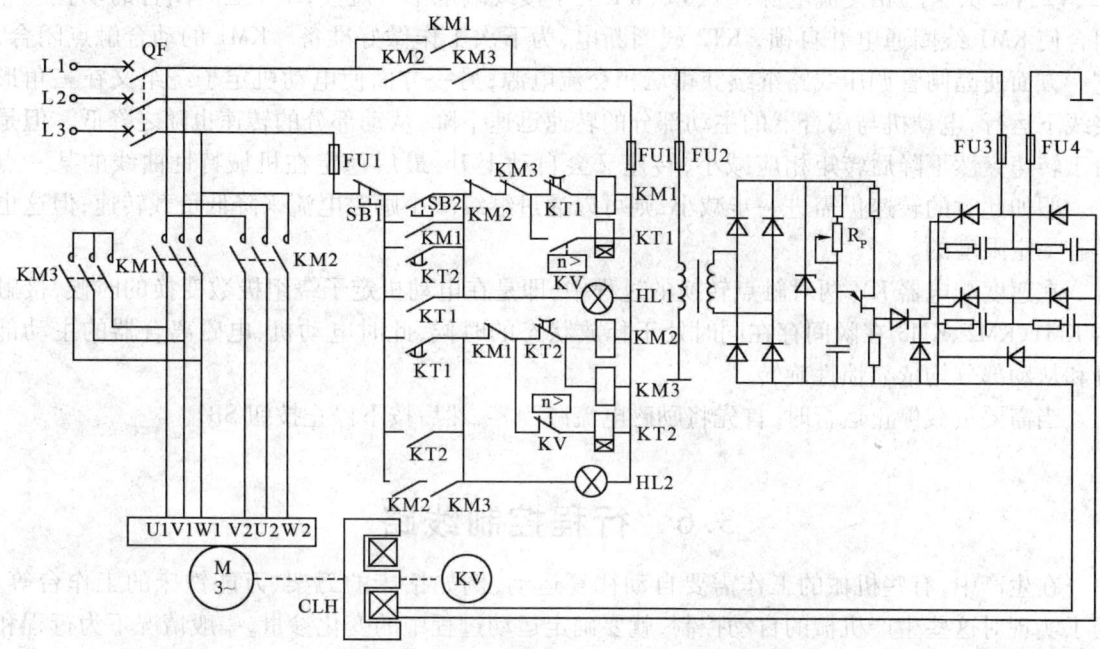

图 3-32 自动换极的电磁调速异步电动机控制线路

线路的工作过程如下：

合上自动开关 QF，按下启动按钮 SB2，接触器 KM1 线圈通电并自锁，KM1 的主触点闭合，将电动机定子绕组接成三角形，电动机从 8 极开始启动运行，电磁离合器的主动部分在它的拖动下一起运行，同时信号灯 HL1 亮。由于 KM1 的动断辅助触点断开，接触器 KM2、KM3 线圈不能接通，而 KM1 的动合辅助触点闭合，使晶闸管调压线路的触发部分和可控桥部分获得单相的交流电源。调节电阻 R_p 为某一适当值，励磁绕组流过一个直流电流，于是离合器从动部分开始跟随主动部分一起旋转。在此可以通过调节电阻 R_p 改变励磁线圈中的电流，使从动部分所带的负载稳定在所需要的转速上。在调节过程中，若转速升高到 600 r/min 以上时，安装在从动部分转轴上的速度继电器 KV 的动合触点闭合，时间继电器 KT1 线圈通电并使其瞬动动合触点自锁。当 KT1 的整定时间到达时，其延时打开的动断触点断开使 KM1 线圈断电，触点复位；KT1 延时闭合的动合触点闭合，接触器 KM2、KM3 线圈通电并自锁，KT1 线圈断电，为下次工作做好准备。KM2、KM3 的动合触点闭合，它一方面使晶闸管调压线路继续获得单相交流电源；另一方面使电动机定子绕组接成双星形，电动机与离合器主动部分的转速升高到 4 极转速，从动部分的转速也随之升高。转速上升以后，转矩便相应增加，由电磁滑差离合器调速异步电动机机械特性可知，在一定的励磁电流条件下，转矩的上升会使转速自动下降，而随着转速的下降，转矩又会增加，最后转速稳定在机械特性曲线的某一点上。假如此时的转速还需要进一步提高，则可以通过继续增加励磁电流来提高负载的转速，但提高是有一定限度的。

如果工艺要求转速下降，则可以通过减小励磁电流来达到。如果电动机运行在定子绕组双星形接线的时候，当从动部分的转速由于励磁电流的减小等原因下降到 600 r/min 以下时，速度继电器 KV 的动断触点便复位，时间继电器 KT2 线圈通电并通过瞬动触点自锁。当 KT2

的整定时间到达时,其延时打开的动断触点断开接触器 KM2、KM3 的线圈通路,则电动机的 U2、V2、W2 失去三相交流电源,U1、V1、W1 三个接线端也不再短接,KT2 延时闭合的动合触点闭合使 KM1 线圈通电并自锁,KT2 线圈断电,为下次工作做好准备。KM1 的动合触点闭合,它一方面使晶闸管调压线路继续获得三相交流电源;另一方面使电动机定子绕组又在三角形接线下运行,电动机与离合器的主动部分的转速迅速下降,从动部分的转速也随之降低。但是由于转速突然下降后转矩相应减小,转速又会自动上升,最后稳定在机械特性曲线的某一点上。假如此时的转速仍需进一步减小,则可以通过继续减小励磁电流来降低负载转速,但这也是有一定限度的。

在速度继电器 KV 两对触点转换的过程中,即是在电动机定子绕组极数变换的时候,接触器 KM1、KM2、KM3 在瞬间存在同时处于释放状态的时候,此时电动机、电磁离合器的主动部分和从动部分均依靠惯性旋转。

当需要负载停止运行时,首先将励磁电流减为零,然后按下停止按钮 SB1。

3.6 行程控制线路

在生产中,有些机械的工作需要自动往复运动,例如钻床的刀架、万能铣床的工作台等。为了实现对这些生产机械的自动控制,就要确定运动过程中的变化参量,一般情况下为行程和时间,最常用的是采用行程控制。

3.6.1 可逆行程控制线路

图 3-33 是最基本的自动往返运动的工作示意图,它是利用行程开关来实现的。SQ1、SQ2 为行程开关,将 SQ1 安装在左端需要进行反向的位置 A 上,SQ2 安装在右端需要进行反向的位置 B 上,机械挡铁安装在工作台等运动部件上,运动部件由电动机拖动进行运动。

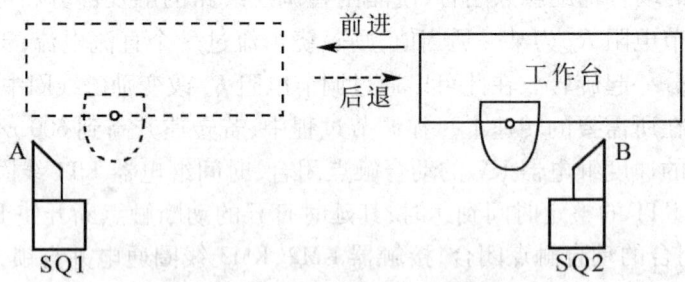

图 3-33 自动往返工作示意图

图 3-34 是自动往复循环控制线路,KM1、KM2 分别为电动机正、反转接触器。启动时,按下正转按钮 SB2,KM1 线圈通电并自锁,主触点接通主电路,电动机正转,带动运动部件前进。当运动部件运动到左端的位置 A 时,机械挡铁碰到 SQ1,其动断触点断开,切断 KM1 线圈电路,使其主、辅触点复位,KM1 的动断触点闭合及 SQ1 的动合触点闭合使接触器 KM2 线圈通电并自锁,电动机定子绕组电源相序改变,电动机进行反接制动,转速迅速下降,然后反向启动,带动运动部件反向后退运动。当运动部件运动到右端位置 B 时,其上的挡铁撞压行程开关 SQ2,SQ2 动作,动断触点断开使 KM2 线圈断电,SQ2 的动合触点闭合使 KM1 线圈电路接通,电动机先进行反接制动再反向启动,带动运动部件前进。这样,运动部件自动进行往复运

动。当按下停止按钮 SB1 时,电动机停车。

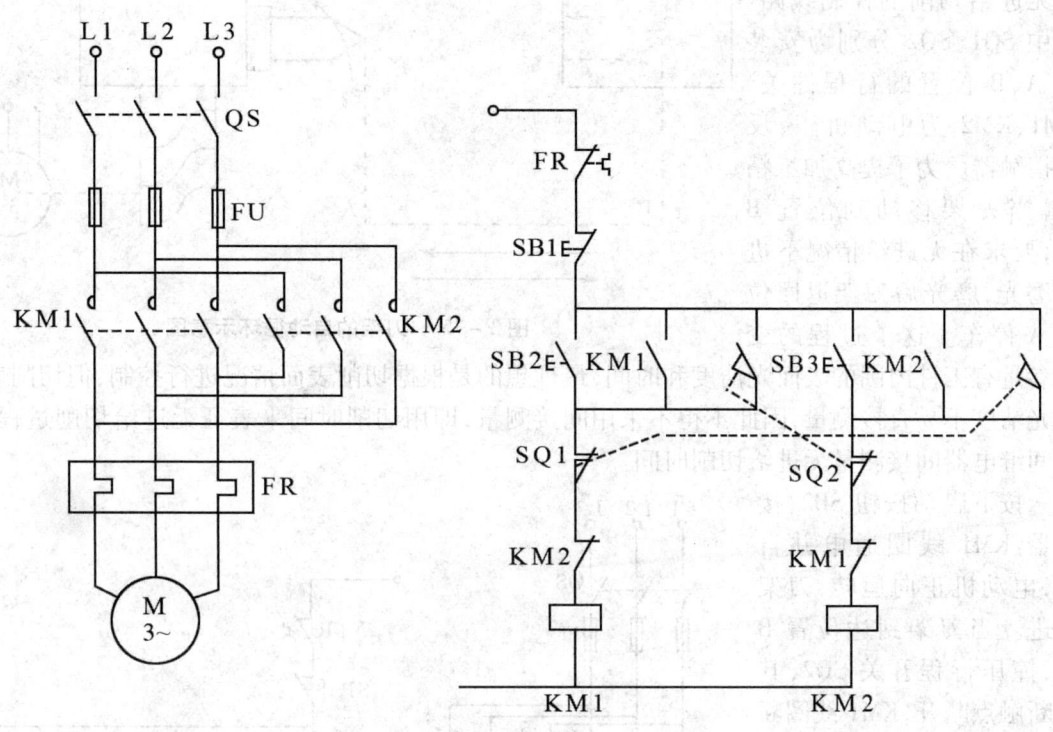

图 3-34 自动往复循环控制线路

在实际生产机械中,往往还需在图 3-33 中的 A、B 位置的外侧再装设两个行程开关分别作左、右极限保护。在控制线路中将左、右极限开关的动断触点分别串联在 KM1、KM2 线圈电路中,这样就可以实现限位保护了。

由上述工作过程可见,运动部件每往返一次,电动机就要经受两次反接制动过程,将出现较大的反接制动电流和机械冲击力。因此,这种线路只适用于循环周期较长的生产机械。在选择接触器容量时,应比一般情况下选择的容量大些。

接线后,要检查电动机的转向与限位开关是否协调。例如,电动机正转(即 KM1 吸合),运动部件运动到所需要反向的位置时,挡铁应该撞到限位开关 SQ1,而不应撞到 SQ2。否则,电动机不会反向,即运动部件不会反向。如果电动机转向与限位开关不协调,只要将三相异步电动机的三根电源线对调两根即可。

3.6.2 行程控制应用举例

1. 钻孔加工过程自动控制

钻床的钻头与刀架分别由两台三相笼型异步电动机拖动。图 3-35 所示为钻削加工钻头的工作图,其工艺要求为:刀架能够由位置 A 移动到位置 B 停车,进行无进给切削,当孔的内表面精度达到要求后,自动返回位置 A 停车。

图 3-36 为刀架自动循环无进给切削的控制线路。图中 SQ1、SQ2 分别为安装于 A、B 位置的行程件关,KM1、KM2 为电动机正、反转接触器。为了提高加工精度,当刀架移动到位置 B 时,要求在无进给情况下进行磨光,磨光后刀架退回位置 A 停车。这个过程的变

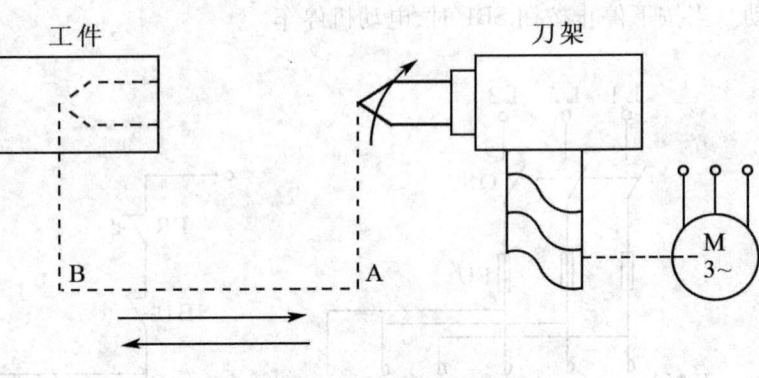

图 3-35　刀架的自动循环示意图

化参量有工件内圆的表面光洁度和时间,最理想的是根据切削表面情况进行控制,但切削表面的光洁度不易直接测量,因此不得不采用间接测量,即用切削时间来表征无进给切削过程,用时间继电器间接测量无进给切削时间。

按下启动按钮 SB2,接触器 KM1 线圈通电并自锁,电动机正向运转,刀架前进。当刀架到达位置 B 时,撞压行程开关 SQ2,其动断触点断开,KM1 线圈断电,电动机停止工作,刀架停止进给。但钻头由另一台电动机拖动继续旋转,同时,SQ2 的动合触点接通时间继电器 KT 的线圈电路,开始无进给切削计时。到达预定时间后,时间继电器 KT 动作,其动合触点闭合,反向接触器 KM2 线圈通电并自锁,动合主触点闭合,

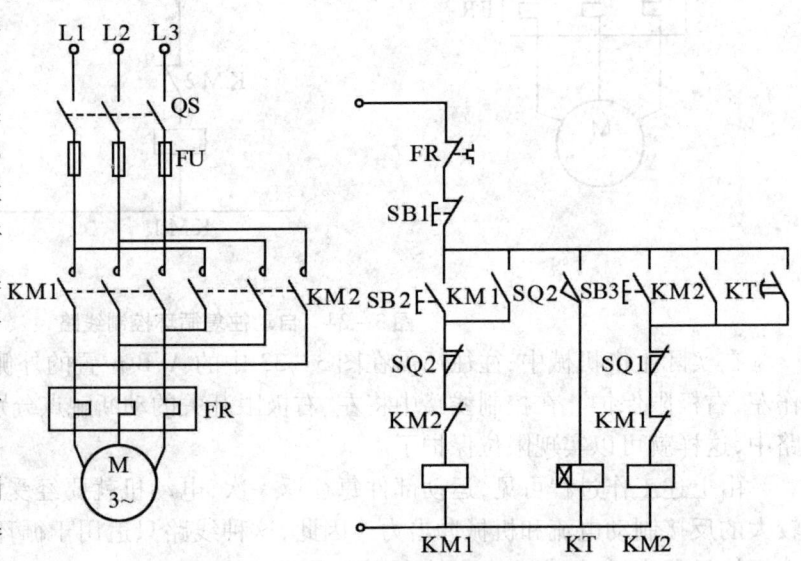

图 3-36　无进给切削控制线路

电动机反相序接通,刀架开始返回,到达位置 A 时,撞压行程开关 SQ1,其动断触点断开,KM2 线圈断电,电动机停止,完成一个周期的工作。

本控制线路中所用的时间继电器其延时值应根据无进给切削所需要的时间进行整定。

2. 加热炉自动上料的控制线路

图 3-37 所示为加热炉自动上料的控制线路。图中 KM1、KM2 分别为控制炉门开、关电动机的正、反转接触器,KM3、KM4 分别为控制推料机电动机的正、反转接触器,SQ1、SQ2、SQ3、SQ4 为限位开关,SQ1 为炉门开到位时的限位开关,SQ2 为推料机进入到炉内预定位置的限位开关,SQ3 为推料机退出加热炉预定位置的限位开关,SQ4 为炉门关闭时的限位开关。推料机在原位及炉门关闭时,压下限位开关 SQ4,其动合触点闭合,动断触点断开。

线路的工作情况如下：

按下按钮 SB2，接触器 KM1 线圈通电动作并自锁，炉门电动机带动炉门打开。当炉门开到位时压下限位开关 SQ1，SQ1 的动断触点断开，KM1 线圈断电，炉门电动机停止转动，SQ1 的动合触点闭合，KM3 线圈通电动作并自锁，推料电动机正转带动推料机前进。当推料机到达预定位置时压下限位开关 SQ2，SQ2 动断触点断开，KM3 线圈断电，推料机停止。SQ2 的动合触点闭合，KM4 线圈通电动作并自锁，推料电动机反转带动推料机返回。当推料机退出到预定位置时压下 SQ3，SQ3 的动断触点断开，KM4 线圈断电，推料机停止。SQ3 的动合触点闭合，KM2 线圈通电动作并自锁，炉门电动机反转关门，到达预定位置后压 SQ4，SQ4 的动断触点断开，KM2 线圈断电，炉门电动机停转，完成一个周期的工作，然后依次循环，进入下一周期。

由以上分析可以看出，加热炉自动上料控制系统的工作顺序是：

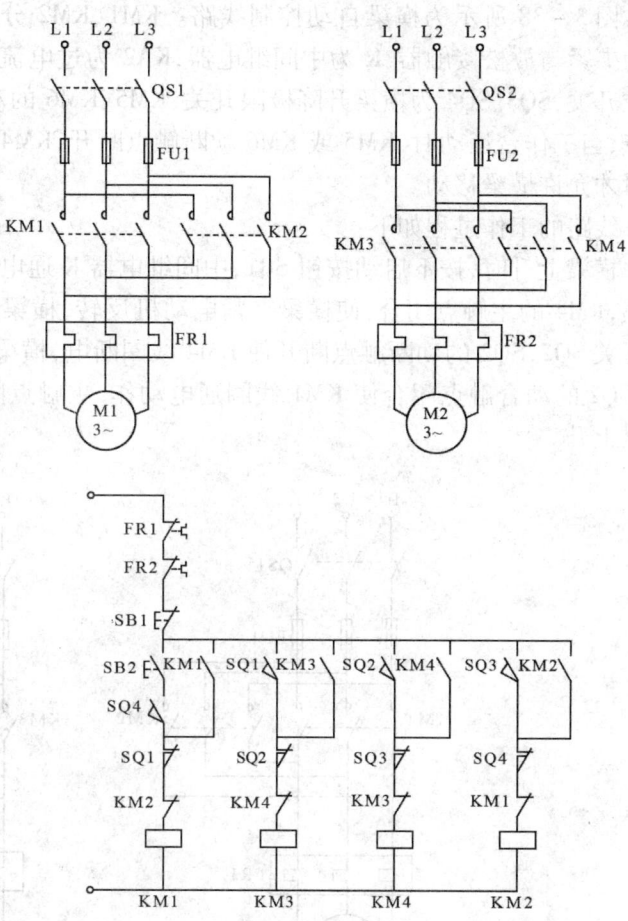

图 3-37 加热炉自动上料控制线路

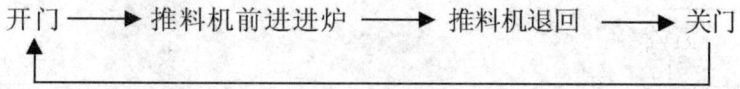

其转换是依靠行程开关的动合、动断触点实现的。

3. 横梁自动升降控制线路

龙门刨床和立式车床等的横梁在正常情况下是夹紧在立柱上的，只有要移动横梁时才将横梁从立柱上松开，当移动到需要的位置后，再将横梁夹紧在立柱上。横梁放松、夹紧有采用电动机驱动的，也有采用液压及压缩空气等方式驱动的。如果用电动机驱动，需要两台电动机，一台用于配合夹紧装置实现横梁夹紧与放松，再由另一台电动机来完成横梁的上下移动。横梁移动对控制的要求为：

（1）横梁移动只有在工作台停止工作时才允许运行。可以通过在控制放松的接触器线圈电路中串联控制工作台的接触器动断触点来实现；

（2）横梁上升或下降的操作应为点动控制，以保证调整的准确性；

（3）横梁上升或下降信号发出后，应自动完成横梁放松——移动——自动夹紧的过程；

（4）横梁升降应有上下极限保护。

图 3-38 所示为横梁自动控制线路。KM1、KM2 分别为上升、下降接触器,KM3、KM4 分别为夹紧与放松接触器,K 为中间继电器,KA2 为过电流继电器,SQ1、SQ2 分别为夹紧与放松限位开关,SQ3、SQ4 为横梁升降极限开关,KM5、KM6 的动断触点为工作台与横梁机构的联锁触点,当工作台运动时,KM5 或 KM6 动断触点断开,KM4 线圈不能通电,确保只有在工作台停止时才允许横梁移动。

线路的工作过程如下:

横梁上升时,按下启动按钮 SB1,中间继电器 K 通电,其动合触点闭合使 KM4 线圈通电并自锁,KM4 的主触点闭合,使横梁夹紧电动机反转,横梁逐渐放松,当横梁放松到位时压下限位开关 SQ2,SQ2 的动断触点断开使 KM4 线圈断电,横梁夹紧电动机断电,放松动作完成。同时,SQ2 的动合触点闭合使 KM1 线圈通电动作,主触点闭合,横梁升降电动机启动正转,拖动横梁上升。

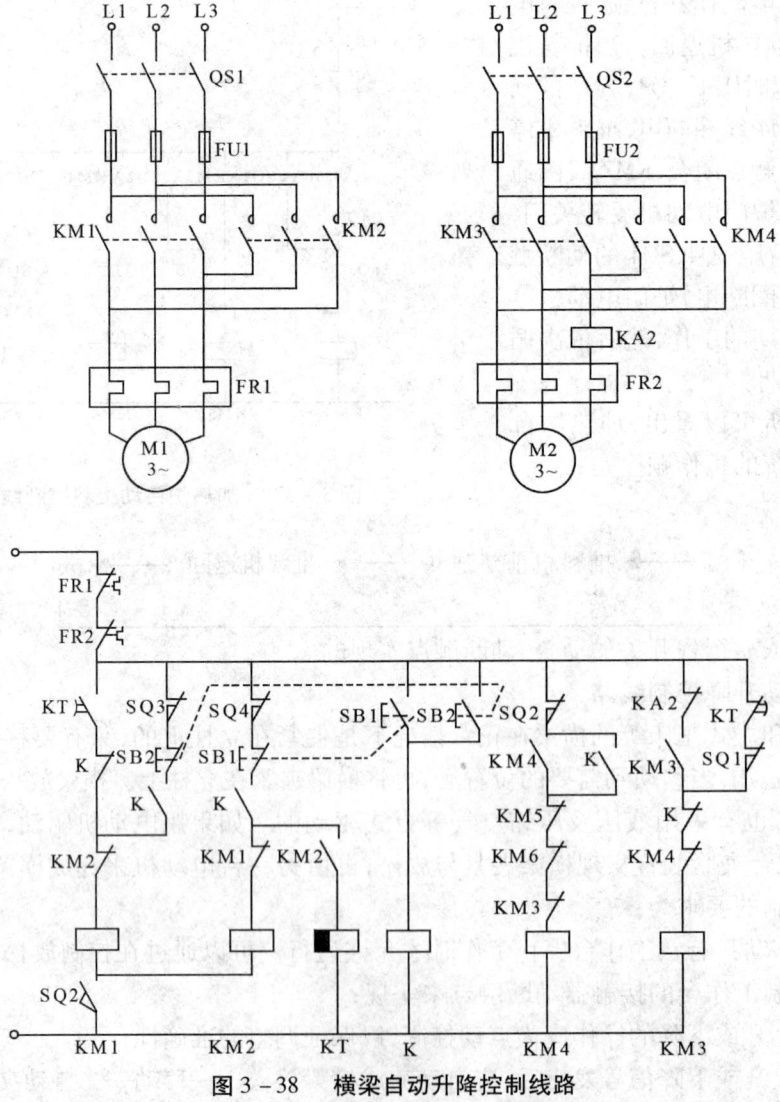

图 3-38 横梁自动升降控制线路

当横梁上升到位时,松开按钮 SB1,中间继电器 K 线圈断电,KM1 线圈断电,横梁升降电动机脱离电源停止运转。此时横梁虽然已不再运动了,但横梁仍处于放松状态,即限位开关 SQ2 仍处于被压下状态,其动合触点仍然闭合。由于 K 线圈断电使其动断触点闭合,KM3 线圈通电动作并自锁,对 KM3 线圈进行两路供电,横梁夹紧电动机正转,拖动夹紧机构将横梁夹紧,SQ2 复位,为下次横梁上升作好准备。当夹紧到一定程度时,压下限位开关 SQ1,其动断触点断开,但 KM3 通过另一路供电(即通过 KA2 的动断触点与 KM3 动合触点供电),电动机继续旋转,横梁继续夹紧。随着夹紧力的增大,夹紧电动机定子电流增大,当达到 KA2 的吸合值时,KA2 动作,动断触点断开,KM3 线圈断电,横梁夹紧电动机断开电源停止运转,横梁夹紧自动完成,横梁上升过程结束。

夹紧过程分两个阶段进行,第一阶段是行程控制,由行程开关 SQ1 进行复位检测;第二阶段是以电流为变化参量进行控制,调整过流继电器 KA2 的动作值,就间接地调整了夹紧力的大小。

横梁下降时,其动作次序与上升基本相同,只是在横梁下降到位时,为了消除丝杠与螺母的间隙。要求横梁稍微回升一下,在图 3-38 中采用断电延时型时间继电器 KT 作回升控制。按下按钮 SB2 时,工作过程为首先是横梁放松,然后是横梁下降,同时时间继电器 KT 线圈通电,其动合延时打开的触点瞬时闭合。当下降到预定位置时,松开 SB2,K 线圈断电,其动合触点断开使 KM2 线圈断电,一方面由于 KM1 的动断触点闭合使 KM1 线圈通电,电动机正转带动横梁回升;另一方面,KM2 的动合触点断开,KT 线圈断电开始延时,当到达预先整定的时间后,其动合延时打开的触点断开使 KM1 线圈断电,电动机停止上升,同时时间继电器的动断延时闭合触点 KT 闭合使 KM3 线圈通电带动夹紧机构进行夹紧,到达位置时,限位开关 SQ1 被压下,SQ1 的动断触点断开,到达电流继电器 KA2 的动作时,KA2 动断触点断开,KM3 线圈断电,夹紧电动机断电,停止转动,下降过程结束。

由以上的分析可以看出,找出反映过程的变化参量,并检测出来作为控制信号,就可以实现对生产过程的自动控制。

3.7 直流电动机启、制动控制线路

3.7.1 直流电动机启、制动及正反转控制

1. 直流电动机启动控制

对于工作比较紧张,接电次数在每小时 1000 次左右的生产机械,采用直流电动机拖动。直流电动机启动控制的要求与交流电动机类似,即在保证足够大的启动转矩下,尽可能地减小启动电流,通常以时间为变化参量分级启动,启动级数不宜超过三级。他励、并励直流电动机在启动控制时必须在施加电枢电压前,先接上额定的励磁电压,至少是同时,其原因之一是为了保证启动过程中产生足够大的反电动势以减小启动电流;其二是为了保证产生足够大的启动转矩,加速启动过程;其三是为了避免由于励磁磁通为零而产生"飞车"事故。

2. 正反转控制

直流电动机的转向取决于电磁转矩的方向,因此改变直流电动机转向有两种方法:一是保持电动机励磁绕组端电压的极性不变,改变电枢绕组端电压的极性;二是保持电枢绕组端电压极性不变,改变电动机励磁绕组端电压的极性。上述两种方法都可以改变电动机的旋转方向,

如果两者的电压极性同时改变,电动机的旋转方向维持不变。在采用改变电枢绕组端电压极性的方法时,因主电路电流较大,故接触器的容量也较大,并要求采用灭弧能力强的直流接触器,这给使用带来了不方便。因此,对于大电流系统采用改变直流电动机励磁电流的极性改变转向更合理,因为电动机的励磁电流仅为电枢额定电流的2%~5%,故使用的接触器容量小得多。但为了避免在改变励磁电流方向过程中,因励磁电流为零而产生"飞车"现象,要求改变励磁的同时要切断电枢回路的电源。另外,考虑到励磁回路的电感量很大,触点断开时容易产生很高的自感电动势,故需加设吸收装置。在直流电动机正反转控制电路中,通常要设有制动和联锁电路,以确保在电动机停转后,再反向启动,以免直接反向产生过大的电流冲击。

3. 直流电动机的制动控制

直流电动机的电气制动方法有能耗制动、反接制动和再生发电制动等几种方式。

(1)能耗制动

在电动机具有较高转速时,切断其电枢电源而保持其励磁为额定状态不变,这时电动机因惯性而继续旋转,成为直流发电机。如果用一个电阻 R 使电枢回路成为闭合回路,则在此回路中产生电流和制动转矩,使拖动系统的动能转化为电能并在转子回路中以发热形式消耗掉,故此种制动方式称为能耗制动。由于能耗制动较为平稳,所以在要求准确停车的生产机械中应用较普遍。

(2)反接制动

保持励磁为额定状态不变,将反极性的电源接到电枢绕组上,从而产生制动转矩,迫使电动机迅速停止。在进行反接制动时要注意两点:一是要限制过大的制动电流,制动时在电枢电路中串入反接制动电阻;二是在电动机不要求反转的场合,防止电动机反向再启动,通常采用以转速(电动势)为变化参量进行控制。

(3)再生发电制动

该制动方法存在于重物下降的过程中,如吊车下放重物或电力机车下坡时发生。此时电枢及励磁电源处于某一定值,电动机转速超过了理想空载转速,电枢的反电动势也将大于电枢的供电电压,电枢电流反向,产生制动转矩,使电动机转速限制在一个高于理想空载转速的稳定转速上,而不会无限增加。

3.7.2 直流电动机启、制动控制线路

直流电动机虽有他励、并励、串励和复励之分,但在控制线路上差别不大。按时间原则控制分级启动应用最为广泛。其他则应用较少,制动方式多采用以转速(电动势)为变化参量控制。

图 3-39 为直流并励电动机以时间为变化参量控制启动,以电动势为变化参量控制反接制动的控制线路,电路中设两级启动电阻和一级反接电阻,启动电阻分别由 KM2、KM3 的动合触点控制接入或切除,反接电阻由 KM1 的动合触点控制接入或切除,要求在启动时迅速切除反接电阻;反接时,将反接电阻接入电路中,以限制反接电流,直至转速接近零时,切除反接电阻以便反向启动。

图 3-39 中 KM_F、KM_R 分别为正、反转接触器;K_{RF}、K_{RR} 分别为反应正、反转时电枢电动势的反接继电器;KA1 为过流继电器,用于过电流保护;KA2 为用于弱磁保护的弱磁继电器,防止由于磁场减弱或消失时,引起电动机"飞车",其吸合值一般整定为额定励磁电流的 0.8 倍;

电阻 R 和二极管 VD 构成吸收回路。

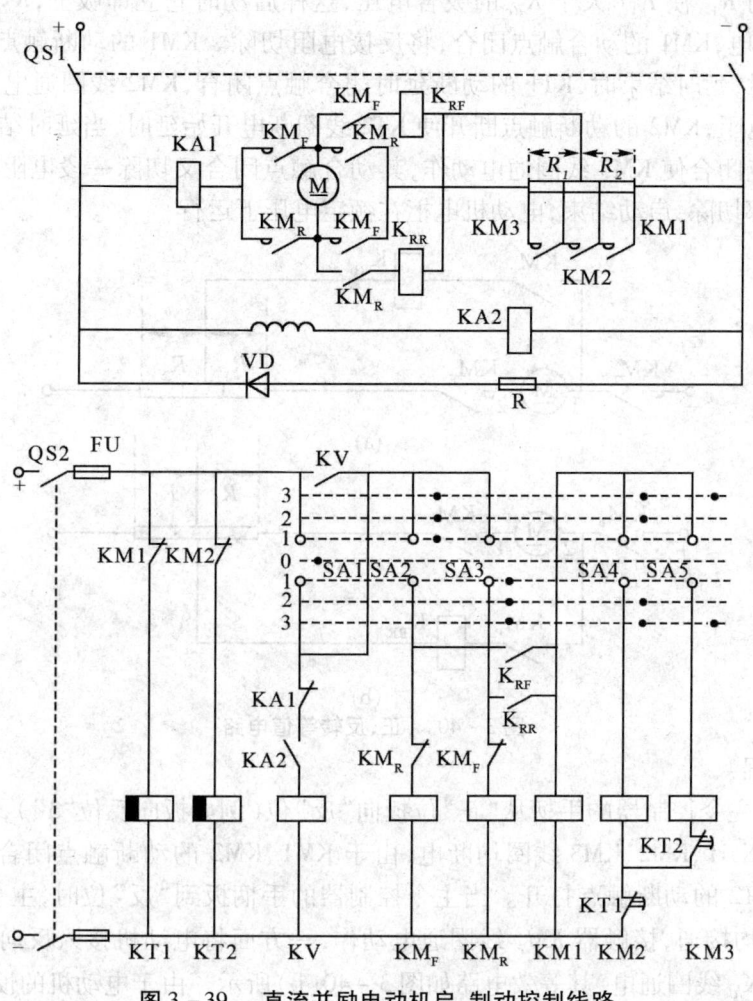

图 3-39　直流并励电动机启、制动控制线路

线路的工作过程如下：

1. 启动前的准备

启动前将主令控制器 SA 的手柄置于"0"位，合电源开关 QS1、QS2，若电动机励磁绕组工作正常，KA2 达到吸合值而动作，其动合触点闭合使零位继电器 KV 线圈接通并自锁，同时断电延时型时间继电器 KT1、KT2 线圈均接通，动断触点瞬时打开，为电动机启动做好准备。

2. 启动过程

启动时将主令控制器的手柄扳向正转位置（例如位置"3"），此时主令控制器的触点 SA2、SA4、SA5 接通，KM_F 线圈通电，动合触点闭合，一方面主触点将电动机接通正向电源；另一方面辅助触点将反接继电器 K_{RF} 接通，此时的等效电路如图 3-40（a）所示，K_{RF} 线圈上的电压应是电枢反电动势 E 和电阻 R_1 上电压降的代数和（其中电阻 R1 是取反接电阻和启动电阻之和的一部分，另一部分为 R_2），即

$$U_K = E + R_1 I \tag{3-6}$$

在启动开始瞬间，电动机转速为零，即电动机电枢电动势 E 为零，此时

· 111 ·

$$U_K = R_1 I \qquad (3-7)$$

选择合适的 R_1，使 $R_1 I$ 大于 K_{RF} 的吸合电压，这样启动时它立即吸上，K_{RF} 的动合触点闭合，KM1 线圈通电，KM1 的动合触点闭合，将反接电阻切除。KM1 的动断触点断开使 KT1 线圈断电开始延时，延时结束时，KT1 的动断延时闭合触点闭合，KM2 线圈通电动作，动合触点闭合切除一段电阻，KM2 的动断触点断开使 KT2 线圈断电开始延时，当延时结束时，KT2 的动断延时闭合触点闭合使 KM3 线圈通电动作，其动合触点闭合又切除一段电阻，此时电枢电路中的电阻已全部切除，启动结束，电动机电枢在额定电压下运行。

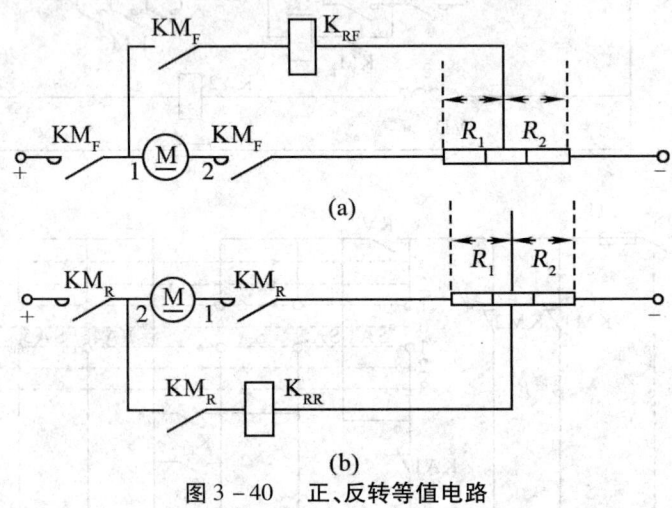

图 3-40　正、反转等值电路

3. 反接过程

反接时，将主令控制器的手柄从"正"位扳向"反"位（例如扳向反位"3"），在过"0"位的瞬间，KM_F、K_{RF}、KM1、KM2、KM3 线圈均断电，由于 KM1、KM2 的动断触点闭合使 KT1、KT2 线圈通电，KT1、KT2 的动断触点打开。当主令控制器的手柄扳到"反"位时，主令控制器的触点 SA3、SA4、SA5 均接通，接触器 KM_R 线圈通电动作，一方面将电动机接入反向电源；另一方面使反接继电器 K_{RR} 线圈通电，其等效电路如图 3-40(b) 所示。由于电动机的惯性，转速 n 和电枢反电动势 E 的大小和方向都来不及变化，此时反电动势 E 的方向与电阻压降方向相反，反接继电器 K_{RR} 的线圈电压为

$$U_K = -E + R_1 I \qquad (3-8)$$

可见，此时 U_K 很小，不足以使反接继电器 K_{RR} 动作，它的动合触点不闭合，KM1 线圈不通电，保证了在制动过程中，电枢电路加全部电阻。

随着电动机转速的降低，反电动势逐渐减小，K_{RR} 线圈电压 U_K 逐渐增加，当电动机转速接近于零时，U_K 接近于 $R_1 I$，继电器 K_{RR} 动作，K_{RR} 的动合触点闭合，接通接触器 KM1 线圈，切除反接电阻，电动机反向启动，其中各电器的动作情况与正转时类似，请读者自行分析。

反接继电器 K_{RF} 和 K_{RR} 线圈一端连接在电枢上，另一端连接在电枢电路外加电阻 R_1 与尼 R_2 之间，如图 3-39 所示。R_1 与 R_2 之和是外加电阻总数，它是根据限制启动电流和反接电流的要求决定的，其中 R_1 应为多少，可按下述方法计算。

在反接过程中，应使反接继电器不吸合，在反接瞬间，令反接继电器的线圈电压为零，即

$$U_K = -E + I_B R_1 = 0 \qquad (3-9)$$

$$R_1 = \frac{E}{I_B} \tag{3-10}$$

式中:I_B 为反接制动电流

$$I_B = \frac{U+E}{R_1+R_2} \tag{3-11}$$

U 为外加电压,在额定转速时,E 接近于外加电压,则式(3-11)为

$$I_B = \frac{2U}{R_1+R_2} = \frac{2U}{R} \tag{3-12}$$

由式(3-10)和式(3-12)可得

$$R_1 = \frac{R}{2} \tag{3-13}$$

即反接继电器线圈的另一端应接在电枢外加电阻 R(R1+R2)的 1/2 处,这个关系对于串励和复励电动机也是适用的。

在启动时,要求反接继电器立即吸合,则反接继电器的吸合值为

$$U_D = I_S R_1 \tag{3-14}$$

式中:I_S 为启动电流

在启动瞬间启动电流主要由于外加电阻决定,即

$$I_S = \frac{U}{R} \tag{3-15}$$

将式(3-15)代入式(3-14)中,得

$$U_D = \frac{U}{R} \times R_1 = \frac{U}{2} \tag{3-16}$$

为了使反接继电器在启动时可靠吸合,通常吸合电压取上述计算值的 80%,作为反接继电器实际整定的吸合电压,即

$$U_D = 0.8 \frac{U}{2} = 0.4U \tag{3-17}$$

对于串励或复励电动机,可在 0.4~0.45% 围内选择。

4. 调速控制

如果将主令控制器的手柄置到"1"位或"2"位,电枢电路中的启动电阻在电动机启动完毕时将有两段或一段不被切除,电源电压将有一部分降落在电阻上,相当于电动机电枢电压降低,电动机转速降低,实现了电动机在不同转速下运行。

5. 保护环节

(1)当电路中的电流达到预定值时,过电流继电器 KA1 动作,动断触点断开,零位继电器 KV 线圈断电,所有接触器均断电释放,电动机停止,实现了过电流保护。

(2)当电动机出现弱磁或励磁消失时,继电器 KA2 动作,动合触点断开,零位继电器 KV 线圈断电,所有接触器均释放,实现弱磁保护。

(3)本线路的失压保护也由零位继电器 KV 实现。本控制线路适用于要求迅速反转的场合,对于不要求反转或不经常反转(有些生产机械正常工作时不要求反转,只是在检修和处理事故或调整时才需要反转),而要求准确停车的场合,可以采用能耗制动。

本章小结

1. 电气控制系统图的绘制规则和常用符号及组成电气控制线路的基本规律。
2. 三相异步电动机限制启动电流的控制线路分析以及几种制动控制线路分析。
3. 三相调速异步电动机的控制线路分析。
4. 行程控制线路分析及应用实例。
5. 直流电动机的启动、制动以及正反转控制电路分析。

习题

3.1 判断题(用√和×表示)

(1)三相笼型异步电动机的电气控制线路,如果使用热继电器作过载保护,就不必再装设熔断器作短路保护。( )

(2)在反接制动的控制线路中,必须采用以时间为变化参量进行控制。( )

(3)频敏变阻器的启动方式可以使启动平稳,克服不必要的机械冲击力。( )

(4)频敏变阻器只能用于三相笼型异步电动机自启动。( )

(5)失压保护的目的是防止电压恢复时电动机自启动。( )

(6)接触器不具有欠压保护的功能。( )

(7)电动机采用制动措施的目的是为了停车平稳。( )

(8)交流电动机的控制线路必须采用交流操作。( )

(9)现有四个按钮,欲使它们都能控制接触器 KM 通电,则它们的动合触点应串联接到 KM 的线圈电路中。( )

(10)自耦变压器降压启动的方法适用于频繁启动的场合。( )

3.2 选择题

(1)甲乙两个接触器,欲实现互锁控制,则应( )。
A. 在甲接触器的线圈电路中串入乙接触器的动断触点。
B. 在乙接触器的线圈电路中串入甲接触器的动断触点。
C. 在两接触器的线圈电路中互串对方的动断触点。
D. 在两接触器的线圈电路中互串对方的动合触点。

(2)甲乙两个接触器,若要求甲工作后方允许乙接触器工作,则应( )。
A. 在乙接触器的线圈电路中串入甲接触器的动合触点。
B. 在乙接触器的线圈电路中串入甲接触器的动断触点。
C. 在甲接触器的线圈电路中串入乙接触器的动断触点。
D. 在甲接触器的线圈电路中串入乙接触器的动合触点。

(3)在星-三角降压启动控制线路中启动电流是正常工作电流的( )。
A. 1/3 B. C. 2/3 D.

(4)4/2 极双速异步电动机的出线端分别为 U1、V1、W1 和 U2、V2、W2,它为 4 极时与电源的接线为:U1-L1、V1-L2、W1-L3。当它为2极时为了保持电动机的转向不变,则接线应为( )。

 A. U2-L1、V2-L2、W2-L3
 B. U2-L3、V2-L2、W2-L1
 C. U2-L2、V2-L3、W2-L1

(5)下列电器中不能实现短路保护的是( )。
 A.熔断器   B.热继电器   C.过电流继电器   D.空气开关

(6)同一电器的各个部件在图中可以不画在一起的图是( )。
 A.电气原理图   B.电器布置图   C.电气安装接线图   D.电气系统图

3.3 问答题

(1)电气控制系统的控制线路图有哪几种?各有什么用途?
(2)电气原理图中,电器元件的技术数据应如何标注?
(3)电气原理图中,QS、FU、KM、SB、SQ分别是什么电器元件的文字符号?
(4)笼型异步电动机在什么条件下可以直接启动?
(5)在电动机的主电路中,既然装有熔断器,为什么还要装热继电器?它们各起什么作用?

3.4 设计题

(1)某机床由一台笼型异步电动机拖动,润滑油泵由另一台笼型异步电动机拖动,均采用直接启动,工艺要求如下:
①主轴必须在油泵开动后,才能启动;
②主轴正常为正向运转,但为调试方便,要求能正反向点动;
③主轴停止后,才允许油泵停止;
④有短路、过载及失压保护。
试设计主电路及控制电路。

(2)某升降台由一台笼型电动机拖动,直接启动,制动有电磁抱闸,控制要求为:按下启动按钮后先松闸,经3s后电动机正向启动,工作台升起,再经5s后,电动机自动反向,工作台下降,经5s后,电动机停转,电磁抱闸抱紧,试设计主电路与控制电路。

(3)有一小车由笼型异步电动机拖动,其动作过程如下:
①小车由原位开始前进,到终端后自动停止;
②在终端停留20s后自动返回原位停止;
③要求能在前进或后退途中任意位置才能停止或启动。

(4)为一台绕线型异步电动机设计一个控制线路,要求满足下列要求:
①用按钮控制单方向运转;
②按时间原则串电阻三级启动。

(5)某直流并励电动机单向运转,启动时以时间为变化参量控制二级启动,制动时以电动势为变化参量控制一级能耗制动,试设计主电路与控制电路。

(6)现有一双速电动机,试按下述要求设计控制线路;
①分别用两个按钮操作电动机的高速和低速运行,用一个总停止按钮操作电动机的停转;
②高速运行时,应先接成低速然后经延时后再接到高速;
③应有短路保护和过载保护。

第四章 可编程序控制器基础知识

●**内容提要**：可编程序控制器简称PLC，是在继电器的基础上，将计算机技术、控制技术及通信技术融为一体，应用到工业控制领域的一种高性能控制器，是当代工业生产自动化的重要支柱。本章从PLC的定义入手，介绍了它和PC以及继电器控制系统的区别和联系；介绍了PLC的产生背景、分类及发展趋势；PLC的基本结构及工作原理等等。

4.1 可编程序控制器概述

4.1.1 可编程序控制器的由来与发展

在现代化生产过程中，许多自动控制设备、自动化生产线，均需要配备电气控制装置。例如电动机的启动与停止控制、液压系统的控制、运输机械的自动控制、机床的自动控制以及机器人的自动控制等等。

电气控制装置的输入信号有按钮、开关、时间继电器、压力继电器、温度继电器、过电流过电压继电器；电气控制装置的输出信号有接触器、继电器、电磁阀。这些信号只有闭合与断开两种工作状态，也可以用数字量0或1表示其元件的工作状态。这类物理量被称为开关量或数字信号。

也有另一类设备，其输入信号是压力传感器、温度传感器、湿度传感器等信号，输出信号是伺服电动机、电动阀、距离、速度等控制信号。这类物理量是一种连续变化量，叫做模拟量或模拟信号。

以往的电气控制装置主要采用继电器、接触器或电子元器件来实现，由连接导线将这些元器件按照一定的工作程序组合在一起，以完成一定的控制功能，这种控制叫做接线程序控制。接线程序控制的电气装置体积大，生产周期长，费工费时，接线复杂，故障率高，可靠性差，需要经常地、定时地进行检修维护。控制功能略加变动，就需重新进行硬件组合、增减元器件、改变接线。由于生产的快速发展，人们对这些自动控制装置提出了更通用、更灵活、更经济和更可靠的要求。

1968年，美国通用汽车(GM)公司为适应生产工艺不断更新的需要，提出一种设想：把计算机的功能完善、通用、灵活等优点和继电器控制系统的简单易懂、操作方便、价格便宜等优点结合起来，制成一种通用控制装置。这种通用控制装置把计算机的编程方法和程序输入方式加以简化，采用面向控制过程、面向对象的语言编程，使不熟悉计算机的人也能方便地使用，并提出10项招标指标。

美国数字设备公司(DEC)根据这一设想，于1969年研制成功了第一台PDP-14可编程序控制器，并在汽车自动装配线上试用获得成功。该设备用计算机作为核心设备，用存储的程序控制代替了原来的接线程序控制。其控制功能是通过存储在计算机中的程序来实现的，这就是人们常说的存储程序控制。由于当时主要用于顺序控制，只能进行逻辑运算，故称为可编程序逻辑控制器(Programmable Logic Controller — PLC)。"

这项新技术的成功使用,在工业界产生了巨大影响。从此,可编程序控制器在世界各地迅速发展起来。1971年,日本从美国引进了这项新技术,并很快研制成功了日本第一台DCS-8可编程序控制器。1973~1974年德国和法国也研制出了可编程序控制器。我国于1977年研制成功了以MC14500微处理器为核心的可编程序控制器,并开始在工业中应用。

进入20世纪80年代,随着微电子技术和计算机技术的迅猛发展,也使得可编程序控制器逐步形成了具有特色的多种系列产品。系统中不仅使用了大量的开关量,也使用了模拟量,其功能已经远远超出逻辑控制、顺序控制的应用范围,故称为可编程序控制器(Programmable Controller — PC)。但由于PC容易和个人计算机(Personal Computer — PC)混淆,所以人们还沿用PLC作为可编程控制器的英文缩写名字。

同计算机的发展类似,目前PLC正朝着两个方向发展。一是朝着小型、简易、价格低廉的方向发展,如日本OMRON公司的CQM1、德国SIEMENS公司的S7-200等一类PLC。这种PLC可以广泛地取代继电器控制(接线程序控制)系统,用于单机控制和规模比较小的自动化生产线控制。二是朝着大型、高速、多功能和多层分布式全自动网络化方向发展。这类PLC一般为多处理器系统,有较大的存储能力和功能很强的输入输出接口。这样的系统不仅具有逻辑运算、定时、计数等功能,还具备数值运算、模拟调节、实时监控、记录显示、计算机接口、数据传送等功能,而且还能进行中断控制、智能控制、过程控制、远程控制等。通过网络可以与上位机通信、配备数据采集系统、数据分析系统、彩色图像系统的操纵台,可以管理、控制生产线、生产流程、生产车间或整个工厂,实现自动化工厂的全面要求。如日本OMRON公司的CV2000、SIEMENS公司的S5-115U、S7-400等一类PLC。

4.1.2 可编程序控制器的特点

国际电工委员会(IEC)对PLC作了如下的定义:"PLC是一种数字运算操作的电子系统,专为在工业环境下应用而设计。它采用可编程序的存储器,用来在其内部存储执行逻辑运算、顺序控制、定时、计数和算术运算等操作的指令,并通过数字式、模拟式的输入和输出,控制各种类型的机械或生产过程。PLC及其有关设备,都应按易于与工业控制系统形成一个整体,易于扩充其功能的原则设计。"这段话完全道出了PLC的特点和应用领域。PLC所以被广泛使用,是由它的突出的特点和优越的性能分不开的。归纳起来,PLC主要具有以下特点。

1. 可靠性高

为了满足工业生产对控制设备安全可靠性的要求,PLC采用了微电子技术,大量的开关动作由无触点的半导体电路来完成。PLC选用的电子器件一般是工业级,有的甚至是军用级,平均无故障时间很长。例如三菱F1和F2 PLC平均无故障时间可以达到30万小时(约34年)。可以毫不夸张地说,到目前为止没有任何一种工业控制器可以达到PLC这样高的可靠性。随着元器件性能的提高,PLC可靠性还在继续提高,尤其是近年来开发出的多机冗余系统和表决系统则更进一步增加了PLC可靠性。事实上,如果某种控制装置可以连续运行20年以上不出问题,在当前技术更新瞬息万变的世界上,则可认为是永远不会坏的装置了。PLC完善的自诊断功能,能及时诊断出PLC系统的软件、硬件故障,并能保护故障现场,保证了PLC控制系统的工作安全性。由于PLC是用存储在其内部的程序来实现控制的,其控制程序的设计本身就从各个方面考虑了PLC的工作的可靠性、安全性和稳定性。这又进一步加强了PLC的可靠性。

2. 环境适应性强

PLC 具有良好的环境适应性,可应用于十分恶劣的工业现场。在电源瞬间断电的情况下,仍可正常工作具有很强的抗空间电磁干扰的能力,可以抗峰值高达 1000V、脉宽 10μs 的矩形波空间电磁干扰,具有良好的抗震能力和抗冲击能力。一般对环境温度要求不高,在环境温度 $-20℃ \sim 65℃$、相对湿度为 $35\% \sim 85\%$ 情况下可正常工作。

3. 灵活通用

在完成一个控制任务时,PLC 具有很高的灵活性。首先,PLC 产品已经系列化,结构形式多种多样,在机型上有很大的选择余地。其次,同一机型的 PLC 其硬件构成具有很大的灵活性,用户可以根据不同任务的要求,选择不同类型的输入输出模块或特殊功能模块组成不同硬件结构的控制装置。再者,PLC 是利用应用程序实现控制的,在应用程序编制上有较大的灵活性。在实现不同的控制任务时,PLC 具有良好的通用性。相同硬件构成的 PLC 用不同的软件可以完成不同的控制任务。在被控对象的控制逻辑需要改变时,利用 PLC 可以很方便地实现新的控制要求,而利用一般继电器控制是很难实现的。

4. 使用方便、维护简单

PLC 控制的输入模块、输出模块、特殊功能模块都具有即插即卸功能,连接十分容易。对于逻辑信号,输入和输出均采用开关方式,不需要进行电平转换和驱动放大;对模拟信号,输入和输出均采用传感器、仪表和驱动设备的标准信号。各个输入和输出模块与外部设备的连接十分简单。整个连接过程仅需要一把螺丝刀即可完成。

PLC 的用户界面十分友好,给使用者带来很大的方便。PLC 提供标准通信接口,可以方便地构成 PLC – PLC 网络或计算机 – PLC 网络。

PLC 应用程序的编制和调试非常方便,PLC 的编程语言常用的有三种,其中梯形图语言,与继电器控制线路图很相似,即使没有计算机知识的人也很容易掌握。

PLC 具有监控功能。利用编程器或监视器可以对 PLC 的运行状态、内部数据进行监视或修改。PLC 控制系统的维护非常简单。利用 PLC 的诊断功能和监控功能,可以迅速查找到故障点,对大多数故障都可以及时予以排除。

当然,PLC 由于其工作方式是扫描方式,扫描周期的长短决定了 PLC 的工作速度。一般来说,PLC 的速度与单片机等计算机相比相对比较低。PLC 的工作速度也限制了它的计算速度和计算能力。PLC 计算能力一般都比微机要差。PLC 的这些缺点,随着科学技术的发展正在逐渐地被克服。

4.1.3 可编程序控制器的分类

PLC 是由现代化大生产的需要而产生的,PLC 的分类也必然要符合现代化生产的需求。一般来说,可以从三个角度对 PLC 进行分类。其一是从 PLC 的控制规模大小去分类,其二是从 PLC 的性能高低去分类,其三是从 PLC 的结构特点去分类。

1. 按 PLC 的控制规模分类

PLC 可以分为大型机、中型机和小型机。

(1) 小型机

小型机的控制点一般在 256 点之内,见表 4 – 1。

表 4-1　　　　　　　　　　　部分小型机的技术指标

公　司	机　型	1K 字处理速度/ms	存储器容量/KB	I/O 点数
日本 OMRON	C60P	4~95	1.19	120
	C120	3~83	2.2	256
	CQM1	0.5~10	3.2~7.2	256
日本三菱电机	FX2	0.74	2~8	256
德国 SIEMENS	S5-100U	70	2	128
	S7-200	0.8~1.2	2	256

这类 PLC 控制点数不多,且控制功能有一定局限性。但是,它小巧、灵活、可以直接安装在电气控制柜内,很适合于单机控制或小型系统的控制。

(2) 中型机

中型机的控制点一般不大于 2048 点,见表 4-2。

表 4-2　　　　　　　　　　　部分中型机的技术指标

公　司	机　型	1K 字处理速度/ms	存储器容量/KB	I/O 点数
日本 OMRON	C200H	0.75~2.25	6.6	1024
	C1000H	0.4~2.4	3.8	1024
	CV1000	0.125~0.375	62	1024
日本富士	HDC-100	2.5	48	1792
德国 SIEMENS	S5-115U	2.5	42	1024
	S7-300	0.3~0.6	12~192	1024

这类 PLC 由于控制点数较多,控制功能很强,有些 PLC 有较强的计算能力。不仅可用于对设备进行直接控制,还可以对多个下一级的 PLC 进行监控,它适合中型或大型控制系统的控制。

(3) 大型机

大型机的控制点一般多于 2048 点,见表 4-3。

表 4-3　　　　　　　　　　　部分中型机的技术指标

公　司	机　型	1K 字处理速度/ms	存储器容量/KB	I/O 点数
日本 OMRON	C2000H	0.4~2.4	30.8	2048
	CV2000	0.125~0.175	62	2048
日本富士	F200	2.5	32	3200
德国 SIEMENS	S5-150U	2	480	4096
	S7-400	0.3~0.6	512	131072

这类 PLC 控制点数多,控制功能很强,有很强的计算能力,同时,这类 PLC 运行速度很高,不仅能完成较复杂的算术运算,还能进行复杂的矩阵运算。它不仅可用于对设备进行直接控

制,还可以对多个下一级的 PLC 进行监控。

2. 按 PLC 的控制性能分类

PLC 可以分为低档机、中档机和高档机。

(1) 低档机

这类 PLC,具有基本的控制功能和一般的运算能力,工作速度比较低,能带的输入和输出模块的数量比较少,输入和输出模块的种类也比较少。这类 PLC 只适合于小规模的简单控制。在联网中一般适合做从站使用。比如,德国 SIEMENS 公司生产的 S7-200 就属于这一类。

(2) 中档机

这类 PLC,具有较强的控制功能和较强的运算能力。它不仅能完成一般的逻辑运算,也能完成比较复杂的三角函数、指数和 PID 运算,工作速度比较快,能带的输入输出模块的数量也比较多,输入和输出模块的种类也比较多。这类 PLC 不仅能完成小型的控制,也可以完成较大规模的控制任务。在联网中可以做从站,也可以做主站。比如,德国 SIEMENS 公司生产的 S7-300 就属于这一类。

(3) 高档机

这类 PLC,具有强大的控制功能和强大的运算能力。它不仅能完成逻辑运算、三角函数运算、指数运算和 PID 运算,还能进行复杂的矩阵运算,工作速度很快,能带的输入输出模块的数量很多,输入和输出模块的种类也很全面。这类 PLC 不仅能完成中等规模的控制工程,也可以完成规模很大的控制任务,在联网中一般作主站使用。比如,德国 SIEMENS 公司生产的 S7-400 就属于这一类。

3. 按 PLC 的结构分类

可分为整体式、组合式和叠装式三类。

(1) 整体式

整体式结构的 PLC 把电源、CPU、存储器、I/O 系统都集成在一个单元内,该单元叫做基本单元。一个基本单元就是一台完整的 PLC,可以实现各种控制。控制点数不符合需要时,可再接扩展单元,扩展单元不带 CPU。由基本单元和若干扩展单元组成较大的系统。整体式结构的特点是非常紧凑、体积小、成本低、安装方便,其缺点是输入与输出点数有限定的比例。小型机多为整体式结构。例如,OMRON 公司的 C60P 为整体式结构。

(2) 组合式

组合式结构的 PLC 是把 PLC 系统的各个组成部分按功能分成若干个模块,如 CPU 模块、输入模块、输出模块、电源模块等等。其中各模块功能比较单一,模块的种类却日趋丰富。比如,一些 PLC,除了一些基本的 I/O 模块外,还有一些特殊功能模块,像温度检测模块、位置检测模块、PID 控制模块、通信模块等等。组合式结构的 PLC 采用搭积木的方式,在一块基板上插上所需模块组成控制系统。组合式结构的 PLC 特点是 CPU、输入、输出均为独立的模块,模块尺寸统一,安装整齐,I/O 点选型自由、安装调试、扩展、维修方便。中型机和大型机多为组合式结构。例如,SIEMENS 公司 S7-400PLC 就属于组合式结构。

(3) 叠装式

叠装式结构集整体式结构的紧凑、体积小、安装方便和组合式结构的 I/O 点搭配灵活、模块尺寸统一、安装整齐的优于一身。它也是由各个单元的组合构成。其特点是 CPU 自成独立的基本单元(由 CPU 和一定的 I/O 点组成),其他 I/O 模块为扩展单元。在安装时不用基板,仅用电缆进行单元间的连接,各个单元可以一个个地叠装,使系统达到配置灵活、体积小巧。例如 SIEMENS 公司的 S7-300PLC 与 S7-200PLC 就是采用了叠装式结构的中、小型 PLC。

自 1969 年第一台 PLC 问世以来,经历了 30 多年的发展,PLC 的种类在不断地更新,应用领域也在不断地扩大。PLC 的应用已经成了现代化设备的象征。当今,PLC 已经成为工业控制的主要手段和重要的基础控制设备之一。在未来的工业生产中,PLC 技术、机器人和计算辅助设计/计算机辅助制造(CAD/CAM)技术将成为实现工业生产自动化的三大支柱。

4.2 可编程序控制器的组成

PLC 的组成与计算机完全相同,它就是一台适合于工业现场使用的专用计算机。其硬件组成有六个部分如图 4-1 所示。

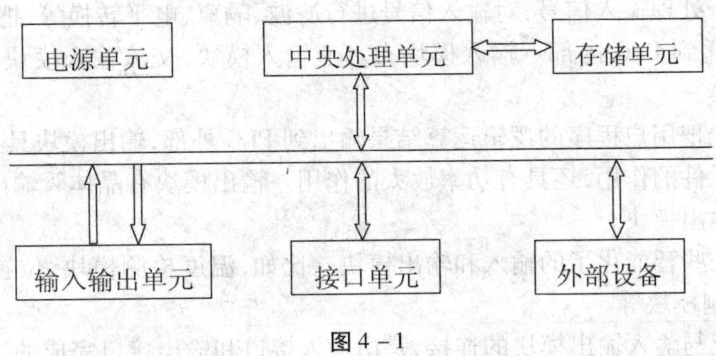

图 4-1

4.2.1 中央处理单元

与普通计算机一样,CPU 是系统的核心部件,是由大规模或超大规模的集成电路微处理芯片构成,主要完成运算和控制任务,可以接收并存储从编程器输入的用户程序和数据。进入运行状态后,用扫描的方式接收输入装置的状态或数据,从内存逐条读取用户程序,通过解释后按指令的规定产生控制信号。分时、分渠道地执行数据的存取、传送、比较和变换等处理过程,完成用户程序所设计的逻辑或算术运算任务,并根据运算结果控制输出设备。PLC 中的中央处理单元多数使用 8 位到 32 位字长的单片机。

4.2.2 存储器单元

按照物理性能,存储器可以分为两类,随机存储器(RAM)和只读存储器(ROM)。随机存储器由一系列寄存器阵组成,每位寄存器可以代表一个二进制数,在刚开始工作时,它的状态是随机的,只有经过置"1"或清"0"的操作后,它的状态才确定。若关断电源,状态丢失。这种存储器可以进行读、写操作,主要用来存储输入输出状态和计数器、定时器以及系统组态的参数。为防止断电后数据丢失,可采用后备电池进行数据保护,一般可以保存 5 年,当电池电压降低时,欠电压指示灯发光,提醒用户更换电池。只读存储器有两种。一种是不可擦除 ROM,这种 ROM 只能写入一次,不能改写。另一种是可擦除 ROM,这种 ROM 经过擦除以后还可以重写。其中 EPROM 只能用紫外线擦除内部信息，EEPROM 可以用电擦除内部信息，这两种存储器的信息可保留 10 年左右。

4.2.3 电源单元

PLC 配有开关电源，电源的交流输入端一般都有脉冲吸收电路，交流输入电压范围一般都比较宽，抗干扰能力比较强。有些 PLC 还配有大容量电容作为数据后备电源，停电时可以保持 50h。除了需要交流电源之外，还需要直流电源。一般直流 5V 电源供 PLC 内部使用，直流 24V 电源供输入输出端和各种传感器使用。

4.2.4 输入输出单元

输入输出单元由输入模块、输出模块和功能模块构成，是 PLC 与现场输入输出设备或其他外部设备之间的连接部件。PLC 通过输入模块把工业设备或生产过程的状态或信息读入中央处理单元，通过用户程序的运算与操作，把结果通过输出模块输出给执行单元。

输入模块用于处理输入信号，对输入信号进行滤波、隔离、电平转换等，把输入信号的逻辑值安全可靠地传递到 PLC 内部。输入模块有直流输入模块、交流输入模块和交直流输入模块。

输出模块用于把用户程序的逻辑运算结果输出到 PLC 外部，输出模块具有隔离 PLC 内部电路和外部执行元件的作用，还具有功率放大的作用。输出模块有晶体管输出模块、晶闸管输出模块和继电器输出模块。

功能模块是一些智能化了的输入和输出模块。比如，温度检测模块、位置检测模块、位置控制模块、PID 控制模块等。

中央处理单元与输入输出模块的连接，是由输入接口和输出接口完成的。

4.2.5 接口单元

接口单元包括扩展接口、编程器接口、存储器接口和通信接口。

扩展接口是用于扩展输入输出单元。它使 PLC 的控制规模配置得更加灵活。这种扩展接口实际上为总线形式，可以配置开关量的 I/O 单元，也可配置如模拟量、高速计数等特殊 I/O 单元及通信适配器等。

编程器接口是连接编程器的，PLC 本体通常是不带编程器的。为了能对 PLC 编程及监控，PLC 上专门设置有编程器接口。通过这个接口可以接各种形式的编程装置，还可以利用此接口做通信、监控工作。

存储器接口是为了扩展存储区而设置的。用于扩展用户程序存储区和用户数据参数存储区，可以根据使用的需要扩展存储器。其内部也是接到总线上的。

通信接口是为了在微机与 PLC、PLC 与 PLC 之间建立通信网络而设立的接口。

4.2.6 外部设备

PLC 的外部设备主要有编程器、文本显示器、操作面板、打印机等等。

PLC 正常使用时，通常不需编程器。因此，将编程器设计为独立的部件。编程器的档次很多，性能、价格都相差很悬殊。编程器至少包括一个键盘，一些数码字符显示器。这里的键盘不是微型机上的那种键盘,而是直接表示 PLC 指令系统的键盘,因而使用很方便,其显示部分可以显示程序地址序号、指令的操作码和操作数。它具有输入编辑、检索程序的功能,同时还具有系统监控的功能,有些还设有存储转接插口用于将 PLC 中的程序转存到诸如盒带、软盘等存储介质中去。这种编程器的缺点就是无法用梯形图图形的方式输入、编辑和监控运行程序。档次较高的编程器就设置了小型液晶显示器,用于图形编辑和监控。这种编程器对于习惯于使用梯形图的人员来说,无疑方便了许多。目前,PLC 的编程、监控多采用先进的编程软件在个人计算机上操作,PLC 和个人计算机之间则用通信电缆连接。使 PLC 的编程、监控达到真正意义上的简单、方便、快捷。

操作面板和文本显示器不仅是一个用于显示系统信息的显示器,还是一个操作控制单元。它可以在执行程序的过程中修改某个量的数值,也可直接设置输入或输出量,以便立即启动或停止一台外部设备的运行。

打印机可以把过程参数和运行结果以文字形式输出。

4.3 可编程序控制器的工作原理

PLC 就是一种工业控制计算机。但是,由于有接口器件和监控软件的包围,它的外形不像个人计算机,工作方式也与计算机差别很大。编程语言,甚至工作原理都与个人计算机有所不同。

4.3.1 接线程序控制与存储程序控制

例如,有三个开关 S1、S2、S3。控制要求,只有开关 S1、S2 都接通时,小灯 HL1 才亮。当 HL1 亮 2S 后,小灯 HL2 开始亮。当开关 S3 断开时两个小灯就同时熄灭。

如果用接线程序控制需要两个具有常开触点的开关、一个具有常闭触点的开关、两个具有常开触点的继电器、一个具有通电延时闭合的时间继电器和两个小灯。电气控制线路如图 4－2 所示。

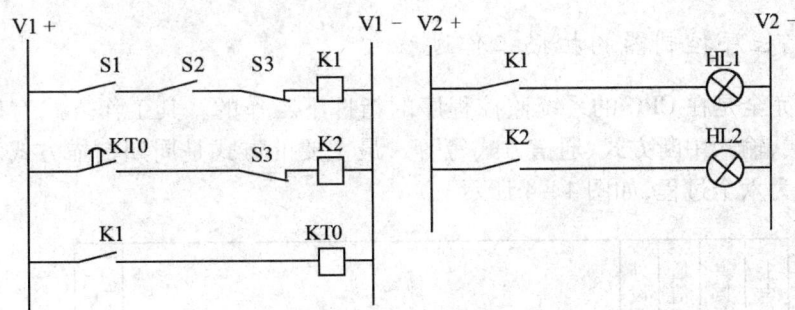

图 4－2 接线程序控制

这种接线程序控制的原理是,只有 S1 和 S2 都闭合而且 S3 也闭合,继电器 K1 线圈才能带电。继电器 K1 的常开触点闭合,会使小灯 HL1 得电而发光。当小灯 HL1 发光时(K1 闭合),启动时间继电器 KT0,当时间继电器 KT0 延时 2s 后,其延时的常开触点 KT0 闭合。当开关 S3 仍然为闭合状态时,K2 的继电器线圈带电。当继电器 K2 的常开触点闭合时,小灯 HL2 得电而发光。若开关 S3 断开,小灯全部熄灭。接线程序控制就是按接线的程序反复不断地依次检查各个输入开关的状态,根据接线的程序把结果赋给输出的。

PLC 的工作原理与接线程序控制十分相近。所不同的是 PLC 的控制是由存储程序实现的。图 4-3 就是一台 PLC 的存储程序控制原理图。图中类似接线控制的接线控制图叫梯形图，梯形图是 PLC 的一种常用编程语言。其中 I0.0 代表开关 S1 的状态。S1 闭合，I0.0 的常开触点就接通。I0.1 代表开关 S2 的状态，S2 闭合，I0.1 的常开触点就接通。I0.2 代表 S3 的状态，S3 断开时，I0.2 的常闭触点是接通的。S3 闭合时，I0.2 的常闭触点是断开的。Q0.0 是输出继电器 1 的线圈。Q0.0 带电，其常开触点 Q0.0 接通，从而使小灯 HL1 带电而发光。Q0.1 则是输出继电器 2 的线圈。Q0.1 带电，其常开触点 Q0.1 接通，从而使小灯 HL2 带电而发光。T0 是定时器。Q0.0 的常开触点接通时，启动定时器 T0。当延时到 2s 时，T0 的常开触点闭合，使输出继电器 Q0.1 的线圈带电，从而使得小灯 HL2 带电发光。当开关 S3 断开时，使得反映该开关状态的输入触点 I0.2 为 ON，而 I0.2 的非为 OFF。梯形图中用的是 I0.2 的非，当开关 S3 接通时，I0.2 的常闭触点要开断，这就使得输出继电器 Q0.0 和 Q0.1 均不能得到电流，而导致小灯 HL1 和 HL2 断电而熄灭。

应当指出，在存储程序控制中的梯形图虽然与接线程序控制中的继电器接线十分相象，但是它们的本质是截然不同的。一个是接线，另一个是 PLC 的程序。PLC 的接线如图 4-3 所示。

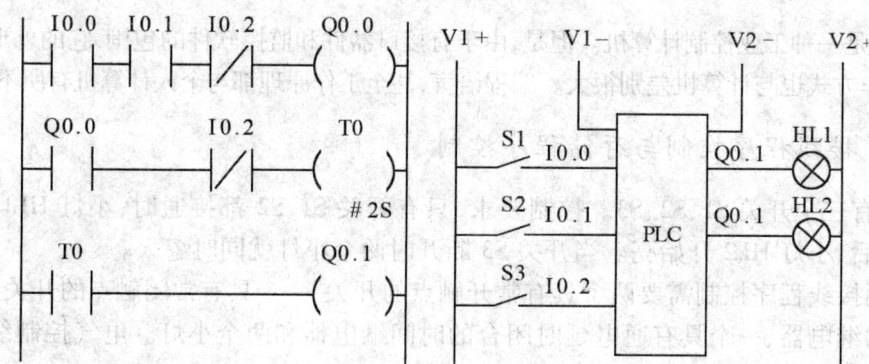

图 4-3 存储程序控制

4.3.2 可编程序控制器的扫描工作过程

PLC 的工作完全是在 CPU 的系统监控程序的指挥下工作的。其工作方式有周期扫描方式、定时中断方式、输入中断方式、通信方式等等。最主要的方式是周期扫描方式。周期扫描方式大致可以分为六个过程，如图 4-4 所示。

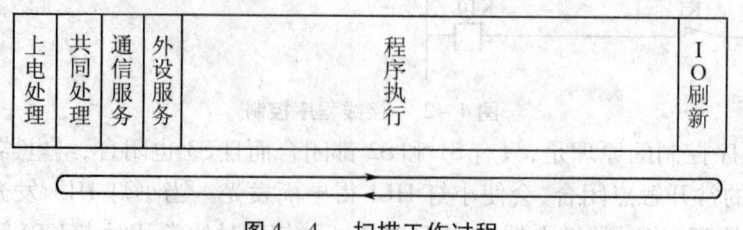

图 4-4 扫描工作过程

1. 上电处理过程

PLC 上电后，要进行第一次上电的初始化处理。CPU 进行的初始化工作，包括清除内部继电器区，复位所有的定时器，检查 I/O 单元的连接等。该过程所占用的时间为 T_0。

2. 共同处理过程

在上电处理通过以后，就要进入这一过程。共同处理的主要任务是复位监视定时器，检查 I/O 总线是否正常，检查扫描周期是否过长，检查程序存储器是否有异常，如果有异常，根据错误情况，发出报警输出或者停止 PLC 的运行。该过程所占用的时间为 T_1。

3. 通信服务过程

当 PLC 和微机构成通信网络或由 PLC 构成分散系统时，需要有通信服务过程。该过程所占用的时间为 T_2。

4. 外部设备服务过程

当 PLC 接有外部设备（如编程器、打印机等），则需要进行外部设备服务过程。该过程所占用的时间为 T_3。

5. 程序执行过程

该过程用于执行用户程序。从输入映像区读入输入端的信息，根据用户程序进行运算操作，并向输出映像区送出控制信息。

该过程执行用户程序存储器所存的指令。从输入映像寄存器和其他软元件的映像寄存器中将有关元件的通/断状态读出，从程序的 0 步开始顺序的运算，每次结果都写入对应的映像寄存器中。因此，各元件的映像寄存器的内容随着程序的执行在不断变化（输入元件除外）。输出继电器的内部触点的动作由输出映像寄存器的内容决定。该过程占用的时间为 T_4。

显然，程序执行的时间和 PLC 的速度有关，和用户程序所用指令多少和指令种类有关。

6. I/O 刷新过程

这个过程可分为输入信号刷新和输出信号刷新。输入信号刷新为输入处理过程，输出信号刷新为输出处理过程。

输入处理过程将 PLC 全部输入端子的通/断状态，读进输入映像寄存器。在程序执行中，即使输入状态变化，输入映像寄存器的内容也不会改变。直到下一扫描周期的输入处理阶段才读入这一变化。此外，输入触点从通（ON）到断（OFF）或从断（OFF）到通（ON）变化到处于确定状态止，输入滤波器还有一个响应延迟时间。

输出处理过程将输出映像寄存器的通/断状态向输出锁存寄存器传送，成为 PLC 的实际输出。PLC 内的外部输出触点对输出元件的动作有一个响应时间，要一个延迟才能动作。

输入信号刷新和输出信号刷新过程占用时间为 T_5。时间 T_5 和 PLC 所带的输入输出模块的种类和点数多少有关。

可以看出，PLC 的扫描周期 T 和上述各个过程的关系为

$$T = T_1 + T_2 + T_3 + T_4 + T_5$$

扫描周期在控制过程中是一个比较重要的技术指标。一般来说，T 越大，表明扫描一次所需要的时间就越长，要求输入信号的宽度就应该越大，控制的周期就越长，控制的速度就要降低。

7. 关于可编程序控制器的时间滞后问题

从 PLC 的工作原理可以看出，输入信号的变化能否改变其在输入映像区的状态，主要取决两点。一点是输入信号的变化要经过输入模块的转化才能进入 PLC 内部，这就是说要经过一定的延时才能进到 PLC 内部，这一延时叫输入延时。另一点是进入 PLC 的信号只有在 PLC 处在输入刷新时才能把输入的状态读到 PLC 的 CPU 输入映像区。只有经过上述两个延时，CPU 才有可能读入输入信号的状态。

当 PLC 根据用户程序的运算操作,把运算结果赋予输出端时也需要延时。第一个延时是发生在运算结果必须在输出刷新时,才能送入输出映像区的输出信号锁存器中,这是需要延时的。第二个延时是输出锁存器的状态要通过输出模块的转换才能成为输出端的信号,这个转换需要的时间叫输出延时。只有经过上述两个延时,CPU 才有可能把输出信号的状态传递到输出端子。

从上述分析可知,PLC 对输入和输出信号的响应是有延时的,这就是滞后现象。为了确保 PLC 在任何情况下都能正常无误地工作,一般情况下,输入信号的脉冲宽度必须大于一个扫描周期。

另外,还应该注意一个问题是,输出信号的状态是在输出刷新时才送出的。因此,在一个程序中,若给一个输出端多次赋值时,中间状态将改变输出映像区。只有最后一次赋值才能送到输出端。这就是常说的执行指令的后者优先。

4.4 可编程序控制器的硬件基础

PLC 是用来执行具体的控制,具体的工艺要求和具体的工作环境决定了如何具体选择 PLC 的 I/O 模块和系统配置。

4.4.1 可编程序控制器的接口模块

PLC 的接口模块是 CPU 和外部设备的连接器件。接口模块负责把外部设备的信息转换成 CPU 能够接收的信号,同时把 CPU 发送到外部设备的信号转换成能够驱动外部设备的电平。接口模块不仅能起到转换电平的作用,还可以起到外部设备的电信号与 CPU 的隔离作用,同时也可以起到抗干扰和滤波等作用。PLC 的接口模块有数字量输入模块、数字量输出模块、模拟量输入模块、模拟量输出模块、接口模块和其他功能模块。

1. 直流输入模块

直流输入模块的电路原理图如图 4-5 所示。在直流输入模块中,R1 为限流电阻,R2 和 C 构成滤波电路,可以滤掉输入信号的谐波。VL 为输入指示灯。VLC 为光耦合器。输入模块的外接直流电源极性可以任意选择。

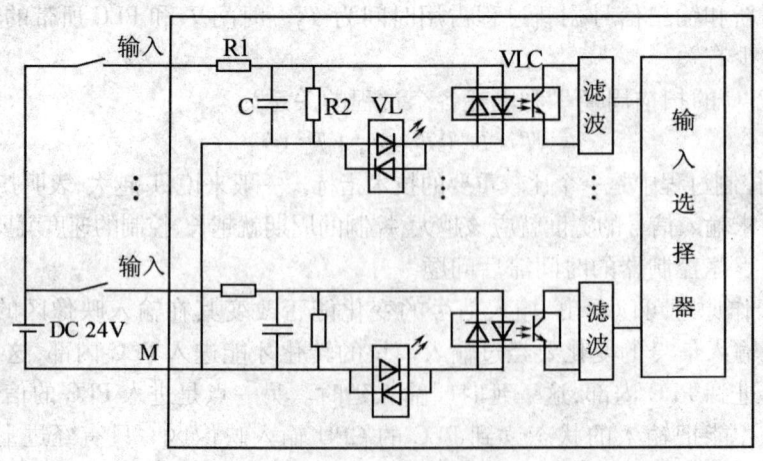

图 4-5 直流输入模块

直流输入模块的工作原理是,当输入开关闭合时,经 R1、VLC 的发光二极管、输入指示灯 VL 构成通路。输入指示灯 VL 亮,表示该路输入的开关量状态为 ON。输入信号经 VLC 隔离后,再经滤波器滤波,转换成 5V 电平的直流输入信号,经输入选择器与 CPU 总线相连,将外部输入开关的状态"ON"的代码"1"输入 PLC 内部。当输入开关断开时,经 R1、VLC 的发光二极管、输入指示灯 VL 没有构成通路,输入指示灯 VL 不亮,表示该路输入的开关量状态为 OFF。输入信号经 VLC 隔离后,再经滤波器滤波,转换成 0V 电平的输入信号,经输入选择器与 CPU 总线相连,将外部输入开关的状态"OFF"的代码"0"输入 PLC 内部。图 4-5 是直流开关量输入模块两路输入信号的原理图,其他各路输入信号的原理图与其相同。各输入信号回路有一个公共点(图中的 M 点)的输入模块,称为汇点式输入模块。各输入信号回路相互独立的输入模块称为分隔式输入模块。

有的输入模块不需要外部电源,称为无源式输入模块。无源式输入模块的电路原理图及内部参数与直流模块相同,只不过其电源采用的是 CPU 的内部直流电源。

2. 交流输入模块

交流输入模块的电路原理图如图 4-6 所示。在交流输入模块中,R1 为取样电阻,同时具有吸收浪涌的作用。C 为电容器,具有隔离直流而接通交流的作用。R2、R3 对交流电压起到分压作用。VL 为输入指示灯。指示灯 VL 亮,表示该路输入的开关量的状态为 ON。VLC 为光耦合器。

交流输入模块的工作原理是,当输入开关闭合时,光耦合器的发光二极管导通,这时光耦合器的光敏晶体管导通。输入信号经 VLC 隔离后,再经滤波器滤波,转换成 5V 电平的直流输入信号,经输入选择器与 CPU 总线相连,将外部输入开关的状态"ON"的代码"1"输入到 PLC 内部。当输入开关断开时,光

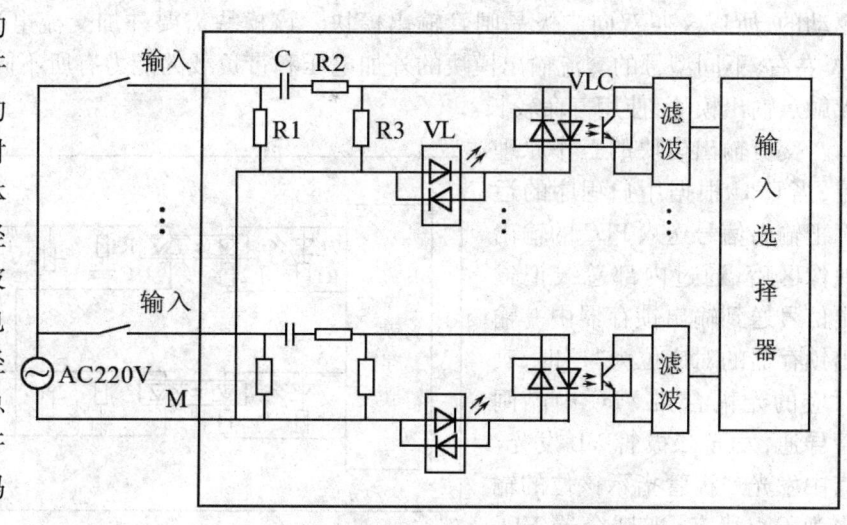

图 4-6　交流输入模块

耦合器的发光二极管不发光,这时光耦合器的晶体管截止。输入信号经 VLC 隔离后,再经滤波器滤波,转换成 5V 电平的直流输入信号,经输入选择器与 CPU 总线相连,将外部输入开关的状态"OFF"的代码"0"输入至 PLC 内部。

另外,还有交直流输入模块,其电路原理图与交流输入模块基本相同。

3. 直流输出模块

直流输出模块原理如图 4-7 所示。直流输出模块的输出电路采用晶体管驱动,所以也叫晶体管输出模块。其输出方式一般为集电极输出,外加直流负载电源。其带负载的能力一般每一个输出点为 0.75A 左右。因为晶体管输出模块为无触点输出模块,所以使用寿命比较长。

直流输出模块的工作原理是,当 CPU 根据用户程序的运算把输出信号送入 PLC 的输出映像区后,通过内部总线把输出信号送到输出锁存器中。输出锁存器的对应位为"1"时,其对应的晶体管 V 导通,发光二极管 VL 发光。其中发光二极管指示该位的输出为 ON 状态,晶体管 V 则把负载 L 和电源连通起来,使得负载 L 获得电流。输出锁存器的对应位为"0"时,其对应的晶体管 V 截止,发光二极管 VL 不导通。其中发光二极管不发光指示该位的输出为 OFF 状态,晶体管 V 截止则把负载 L 和

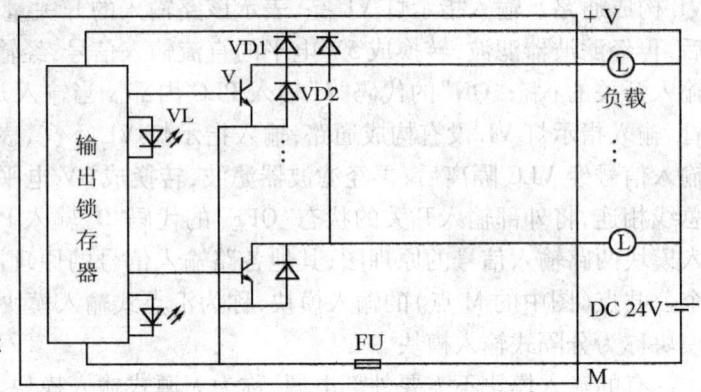

图 4-7 直流输出模块

电源隔断,使得负载 L 不会获得电流。当晶体管由导通变为截止时,如果负载中含有电感的话,电感中的磁场能量的释放是通过续流二极管 VD1 来完成的。

4. 交流输出模块

交流输出模块的原理如图 4-8 所示。交流输出模块的输出电路是采用光控双向硅开关驱动的,所以又叫双向二极晶闸管输出模块。该模块需要外加交流电源,带负载能力一般为 1A 左右,不同型号的交流输出模块的外加电压和带负载的能力有所不同。晶闸管输出模块为无触点输出模块,使用寿命较长。

交流输出模块的工作原理是,当 CPU 根据用户程序的运算把输出信号送入 PLC 的输出映像区后,通过内部总线把输出信号送到输出锁存器中。输出锁存器的对应位为"1"时,其对应的光耦合器 VLC 中晶闸管导通,发光二极管 VL 发光。其中发光二极管指示该位的输出为 ON 状态,光耦合器 VLC 中晶闸管则把负载 L 和电源连

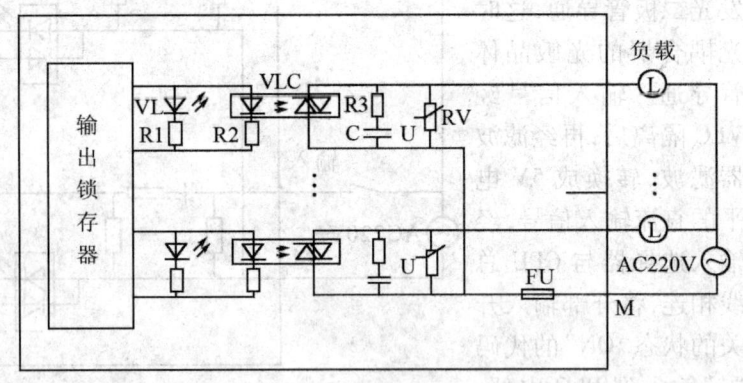

图 4-8 交流输出模块

通起来,使得负载 L 获得电流。输出锁存器的对应位为"0"时,其对应的光耦合器 VLC 中晶闸管阻断,二极管 VL 不导通。其中发光二极管不发光指示,该位的输出为 OFF 状态,光耦合器 VLC 中晶闸管阻断则把负载 L 和电源隔断,使得负载 L 不会获得电流。当晶闸管由导通变为阻断时,如果负载中含有电感的话,电感中的磁场能量的释放是通过阻容吸收电路 R3、C 和压敏电阻 RV 吸收的。

5. 继电器输出模块

继电器输出模块的电路原理图如图 4-9 所示。该输出模块的输出驱动电路是继电器。继电器的常开触点的接通或断开把负载和负载电源接通或隔断开,使负载可以得电或失电。

外接的负载电源可以是直流,也可以是交流。继电器是有触点的器件,它的带负载能力比较强,一般在2A左右。而开关的寿命相对于无触点器件要短一些,一般在5万次左右。开关动作的频率也相应地低一些,一般为10Hz以下。

继电器输出模块的工作原理是,当CPU根据用户程序的运算把输出信号送入PLC的输出映像区后,通过内部总线把输出信号送到输出锁存器中。输出锁存器的对应位为"1"时,其对应的继电器K1的线圈带电发光,二极管VL发光。其中发光二极管发光指示该位的输出为ON状态,继电器K1的触点则把负载L和电源连通起来,使得负载L获得电流。输出锁存器的

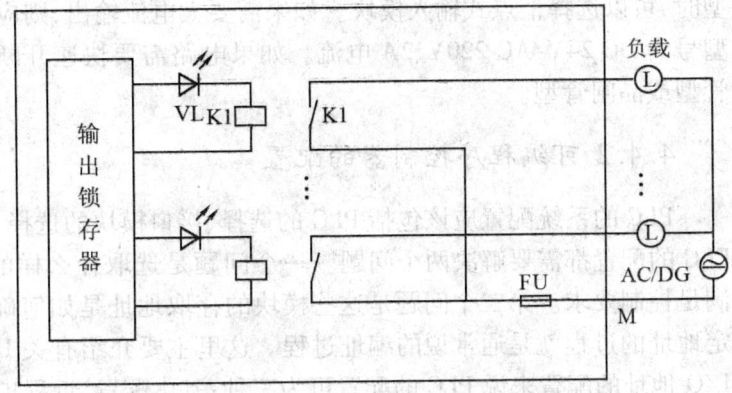

图4-9 继电器输出模块

对应位为"0"时,其对应的继电器K1的线圈不带电,二极管VL不导通。其中发光二极管不发光指示该位的输出为OFF状态,继电器K1的触点则把负载L和电源隔断,使得负载L不会获得电流。

6. 模拟量输入模块

模拟量输入模块是把模拟信号转换成PLC的CPU可以接收的数字量。模拟量输入模块又叫A/D模块,一般输入模拟信号都为标准的传感器信号。模拟量输入模块把模拟信号转换成数字信号,一般多为12位二进制数,也有比12位高的或比12位低的。应该说数字量位数越多的模块,分辨率就越高。

7. 模拟量输出模块

模拟量输出模块是把PLC的CPU送往模拟量输出模块的数字量转换成外部设备可以接收的模拟量(电压或电流)。模拟量输出模块又叫D/A模块,一般输出模拟信号都为标准的传感器信号。模拟量输出模块所接收的数字信号,一般多为12位二进制数,也有比12位高的或比12位低的。同样数字量位数越多的模块,分辨率就越高。

8. 扩展接口模块

扩展接口模块的作用是扩大PLC规模的接口。一般来说,扩展接口模块可分为两种:一种是近程扩展接口,另一种是远程扩展接口。近程扩展接口是为了扩大PLC的控制规模,远程扩展接口是为了增大PLC的控制距离。

9. 通信接口模块

通信接口模块是微机和PLC之间、PLC和PLC之间的通信接口。随着科学技术的发展,PLC的功能也在不断地增强。在一些控制工程中,PLC早已不是单机作战的局面了。一台微机和一台PLC组成点对点的通信网络是不少小型控制器工程采取的策略。也有不少控制工程采取一台微机和多台PLC组成多点通信网络。而大型控制工程,往往采取多台PLC组成的通信网络来完成。当今的控制工程,通信尤其显得重要。

在了解了PLC的常用接口模块之后,后面的工作就是在使用时,正确地选择各种接口模

块,正确地使用这些模块,根据不同的要求,选用不同的输入模块和输出模块。

如果输入信号有多种类型,则输入模块就应该根据点数多少选用不同类型不同结构的输入模块。如果只能选一个输入模块,也要选择分隔式输入模块。而所有输入信号都是一种类型时,可以选择汇点式输入模块。如果需要大电流输出,则应选继电器型或晶闸管型。一般型号为 DC 24V/AC 220V、2A 电流。如果电路需要快速开断或频繁地动作,则应选择用晶体管型或晶闸管型。

4.4.2 可编程序控制器的配置

PLC 的系统配置应该包括 PLC 的选择、接口模块的选择、I/O 地址的确定等等。不管哪种 PLC 的配置都需要解决两个问题。一个问题是选取什么样的 PLC 和什么样的接口模块才能满足控制要求。第二个问题是这些模块的存取地址是如何确定的。给这些输入/输出模块确定地址的过程就是通常说的编址过程。这里主要介绍有关 I/O 地址的配置,即编址问题。从 I/O 地址的配置来说 PLC 的配置可为三种:基本配置、近程扩展配置和远程扩展配置。

1. PLC 的基本配置

(1) 整体式 PLC 的基本配置

具有整体式结构的 PLC 的配置是由基本单元自身构成的。这类 PLC 的编址一般在基本单元上都已给出,如图 4-10 所示。

例如:OMRON 公司的 C 系列 P 型机的基本单元、扩展单元就是以通道的形式连续的。C60P 型 PLC 基本单元含 32 点输入和 28 点输出,编址是以字(16 位)为单位连续的。C60P 的基本单元输入点的地址为 00 通道(占 16 位)、01 通道(占 16 位),输出点的地址为 05 通道(占 12 位)、06 通道(占 16 位)。

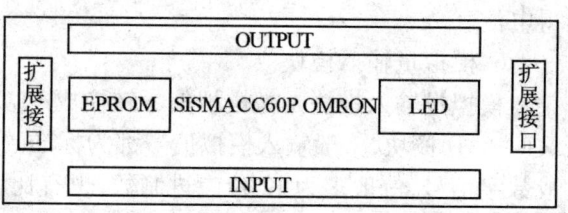

图 4-10 整体式 PLC 的基本配置

以位的形式出现的输入信号的编址:
0000、0001、0002、……、0012、0013、0014、0015
0100、0101、0102、……、0112、0113、0114、0115

以位的形式出现的输出信号的编址:
0500、0501、0502、……、0511
0600、0601、0602、……、0611、0612、0613、0614、0615

(2) 叠装式 PLC 的基本配置

具有叠装式结构的 PLC 的配置与整体式结构的 PLC 的基本配置是相同的。例如 SIEMENS 公司的 S7-200PLC 的 CPU224 的基本单元内含 14 点 DC 输入,编址是以字节(8 位)为单位连续的。

S7-200 的基本单元输入点的地址为 IB0 字节(占 8 位)和 IB1 字节(占 6 位)。基本单元输出点的地址为 QB0 字节(占 8 位)和 QB1 字节(占 2 位)。

以位的形式出现的输入信号的编址:
I0.0、I0.1、……、I0.4、I0.5、I0.6、I0.7
I1.0、I1.1、……、I1.4、I1.5

以位的形式出现的输出信号的编址：
Q0.0、Q0.1、……、Q0.4、Q0.5、Q0.6、Q0.7
Q1.0、Q1.1

(3) 组合式 PLC 的基本配置

组合式结构的 PLC 控制点数一般多、功能比较强。这类 PLC 的基本配置有两种编址方法：固定编址和可变编址。固定编址是指各个单元的首地址是由该单元所在插槽的位置来决定的。例如，OMRON 公司 C200H 采用八个 I/O 插槽底板构成基本配置。最右端插 CPU 模块，则从左往右插入的 I/O 模块的首地址分别为 000 通道到 007 通道。如果插入的模块为其他功能模块时，其首地址可由各模块自身的单元号确定，如图 4-11 所示。

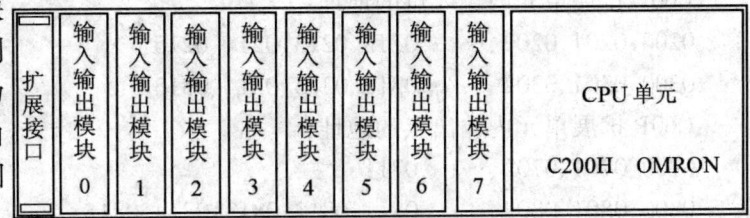

图 4-11 组合式 PLC 的基本配置

以位的形式出现的输入输出信号编址：
00000、00001、00002、……、00013、00014、00015
……
00700、00701、00702、……、00713、00714、00715

可变编址是指各个单元首地址是通过接口模板或 I/O 登记表由用户送入的，与所在插槽的位置无关。

2. PLC 的近程扩展配置

在实际应用中，有时会遇到只用 PLC 的基本配置不能满足控制要求的情况。例如，有的场合控制规律不太复杂，但信号较多，这时仅用 PLC 的基本配置可能出现输入输出点数不够用，而选用大型 PLC，虽然输入/输出点数够用，但成本较高。在这种情况下，应考虑采用主机带扩展机的方式。主机带有 CPU 模块，是一个完整的 PLC。扩展机是专为增加 PLC 的控制规模而设计的附机，它上面不带 CPU 模块，其工作由主机统一管理和控制。扩展机分为两种：近程扩展机和远程扩展机。近程扩展机主要用于扩大控制规模，在主机上使用的模块，除 CPU 模块外，均可在近程扩展机上使用。

(1) 整体式结构 PLC 的近程扩展配置

具有整体式结构的 PLC 的配置是由一个基本单元和多个扩展单元构成的。如果控制点数不符合需要，可再接一个或多个扩展单元，直到满足要求为止。这类 PLC 的编址一般在基本单元

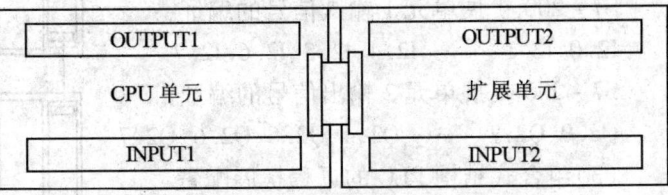

图 4-12 整体式 PLC 的近程扩展配置

上都已给出，其扩展单元的编址的通道号（有的 PLC 指的是字节号）与基本单元连续。

例如，OMRON 公司的 C 系列 P 型机的基本单元和扩展单元就是以通道的形式连续的。C60P 型 PLC 基本单元内含 32 点输入和 28 点输出，C60P 扩展单元内含 32 点输入和 28 点输出。需要由 C60P 的基本单元和扩展单元构成控制系统时，需要按通道连续的原则编址，如图

4-12 所示。

C60P 基本单元内输入点的地址：
0000、0001、0002、……、0012、0013、0014、0015
0100、0101、0102、……、0112、0113、0114、0115
C60P 基本单元内输出点的地址：
0500、0501、0502、……、0511
0600、0601、0602、……、0611、0612、0613、0614、0615
C60P 扩展单元内输入点的地址：
0200、0201、0202、……、0212、0213、0214、0215
0300、0301、0302、……、0312、0313、0314、0315
C60P 扩展单元内输出点的地址：
0700、0701、0702、……、0711
0800、0801、0802、……、0811、0812、0813、0814、0815

（2）叠装式结构 PLC 的近程扩展配置

具有叠装式结构的 PLC 的配置，主要是由一个基本单元和多个扩展单元构成的。在控制系统的配置时，首先就要考虑基本单元的功能能否满足控制要求。如果基本单元不能满足要求，就应当适当地配置相应的 I/O 单元和其他扩展单元，直到满足要求为止，这类 PLC 的编址主要是由各个扩展单元和基本单元的相互位置来决定的。

SIEMENS 公司的 S7-200PLC 的 CPU224 的基本单元内含 14 点 DC 输入，编址是以字节（8 位）为单位连续的，且输入和输出信号各自独立排序。如果需要扩展，则可以依次连接扩展单元 1、扩展单元 2……，最多可连接 7 个扩展单元。如果 CPU224 连接输入 8 点扩展单元 1 和输出 8 点扩展单元 2，其编址如下：

S7-200 基本单元内输入信号的编址：
I0.0、I0.1、……、I0.4、I0.5、I0.6、I0.7
I1.0、I1.1、……、I1.4、I1.5
S7-200 基本单元内输出信号的编址：
Q0.0、Q0.1、……、Q0.4、Q0.5、Q0.6、Q0.7
Q1.0、Q1.1
S7-200 扩展单元 1 输入信号的编址：
I2.0、I2.1、……、I2.4、I2.5、I2.6、I2.7
S7-200 扩展单元 2 输出信号的编址：
Q2.0、Q2.1、……、Q2.4、Q2.5、Q2.6、Q2.7

（3）组合式结构 PLC 的近程扩展配置

具有组合式结构 PLC 的近程扩展配置可以由主机（基本单元）和一台或多台扩展机组成。如图 4-13 所示，主机下面依次为扩展单元 1、扩展单元 2 等。OMRON 公司 C200H PLC 主机能带 2 个扩展单元，其编址方法是主机的 I/O 通道号为 000~009 通道，扩展单元 1 的 I/O 通道号为 010~019 通道，扩展单元 2 的 I/O 通道号为 020~029 通道。

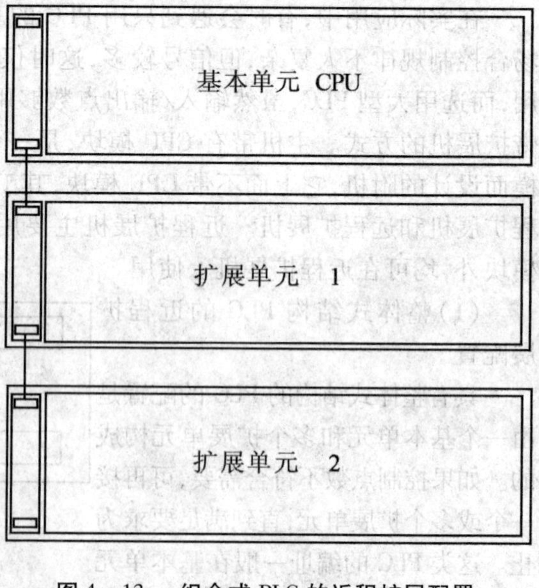

图 4-13 组合式 PLC 的近程扩展配置

例如,OMRON 公司 C200H PLC 主机能带 2 个扩展单元,每个单元的底板均带有 8 个 I/O 插槽。其编址如下。

C200H 基本单元的 I/O 编址:
00000、00001、……、00014、00015
00100、00101、……、00114、00115
……
00700、00701、……、00714、00715

C200H 扩展单元 1 的 I/O 编址:
01000、01001、……、01014、01015
01100、01101、……、01114、01115
……
01700、01701、……、01714、01715

C200H 扩展单元 2 的 I/O 编址:
02000、02001、……、02014、02015
02100、02101、……、02114、02115
……
02700、02701、……、02714、02715

(4)PLC 的远程扩展配置

当有部分现场信号相对集中,而又与其他现场信号相距较远时,可采用远程扩展方式。远程扩展单元主要用于扩大控制距离。I/O 模块和部分功能模块可在远程扩展单元上使用。在远程方式下,远程 I/O 模块作为远程主站可安装在主机及其近程扩展单元上,远程扩展单元作为远程从站安装在现场。远程主站用于主机与远程从站间的信息交换。一个 PLC 控制系统中可以有多个远程主站,一个远程主站可以有多个从站(远程扩展单元),每个从站又可以有多个近程扩展单元,但远程部分的扩展单元数量有一定的限制。各从站的编号由用户在从站上设定。远程主站和从站之间利用双绞线连接,同一主站下面的不同从站用双绞线并联在一起。从站与从站的近程扩展单元之间的连接,与主机和主机的近程扩展单元之间的连接方式相同。

例如 OMRON 公司的 C200H 可以有两个远程主站,一个远程主站又可以带 5 个从站远程扩展。如果其配置为一台主机带两台近程扩展单元,其中主机有一个远程 I/O 模块,扩展单元有一个远程 I/O 模块。主机带 3 个从站,扩展单元带 2 个从站,如图 4-14 所示。

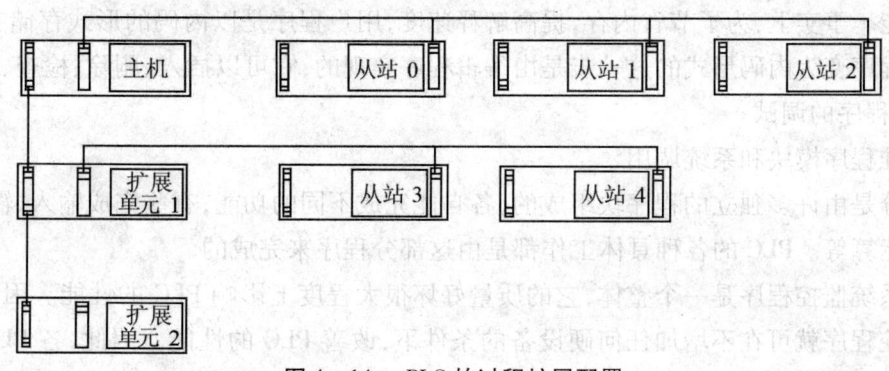

图 4-14 PLC 的过程扩展配置

这个系统是这样编址的，主机起始通道号为000，扩展单元1起始通道号为010，扩展单元2起始通道号为020。从站的编号为0~4。从站0的起始通道号为050，从站1的起始通道号为060，从站2的起始通道号为070，从站3的起始通道号为080，从站4的起始通道号为090。当然，最大通道号应在系统监控程序设定之内。

4.5 可编程序控制器的软件基础

仅有硬件是不能构成PLC的，没有软件的PLC是什么事情也干不成的。PLC的软件分为两大部分：系统监控程序和用户程序。

4.5.1 系统监控程序

系统监控程序是每一台PLC必须包括的部分，是由PLC的制造者编制的，用于控制PLC本身的运行。用户程序，是由PLC的使用者编制的，用于控制被控装置的运行。系统监控程序分成系统管理程序、用户指令解释程序、标准程序模块和系统调用。

1. 系统管理程序

系统管理程序是系统监控程序中最重要的部分，整个PLC的运行都由它主管。其一是运行管理，控制PLC何时输入、何时输出、何时运算、何时自检、何时通信等等，进行时间上的分配管理。其二是进行存储空间的管理，即生成用户环境，由它规定各种参数、程序的存放地址。将用户使用的数据参数，存储地址转化为实际的数据格式和物理存放地址。它将有限的资源变为用户可直接使用的诸多元件。例如，它将有限的内部时钟扩展为几十个甚至上百个用户定时器和计数器。通过这部分程序，用户看到的不是实际机器存储地址，而是按照用户数据结构排列的元件空间和程序存储空间。其三是系统自检程序。它包括各种系统出错检验、用户程序语法检验、句法检验、警戒时钟运行等。在系统管理程序的控制下，整个PLC就能有序地正确工作。

2. 用户指令解释程序、编辑程序

任何计算机最终都是根据机器语言来执行的，而机器语言的编制又是非常麻烦的。例如，在PLC中可以采用梯形图编程。将人们易懂的梯形图程序变为机器能识别的机器语言程序，这就是解释程序的任务。它将梯形图程序逐条翻译成相应的一串机器语言，然后通过CPU完成这些功能。事实上，为了节省内存，提高解释速度，用户程序是以内码的形式存储在PLC内的。用户程序变为内码形式的这一步是由编辑程序实现的，它可以插入、删除、检查、修改用户程序，方便程序的调试。

3. 标准程序模块和系统调用

这部分是由许多独立的程序块组成的，各自能完成不同的功能，有些完成输入、输出，有些完成特殊运算等。PLC的各种具体工作都是由这部分程序来完成的。

整个系统监控程序是一个整体，它的质量好坏很大程度上影响PLC的性能。因为通过改进系统监控程序就可在不增加任何硬设备的条件下，改善PLC的性能。因此，各PLC生产厂家对系统监控程序非常重视，实际售出的产品中，其系统监控程序一直在不断地完善。

4.5.2 用户程序

用户程序是 PLC 的使用者编制的针对具体工程的应用程序。它是用 PLC 的编程语言或某种 PLC 指令的助记符编制而成的，编程语言可以是语句表、梯形图、系统流程图。助记符随 PLC 型号的不同而略有不同。用户程序是线性地存储在系统监控程序指定的存储区间内的，它的最大容量也是由系统监控程序限制了的。

PLC 的编程和微型机的编程一样，用户程序需要一个编程环境、一个程序结构、一个编程方法。

1. 用户环境

用户环境也是由系统监控程序生成的。它包括用户数据结构、用户元件区、用户程序存储区、用户参数、文件存储区等。

（1）用户数据结构

①第一类为位数据。这是一类逻辑量（1 位二进制数），其值为"0"或"1"，它表示触点的通、断。触点接通状态为 ON，触点断开状态为 OFF。

②第二类为字节数据。其位长为 8 位，其数制形式有多种形式。一个字节可以表示 8 位二进制数、2 位十六进制数、2 位十进制数。

③第三类为字数据。其数制、位长、形式都有很多形式。一个字可以表示 16 位二进制数、4 位十六进制数、4 位十进制数。十进制数据通常都用 BCD 码表示，书写时有时冠以 K 字符，例如 K789。十六进制数据，书写时冠以 H 字符，例如 H78F。二进制数，书写时冠以 B 字符，例如 B0111_1000_1111。实际处理时还可选用八进制 ASCII 的形式。由于对控制精度的要求越来越高，不少 PLC 开始采用浮点数，它极大地提高了数据运算的精度。

④第四类为混合型数据。即同一个元件有位数据又有字数据。例如 T（定时器）和 C（计数器），它们的触点只有 ON 和 OFF 两种状态，是位数据，而它们的设定值和当前值寄存器又为字数据。

（2）用户数据存储区

用户使用的每个输入输出端，以及内部的每一个存储单元都称为元件。各种元件都有其固定的存储区（例如输入输出映像区），即存储地址。给 PLC 中的输入输出元件赋予地址的过程叫编址。不同的 PLC 输入输出的编址方法不完全相同，如 OMRON CQM1 PLC 的输入端地址可以为 000、001、……通道，输出端地址为 100、101、……通道。

PLC 的内部资源，如内部继电器、定时器、计数器和数据区，各个不同的 PLC 之间也有一些差异。这些内部资源都按一定的数据结构存放在用户数据存储区，正确使用用户数据存储区的资源才能编好用户程序。

2. 用户程序结构

用户程序结构大致可以分为三种。其一是线性程序，这种结构是把一个工程分成多个小的程序块，这些程序块被依次排放在一个主程序中。其二是分块程序，这种结构是把一个工程中的各个程序块独立于主程序之外，工作时要由主程序一个个有序地去调用。其三是结构化程序，这种结构是把一个工程中的具有相同功能的程序写成通用功能程序块，工程中的各个程序块都可以随时调用这些通用功能程序块。

3. 用户程序语言

PLC 编程语言有多种,梯形图、语句表、功能块图是三种基本语言。

(1)语句表(STL)

语句表是由不同的指令所构成的语句组成的,其中的指令则是由操作码和操作数组成。其中操作码指出了指令的功能,操作数指出了指令所用的元件或数据。

例如:

LD 10000

AND 10001

OUT 10100

表示触点 10000 和触点 10001 同时为 ON 状态时,线圈 10100 就带电,其常开触点闭合并输出。其中操作码 LD 表示语句的开始,操作数 10000 为一个输入触点。操作码 AND 表示与逻辑,操作数 10001 为另一个输入触点。操作码 OUT 表示输出,操作数 10100 指输出点。

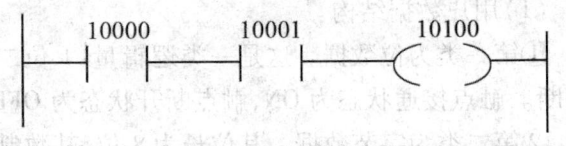

图 4-15 梯形图表示的程序

(2)梯形图(LAD)

梯形图是一种类似于继电器控制线路图的语言。其画法是从左母线开始,经过触点和线圈,终止于右母线,如图 4-15 所示。

在梯形图中,常开触点 10000 与 10001 为串联,只有两个常开触点同时为 ON 状态时,线圈 10100 才带电并有输出。

(3)功能块图(FBD)

功能块图则类似于电子线路的逻辑电路图的一种编程语言,如图 4-16 所示。

在功能块图中,常开触点 10000 和常开触点 10001 只有同时为 ON 状态时,线圈 10100 才带电并有输出。

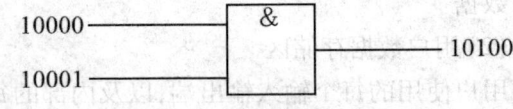

图 4-16 功能块图表示的程序

设计一个好的用户程序,就要设计一个合适的用户程序结构,正确地使用用户程序语言编写出能满足工程需要的程序。

4.6 可编程序控制器的性能指标

PLC 的技术指标包括硬件指标和软件指标。

4.6.1 硬件指标

硬件指标包括一般指标,输入特性和输出特性。

一般指标主要体现在环境温度、环境湿度、使用环境、抗震、抗冲击、抗噪声、抗干扰和耐压等性能上。

输入特性主要体现在输入电路的隔离程度、输入灵敏度、响应时间和所需电源等性能上。

输出特性主要体现在回路构成(这里指的是继电器输出、晶体管输出或是晶闸管输出)、回路隔离、最大负载、最小负载、响应时间和外部电源等性能上。

4.6.2 软件指标

软件指标主要包括程序容量、编程语言、通信功能、运行速度、指令类型、元件种类和数量等。

程序容量是指 PLC 的内存和外存大小,一般从几 KB 到上百 KB。存储器的类型一般为 RAM、EEPROM 和 EPROM。

编程语言是指有多少种语言支持编制用户程序。PLC 编程语言很多。梯形图、语句表、系统流程图是三种基本语言,还有状态流程图等。多一种编程语言会使编制用户程序更快捷、更方便。

通信功能是指 PLC 是否具有通信能力,具有何种通信能力。一般可分为远程 I/O 通信、计算通信、点对点通信、高速总线、MAP 网等。当前,通信能力是衡量 PLC 性能的一项主要指标。

运行速度是指操作处理时间的长短,可以用基本指令执行时间来衡量,时间越短越好,一般在微秒级以下。指令的功能越强大,说明 PLC 的性能越佳。

元件的种类和数量的多少不仅反映了 PLC 的性能,也说明了 PLC 的规模。输入输出元件的数量说明 PLC 的 I/O 的能力,输入输出元件的类型(直流、交流、模拟量、高速计数、定位、PID)多少,说明 PLC 性能高低。

在了解了 PLC 的指标体系的前提下,就可以根据具体控制工程的要求,从众多 PLC 中选取合适的 PLC 了。

本章小节

1. PLC 是以继电器控制为基础,以微处理器为核心,综合了计算机技术、自动控制技术和现代通信技术,专门为工业应用环境而设计的功能强大的新型通用控制器。虽然 PLC 的生产厂家众多,产品种类层出不穷,但它们都具有相似的结构和相同的工作原理,使用方法也大同小异。

2. PLC 的基本硬件组成包括 CPU、存储器、输入单元、输出单元、通信接口、电源和编程器。

3. PLC 的种类从结构上分为整体式、模块式和分散式 PLC,从容量上分为小型、中型和大型 PLC。

4. PLC 中在继电器控制的基础上产生的,不仅具有继电器控制的所有功能,而且具有许多继电器控制没有的功能,所有的功能都是通过软件编程实现的。

5. PLC 可用多种形式的编程语言来编写用户程序,梯形图和语句表是两种最常用的编程语言。

习题

1. PLC 有什么特点？
2. 构成 PLC 的主要硬件有哪些？各部分的主要作用是什么？
3. PLC 可以应用在哪些领域？
4. PLC 的主要功能是什么？
5. 与一般的计算机控制系统相比，PLC 有哪些优点？

第五章　S7-200 的组成原理

●**内容提要**：本章主要介绍 S7-200 的硬件组成、工作原理与性能指标等,通过本章内容使学生熟悉编程元件、指令系统和编程方法,学会分析 PLC 系统的组态及其技术性能指标。

S7-200 系列 PLC 是 SIEMENS 公司新推出的一种小型 PLC。它以紧凑的结构、良好的扩展性、强大的指令功能、低廉的价格,已经成为当代各种小型控制工程的理想控制器。

S7-200 PLC 包含了一个单独的 S7-200 CPU 和各种可选择的扩展模块,可以十分方便地组成不同规模的控制器。其控制规模可以从几点到几百点。S7-200 PLC 可以方便地组成 PLC-PLC 网络和微机-PLC 网络,从而完成规模更大的工程。

S7-200 的 STEP7-Micro/WIN32 编程软件可以方便地在 Windows 环境下对 PLC 编程、调试、监控,使得 PLC 的编程更加方便、快捷。可以说,S7-200 可以完美地满足各种小规模控制系统的要求。

S7-200 有四种 CPU,其性能差异很大。这些性能直接影响到 PLC 的控制规模和 PLC 系统的配置。

5.1　S7-200 的技术指标

目前 S7-200 系列 PLC 主要有 CPU221、CPU222、CPU224 和 CPU226 四种 CPU。档次最低的是 CPU221,其数字量输入点数有 6 点,数字量输出点数有 4 点,是控制规模最小的 PLC。档次最高的应属 CPU226,CPU226 集成了 24 点输入/16 点输出,共有 40 点数字量 I/O,可连接 7 个扩展模块,最大扩展至数字量 I/O248 点或模拟量 I/O35 路。

S7-200 系列 PLC 四种 CPU 的外部结构大体相同,见图 5-1。

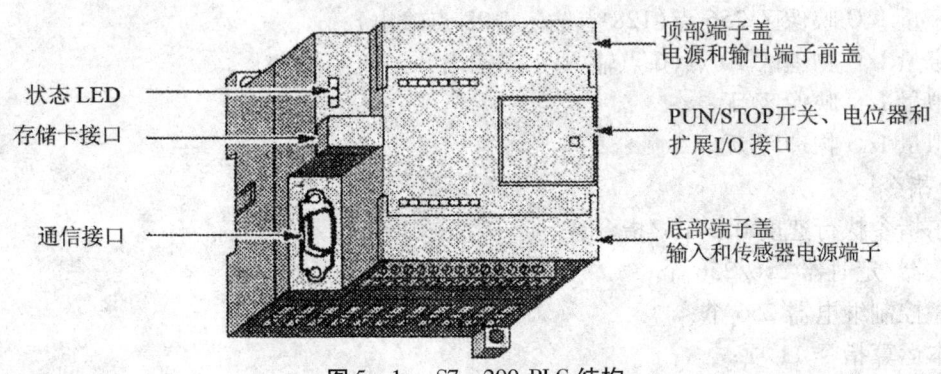

图 5-1　S7-200 PLC 结构

状态指示灯(LED)显示 CPU 所处的工作状态。存储卡接口可以插入存储卡。通信接口可以连接 RS-485 总线的通信电缆。

顶部端子盖下边为输出端子和 PLC 供电电源端子。输出端子的运行状态可以由顶部端子盖下方一排指示灯显示,ON 状态对应指示灯亮。底部端子盖下边为输入端子和传感器电源端子。输入端子的运行状态可以由底部端子盖上方一排指示灯显示,ON 状态对应指示灯亮。

前盖下面有运行、停止开关和接口模块插座。将开关拨向停止位置时,PLC 处于停止状态,此时可以对其编写程序。将开关拨向运行位置时,PLC 处于运行状态,此时不能对其编写程序。将开关拨向监控状态,可以运行程序,同时还可以监视程序运行的状态。接口插座用于连接扩展模块,实现 I/O 扩展。

下面介绍 S7-200 系列 PLC 的 CPU 的技术指标。

5.1.1 CPU221 的技术指标

CPU221 本机集成了 6 点数字量输入和 4 点数字量输出,共有 10 个数字量 I/O 点,无扩展能力。CPU221 有 6KB 程序和数据存储空间,4 个独立的 30kHz 高速计数器,2 路独立的 20kHz 高速脉冲输出,1 个 RS-485 通信/编程口。CPU221 具有 PPI(点对点通信)、MPI(多点通信)和自由方式通信能力,非常适于小型数字量控制。CPU221 具体的技术指标如下所述。

1. 主要技术指标

(1) 外型尺寸 90mm×80mm×62mm

(2) 存储器

程序存储器 2048 字;

用户数据存储器 1024 字;

存储器类型 EEPROM;

存储卡 EEPROM;

数据后备(超级电容) 50h;

编程语言 LAD、FBD 和 STL;

程序组织 1 个组织块(可以包含多个子程序和中断程序)。

(3) 系统 I/O

本机 I/O 6 点输入/4 点输出;

扩展模块数量 无;

数字量 I/O 映像区 256 点(128 点输入/128 点输出);

数字量 I/O 物理区 10 点(6 点输入/4 点输出);

模拟量 I/O 映像区 无;

模拟量 I/O 物理区 无。

(4) 指令

布尔指令执行速度 0.37μs/指令;

计数器/定时器 256/256 个;

顺序控制继电器 256 个;

基本运算指令 11 项;

增强功能指令 8 项;

FOR/NEXT 循环 有;

整数运算(算术运算) 有;

实数运算(算术运算) 有。

(5) 附加功能

内置高速计数器 4 个(30kHz);

内置模拟电位器 1 个(8 位分辨率);

脉冲输出 2 个高速输出(20kHz);

通信中断 1 发送器/2 接收器;

定时中断 2 个(1～255ms);

输入中断 4 个;

实时时钟 有时钟卡;

口令保护 3 级口令保护。

(6)通讯

1 个 RS-485 通信接口(可用作 PPI 接口、MPI 从站接口、自由口)

2. CPU221 的接线

(1)DC 输入 DC 输出

DC 输入端由 1M、0.0～0.3 为第 1 组,2M、0.4、0.5 为第 2 组组成,1M、2M 分别为各组的公共端。

DC 24V 的负极接公共端 1M 或 2M。输入开关的一端接到 DC 24V 的正极,输入开关的另一端连接到 CPU221 各输入端。

DC 输出端由 M、L+、0.0～0.3 组成。L+为公共端。

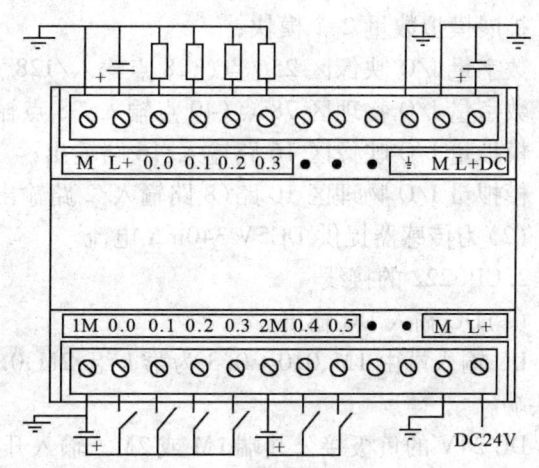

图 5-2　CPU221 的 DC 输入 DC 输出接线

DC 24V 的负极接 M 端,正极接 L+端。输出负载的一端接到 M 端,输出负载的另一端接到 CPU221 的各输出端。CPU221 的 DC 输入 DC 输出的接线图如图 5-2 所示。

(2)DC 输入继电器输出

DC 输入端与 CPU221 的 DC 输入 DC 输出相同。

继电器输出端由两组构成,其中 N(-)、1L、0.0～0.2 为第 1 组,N(-)、2L、0.3 为第 2 组。各组的公共端为 1L 和 2L。负载电源的一端 N 接负载的 N(-)端,电源的另外一端 L(+)接继电器输出端的 1L 端。负载的另一端分别接到各继电器输出端子。CPU221 的 DC 输入继电器输出的接线图如图 5-3 所示。

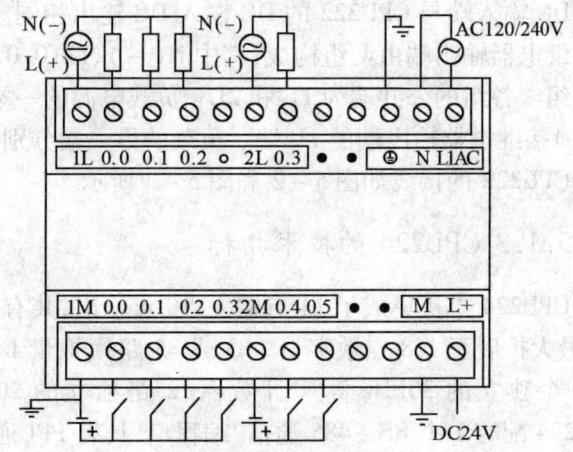

图 5-3　CPU221 的 DC 输入继电器输出接线

5.1.2　CPU222 的技术指标

CPU222 机集成了 8 点输入/6

点输出,共有14点数字量I/O,可连接2个扩展模块,最大可扩展至78点数字量I/O或10路模拟量I/O。CPU222有6KB程序和数据存储空间、4个独立的30kHz高速计数器、2路独立的20kHz高速脉冲输出,具有PID控制器。它还配置了1个RS-485通信/编程口,具有PPI、MPI和自由方式通讯能力。CPU222型PLC是具有扩展能力、适应性更广泛的小型PLC。

1. CPU222技术指标

CPU222与CPU221技术指标基本相同,不同之处有两点。

(1)系统I/O:

本机I/O 8点输入/6点输出;

扩展模拟数量2个模块;

数字量I/O映像区256点(128点输入/128点输出);

数字量I/O物理区78点(40点输入/38点输出);

模拟量I/O映像区16路输入/16路输出;

模拟量I/O物理区10路(8路输入/2路输出)或4路输出。

(2)为传感器提供DC5V 340mA电流。

2. CPU222的接线

(1)DC输入DC输出

DC输入端由1M、0.0~0.3为第1组,2M、0.4~0.7为第2组组成,1M、2M分别为各组的公共端。

DC 24V的负极接公共端1M或2M。输入开关的一端接到DC 24V的正极,输入开关的另一端连接到CPU222各输入端。

DC输出端由M、L+、0.0~0.5组成。L+为公共端。

DC 24V的负极接M端,正极接L+端。输出负载的一端接到M端,输出负载的另一端接到CPU222各输出端。

(2)DC输入继电器输出

DC输入端与CPU222的DC输入DC输出相同。

继电器输出端由两组构成,其中N(-)、1L、0.0~0.2为第1组,N(-)、2L、0.3~0.5为第2组。各组的公共端为1L和2L。负载电源的一端N接负载的N(-)端,电源的另外一端L(+)接继电器输出端的1L端。负载的另一端分别接到CPU222各继电器输出端子。

CPU222的接线如图5-2和图5-3所示。

5.1.3 CPU224的技术指标

CPU224本机集成了14点输入/10点输出,共有24点数字量I/O。它可连接7个扩展模块,最大扩展至168点数字量I/O或35路模拟量I/O。CPU224有13KB程序和数据存储空间、6个独立的30kHz高速计数器、2路独立的20kHz高速脉冲输出,具有PID控制器。CPU224配有1个RS-485通信/编程口,具有PPI通信、MPI通信和自由方式通信能力,是具有较强控制能力的小型控制器。

1. CPU224技术指标

CPU224与CPU221技术指标基本相同,不同之处有五点。

(1)外形尺寸120.5mm×80mm×62mm。

(2) 存储器:
程序存储器 4096 字;
用户数据存储器 2560 字;
存储器类型 EEPROM;
存储卡 EEPROM;
数据后备(超级电容) 190h;
编程语言 LAD、FBD 和 STL;
程序组织 1 个组织块(可以包含子程序和中断程序)。

(3) 系统 I/O:
本机 I/O 14 点输入/10 点输出;
扩展模块数量 7 个模块;
数字量 I/O 映像区 256 点(128 点输入/128 点输出);
数字量 I/O 物理区 168 点(94 点输入/74 点输出);
模拟量 I/O 映像区 32 路输入/32 路输出;
模拟量 I/O 物理区 35 路(28 路输入/7 路输出)或 14 路输出。

(4) 附加功能:
内置高速计数器 6 个(30kHz);
内置模拟电位器 2 个(8 位分辨率);
脉冲输出 2 个高速输入(20kHz);
通信中断 1 发送器/2 接收器;
定时中断 2 个(1~255ms);
输入中断 4 个;
实时时钟 内置时钟;
口令保护 3 级口令保护。

(5) 为传感器提供 DC5V 660mA 电流。

2. CPU224 的接线

(1) DC 输入 DC 输出

DC 输入端中,1M、0.0~0.7 为第 1 组,2M、1.0~1.5 为第 2 组组成,1M、2M 分别为各组的公共端。

DC 24V 的负极接公共端 1M 或 2M。输入开关的一端接到 DC 24V 的正极,输入开关的另一端接到 CPU224 各输入端。

DC 输出端中,1M、1L+、0.0~0.4 为第 1 组,2M、2L+、0.5~1.1 为第 2 组组成。1L+、2L+ 分别为公共端。

第 1 组 DC 24V 的负极接 1M 端,正极接 1L+ 端。输出负载的一端接到 1M 端,输出负载的另一端接到 CPU224 各输出端。第 2 组的接线与第 1 组相似。

(2) DC 输入继电器输出

DC 输入继电器输出的输入端与 DC 输入 DC 输出的输入端相同。

继电器输出端由 3 组构成,其中 N(-)、1L、0.0~0.3 为第 1 组,N(-)、2L、0.4~0.6 为第 2 组,N(-)、3L、0.7~1.1 为第 3 组。各组的公共端为 1L、2L 和 3L。

第 1 组负载电源的一端 N 接负载的 N(-)端,电源的另外一端 L(+)接继电器输出端的 1L 端。负载的另一端分别接到 CPU224 各继电器输出端子。第 2 组、第 3 组的接线与第 1 组相似。

CPU224 的接线图如图 5 - 2 和图 5 - 3 所示。

5.1.4 CPU226 的技术指标

CPU226 本机集成了 24 点输入/16 点输入,共有 40 个数字量 I/O。可连接 7 个扩展模块,最大扩展至 248 点数字量 I/O 点或 35 路模拟量 I/O。CPU226 有 13KB 程序和数据存储空间,6 个独立的 30kHz 高速计数器,2 路独立的 20kHz 高速脉冲输出,具有 PID 控制器。CPU226 配有 2 个 RS - 485 通信/编程口,具有 PPI 通信、MPI 通信和自由方式通信能力,用于较高要求的中小型控制系统。

1. CPU226 技术指标

CPU226 与 CPU221 技术指标不同之处有六点。

(1) 外形尺寸 196mm × 80mm × 62mm。

(2) 存储器:

程序存储器 4096 字;

用户数据存储器 2560 字;

存储器类型 EEPROM;

存储卡 EEPROM;

数据后备(超级电容) 190h;

编程语言 LAD、FBD 和 STL;

程序组织 1 个组织块(可以包含子程序和中断程序)。

(3) 系统 I/O:

本机 I/O 24 点输入/16 点输出;

扩展模块数量 7 个模块;

数字量 I/O 映像区 256 点(128 点输入/128 点输出);

数字量 I/O 物理区 248 点(128 点输入/120 点输出);

模拟量 I/O 映像区 32 路输入/32 路输出;

模拟量 I/O 物理区 35 路(28 路输入/7 路输出)或 14 路输出。

(4) 附加功能:

内置高速计数器 6 个(30kHz);

内置模拟电位器 2 个(8 位分辨率);

脉冲输出 2 个高速输出(20kHz);

通信中断 1 发送器/2 接收器;

定时中断 2 个(1 ~ 255ms);

输入中断 4 个;

实时时钟 内置时钟;

口令保护 3 级口令保护。

(5) 通信:

2 个 RS - 485 通信接口可用作 PPI 接口、MPI 从站接口和自由口。

(6) 为传感器提供 DC5V 1000mA 电流。

2. CPU226 的接线

(1) DC 输入 DC 输出

DC 输入端中 1M、0.0 ~ 1.4 为第 1 组,2M、1.5 ~ 2.7 为第 2 组组成。1M、2M 分别为各组

的公共端。

DC 24V 的负极接公共端 1M 或 2M。输入开关的一端接到 DC 24V 的正极,输入开关的另一端连接到 CPU226 各输入端。

DC 输出端中 1M、1L+、0.0~0.7 为第 1 组,2M、2L+、1.0~1.7 为第 2 组组成。1L+、2L+ 分别为公共端。

第 1 组 DC24V 的负极接 1M 端,正极接 1L+端。输出负载的一端接到 1M 端,输出负载的另一端接到 CPU226 各输出端。第 2 组的接线与第 1 组相似。

(2) DC 输入继电器输出

DC 输入继电器输出端与 CPU226 的 DC 输入 DC 输出的相同。

继电器输出端由 3 组构成,其中 N(-)、1L、0.0~0.3 为第 1 组,N(-)、2L、0.4~1.0 为第 2 组,N(-)、3L、1.1~1.7 为第 3 组。各组的公共端为 1L、2L 和 3L。

第 1 组负载电源的一端 N 接负载的 N(-)端,电源的另外一端 L(+)接继电器输出端的 1L 端。负载的另一端分别接到 CPU226 各继电器输出端子。第 2 组、第 3 组的接线与第 1 组相似。

CPU226 的接线如图 5-2 和图 5-3 所示。

5.2　S7-200 的接口模块

S7-200 的接口模块主要有数字量 I/O 模块、模拟量 I/O 模块和通信模块。下面分别介绍这些模块。

5.2.1　数字量 I/O 模块

数字量 I/O 模块是为了解决本机集成的数字量输入/输出点不能满足需要而使用的扩展模块。S7-200PLC 目前总共可以提供 3 大类,共 9 种数字量 I/O 模块。

1. EM221 数字量输入扩展模块

EM221 模块具有 8 点 DC 输入、隔离,具体技术指标见表 5-1。

表 5-1　　　　　　　　　　　EM221 技术指标

型　号	EM221 数字量输入模块
总体特性	外形尺寸:46mm×80 mm×62 mm 功耗:2W
输入特性	本机输入点数:8 点数字量输入 输入电压:最大 DC30V,标准 DC24V/4mA 隔离:光隔离,AC500V,1min,4 点/组 输入延时:最大 4.5ms 电缆长度:不屏蔽 350m,屏蔽 500m
耗　电	从 CPU 的 DC5V(I/O 总线)耗电 30mA
接线端子	1M、0.0、0.1、0.2、0.3 为第 1 组,1M 为第 1 组公共端 2M、0.4、0.5、0.6、0.7 为第 2 组,2M 为第 2 组公共端

2. EM222 数字量输出模块

EM222 数字量输出模块有两种类型。一种为 8 点 24V 直流输出型,另一种为 8 点继电器输出型。两种类型均有隔离,技术指标见表 5-2 和表 5-3。

表 5-2　　　　　　　　　　　EM222 技术指标（一）

型　号	EM222 数字量（DC）输出模块
总体特性	外形尺寸:46mm×80 mm×62 mm 功耗:2W
输入特性	本机输入点数:8 点数字量输入 输入电压:DC20.4~28.8V,标准 DC24V 输出电流:0.75A/点 隔离:光隔离,AC500V,1min,4 点/组 输出延时:OFF 到 ON 50μs,ON 到 OFF 200μs 电缆长度:不屏蔽 150m,屏蔽 500m
耗　电	从 CPU 的 DC5V（I/O 总线）耗电 50mA
接线端子	1M、1L+、0.0、0.1、0.2、0.3 为第 1 组,1L+ 为第 1 组的公共端接电源正极,1M 为第 1 组电源负极 2M、2L+、0.4、0.5、0.6、0.7 为第 2 组,2L+ 为第 2 组的公共端接电源正极,2M 为第 2 组电源负极

表 5-3　　　　　　　　　　　EM222 技术指标（二）

型　号	EM222 数字量（继电器）输出模块
总体特性	外形尺寸:46mm×80 mm×62 mm 功耗:2W
输入特性	本机输入点数:8 点数字量输入 输入电压:DC5~30V,AC5~250V 输出电流:2.0A/点 隔离:光隔离,AC500V,1min,4 点/组 输出延时:最大 10ms 电缆长度:不屏蔽 150m,屏蔽 500m
耗　电	从 CPU 的 DC5V（I/O 总线）耗电 40mA
接线端子	1L、0.0、0.1、0.2、0.3 为第 1 组,1L 为第 1 组的公共端 2L、0.4、0.5、0.6、0.7 为第 2 组,2L 为第 2 组的公共端 M 为 DC24V 电源负极端, L+ 为 DC24V 电源正极端

3. EM223 数字量混合模块

EM223 数字量混合模块有六种类型,包括 DC 24V 4 点输入/4 点输出,DC 24V 4 点输入/继电器 4 点输出;DC 24V 8 点输入/8 点输出,DC 24V 8 点输入/继电器 8 点输出;DC 24V 16 点输入/16 点输出,DC 24V 16 点输入/继电器 16 点输出。六种类型均有隔离,技术指标见表 5-4 和表 5-5。

表 5-4　　　　　　　　　　　　EM223 技术指标（一）

型　号	EM223 数字量（DC 输入/DC 输出）组合模块
总体特性	外形尺寸:71.2mm×80 mm×62 mm 功耗:3W
输入特性	本机输入点数:4/8/16 点数字量输入 输入电压：最大 DC30V,标准 DC24V/4mA 隔离:光隔离,AC500V,1min,4 点/组 输入延时:最大 4.5ms 电缆长度:不屏蔽 300m,屏蔽 500m
输出特性	本机输出点数:4/8/16 点数字量输出 输出电压：DC20.4~28.8V,标准 DC24V 输出电流:0.75A/点 隔离:光隔离,AC500V,1min,4 点/组 输出延时:OFF 到 ON 50μs,ON 到 OFF 200μs 电缆长度:不屏蔽 150m,屏蔽 500m
耗　电	从 CPU 的 DC5V(I/O 总线)耗电 40/80/160mA
输入接线端子 （以 16 点为例）	1M、0.0、0.1、……、0.7 为第 1 组,1M 为第 1 组的公共端 2M、0.0、0.1、……、0.7 为第 2 组,2M 为第 2 组的公共端
输出接线端子 （以 16 点为例）	1M、1L+、0.0、0.1、0.2、0.3 为第 1 组,1L+ 为第 1 组公共端接电源正极,1M 为第 1 组电源负极 2M、2L+、0.4、0.5、0.6、0.7 为第 2 组,2L+ 为第 2 组公共端接电源正极,2M 为第 2 组电源负极 3M、3L+、0.0、0.1、0.2、0.3 为第 3 组,3L+ 为第 3 组公共端接电源正极,3M 为第 3 组电源负极

注:一个 EM223 模块的 I/O 点是对等的,4/4、8/8 和 16/16,功耗电源分别为 40、80 和 160mA。

表 5-5　　　　　　　　　　　　EM223 技术指标（二）

型　号	EM223 数字量（DC 输入/继电器输出）组合模块
总体特性	外形尺寸:71.2mm×80 mm×62 mm 功耗:3W
输入特性	本机输入点数:4/8/16 点数字量输入 输入电压：最大 DC30V,标准 DC24V/4mA 隔离:光隔离,AC500V,1min,4 点/组 输入延时:最大 4.5ms 电缆长度:不屏蔽 350m,屏蔽 500m

续表

型 号	EM223 数字量（DC 输入/继电器输出）组合模块
输出特性	本机输出点数:4/8/16 点数字量输出 输出电压:DC5~30V,标准 AC5~250V 输出电流:2.0A/点 隔离:光隔离,AC500V,1min,4 点/组 输出延时:最大 10ms 电缆长度:不屏蔽 150m,屏蔽 500m
耗 电	从 CPU 的 DC5V（I/O 总线）耗电 40/80/150mA
输入接线端子 （以 16 点为例）	1M、0.0、0.1、……、0.7 为第 1 组,1M 为第 1 组的公共端 2M、0.0、0.1、……、0.7 为第 2 组,2M 为第 2 组的公共端
输出接线端子 （以 16 点为例）	1L、0.0、0.1、0.2、0.3 为第 1 组,1L 为第 1 组公共端 2L、0.4、0.5、0.6、0.7 为第 2 组,2L 为第 2 组公共端 3L、0.0、0.1、0.2、0.3 为第 3 组,3L 为第 3 组公共端 4L、0.4、0.5、0.6、0.7 为第 4 组,4L 为第 4 组公共端 M 为 DC24V 电源负极端,L+ 为 DC24V 电源正极端

注:一个 EM223 模块的 I/O 点是对等的,4/4、8/8 和 16/16,功耗电源分别为 40、80 和 150mA。

5.2.2 模拟量 I/O 模块

模拟量 I/O 模块提供了模拟量输入和模拟量输出的扩展功能。S7-200 的模拟量扩展模块具有较大的适应性,可以直接与传感器相连,并有很大的灵活性,且安装方便。

1. EM231 模拟量输入模块

EM231 具有 4 路模拟量输入,输入信号可以是电压也可以是电流,其输入与 PLC 具有隔离。输入信号的范围可以由 SW1、SW2 和 SW3 设定。具体技术指标见表 5-6。

表 5-6 EM231 技术指标

型 号	EM231 模拟量输入模块
总体特性	外形尺寸:71.2mm×80 mm×62 mm 功耗:3W
输入特性	本机输入:4 路模拟量输入 电源电压:标准 DC24V/4mA 输入类型:0~10V,0~5V,±5V,±2.5V,0~20mA 分辨率:12bit 转换速度:250μs 隔离:有
耗 电	从 CPU 的 DC5V（I/O 总线）耗电 10mA

续表

型 号	EM231 模拟量输入模块
开关设置	SW1 SW2 SW3 输入类型 O N OFF O N 0~10V O N O N OFF 0~5V 或 0~20 mA OFF OFF O N ±5 V OFF O N OFF ±2.5 V
接线端子	M 为 DC 24V 电源负极端，L+为电源正极端 RA、A+、A-；RB、B+、B-；RC、C+、C-；RD、D+、D- 分别为第 1~4 路模拟量输入端 电压输入时，"+"为电压正端，"-"为电压负端 电流输入时，需将"R"与"+"短接后作为电流的进入端，"-"为电流流出端

2. EM232 模拟量输出模块

EM232 具有 2 路模拟量输出，输出信号可以是电压也可以是电流，其输入与 PLC 具有隔离。具体技术指标见表 5-7。

表 5-7　　　　　　　　　　EM232 模拟量输出模块

型 号	EM232 模拟量输出模块
总体特性	外形尺寸：71.2mm×80 mm×62 mm 功耗：3W
输出特性	本机输出：2 路模拟量输出 电源电压：标准 DC24V/4mA 输出类型：±10V、0~20mA 分辨率：12bit 转换速度：100μs（电压输出），2ms（电流输出） 隔离：有
耗电	从 CPU 的 DC5V（I/O 总线）耗电 10mA
接线端子	M 为 DC 24V 电源负极端，L+为电源正极端 M0、V0、I0；M1、V1、I1 分别为第 1~2 路模拟量输出端 电压输出时，"V"为电压正端，"M"为电压负端 电流输出时，"I"为电流的进入端，"M"为电流流出端

3. EM235 模拟量混合模块

EM235 具有 4 路模拟量输入和 1 路模拟量输出。它的输入信号可以是不同量程的电压或电流。其电压、电流的量程由开关 SW1~SW6 设定。EM235 有 1 路模拟量输出，其输出可以是电压，也可以是电流。EM235 的技术指标见表 5-8。

表 5-8　　　　　　　　　　　　EM235 技术指标

型　号	EM235 模拟量混合模块						
总体特性	外形尺寸:71.2mm×80 mm×62 mm 功耗:3W						
输入特性	本机输入:4 路模拟量输入 电源电压:标准 DC24V/4mA 输入类型:0～50mV、0～100mV、0～500mV、0～1V、0～5V、0～10V、0～20mA、±25mV、±50mV、±100mV、±250mV、±500mV、±1V、±2.5V、±5V、±10V 分辨率:12bit 转换速度:250μs 隔离:有						
输出特性	本机输出:1 路模拟量输出 电源电压:标准 DC 24V/4mA 输出类型:±10V、0～20mA 分辨率:12bit 转换速度:100μs(电压输出),2ms(电流输出) 隔离:有						
耗　电	从 CPU 的 DC 5V(I/O 总线)耗电 10mA						
开关设置	SW1	SW2	SW3	SW4	SW5	SW6	输入类型
	ON	OFF	OFF	ON	OFF	ON	0～50mV
	OFF	ON	OFF	ON	OFF	ON	0～100mV
	ON	OFF	OFF	OFF	ON	ON	0～500mV
	OFF	ON	OFF	OFF	ON	ON	0～1V
	ON	OFF	OFF	OFF	OFF	ON	0～5V
	ON	OFF	OFF	OFF	OFF	ON	0～20mA
	OFF	ON	OFF	OFF	OFF	ON	0～10 V
	ON	OFF	OFF	ON	OFF	OFF	±25mV
	OFF	ON	OFF	ON	OFF	OFF	±50mV
	OFF	OFF	ON	ON	OFF	OFF	±100mV
	ON	OFF	OFF	OFF	ON	OFF	±250mV
	OFF	ON	OFF	OFF	ON	OFF	±500mV
	OFF	OFF	ON	OFF	ON	OFF	±1V
	ON	OFF	OFF	OFF	OFF	OFF	±2.5V
	OFF	ON	OFF	OFF	OFF	OFF	±5V
	OFF	OFF	ON	OFF	OFF	OFF	±10V

续表

型号	EM235 模拟量混合模块
接线端子	M 为 DC 24V 电源负极端,L + 为电源正极端 M0、V0、I0 为模拟量输出端 电压输出时,"V0"为电压正端,"M0"为电压负端 电流输出时,"I0"为电流的进入端,"M0"为电流流出端 RA、A + 、A - ;RB、B + 、B - ;RC、C + 、C - ;RD、D + 、D - 分别为第 1～4 路模拟量输入端 电压输入时,"+"为电压正端,"-"为电压负端 电流输入时,需将"R"与"+"短接后作为电流的进入端,"-"为电流流出端

5.2.3 通信模块

S7-200 系列 PLC 除了 CPU226 本机集成了两个通信口以外,其他均在其内部集成了一个通信口,通信口采用了 RS-485 总线。此外,各 PLC 还可以接入通信模块,以扩大其接口的数量和联网能力。下面介绍两种通信模块。

1. EM277 模块

EM277 模块是 PROFIBUS-DP 从站模块。该模块可以作为 PROFIBUS-DP 从站和 MPI 从站。EM277 可以用作与其他 MPI 主站通信的通信口,S7-200 可以通过该模块与 S7-300/400 连接。使用 MPI 协议或 PROFIBUS 协议的 STEP7-Micro/WIN 软件和 PROFIBUS 卡,以及 OP 操作面板或 TD200 文本显示器,均可通过 EM277 模块与 S7-200 通信。最多可将 6 台设备连接到 EM277 模块,其中为编程器和 OP 操作面板各保留一个连接口,其余 4 个可以通过任何 MPI 主站使用。为了使 EM277 模块可以与多个主站通信,各个主站必须使用相同的波特率。

当 EM277 模块用作 MPI 通信时,MPI 主站必须使用 DP 模块的站址向 S7-200 发送信息,发送到 EM277 模块的 MPI 信息,将会被传送到 S7-200 上。EM277 模块是从站模块,它不能使用 NETR/NETW 功能在 S7-200 之间通信。EM277 模块不能用作自由口方式通信。EM277 模块如图 5-4 所示。

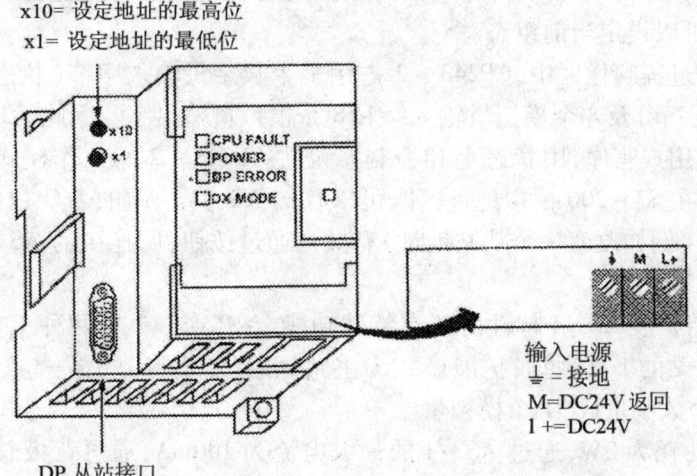

图 5-4 EM277 通信模块

EM277 PROFIBUS-DP 模块部分技术数据如下。

(1) 物理特性：

尺寸 71mm×80mm×61mm；

功耗 2.5W。

(2) 通信特性：通信口数量 1 个，接口类型为 RS-485，外部信号与 PLC 间隔离(AC500V)，波特率为 9.6、19.2、……500kbit/s，协议为 PROFIBUS-DP 从站和 MPI 从站，电缆长度为 100m 到 1200m。

(3) 网络能力：站地址为 0~99(由旋转开关设定)，每个段最多站数为 32 个，每个网络最多站数为 126 个，最大到 99 个 EM277 站，MPI 方式可以连接 6 个站，其中 2 个预留(1 个为编程器 PG，另 1 个为操作面板 OP)。

(4) 电源损耗：从 CPU DC 5V(从 I/O 总线)耗电为 150mA。

(5) 通信口电源：

DC 5V 电源 每个口最大电流 90mA；

隔离，AC 500V，1min；

DC 24V 电源 每个口最大电流 120mA；

非隔离。

图 5-5　CPU243-2 通信处理器

2. CP243-2 通信处理器

CP243-2 是 S7-200(CPU22X) 的 AS-I 主站。AS-I 接口是执行器/传感器接口。CP243-2 模块如图 5-5 所示。

每个 CP243-2 的 AS-I 上最大可以达到 248 点输入和 186 点输出。内置模拟量处理系统最多可以连接 31 个模拟量从站，每个从站可以为 4 个开关元件提供地址。S7-200 同时可以处理最多两个 CP243-2 通信处理器。通过连接 AS-I 可以显著地增加 S7-200 的数字量输入和输出的点数。

CP243-2 与 S7-200 的连接方法同扩展模块的相同。它具有两个端子可与 AS-I 接口电缆相连。其前面板的 LED 显示所有连接的和激活的从站状态与准备状态。两个按钮可以切换运行状态，并可以设定当前组态。

在 S7-200 的过程映像区中，CP243-2 占用 1 个数字量输入字节(状态字节)、1 个数字量输出字节(控制字节)及 8 个模拟量输入字和 8 个模拟量输出字。因此，CP243-2 占用了两个逻辑插槽。通过用户程序，用状态字和控制字设置 CP243-2 的工作模式。根据工作模式的不同，CP243-2 在 S7-200 模拟地址区既可以存储 AS-I 从站的 I/O 数据或存储诊断值，也可以使主站调用(例如改变一个从站地址)有效。通过按钮，所连接的 AS-I 从站可作为设定组态被接管。

CP243-2 支持扩展 AS-I 特性的所有特殊功能。CP243-2 有两种工作模式：标准模式可以访问 AS-I 从站的 I/O 数据；扩展模式为主站调用(如写参数)方式。CP243-2 可以在 AS-I 上处理 62 个数字量或 31 个模拟量。

CP243-2 的功耗为 2W，通过 AS-I 的最大电流为 100mA，通过背板总线需电压 DC 5V

S7-200 的配置就是由 S7-200 CPU 和这些扩展模块构成的。

5.3 S7-200 的系统组成

5.3.1 S7-200 的基本配置

因为 S7-200 PLC 有 4 种 CPU,所以 S7-200 有 4 种基本配置。

1. 由 CPU221 组成的基本配置

由 CPU221 基本单元组成的基本配置可以组成 1 个 6 点数字量输入和 4 点数字量输出的最小系统。

输入点地址为 I0.0、I0.1……I0.5

输出点地址为 Q0.0、Q0.1……Q0.3

2. 由 CPU222 组成的基本配置

由 CPU222 基本单元组成的基本配置可以组成 1 个 8 点数字量输入和 6 点数字量输出的较小系统。

输入点地址为 I0.0、I0.1……I0.7

输出点地址为 Q0.0、Q0.1……Q0.5

3. 由 CPU224 组成的基本配置

由 CPU224 基本单元组成的基本配置可以组成 1 个 14 点数字量输入和 10 点数字量输出的小型系统。

输入点地址为 I0.0、I0.1……I0.7

I1.0、I1.1……I1.5

输出点地址为 Q0.0、Q0.1……Q0.7

Q1.0、Q1.1

如图 5-6 所示。

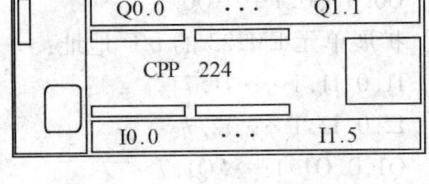

图 5-6 CPU224 的基本配置

4. 由 CPU226 组成的基本配置

由 CPU226 基本单元组成的基本配置可以组成 1 个 24 点数字量输入和 16 点数字量输出的小型系统。

输入点地址为 I0.0、I0.1、……I0.7

I1.0、I1.1、……I1.7

I2.0、I2.1、……I2.7

输出点地址为 Q0.0、Q0.1、……Q0.7

Q1.0、Q1.1、……Q1.7

5.3.2 S7-200 的扩展配置

S7-200 的扩展配置是由 S7-200 的基本单元(CPU222、CPU224 和 CPU226)和 S7-200 的扩展模块组成,如图 5-7 所示。其扩展模块的数量受两个条件约束:一个是基本单元能带扩展模块的数量;另一个是基本单元的电源承受扩展模块消耗 DC 5V 总线电流的能力。

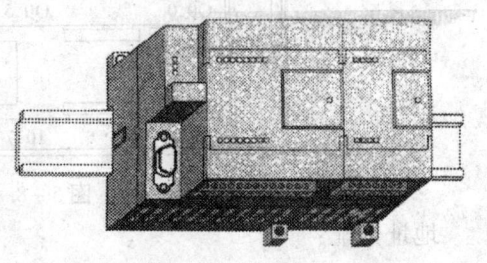

图 5-7 S7-200 的扩展配置

S7-200 的扩展配置的地址分配原则有两点:第一是数字量扩展模块和模拟量扩展模块

分别编址,数字量输入模块的地址要冠以字母"I",数字量输出模块的地址要冠以字母"Q",模拟量输入模块的地址要冠以字母"AI",模拟量输出模块的地址要冠以字母"AQ";第二是数字量模块的编址是以字节为单位,模拟量模块的编址是以字为单位(即以双字节为单位)。地址分配是从最靠近 CPU 模块的数字量输入模块开始从左到右按字节递增。输入地址按字节连续递增,输入字节和输出字节可以重号。模拟量模块的地址从最靠近 CPU 模拟的模拟量模块开始从左到右地址按字递增,模拟量输入和模拟量输出字可以重号。

1. 由 CPU222 组成的扩展

由 CPU222 组成的扩展配置可以由 CPU222 基本单元和最多两个扩展模块组成,CPU222 可以向扩展单元提供的 DC 5V 电流为 340mA。

【例 5-1】如果扩展单元是由 1 个 16 点数字量输入/16 点数字量输出的 EM223 模块构成。CPU222 可以提供 DC 5V 电流为 340mA,而 EM223 模块耗 DC 5V 总线电流为 150/160mA。扩展模块消耗的 DC 5V 总电流小于 CPU222 可以提供 DC 5V 的电流,所以这种配置(组态)是可行的。

地址分配:

CPU222 基本单元的 I/O 地址:

I0.0、I0.1……I0.7

Q0.0、Q0.1……Q0.5

扩展单元 EM223 的 I/O 地址:

I1.0、I1.1……I1.7

I2.0、I2.1……I2.7

Q1.0、Q1.1……Q1.7

Q2.0、Q2.1……Q2.7

【例 5-2】如果扩展单元是由 1 个 16 点数字量输入/16 点数字量输出的 EM223 模块和 1 个 4 路模拟量输入/1 路模拟量输出的 EM235 模块构成。CPU222 可以提供 DC 5V 电流为 340mA,EM223 模块耗 DC 5V 总线电流为 150/160mA,EM235 模块耗 DC 5V 总线电流为 10mA。可见扩展模块消耗为 DC 5V 总电流小于 CPU222 可以提供 DC 5V 电流,这种配置(组态)也是可行的。此系统共有 24 点输入,22 点输出,4 路模拟量输入,1 路模拟量输出,如图 5-8 所示。

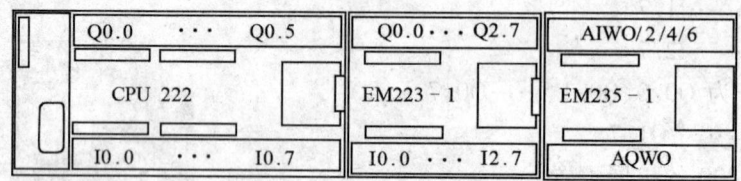

图 5-8 CPU222 的扩展配置

地址分配:

CPU222 基本单元为 I/O 地址:

I0.0、I0.1……I0.7

Q0.0、Q0.1……Q0.5

EM223 扩展单元的 I/O 地址:

I1.0、I1.1……I1.7

I2.0、I2.1……I2.7

Q1.0、Q1.1……Q1.7

Q2.0、Q2.1……Q2.7

EM235 扩展单元的 I/O 地址：

AIW0、AIW2、AIW4、AIW6，

AQW0

2. 由 CPU224 组成的扩展

由 CPU224 组成的扩展配置可以由 CPU224 基本单元和最多 7 个扩展模块组成，CPU224 可以向扩展单元提供的 DC 5V 电流为 660mA。

【例 5-3】如果扩展单元是由 4 个 16 点数字量输入/16 点数字量继电器输出的 EM223 模块和 2 个 8 点数字量输入的 EM221 模块构成。CPU224 可以提供 DC 5V 电流为 660mA。而 4 个 EM223 模块和 2 个 EM221 模块消耗 DC 5V 总线电流为 660mA，可见扩展模块消耗的 DC 5V 总电流等于 CPU224 可以提供 DC 5V 电流，故这种组态还是可行的。此系统共有 94 点输入，74 点输出。如果扩展模块的连接顺序是从 CPU224 开始分别为 4 个 EM223 模块，而第 5 个和第 6 个模块为 EM221。

地址分配：

CPU224 基本单元的 I/O 地址：

I0.0、I0.1……I0.7

I1.0、I1.1……I1.5

Q0.0、Q0.1……Q0.7

Q1.0、Q1.1

第 1 个 EM223 扩展模块的 I/O 地址：

I2.0、I2.1……I2.7

I3.0、I3.1……I3.7

Q2.0、Q2.1……Q2.7

Q3.0、Q3.1……Q3.7

第 2 个 EM223 扩展模块的 I/O 地址：

I4.0、I4.1……I4.7

I5.0、I5.1……I5.7

Q4.0、Q4.1……Q4.7

Q5.0、Q5.1……Q5.7

第 3 个 EM223 扩展模块的 I/O 地址：

I6.0、I6.1……I6.7

I7.0、I7.1……I7.7

Q6.0、Q6.1……Q6.7

Q7.0、Q7.1……Q7.7

第 4 个 EM223 扩展模块的 I/O 地址：

I8.0、I8.1……I8.7

I9.0、I9.1……I9.7
Q8.0、Q8.1……Q8.7
Q9.0、Q9.1……Q9.7

第5个EM221扩展模块的I/O地址：
I10.0、I10.1……I10.7

第6个EM221扩展模块的I/O地址：
I11.0、I11.1……I11.7

3. 由CPU226组成的扩展

由CPU226组成的扩展配置可以由CPU226基本单元和最多7个扩展模块组成，CPU226可以向扩展单元提供的电压DC 5V电流1000mA。

【例5-4】如果扩展单元是由6个16点数字量输入/16点数字量继电器输出的EM223模块和1个8点数字量输入/8点数字量输出的EM223模块构成。CPU226可以提供DC 5V电流为1000mA，6个16点数字量输入/16点数字量继电器输出的EM223模块和1个8点数字量输入/8点数字量输入的EM223模块消耗DC 5V总线电流为980mA。可见扩展模块消耗的DC 5V总电流小于CPU226可以提供的DC 5V电流，故这种组态是可行的。此系统共有248点数字量输入/输出，具体地址分配可以参阅CPU224。

本章小节

1. S7-200系列PLC目前有6种CPU型号，它们都是整体式结构大多数可以加载扩展模块和特殊模块。S7-200在许多方面，如输入输出、存储系统、高速输出、实时时钟等方面具有自己的独特功能。

2. 通过输入/输出扩展模块可增加实际应用的I/O点数，但输入/输出扩展或加载其他特殊功能模块时必须遵守一定的原则。通过CPU组态配置主机单元及其相连的模块，使其在一定方式下工作。

3. 学会分析和参考PLC的技术性能指标。

习题

1. S7-200的接口模块有哪几种？
2. S7-200的配置有哪几种？可以组成多大的系统？
3. S7-200的扩展配置其扩展模块的数量受什么条件约束？
4. 一个控制系统需要16点数字量输入和28点数字量输出、7点模拟量输入和2点模拟量输出。试问：(1)可以选择哪种主机型号？(2)如何选择扩展模块？(3)各模块按什么顺序到主机？请画出连接图。(4)其主机和各模块的地址如何分配？

第六章　S7-200 的指令系统

● **内容提要：** 本章主要讲解 S7-200 指令系统中基本指令的功能、特点和使用方法。通过学习熟练掌握位操作指令、运算指令和数据处理指令，学会使用表功能指令和转换指令。

PLC 在运行时需要处理的数据，一般都根据数据的类型不同、数据的功能不同而把数据分成几类。这些不同类型的数据被存放在不同的存储空间，从而形成不同的数据区。

S7-200 的数据区可以分为数字量输入和输出映像区、模拟量输入和输出映像区、变量存储器区、顺序控制继电器区、位存储器区、特殊存储器区、定时器存储器区、计数器存储器区、局部存储器区、高速计数器区和累加器区。

6.1　S7-200 的数据区

6.1.1　数字量输入和输出映像区

1. 数字量输入映像区（I 区）

数字量输入映像区是 S7-200CPU 为输入端信号状态开辟的一个存储区，用 I 表示。在每次扫描周期的开始，CPU 对输入点进行采样，并将采样值存于输入映像区寄存器中。该区的数据可以是位(1bit)、字节(8bit)、字(16bit)或者双字(32bit)。其表示形式如下：

（1）用位表示

I0.0、I0.1、……、I0.7

I1.0、I1.1、……、I1.7

……

I15.0、I15.1、……、I15.7

共有 128 点。

（2）用字节表示

IB0、IB1、……、IB15

共有 16 个字节。

（3）用字表示

IW0、IW2、……、IW14

共有 8 个字。

（4）用双字表示

ID0、ID4、……、ID12

共有 4 个双字。

2. 数字量输出映像区（Q 区）

数字量输出映像区是 S7-200CPU 为输出端信号状态开辟的一个存储区，用 Q 表示。在扫描周期的结尾,CPU 将输出映像寄存器的数值复制到物理输出点上。该区的数据可以是位(1bit)、字节(8bit)、字(16bit)或者双字(32bit)。其表示形式如下:

(1)用位表示

Q0.0、Q0.1、……、Q0.7

Q1.0、Q1.1、……、Q1.7

……

Q15.0、Q15.1、……、Q15.7

共有 128 点。

(2)用字节表示

QB0、QB1、……、QB15

共有 16 个字节。

(3)用字表示

QW0、QW2、……、QW14

共有 8 个字。

(4)用双字表示

QD0、QD4、……、QD12

共有 4 个双字。

应当指出,实际没有使用的输入端和输出端的映像区的存储单元可以作中间继电器用。

6.1.2 模拟量输入和输出映像区

1. 模拟量输入映像区(AI 区)

模拟量输入映像区是 S7-200CPU 为模拟量输入端信号开辟的一个存储区。S7-200 将测得的模拟量(如温度、压力)转换成 1 个字长(16bit)的数字量,模拟量输入用区域标识符(AI)、数据长度(W)及字节的起始地址表示。该区的数据为字(16bit)。其表示形式如下:

AIW0、AIW2、……、AIW30

共有 16 个字节,总共允许有 16 路模拟量输入。

应当指出,模拟量输入值为只读数据。

2. 模拟量输出映像区(AQ 区)

模拟量输出映像区是 S7-200CPU 为模拟量输出端信号开辟的一个存储区。S7-200 把 1 个字长(16bit)数字量按比例转换为电流或电压。模拟量输出用区域标识符(AQ)、数据长度(W)及起始字节地址表示。该区的数据为字(16 bit)。其表示形式如下:

AQW0、AQW2、……、AQW30

共有 16 个字,总共允许有 16 路模拟量输出。

6.1.3 变量存储器区

PLC 执行程序过程中,会存在一些控制过程的中间结果,这些中间数据也需要用存储器来保存。变量存储器就是根据这个实际的要求设计的。变量存储器区是 S7-200CPU 为保存中间变量数据而建立的一个存储区,用 V 表示。该区的数据可以是位(1 bit)、字节(8bit)、字(16 bit)或者双字(32 bit)。其表示形式如下:

1. 用位表示

V0.0、V0.1、……、V0.7

V1.0、V1.1、……、V1.7

……

V5119.0、V5119.1、……、V5119.7

共有 40969 点

CPU221、CPU222 变量存储器只有 2048 个字节,其变量存储区只能到 V2047.7 位。

2. 用字节表示

VB0、VB1、……、VB5119

共有 5120 个字节。

3. 用字表示

VW0、VW2、……、VW5118

共有 2560 个字。

4. 用双字表示

VD0、VD4、……、VD5116

共有 1280 个双字。

应当指出,变量存储器区的数据可以是输入,也可以是输出。

6.1.4 位存储器区

PLC 执行程序过程中,可能会用到一些标志位,这些标志位也需要用存储器来寄存。位存储器就是根据这个要求设计的。位存储器区是 S7-200CPU 为保存标志位数据而建立的一个存储区,用 M 表示。该区虽然叫位存储器,但是其中的数据不仅可以是位,也可以是字节(8bit)、字(16bit)、或者双字(32bit)。其表示形式如下。

1. 用位表示

M0.0、M0.1、……、M0.7

M1.0、M1.1、……、M1.7

……

M31.0、M31.1、……、M31.7

共有 256 点。

2. 用字节表示

MB0、MB1、……、MB31

共有 32 个字节。

3. 用字表示

MW0、MW2、……、MW30

共有 16 个字。

4. 用双字表示

MD0、MD4、……、MD28

共有 8 个双字。

6.1.5 顺序控制继电器区

PLC 执行程序过程中,可能会用到顺序控制。顺序控制继电器就是根据顺序控制的特点和要求设计的。顺序控制继电器区是 S7-200CPU 为顺序控制继电器的数据而建立的一个存储区,用 S 表示,在顺序控制过程中,用于组织步进过程的控制。顺序控制继电器区的数据可以是位,也可以是字节(8bit)、字(16bit)或者双字(32bit)。其表示形式如下。

1. 用位表示

S0.0、S0.1、……、SM0.7

S1.0、S1.1、……、S1.7

……

S31.0、S31.1、……、S31.7

共有 256 点。

2. 用字节表示

SB0、SB1、……、SB31

共有 32 个字节。

3. 用字表示

SW0、SW2、……、SW30

共有 16 个字。

4. 用双字表示

SD0、SD4、……、SD28

共有 8 个双字。

6.1.6 局部存储器区

S7-200PLC 有 64 个字节的局部存储器,其中 60 个可以用作暂时存储器或者给予程序传递参数。如果用梯形图或功能块图编程,STEP7-Micro/WIN32 保留这些局部存储器的最后四个字节。如果用语句表编程,可以寻址所有的 64 个字节,但是不要使用局部存储器的最后 4 个字节。

局部存储器和变量存储器很相似,主要区别是变量存储器是全局有效的,而局部存储器是局部有效的。全局是指同一个存储器可以被任何程序存取(例如,主程序、子程序或中断程序)。局部是指存储器区和特定的程序相关联。S7-200PLC 可以给主程序分配 64 个局部存储器,给每一级子程序嵌套分配 64 个字节局部存储器,给中断程序分配 64 个字节局部存储器。

子程序或中断子程序不能访问分配给主程序的局部存储器。子程序不能访问分配给主程序、中断程序或其他子程序的局部存储器。同样,中断程序也不能访问给主程序或子程序的局部存储器。

S7-200PLC 根据需要分配局部存储器。也就是说,当主程序执行时,分配给子程序或中断程序的局部存储器是不存在的。当出现中断或调用一个子程序时,需要分配局部存储器。新的局部存储器在分配时,可以重新使用分配给不同子程序或中断程序的局部存储器。

局部存储器在分配时,PLC 不进行初始化,初值可能是任意的。当在子程序调用中传递参数时,在被调用子程序的局部存储器中,由 CPU 代替被传递的参数的值。局部存储器在参数传递过程中不接收值,在分配时不被初始化,也没有任何值。可以把局部存储器作为间接寻址的指针,但是不能作为间接寻址的存储器区。

局部存储器区是 S7-200CPU 为局部变量数据建立的一个存储区,用 L 表示。该区的数据可以是位、字节(8bit)、字(16bit)或者双字(32bit)。其表示形式如下。

1. 用位表示

L0.0、L0.1、……、L0.7

L1.0、L1.1、……、L1.7

……

L63.0、L63.1、……、L63.7

共有 512 点。

2. 用字节表示

LB0、LB1、……、LB63

共有 64 个字节

3. 用字表示

LW0、LW2、……、LW62

共有 32 个字。

4. 用双字表示

LD0、LD4、……、LD60

共有 16 个双字。

6.1.7 定时器存储器区

PLC 在工作中少不了需要计时,定时器就是实现 PLC 具有计时功能的计时设备。S7-200 定时器的精度(时基或时基增量)分为 1、10、100ms 三种。

1. S7-200 定时器有三种类型

接通延时定时器的功能是定时器计时到的时候,定时器常开触点由 OFF 转为 ON。

断开延时定时器的功能是定时器计时到的时候,定时器常开触点由 ON 转为 OFF。

有记忆接通延时定时器的功能是定时器累积计时到的时候,定时器常开触点由 OFF 转为 ON。

2. 定时器有三种相关变量

定时器的时间设定值(PT),定时器的设定时间等于 PT 值乘以时基增量。

定时器的当前时间值(SV),定时器的计时时间等于 SV 值乘以时基增量。

定时器的输出状态(0 或者 1)。

3. 定时器的编号

T0、T1、……、T255。

S7-200 有 256 个定时器。

定时器存储器区中每个定时器地址的表示,应该包括存储器标识符、定时器号两部分。存储器标识符为"T",定时器号为整数。比如 T1 表明定时器 1。

实际上,T1 既可以表示定时器 1 的输出状态(0 或者 1),也可以表示定时器 1 的当前计时值。这就是定时器的数据具有两种数据结构的原因所在。

6.1.8 计数器存储器区

PLC 在工作中有时不仅需要计时，还可能需要计数功能。计数器就是 PLC 具有计数功能的计数设备。

1. S7-200 计数器有三种类型

增计数器的功能是每收到一个计数脉冲，计数器的计数增加 1。当计数值等于或大于设定值时，计数器由 OFF 转变为 ON 状态。

减计数器的功能是每收到一个计数脉冲，计数器的计数值减 1。当计数值等于 0 时，计数器由 OFF 转变为 ON 状态。

增减计数器的功能是可以增计数也可以减计数。当增计数时，每收到一个计数脉冲，计数器的计数值加 1。当计数值等于或大于设定值时，计数器由 OFF 转变为 ON 状态。当减计数时，每收到一个计数脉冲，计数器的计数值减 1。当计数值小于设定值时，计数器由 ON 转变为 OFF 状态。

2. 计数器有三种相关变量

计数器的设定值(PV)。

计数器的当前值(SV)。

计数器的输出状态(0 或者 1)。

3. 计数器的编号

C0、C1、……、C255。

S7-200 有 256 个计数器。

计数器存储器区中每个计数器地址的表示，应该包括存储器标识符、计数器号两部分。存储器标识符为"C"，计数器号为整数。比如 C1 表明计数器 1。

实际上，C1 既可以表示计数器 1 的输出状态(0 或者 1)，也可以表示计数器 1 的当前计数值。这就是说计数器的数据和定时器一样具有两种数据结构。

6.1.9 高速计数器区

高速计数器用来累计比 CPU 扫描速率更快的事件。S7-200 各个高速计数器不仅计数频率高达 30kHz，而且有 12 种工作模式。

S7-200 各个高速计数器有 32 位带符号整数计数器的当前值。若要存取高速计数器的值，则必须给出高速计数器的地址，即高速计数器的编号。

高速计数器的编号为 HSC0、HSC1、HSC2、HSC3、HSC4、HSC5。

S7-200 有 6 个高速计数器。其中，CPU221 和 CPU222 仅有 4 个高速计数器(HSC0、HSC3、HSC4、HSC5)。

高速计数器区中每个高速计数器地址的表示，应该包括存储器标识符、计数器号两部分。存储器标识符为"HSC"，计数器号为整数。比如 HSC1 表明高速计数器 1。

6.1.10 累加器区

累加器是可以像存储器那样进行读/写的设备。例如，可以用累加器向子程序传递参数，或从子程序返回参数,以及用来存储计算的中间数据。

S7-200CPU 提供了 4 个 32 位累加器(AC0,AC1,AC2,AC3)。

可以按字节、字或双字来存取累加器数据中的数据。但是,以字节形式读/写累加器中的数据时,只能读/写累加器 32 位数据中的最低 8 位数据。如果是以字的形式读/写累加器中的数据,只能读/写累加器 32 位数据中的低 16 位数据。只有采取双字的形式读/写累加器中的数据时,才能一次读写全部 32 位数据。

因为 PLC 的运算功能是离不开累加器的。因此不能像占用其他存储器那样占用累加器。

6.1.11 特殊存储器区

特殊存储器是 S7-200PLC 为 CPU 和用户程序之间传递信息的媒介。它们可以反映 CPU 在运行中的各种状态信息,用户可以根据这些信息来判断机器工作状态,从而确定用户程序该做什么,不该做什么。这些特殊信息也需要用存储器来寄存。特殊存储器就是根据这个要求设计的。

1. 特殊存储器区

它是 S7-200CPU 为保存自身工作状态数据而建立的一个存储区,用 SM 表示。特殊存储器区的数据有些是可读可写的,有一些是只读的。特殊存储器区的数据可以是位,也可以是字节(8bit)、字(16bit)或者双字(32bit)。其表示形式如下。

(1)用位表示

SM0.0、SM0.1、……、SM0.7

SM1.0、SM1.1、……、SM1.7

……

SM179.0、SM179.1、……、SM179.7

共有 1440 点。

(2)用字节表示

SMB0、SMB1、……、SMB179

共有 180 个字节。

(3)用字表示

SMW0、SMW2、……、SMW178

共有 90 个字。

(4)用双字表示

SMD0、SMD4、……、SMD176

共有 45 个双字。

应当指出,S7-200PLC 的特殊存储区头 30 个字节为只读区。

2. 常用的特殊继电器及其功能

(1) SMB0 字节(系统状态位)

SM0.0 PLC 运行时这一位始终为 1,是常闭(ON)继电器。

SM0.1 PLC 首次扫描时为一个扫描周期。用途之一是调用初始化使用。

SM0.3 开机进入 RUN 方式,将 ON(闭合)一个扫描周期。

SM0.4 该位提供了一个周期为 1min、占空比为 0.5 的时钟。

SM0.5 该位提供了一个周期为1s、占空比为0.5的时钟。

（2）SMB1 字节（系统状态位）

SM1.0 当执行某些命令时，其结果为0时，该位置1。

SM1.1 当执行某些命令时，其结果溢出或出现非法数值时，该位置1。

SM1.2 当执行数学运算时，其结果为负数时，该位置1。

SM1.6 当把一个非BCD数转换为二进制数时，该位置1。

SM1.7 当ASCII不能转换成有效的十六进制数时，该位置1。

（3）SMB2 字节（自由口接收字符）

SMB2 在自由口通信方式下，从PLC端口0或端口1接收到的每一个字符。

（4）SMB3 字节（自由口奇偶校验）

SM3.0 当端口0或端口1的奇偶校验出错时，该位置1。

（5）SMB4 字节（队列溢出）

SM4.0 当通信中断队列溢出时，该位置1。

SM4.1 当输入中断队列溢出时，该位置1。

SM4.2 当定时中断队列溢出时，该位置1。

SM4.3 在运行时该，发现编程问题时，该位置1。

SM4.4 当全局中断允许时，该位置1。

SM4.5 当口0发送空闲时，该位置1。

SM4.6 当口1发送空闲时，该位置1。

（6）SMB5 字节（I/O状态）

SM5.0 有I/O错误时，该位置1。

SM5.1 当I/O总线上接了过多的数字量I/O点时，该位置1。

SM5.2 当I/O总线上接了过多的模拟量I/O点时，该位置1。等等。

6.2　S7－200的寻址方式

S7－200PLC编程语言的基本单位是语句，而语句的构成是指令。每条指令有两部分组成，一部分是操作码，另一部分是操作数。操作码是指出这条指令的功能是什么，操作数则指明了操作码所需要的数据所在。所谓寻址，就是寻找操作数的过程。S7－200CPU的寻址方式可以分为三种，即立即寻址、直接寻址和间接寻址。

6.2.1　立即寻址

1. 关于立即寻址

在一条指令中，如果操作码后面的操作数就是操作码所需要的具体数据，这种指令的寻址方式就叫做立即寻址。

例如：传送指令"MOV IN OUT"中，操作码"MOV"指出该指令的功能把IN中的数据传送到OUT中。其中IN是被传送的源操作数，OUT表示要传送到的目标操作数。

如果该指令为："MOVD 2505 VD500"，该指令的功能是将十进制数2505传送到VD500中。这里2505就是指令码中的源操作数，因为这个操作数的数值已经在指令中了，不用再去寻找了,这个操作数即立即数,这个寻址方式就是立即寻址方式。而目标操作数的数值在指令中并未给出,只给出了要传送到的地址VD500,这个操作数的寻址方式就不是立即寻址,而是直接寻址了。

2. 关于立即数

S7-200指令中的立即数(常数)可以为字节、字或双字。CPU可以以二进制方式、十进制方式、十六进制方式、ASCII方式、浮点数方式来存储。

(1) 十进制格式 [十进制数]

取值范围为 字节0~255、字0~65535、双字0~4294967295。

例如 255

(2) 十六进制格式 16#[十六进制数]

取值范围为 字节0~FF、字0~FFFF、双字0~FFFF FFFF。

例如:16#100F……

(3) 实数或浮点格式 [浮点数]

例如:2.05

+1.175495E-3

(4) ASCII码格式 "[ASCII码文本]"

例如"ABCDEF"

(5) 二进制格式 2#[二进制数]

例如:2#1010-0101-1010-0101……。

应当指出,S7-200CPU不支持"数据类型"或数据的检查(例如指定常数作为整数、带符号整数或双整数来存储),且不检查某个数据的类型。举例来说,ADD指令可以VW100的值作为一个带符号整数来使用,而一条异或指令也可以把VW100中的值当作为一个带符号二进制数来使用。

6.2.2 直接寻址

1. 关于直接寻址方式

在一条指令中,如果操作码后面的操作数是以操作数所在地址的形式出现的,这种指令的寻址方式就叫做直接寻址。

例如:传送指令"MOV IN OUT"中,操作码"MOV"指出该指令的功能把IN中的数据传送到OUT中。其中IN是被传送的源操作数,OUT表示要传送到的目标操作数。

如果该指令为:"MOVD VD400 VD500",该指令的功能是将VD400中的双字数据传送给VD500。指令中的源操作数的数值在指令中并示给出,只给出了储存操作数的地址VD400,寻址时要到该地址VD400中寻找操作数,这种以给出操作数地址的形式的寻址方式是直接寻址。

2. 关于直接地址

在直接寻址中,指令中给出的是操作数的存放地址。在S7-200中,可以存放操作数的存储区有输入映像寄存器(I)存储区、输出映像寄存器(Q)存储区、变量(V)存储区、位存储器(M)存储区、顺序控制继电器(S)存储区、特殊存储器(SM)存储区、局部存储器(L)存储区、定时器(T)存储区、计数器(C)存储区、模拟量输入(AI)存储区、模拟量输出(AQ)存储区,累加器区和高速计数器区。

6.2.3 间接寻址

1. 关于间接寻址方式

在一条指令中,如果操作码后面的操作数是以操作数所在地址的地址形式出现的,这种指令的寻址方式就叫做间接寻址。

例如:如果传送指令为:"MOVD 2505 * VD500"。这里 * VD500 中指出的不是存放 2505 的地址,而是存放 2505 的地址的地址。例如 VD500 中存放的是 VB0,则 VD0 才是存放 2505 的地址。该指令的功能是将十进制数 2505 传送给 VD0 地址中。指令中的目标操作数的数值在指令中并未给出,只给出了储存操作数地址 VD500,这种以给出操作数地址的地址形式的寻址方式是间接寻址。

2. 关于间接地址

S7 – 200 的间接寻址方式适用的存储区为 I 区、Q 区、V 区、M 区、S 区、T 区(限于当前值)、C 区(限于当前值)。此外,间接寻址还需要建立间接寻址的指针和对指针的修改。

(1) 关于建立指针

为了对某一存储区的某一地址进行间接访问,首先要为该地址建立指针。指针长度为双字,存放在另一个存储器的地址中。间接寻址的指针只能使用变量存储区(V)、局部存储区(L)或累加器(AC1、AC2、AC3)作为指针。为了生成指针,必须使用双字传送指令(MOVD),将存储器某个位置的地址移入存储器的另一个位置或累加器作为指针。指令的输入操作数必须使用"&"符号表示是某一位置的地址,而不是它的数值。把从指针处取出的数值传送到指令输出操作数标识的地址位置。例如:

MOVD &VB0,VD500

MOVD &VB0,AC2

MOVD &VB0,LD8

……

(2) 关于使用指针来存取数据

在操作数前面加"*"号表示该操作数为一个指针,指针指出的是操作数所在的地址。

例如:MOVD &VB0,VD10 是确定了 VD10 为间接寻址的指针。

如果执行指令

MOVD *VD10,VD20,是把 VD10 指针指出的地址 VD0 中的数据传送到 VD20 中。

如果执行指令

MOVW *VD10,VW30,是把 VD10 指针指出的地址 VW0 中的数据传送到 VW30 中。

如果执行指令

MOVB *VD10,VB40,是把 VD10 指针指出的地址 VB0 中的数据传送到 VB40 中。

(3) 关于修改指针

在间接寻址方式中,指针指示了当前存取数据的地址。当一个数据已经存入或取出,如果不及时修改指针会出现以后的存取仍使用用过的地址,为了使存取地址不重复,必须修改指针。因为指针为 32 位的值,所以使用双字指令来修改指针值。简单的数学运算指令,加法指令" + D IN1 OUT"或自增指令"INCD OUT"可用于修改指针值。

要注意存取的数据的长度。当存取字节时,指针值加1;当存取一个字、定显示器在或计数器的当前值时,指针值加2。当存取双字时,指针值加4。

例如:LD SM0.1　　　　　　　//PLC 首次扫描为 ON 状态
MOVD &VB0,VD10　　　　//把 VB0 的地址装入间接寻址的地址指针 VD10 中。
LD I0.0　　　　　　　　　//输入 I0.0,由 OFF 变为 ON 时有效。
MOVD ∗VD10,VD20　　　//将 VD0 中的数据传送到 VD20 中。
因为 VD10 中的地址为 VD0
＋D ＋4,VD10　　　　　　//地址指针 VD10 指向 VB4。
LD I0.2　　　　　　　　　//输入 I0.2,由 OFF 变为 ON 时有效。
MOVW ∗VD10,VW24　　　//将 VW4 中的数据传送到 VW24 中。
因为 VD10 中的地址为 VW4
＋D ＋2,VD10　　　　　　//地址指针 VD10 指向 VB6。
MOVB ∗VD10,VB26　　　 //将 VB6 中的数据传送到 VB26 中。
INCD VD10　　　　　　　//地址指针 VD10 指向 VB7。

在这个例子中,当 PLC 启动后,SM0.1 使 VD10 装入的间接地址指针为 VB0。当 I0.0 为 ON 时,把 VD0 的数据装入 VD20 中,利用加法指令把 VD10 中的间接地址指针修改为 VB4。当 I0.2 为 ON 时,把 VW4 的数据装入 VW24 中,利用加法指令把 VD10 中的间接地址指针修改为 VB6,接着把 VB6 的数据装入中 VB26 中,利用加一指令,把 VD10 中的间接地址指针修改为 VB7。从这个例子中,可以看到 S7－200 的间接寻址的全过程。

6.3　S7－200 的程序结构

S7－200 程序有三种。一种是主程序,主程序只有一个,名称为 OB1。第二种是子程序,子程序可以达到 64 个,名称分别为 SBR0～SBR63。子程序可以在主程序中调用,也可以由子程序或中断程序调用。第三种是中断程序,中断程序可以达到 128 个,名称分别为 INT0～INT127。中断方式有输入中断、定时中断、高速计数器中断、通信中断等中断事件引发,当 CPU 响应中断时,可以执行中断程序。

由这三种程序可以组成线性程序和分块程序两种结构。

6.3.1　线性程序结构

线性程序是指一个工程的全部控制任务都按照工程控制的顺序写在一个程序中,比如写在 OB1 中。程序执行过程中,CPU 不断地扫描 OB1,按照事先准备好的顺序去执行控制工作,如图 6－1 所示。

显然,线性程序结构简单,一目了然。但是,当控制工程大到一定程度之后,仅仅采用线性程序就会使整个程序变得庞大而难于编制、难于调试了。

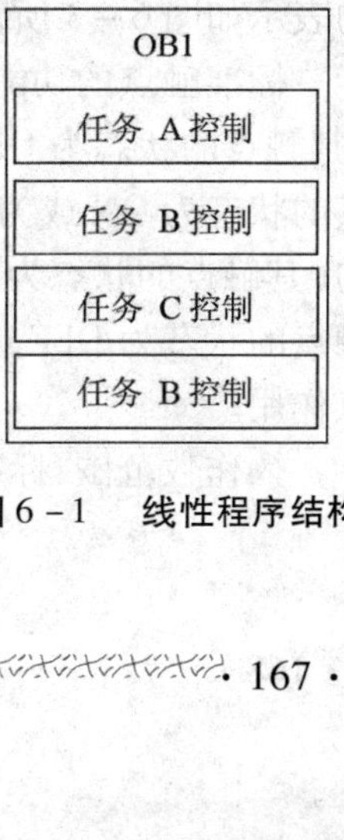

6.3.2　分块程序结构

分块程序是指一个工程的全部控制任务是被分成多个小的任务块,每个任务块的控制任务根据具体情况分别放到子程序中,或者放到中断程序中。程序执行过程中,CPU 不断地调用这些子程序或者被中断程序中断,如图 6－2 所示。

图 6－1　线性程序结构

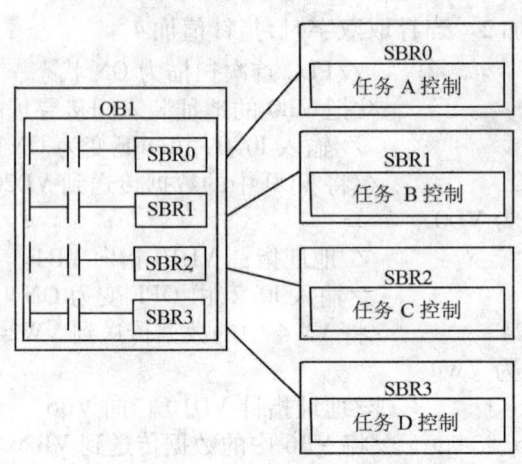

图 6-2　分块程序结构

分块程序虽然结构复杂一些,但是可以把一个复杂的过程分解成多个简单的过程。对于具体的程序块容易编写,容易调试。从总体上看,分块程序的优势是十分明显的。

6.4　S7-200 的位逻辑指令

S7-200 的指令有三种表达形式。这三种形式为语句表、梯形图和功能块图。实际应用中,采用梯形图编写程序较为普遍。这是因为梯形图是一种通用的图形编程语言,不同类型的 PLC 的梯形图的图形表达相差无几。语句表编写的程序是最接近机器代码的文本程序。在 S7-200 的三种编程语言中,语句表适用最广,保存、注释最方便。本书中介绍的指令和编程都是以梯形图和语句表为主。

6.4.1　标准触点指令

标准触点的梯形图表示:标准常开触点由标准常开触点和触点位地址 bit 构成。标准常闭触点由标准常闭触点和触点位地址 bit 构成。

标准触点的语句表表示:标准常开触点由操作码"LD"和标准常开触点位地址 bit 构成。标准常闭触点由操作码"LDN"和标准常闭触点位地址 bit 构成。标准触点用梯形图、语句表的表示如图 6-3 所示。

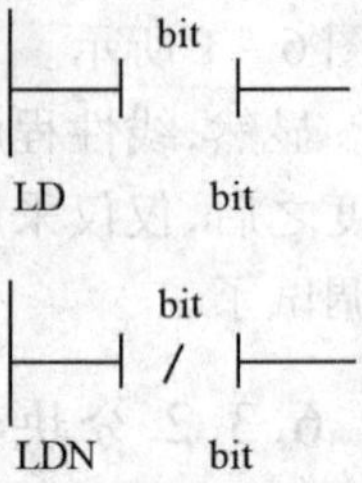

标准触点的功能:常开触点是在其线圈不带电时,其触点是断开的(其触点的状态为 OFF 或为 0),而其线圈带电时,其触点是闭合的(其触点的状态为 ON 或为 1)。常闭触点是在其线圈不带电时,其触点是闭合的(其触点的状态为 ON 或为 1),当其线圈带电时,其触点是断开的(其触点的状态为 OFF 或为 0)。在程序执行过程中,标准触点起开关的触点作用。

图 6-3　标准触点指令

操作数范围:标准触点的取值范围是 I、Q、M、SM、T、C、V、S、L(位)。

6.4.2 立即触点指令

1. 立即触点的梯形图表示：立即常开触点由立即常开触点和触点位地址 bit 构成。立即常闭触点由立即常闭触点和触点位地址 bit 构成。

2. 立即触点的语句表表示：立即常开触点操作码"LDI"和立即常开触点位地址 bit 构成。立即常闭触点由操作码"LDNI"和立即常闭触点位地址 bit 构成。立即触点用梯形图、语句表的表示如图 6-4 所示。

3. 立即触点的功能：含有立即触点的指令叫立即指令。当立即指令执行时，CPU 直接读取其物理输入的值，而不是更新映像寄存器。在程序执行过程中，立即触点起开关的触点作用。

4. 操作数范围：I(位)。

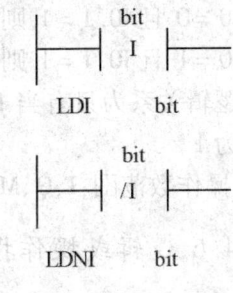

图 6-4　立即触点指令

6.4.3 输出操作指令

1. 输出操作的梯形图表示：输出操作由输出线圈和位地址 bit 构成。

2. 输出操作的语句表表示：输出操作由输出操作码"="和线圈位地址 bit 构成。输出操作用梯形图、语句表的表示如图 6-5 所示。

3. 输出操作的功能：输出操作是把前面各逻辑运算的结果复制到输出线圈，从而使输出线圈驱动的输出常开触点闭合，常闭触点断开。输出操作时，CPU 是通过输入/输出映像区来读/写输出状态的。

4. 输出操作的操作数范围：I、Q、M、SM、T、C、V、S、L(位)。

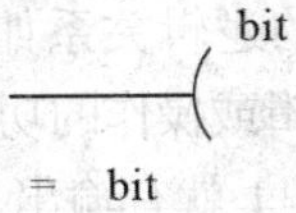

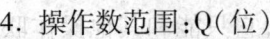

图 6-5　输出指令

6.4.4 立即输出操作指令

1. 立即输出操作的梯形图表示：立即输出操作由立即输出线圈位和位地址 bit 构成。

2. 立即输出操作的语句表表示：立即输出操作由操作码"=I"和立即输出线圈位地址 bit 构成。立即输出操作用梯形图和语句表的表示如图 6-6 所示。

3. 立即输出操作的功能：含有立即输出的指令叫立即指令。当立即指令执行时，CPU 直接读取其物理输入的值，而不是更新映像寄存器。立即输出操作是把前面各逻辑运算的结果复制到标准输出线圈，从而使立即输出线圈驱动的立即输出常开触点闭合，常闭触点断开。

4. 操作数范围：Q(位)。

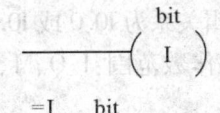

图 6-6　立即输出操作指令

6.4.5 逻辑与操作指令

1. 逻辑与操作的梯形图表示：逻辑与操作由标准触点或立即触点串联构成。

2. 逻辑与操作的语句表表示：逻辑与操作由操作码"A"和触点的位地址构成。其梯形图和语句表表示形式和对应的逻辑关系如图 6-7 所示。

3. 逻辑与操作的功能：逻辑与是指两个元件的状态都是 1 时才有输出，两个元件中只要有一个为 0，就无输出。

在图 6-7 中，当操作数 I0.0 和操作数 I0.1 进行与操作时，其输入（I0.0 和 I0.1）与输出（Q0.0）的逻辑关系如下。

I0.0 = 0 且 I0.1 = 0 则 Q0.0 = 0
I0.0 = 1 且 I0.1 = 0 则 Q0.0 = 0
I0.0 = 0 且 I0.1 = 1 则 Q0.0 = 0
I0.0 = 1 且 I0.1 = 1 则 Q0.0 = 1

其逻辑关系为只有当 I0.0 与 I0.1 都是 1 时，Q0.0 才可能为 1。

4. 操作数范围：I、Q、M、SM、T、C、V、S、L(位)。

6.4.6 逻辑或操作指令

1. 逻辑或操作的梯形图表示：逻辑或操作由标准触点或立即触点的并联构成。

2. 逻辑或操作的语句表表示：逻辑或操作由操作码"O"和触点的位地址构成。其梯形图和语句表表示形式和对应的逻辑关系如图 6-8 所示。

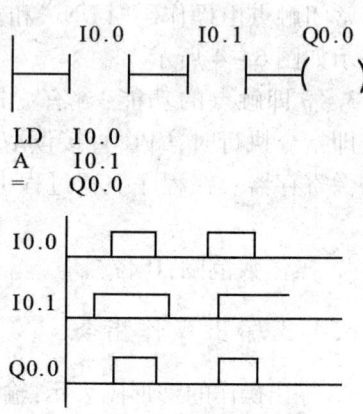

图 6-7　逻辑与操作编程

3. 逻辑或操作的功能：逻辑或是指两个元件的状态只要有一个是 1 就有输出，只有当两个元件都是 0 时才无输出。在图 6-8 中，当操作数 I0.0 和操作数 I0.1 进行或操作时，其输入（I0.0 或 I0.1）与输出（Q0.0）的逻辑关系如下。

I0.0 = 0 且 I0.1 = 0 则 Q0.0 = 0
I0.0 = 1 且 I0.1 = 0 则 Q0.0 = 1
I0.0 = 0 且 I0.1 = 1 则 Q0.0 = 1
I0.0 = 1 且 I0.1 = 1 则 Q0.0 = 1

其逻辑关系为 I0.0 或 I0.1 有一个为 1，Q0.0 就为 1。

4. 操作数范围：I、Q、M、SM、T、C、V、S、L(位)。

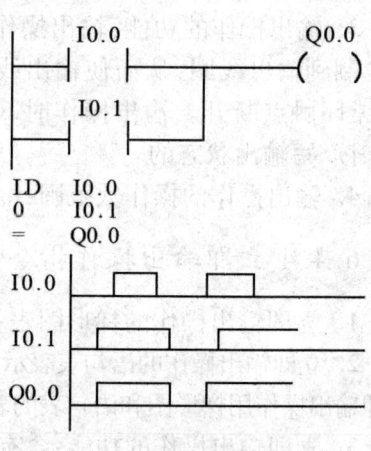

图 6-8　逻辑或操作指令

6.4.7 取非操作指令

1. 取非操作的梯形图表示：取非操作是在一般触点上加写"NOT"字符构成。

2. 取非操作的语句表表示：取非操作是由操作码"NOT"构成，它只能和其他操作联合使用，本身没有操作数。其梯形图和语句表的表示如图 6-9 所示。

3. 取非操作的功能：取非操作就是把源操作数的状态取反作为目标操作数输出。当操作数的状态为 OFF(或 0)时，对操作数取非操作的结果状态应该是 ON(或 1)；若操作数的状态是 ON(或 1)，对操作数取非的结果状态应该是 OFF(或 0)。

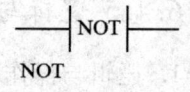

图 6-9　取非操作指令

6.4.8 串联电路的并联操作指令

1. 串联电路的并联连接的梯形图表示：这是一个由多个触点的串联构成一条支路,一系列这样的支路再互相并联构成复杂电路。

2. 串联电路的并联连接的语句表表示：串联电路的并联连接的语句表示是在两个与逻辑的语句后面用操作码"OLD"连接起来,表示上面两个与逻辑之间是"或"的关系。串联电路的并联连接的梯形图和语句表表示形式如图 6-10 所示。

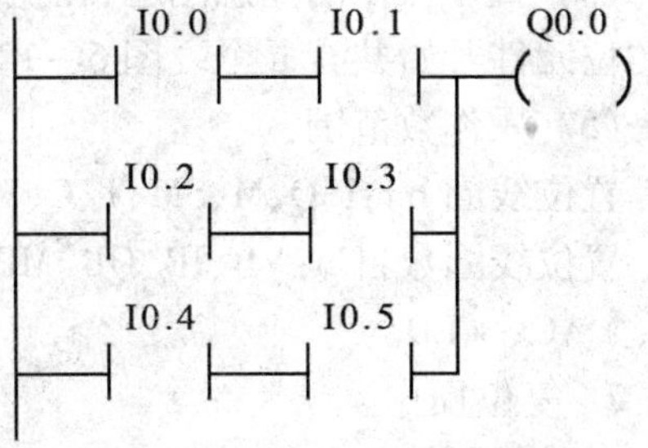

3. 串联电路的并联连接的功能：所谓串联就是指触点间是与的逻辑关系,多个触点的与的连接就构成了一个串联电路。串联电路的并联连接就是指多个串联电路之间又构成了或的逻辑操作。在执行程序时,先算出各个串联支路(与逻辑)的结果,然后再把这些结果的或传送到输出。

```
LD   I0.0        LD   I0.4
A    I0.1        A    I0.5
LD   I0.2        OLD
A    I0.3        =    Q0.0
OLD
```

图 6-10　串联电路的并联连接的编程

6.4.9 并联电路的串联操作指令

1. 并联电路的串联连接的梯形图表示：这是一个由多个触点的并联构成一个局部电路,一系列这样的一个局部电路再互相串联构成复杂电路。

2. 并联电路的串联连接的语句表表示：并联电路的串联连接的语句表表示是在两个或逻辑的语句后面用操作码"ALD"连接起来,表示上面两个或逻辑之间是"与"的关系。并联电路的串联连接的梯形图和语句表表示形式如图 6-11 所示。

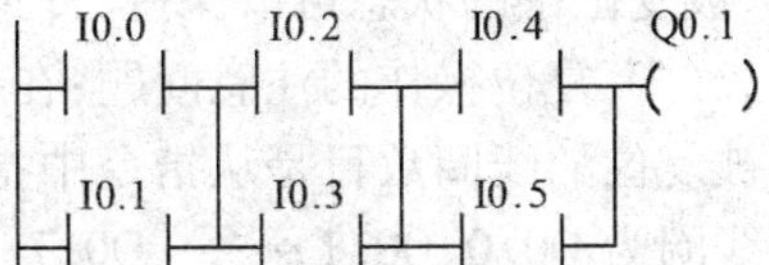

```
LD   I0.0        LD   I0.4
O    I0.1        O    I0.5
LD   I0.2        ALD
O    I0.3        =    Q0.1
ALD
```

图 6-11　并联电路的串联连接的编程

3. 并联电路的串联连接的功能：所谓并联就是指触点间是或的逻辑关系,多个触点的或的连接就构成了一个并联电路。并联电路的串联连接就是指多个并电路之间又构成了与的逻辑操作。在执行程序时,先算出各个并联支路(或逻辑)的结果,然后再把这些结果的与传送到输出。

6.4.10 置位与复位操作指令

1. 置位操作

(1) 置位操作的梯形图表示：置位操作是由置位线圈、置位线圈的位地址和置位线圈数目 n 构成。

(2) 置位操作的语句表表示：置位操作是由置位操作码 S、置位线圈的位地址和置位线圈数目 n 构成。置位操作的梯形图和语句表的表示如图 6-12 所示。

(3) 置位操作的功能：当置位信号(图中为 I0.0)为 1 时,被置位线圈(图中为 Q0.0)置1。当置位信号变为 0 以后,被置位位的状态可以保持,直到使其复位信号的到来。

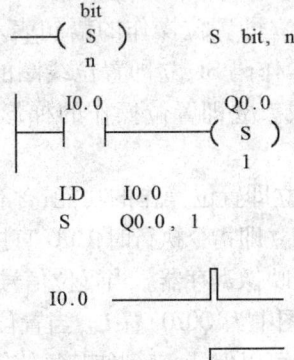

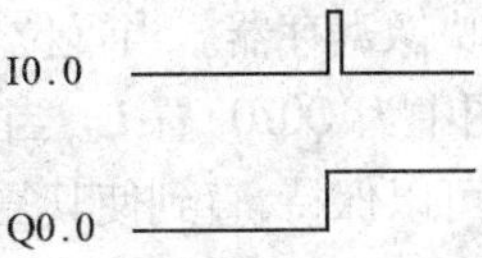

图 6-12　置位指令与编程

(4)置位操作的注意问题:在执行置位指令时,应当注意被置位的线圈数目是从指令中指定的位元件开始共有n个。图6-12中,若n=8,被置位的线圈为Q0.0、Q0.1、……、Q0.7。

(5)操作数范围:

置位线圈bit:I、Q、M、SM、T、C、V、S、L(位)。

置位线圈数目n:VB、IB、QB、MB、SB、LB、AC、常数、*VD、*AC、*LD。

2. 复位操作

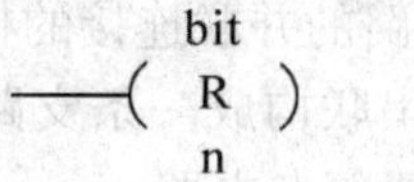

(1)复位操作的梯形图表示:复位操作是由复位线圈、复位线圈的位地址和复位线圈数目n构成。

(2)复位操作的语句表表示:复位操作是由复位操作码R、复位线圈的位地址和复位线圈数目n构成。复位操作的梯形图和语句表的表示如图6-13所示。

(3)复位操作的功能:当复位信号(图中为I0.0)为1时,被复位位(图中为Q0.0)置0。当复位信号变为0以后,被复位位的状态可以保持,直到使其置位信号的到来。

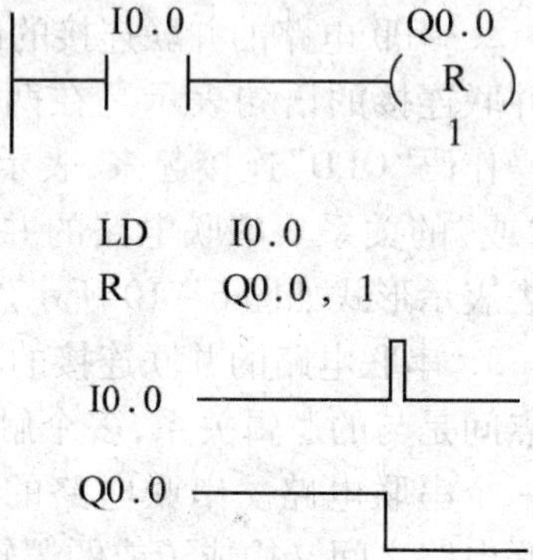

图6-13 复位指令与编程

(4)复位操作的注意问题:在执行复位指令时,应当注意被复位的线圈数目是从指令中指定的位元件开始共有n个。图6-13中,若n=8,被复位的线圈为Q0.0、Q0.1、……、Q0.7。

(5)操作数范围:

复位线圈bit:I、Q、M、SM、T、C、V、S、L(位)。

复位线圈数目n:VB、IB、QB、MB、SB、LB、AC、常数、*VD、*AC、*LD。

6.4.11 立即置位与立即复位操作指令

1. 立即置位操作

(1)立即置位操作的梯形图表示:立即置位操作是由立即置位线圈、立即置位线圈的位地址和立即置位线圈数n构成。

(2)立即置位操作的语句表表示:立即置位操作是由立即置位操作码SI、立即置位线圈的位地址和立即置位线圈数n构成。立即置位操作的梯形图和语句表的表示如图6-14所示。

(3)立即置位操作的功能:含有立即置位的指令叫立即指令。当立即指令执行时,CPU直接读取其物理输入的值,而不是更新映像寄存器。当置位信号(图中为I0.0)为1时,被置位位(图中为Q0.0)置1。当置位信号变为0以后,被置位位的状态可以保持,直到使其复位信号的到来。

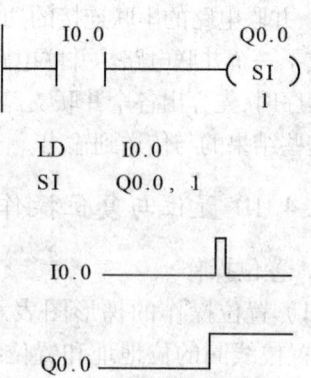

图6-14 立即置位操作的编程

(4)操作数范围:I、Q、M、SM、T、C、V、S、L(位)。

置位范围bit:Q。

置位线圈数目n:VB、IB、QB、MB、SB、LB、AC、常数、*VD、*AC、*LD。

2. 立即复位操作

(1)立即复位操作的梯形图表示:立即复位操作是由立即复位线圈、立即复位线圈的位地址和立即复位线圈数 n 构成。

(2)立即复位操作的语句表表示:立即复位操作是由立即复位操作码 RI、立即复位线圈的位地址和立即复位线圈数 n 构成。立即复位操作的梯形图和语句表的表示如图 6-15 所示。

(3)立即复位操作的功能:含有立即复位的指令叫立即指令。当立即指令执行时,CPU 直接读取其物理输入的值,而不是更新映像寄存器。当复位信号(图中为 I0.0)为 1 时,被复位位(图中为 Q0.0)置0。当复位信号变为0以后,被复位位的状态可以保持,直到使其置位信号的到来。

(4)操作数范围:

复位线圈 bit:Q。

复位线圈数目 n:VB、IB、QB、MB、SB、LB、AC、常数、*VD、*AC、*LD。

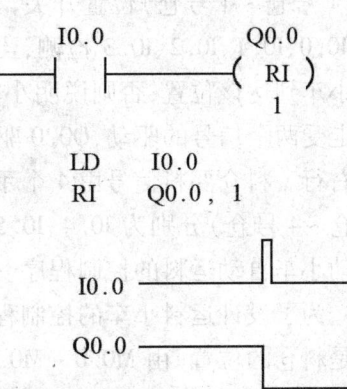

图 6-15 立即复位操作的编程

6.4.12 微分操作指令

1. 上微分操作

(1)上微分操作的梯形图表示:上微分由常开触点加上微分符"P"构成。

(2)上微分操作的语句表表示:上微分由上微分操作码"EU"构成。上微分操作的梯形图和语句表的表示如图 6-16 所示。

(3)上微分操作的功能:所谓上微分是指某一位操作数的状态由 0 变为 1 的过程,即出现上升沿的过程,上微分指令在这种情况下可以形成一个 ON、一个扫描周期的脉冲。这个脉冲可以用来启动下一个控制程序、启动一个运算过程、结束一段控制等等。

(4)上微分操作的注意问题:上微分脉冲只存在一个扫描周期,接受这一脉冲控制的元件应写在这一脉冲出现的语句之后。

2. 下微分操作

(1)下微分操作的梯形图表示:下微分由常开触点加下微分符"N"构成。

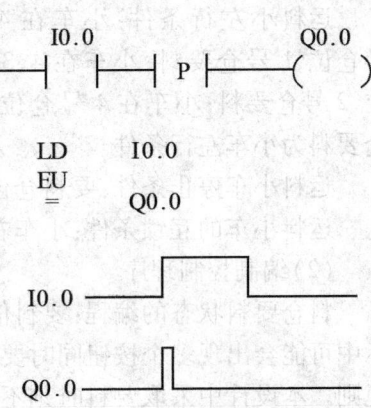

图 6-16 上微分操作的编程

(2)下微分操作的语句表表示:下微分由下微分操作码"ED"构成。下微分操作的梯形图和语句表的表示如图 6-17 所示。

(3)下微分操作的功能:所谓下微分是指某一位操作数的状态由 1 变为 0 的过程,即出现下降沿的过程,下微分指令在这种情况下可以形成一个 ON、一个扫描周期有脉冲。这个脉冲可以像上微分脉冲一样,用来启动下一个控制程序、启动一个运算过程、结束一段控制等等。

(4)下微分操作的注意问题:下微分脉冲只存在一个扫描周期,接受这一脉冲控制的元件应写在这一脉冲出现的语句之后。

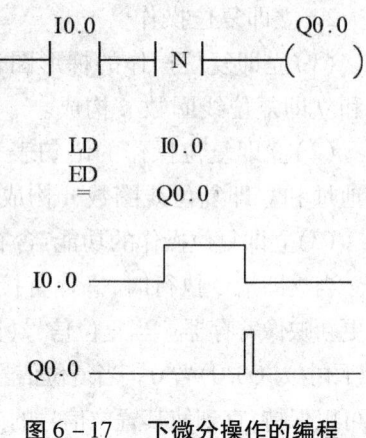

图6-17 下微分操作的编程

【例6-1】图6-18所示是一个供料控制系统。运料小车负责向四个料仓送料,送料路上从左向右共有4个料仓(1号仓~4号仓)位置开关,其信号分别由PLC的输入端I0.0、I0.1、I0.2、I0.3检测,当信号状态为1时,说明运料小车到达该位置,否则说明小车没有在这个位置。小车行走受两个信号的驱动,Q0.0驱动小车左行,Q0.1驱动小车右行。料仓要料信号由4个手动按钮发出,从左到右(1号仓~4号仓)分别为I0.4、I0.5、I0.6、I0.7。试设计一个驱动小车自动运料的控制程序。

为了设计运料小车的控制程序,首先要对小车的驱动条件进行分析。这里要抓住三点:其一是料仓的位置(由M0.0~M0.3决定);其二是运料小车当前所处的位置(由I0.0~I0.3决定);其三是运料小车的右行、左行、停止控制(由Q0.0和Q0.1决定)。

(1)小车运行条件

运料小车右行条件:小车在1、2、3号仓位,4号仓要料;小车在1、2号仓位,3号仓要料;小车在1号仓位,2号仓要料为小车右行条件。

运料小左行条件:小车在4、3、2号仓位,1号仓要料;小车在4、3号仓位,2号仓要料;小车在4号仓位,3号仓要料为小车左行条件。

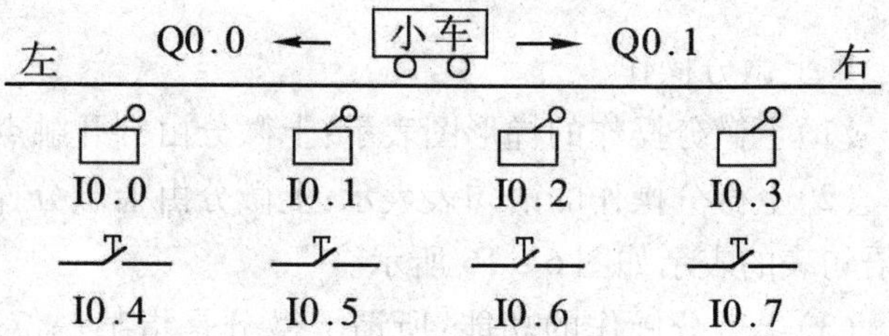

图6-18 供料控制系统示意图

运料小车停止条件:要料仓位与小车的车位相同时,应该是小车的停止条件。

运料小车的互锁条件:小车右行时不允许左行启动,同样小车左行时不允许右行启动。

(2)编制控制程序

料仓要料状态的编程:要料信号取决于I0.4到I0.7,这些信号都是手动按钮产生的。实际中可能会出现多个按钮同时要料的情况,为了能确定把要料权交哪个料仓,必须要确定排队规则。本设计中采取要料时刻不相同时,先要料者优先。要料时刻相同时,料仓号小者优先的规则。程序中使用M继电器来代表料仓要料状态。其中M0.0、……、M0.3分别代表1号料仓……4号料仓的要料状态。梯形图中的头4个支路就用上述规则送料的编程。

小车停止状态的编程:梯形图中第5条支路是小车到位停止的编程。小车停止以后,要清除料仓要料状态信号。

小车右行的编程:梯形图中第6条支路是小车右行的编程。

小车左行的编程:梯形图中第7条支路是小车左行的编程。

控制程序的梯形图如图6-19所示。

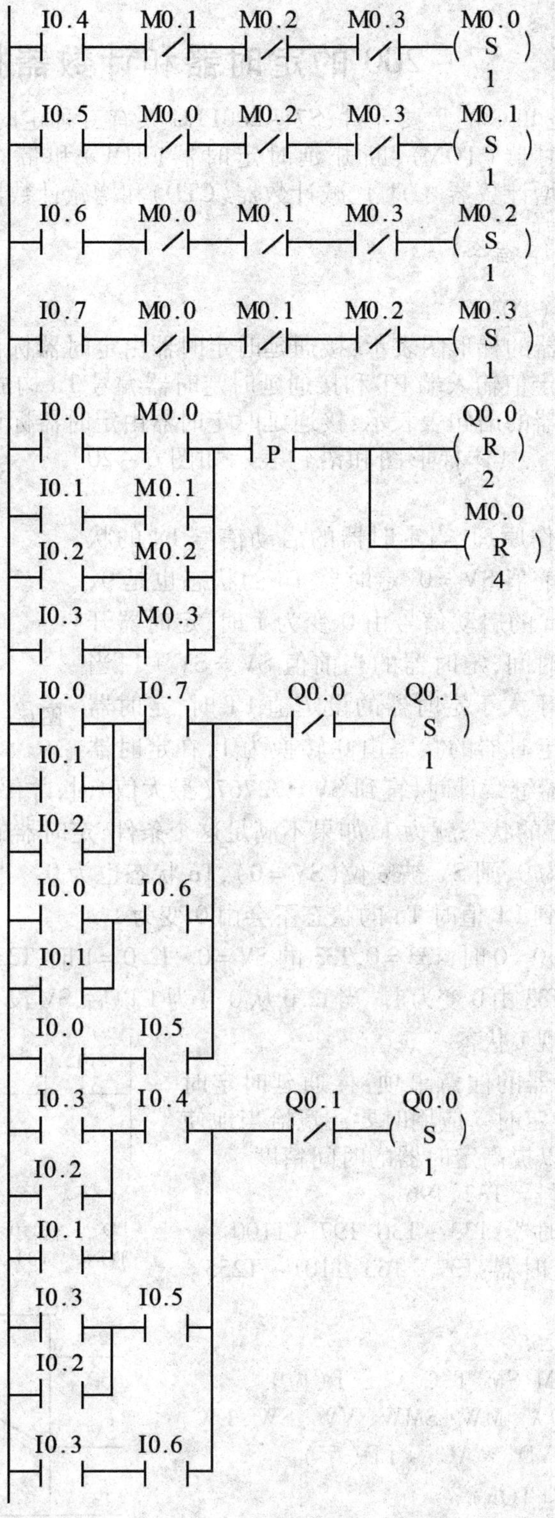

图 6-19 供料控制系统的控制程序

6.5 S7-200 的定时器和计数器指令

定时器和计数器是 PLC 的重要元件,S7-200PLC 共有三种定时器和三种计数器。定时器可分为接通延时定时器(TON)、断开延时定时器(TOF)和带有记忆接通延时定时器(TONR)。计数器可分增计数器(CTU)、减计数器(CTD)和增减计数器(CTUD)。

6.5.1 定时器操作指令

1. 接通延时定时器(TON)

(1)接通延时定时器的梯形图表示:接通延时定时器由定时器标识符 TON、定时器的启动电平输入端 IN、时间设定值输入端 PT 和接通延时定时器编号 Tn 构成。

(2)接通延时定时器的语句表表示:接通延时定时器由定时器标识符 TON、定时器编号 Tn 和时间设定值 PT 构成。具体梯形图和语句表示如图 6-20 所示。

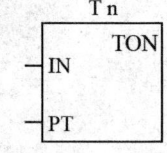

TON Tn,PT

图 6-20 接通延时定时器指令

(3)接通延时的工作原理:当定时器的启动信号 IN 的状态为 0 时,定时器的当前值 SV=0,定时器 Tn 的状态也是 0,定时器没有工作。当 Tn 的启动信号由 0 变为 1 时,定时器开始工作,每过一个时基时间,定时器的当前值 SV=SV+1,当定时器的当前值 SV 等于大于定时器的设定值 PT 时,定时器的延时时间到了,这时定时器的状态由 0 转换为 1,在定时器输出状态改变后,定时器继续计时,直到 SV=32767(最大值)时,才停止计时,SV 将保持不变。只要 SV>PT 值,定时器的状态就为 1,如果不满足这个条件,定时器的状态应为 0。

当 IN 信号由 1 变为 0,则 SV 被复位(SV=0),Tn 状态也为 0。当 IN 从 0 变为 1 后,维持的时间不足使得 SV 达到 PT 值时 Tn 的状态不会由 0 变为 1。

如图 6-21 所示,I2.0=0 时,T33=0,T33 的 SV=0。I2.0=1 时,T33 开始计时,SV 在增加,当 SV=3(计时到 3ms)时,T33 由 0 变为 1。当 I2.0 从 0 变为 1 以后,SV 没有到 3 时,I2.0 又变为 0。这时 SV=0,T33 不会出现 1 状态。

(4)接通延时定时器的注意事项:接通延时定时器的作用是进行精确的定时。应用时要注意恰当地使用不同时基的定时器,以提高定时器的时间精度。

时基为 1ms 的定时器:T32、T96。
时基为 10ms 的定时器:T33~T36、T97~T100。
时基为 100ms 的定时器:T37~T63、T101~T255。

(5)操作数范围
定时器编号 n:0~255。
IN 信号范围:I、Q、M、SM、T、C、V、S、L(位)
PT 值范围:IW、QW、MW、SMW、VW、SW、LW、AIW、T、C、常数、AC、*VD、*AC、*LD(字)

2. 断开延时定时器(TOF)

(1)断开延时定时器的梯形图表示:断开延时定时器由定时器标识符 TOF、定时器的启动电平输入端

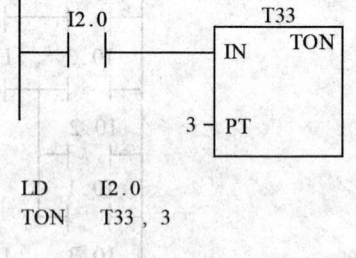

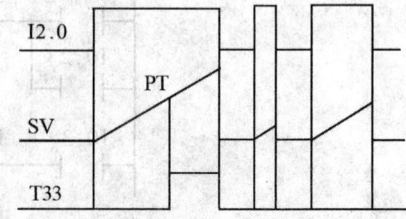

图 6-21 接通延时定时器的工作原理

IN、时间设定值输入端 PT 和 TOF 定时器编号 Tn 构成。

(2)断开延时定时器的语句表表示：断开延时定时器标识符 TOF、定时器编号 Tn 和时间设定值 PT 构成。具体梯形图和语句表示如图 6-22 所示。

(3)断开延时定时器的工作原理：当定时器的启动信号 IN 的状态为 1 时，定时器的当前值 SV=0，定时器 Tn 的状态也是 1，定时器没有工作。当 Tn 的启动信号由 1 变为 0 时，定时器开始工作，每过一个时基时间，定时器的当前值 SV=SV+1，当定时器的当前值 SV 等于大于定时器的设定值 PT 时，定时器的延时时间到了，这时定时器的状态由 1 转换为 0，在定时器输出状态改变后，定时器停止计时，SV 将保持不变。定时器的状态就为 0。当 IN 信号由 0 变为 1 时，则 SV 被复位(SV=0)，Tn 状态也为 1。当 IN 从 1 变为 0 后，维持的时间不足以使得 SV 达到 PT 值时，Tn 的状态不会由 1 变为 0。

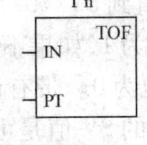

TOF　Tn, PT

图 6-22　断开延时定时器指令

如图 6-23 所示，I2.0=1 时，T33=1，T33 的 SV=0。I2.0=0 时，T33 开始计时，SV 在增加，当 SV=3(计时到 30ms)时，T33 由 1 变为 0。当 I2.0 从 0 变为 1 以后，SV=0，T33=1。当 I2.0 从 0 变为 1 以后，SV=0，T33=1。当 I2.0 由 1 再次变为 0，但是 I2.0=0 的时间没达到 30ms 时，这时 T33 不会出现 0 状态。

(4)断开延时定时器的注意事项：断开延时定时器的作用是进行精确的定时。应用时要注意恰当地使用不同时基的定时器，以提高定时器的时间精度。

时基为 1ms 的定时器：T32、T96。

时基为 10ms 的定时器：T33~T36、T97~T100。

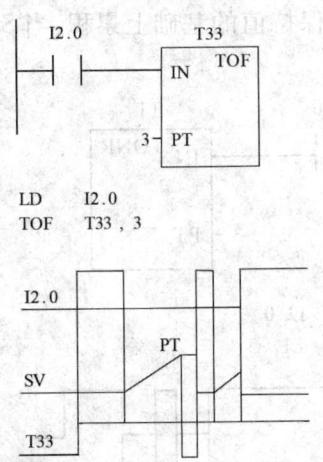

图 6-23　断开延时定时器的工作原理

时基为 1ms 的定时器：T37~T63、T101~T255。

(5)操作数范围

定时器编号 n：0~255。

IN 信号范围：I、Q、M、SM、T、C、V、S、L(位)。

PT 值范围：IW、QW、MW、SMW、VW、SW、LW、AIW、T、C、常数、AC、*VD、*AC、*LD(字)。

3. 带有记忆接通延时定时器(TONR)

(1)带有记忆接通延时定时器的梯形图表示：带有记忆接通延时定时器由定时器的标识符 TONR、定时器的启动电平输入端 IN、时间设定值输入端 PT 和 TONR 定时器编号 Tn 构成。

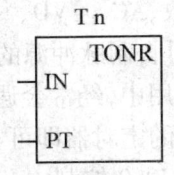

TONR　Tn, PT

图 6-24　带有记忆接通延时定时器指令

(2)带有记忆接通延时定时器的语句表表示：带有记忆接通延时定时器由定时器标识符 TONR、定时器编号 Tn 和时间设定值 PT 构成。具体梯形图和语句表示见图 6-24 所示。

(3)带有记忆接通延时定时器的原理：带有记忆接通延时定时器的原理与接通延时定时器大体相同。当定时器的启动信号 IN 的状态为 0 时，定时器的当前值 SV=0，定时器 Tn 的状态也是 0，定时器没有工作。当 Tn 的启动信号由 0 变为 1 时，定时器开始工作，每过一个时基时间,定时器的当前值 SV = SV +1,当定时器的当前值 SV 等于大于定时器的设定值 PT 时,定时器的延迟时间到了,这时定时器的状态由 0 转换为 1,在定时器输出状态改变后,定时器继续计时,直到 SV = 32767(最大值)时,才停止计时,SV 将保持不变。只要 SV > PT 值,定时器的状态就为 1,如果不满足这个条件,定时器的状态应为 0。当 IN 信号由 1 变为 0,则 SV = 0,Tn 状态也为 0。带有记忆接通延时定时器与接通延时定时器不同之处在于,带有记忆接通延时定时器的 SV 值是可以记忆的。当 IN 从 0 变为 1 后,维持的时间不足以使得 SV 达到 PT 值时,IN 从 1 变为 0,这时 SV 可以保持,IN 再次从 0 变为 1 时,SV 在保持值的基础上累积,当 SV 等于大于 PT 值时,Tn 的状态仍可由 0 变为 1。

如图 6 - 25 所示,I2.0 = 0 时,T1 = 0,T1 的 PV = 0。I2.0 = 1 时,T1 开始计时,SV 在增加,当 SV = 3(计时到 30ms)时,T1 由 0 变为 1。当 I2.0 从 0 变为 1 以后,SV 没有到 3 时,I2.0 又变为 0 了。这时 SV 保持,当 I2.0 再次由 0 变为 1 时,SV 在原保持值的基础上累积,当 SV 达到 PT 值后,T1 的状态仍由 0 变为 1。

(4) 带有记忆接通延时定时器的应用:带有记忆接通延时定时器的作用是进行精确的定时。应用时要注意恰当地使用不同时基的定时器,以提高定时器的时间精度。

时基为 1ms 的定时器有:T0、T64。

时基为 10ms 的定时器有:T1 ~ T4、T65 ~ T68。

时基为 100ms 的定时器有:T5 ~ T31、T69 ~ T95。

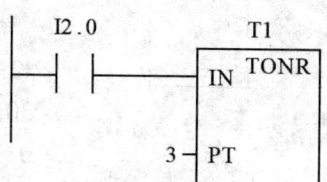

```
LD     I2.0
TONR   T1, 3
```

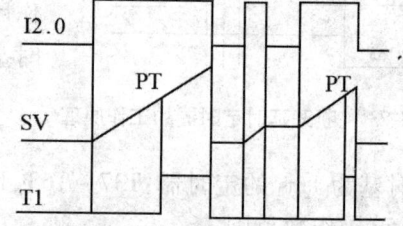

图 6 - 25 带有记忆接通延时定时器的工作原理

(5) 操作数范围

定时器编号 n:0 ~ 255。

IN 信号范围:I、Q、M、SM、T、C、V、S、L(位)

PT 值范围:IW、QW、MW、SMW、VM、SM、LM、AIM、T、C、常数、AC、* VD、* AC、* LD(字)。

【例 6 - 2】自制脉冲源的设计。

在实际应用中,经常会遇到需要产生一个周期确定而占空比可调的脉冲系列,这样脉冲用两个接通延时的定时器即可实现。设计一个周期为 10S、占空比为 0.5 的脉冲系列,该脉冲的产生由输入端 I0.0 控制。

分析:采用定时器 T101 或 T102 组成,如图 6 - 26 所示。当 I0.0 由 0 变为 1 时,因 T102 的非是接通的,故 T101 被启动并且开始计时,当 T101 的当前值 PV 达到设定值 PT 时,T101 的状态由 0 变为 1。由于 T101 为 1 状态,这时 T102 被启动,T102 开始计时,当 T102 的当前值 PV 达到其设定值 PT 时,T102 瞬间由 0 变为 1 状态。T102 的 1 状态使得 T101 的启动信号变为 0 状态,则 T101 的当前值 PV = 0,T101 的状态变为 0。T101 的 0 状态使得 T102 变为 0,则又重新启动 T101 开始了下一个周期的运行。从上分析可知,T102 计时开始到 T102 的 SV 值达到 PT 期间 T101 的状态为 1,这个脉冲宽度取决于 T102 的 PT 值,而 T101 计时开始到达到设定值期间 T101 的状态为 0,两个定时器的 PT 相加就是脉冲的周期。

如果 T101 的设定值由 VW0 提供,T102 的设定值由 VW2 提供,就组成了周期 T = (VW0

+(VW2),占空比 =(VW2)/T 的脉冲序列。

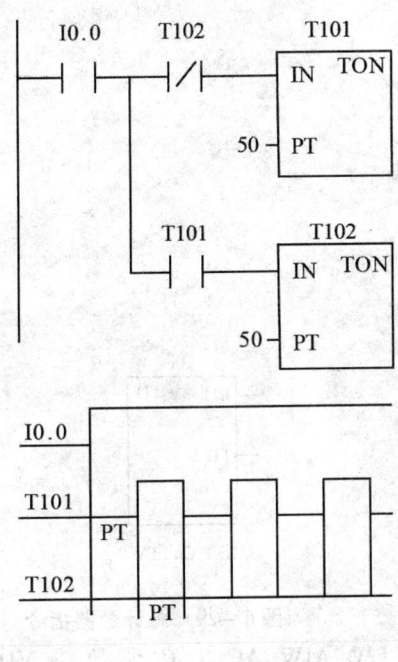

图6-26 自制脉冲源的编程

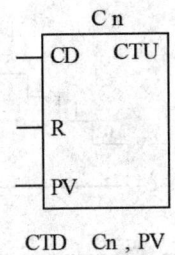

图6-27 增计数器指令

6.5.2 计数器操作指令

1. 增计数器(CTU)

(1)增计数器的梯形图表示:增计数器由增计数器标识符 CTU、计数脉冲输入端 CU、增计数器的复位信号输入端 R、增计数器的设定值 PV 和计数器编号 Cn 构成。

(2)增计数器的语句表表示:增计数指令由增计数器的操作码 CTU、计数器编号 Cn 和增计数器的设定值 PV 构成。其梯形图和语句表示如图6-27所示。

(3)增计数器的工作原理:增计数器在复位端信号为1时,其计数器的当前值 SV=0,计数器的状态也为0。当复位端的信号为0时,其计数器可以工作。每当一个输入脉冲到来时,计数器的当前值做加1操作,即 SV=SV+1。当当前值大于等于设定值(SV≥PV)时,计数器的状态变为1,这时再来计数脉冲时,计数器的当前值仍不断地累加,直到 SV=32767 时,停止计数。直到复位信号到来,计数器的 SV 值等于零,计数器的状态变为0。

在图6-28中,I4.0为增计数器的计数脉冲,I2.0为复位信号,计数器的设定值 PV=4。从图中可以看出,每来一个计数脉冲 SV 值就加1,直到 SV 值大于等于 PV 值时计数器 C3 的状态就为1,只要 SV 值小于 PV 值,计数器的状态就为0。

(4)增计数器的注意事项:用语句表表示时,要注意计数输入(第一个 LD)、复位信号输入(第二个 LD)和增计数指令的先后顺序不能颠倒。

(5)计数器编号 n:0~255。
CU 信号范围:I、Q、M、SM、T、C、V、S、L(位)
R 信号范围:I、Q、M、SM、T、C、V、S、L(位)

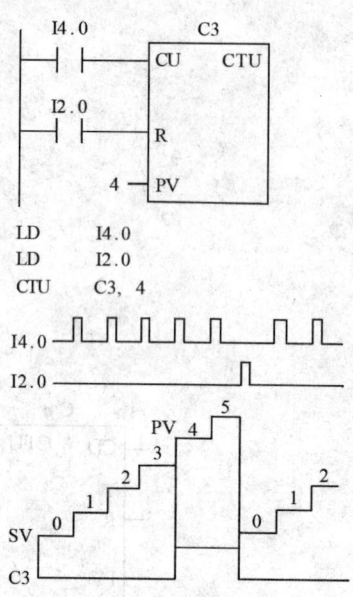

图 6-28 增计数器的工作原理

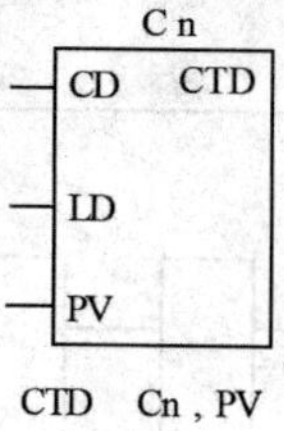

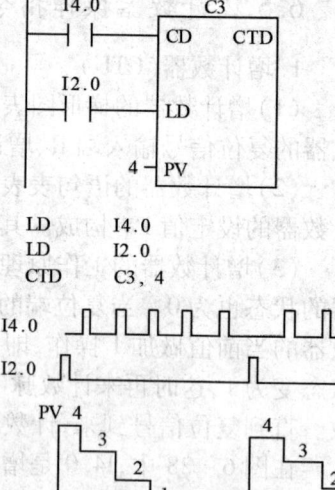

图 6-29 减计数器指令

PV 值范围：VW、IW、QW、MW、SMW、SW、LW、AIW、AC、T、C、常数、*VD、*AC、*LD（字）。

2. 减计数器（CTD）

（1）减计数器的梯形图表示：减计数器由减计数器标识符 CTD、计数脉冲输入端 CD、减计数器的装载输入端 LD、减计数器的设定值 PV 和计数器编号 Cn 构成。

（2）减计数器的语句表表示：减计数指令由减计数器的操作码 CTD、计数器编号 Cn 和减计数器的设定值 PV 构成。其梯形图和语句表表示如图 6-29 所示。

（3）减计数器的工作原理：减计数器在装载输入端信号为 1 时，其计数器的设定值 PV 被装入计数器的当前值寄存器，此时 SV=PV，计数器的状态为 0。当装载输入端的信号为 0 时，其计数器可以工作。每当一个输入脉冲到来时，计数器的当前值做减 1 操作，即 SV=SV-1。当当前值等于 0 时，计数器的状态变为 1，并停止计数。这种状态一直保持到装载输入端变为 1，再一次装入 PV 值之后，计数器的状态变为 0，才能再次重新计数。减计数器的状态，只有在当前值 SV=0 时，才为 1。

在图 6-30 中，I4.0 是减计数器的计数脉冲，I2.0 装载输入信号，计数器的设定值 PV=4。从图中可以看出，每来一个计数脉冲，SV 值就减 1，直到 SV 值等于 0 时，计数器 C3 的状态就为 1，只要 SV 值大于 0，计数器的状态就为 0。

图 6-30 减计数器的工作原理

减计数器的注意事项：用语句表表示是，要注意计数输入（第一个 LD）、装载信号输入（第二个 LD)和减计数指令的先后顺序不能颠倒。

(4)操作数范围

计数器编号 n:0~255。

CU 信号范围:I、Q、M、SM、T、C、V、S、L(位)

R 鹎号范围:I、Q、M、SM、T、C、V、S、L(位)

PV 值范围:VW、IW、QW、MW、SMW、SW、LW、AIW、AC、T、C、常数、*VD、*AC、*LD(字)。

3. 增减计数器(CTUD)

(1)增减计数器的梯形图表示:增减计数器由增减计数器标识符 CTUD、增计数脉冲输入端 CU、减计数脉冲输入端 CD、增减计数器的复位端 R、增减计数器的设定值 PV 和计数器编号 Cn 构成。

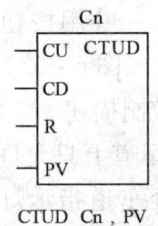

图 6-31　增减计数器指纹

(2)增减计数器的语句表表示:增减计数指令由增减计数器的操作码 CTUD、计数器编号 Cn 和增减计数器的设定值 PV 构成。其梯形图和语句表表示如图 6-31 所示。

(3)增减计数器的工作原理:增减计数器在复位端信号为 1 时,其计数器的当前值 SV=0,计数器的状态也为 0。当复位端的信号为 0 时,其计数器可以工作。

每当一个增计数输入脉冲到来时,计数器的当前值做加 1 操作,即 SV=SV+1。当当前值大于等于设定值(SV≥PV)时,计数器的状态变为 1。这时再来计数脉冲时,计数器的当前值仍不断地累加,直到 SV=32767 时,停止计数。

每当一个减计数输入脉冲到来时,计数器的当前值做减 1 操作,即 SV=SV-1。当当前值小于设定值(SV<PV)时,计数器的状态变为 0。再来减计数脉冲时,计数器的当前值仍不断地递减。图 6-32 中,I4.0 是增减计数器的增计数脉冲,I3.0 是增减计数器的减计数脉冲,I2.0 为复位信号,计数器设定值 PV=4。从图中可以看出,每来一个增计数脉

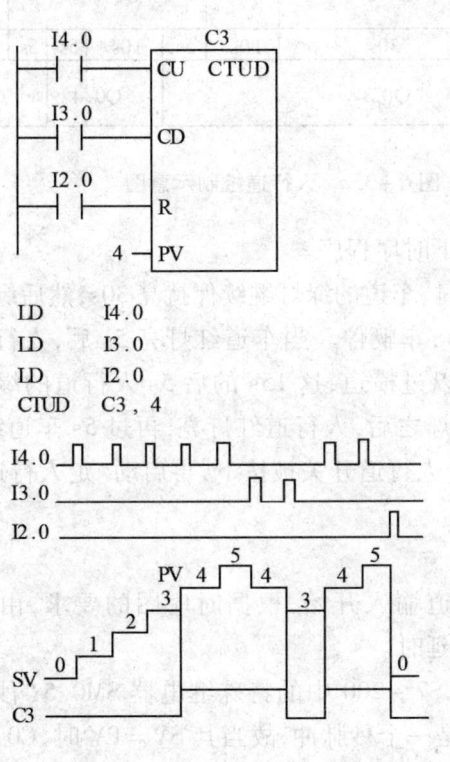

图 6-32　增减计数器的工作原理

冲,SV 值就加 1,每来一个减计数脉冲,SV 值就减 1。当 SV 值大于等于 PV 值时,计数器 C3 的状态就为 1,SV 值小于 PV 值,计数器的状态就为 0。

增减计数器的注意事项:用语句表表示时,要注意增计数输入(第一个(LD)、减计数输入(第二个 LD)、复位信号输入(第三个 LD)和增减计数指令的先后顺序不能颠倒。

(4)操作数范围

计数器编号 n:0~255。
CU 信号范围:I、Q、M、SM、T、C、V、S、L(位)
R 信号范围:I、Q、M、SM、T、C、V、S、L(位)
PV 值范围:VW、IW、QW、MW、SMW、SW、LW、AIW、AC、T、C、常数、*VD、*AC、*LD(字)。

【例6-3】用按钮控制人行道的设计(图6-33)。

(1)控制描述

通常车道上只允许车辆通行,道口处车道指示灯保持绿色灯亮(Q0.2=1),这时不允许人跨越车道,人行道指示灯保持红色灯亮(Q0.3=1)。在车道两侧各设有一个人行道开关,当有人想通过人行横道时,需要用手按动"走人行道"开关,要"走人行道"信号通过 I0.0 或 I0.1 送到 S7-200 中,S7-200 在接到有人要"走人行道"时,开始执行如下时序程序。

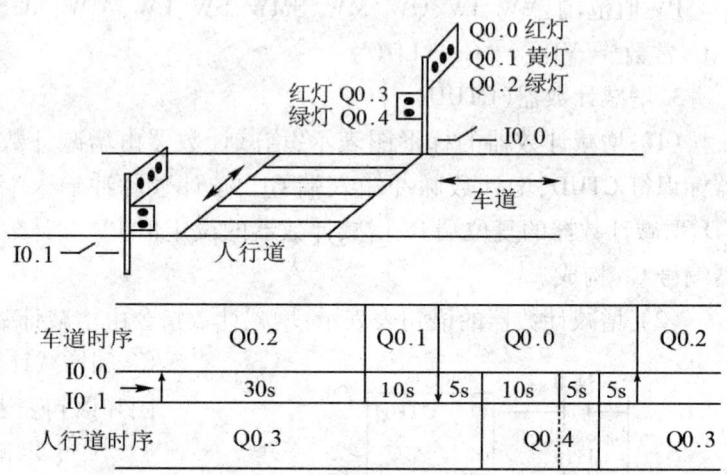

图6-33 人行道控制示意图

当有行人要通过横道(I0.0=1 或 I0.1=1)时,车道的绿灯继续保持亮30s,然后绿灯灭而黄灯亮(Q0.1=1)10s,10s 过后,红亮(Q0.0=1),车辆停。当车道红灯亮5s 后,人行道的红灯灭(Q0.3=0),绿灯亮(Q0.4=1)15s,行人可以过横道,这15s 的后5s 人行道的绿灯应闪烁,表示行人通行时间就要到了。人行道绿灯闪烁之后,人行道红灯亮,再过5s 车道绿灯亮,恢复车辆通行。一个控制时序结束。直到下一个人行道开关被按下,再启动"走人行道"的时序程序。

(2)控制程序分析

系统的启动是由 I0.0 或 I0.1 的要走人行道输入开始,根据时序图的要求,由定时器 T101、T102、T103、T104、组成30s、40s、45s 和55s 延时。

时序控制中的人行道闪烁5s 的控制可以用 S7-200 中的特殊继电器 SM0.5(秒时钟脉冲)和计数器 C0 实现控制,因 C0 的增计数输入是一个秒脉冲,故当其 SV=PV 时,C0 为1,事实上,C0=1 不意识着时序已经到了第60s。

车道绿灯的时间由两段组成,其一是周期开始头30s,这段可以由 M0.0 和 T101 的非相与实现;其二是在控制周期之外,可以由 M0.0 的非实现。

车道黄灯亮的时间是从第30s 到第40s,这段时间可以由 T101 和 T102 的非相与实现。

车道红灯亮的时间是从第45s 到周期结束,这可以由 T103 和 T105 的非相与实现。

人行道红灯亮的时间由三段组成,其一是从周期开始到第45s,这段可以由 M0.0 和 T103 的非相与实现;其二是人行道绿灯闪烁之后5s,这可以由 M0.0 和 C0 相与控制;其三是周期之外,可以由 M0.0 的非控制。

人行道绿灯亮的时间由两段组成,其一是从第 45s 开始到第 55s,这段可以由 T103 和 T104 的非相与实现;其二是人行道绿灯闪烁是从第 55s 开始到 C0 = 1,这可以由 T104 和 C0 的非相与以后再和 SM0.5 相与控制。图 6 - 34 给出了梯形图表示的程序。

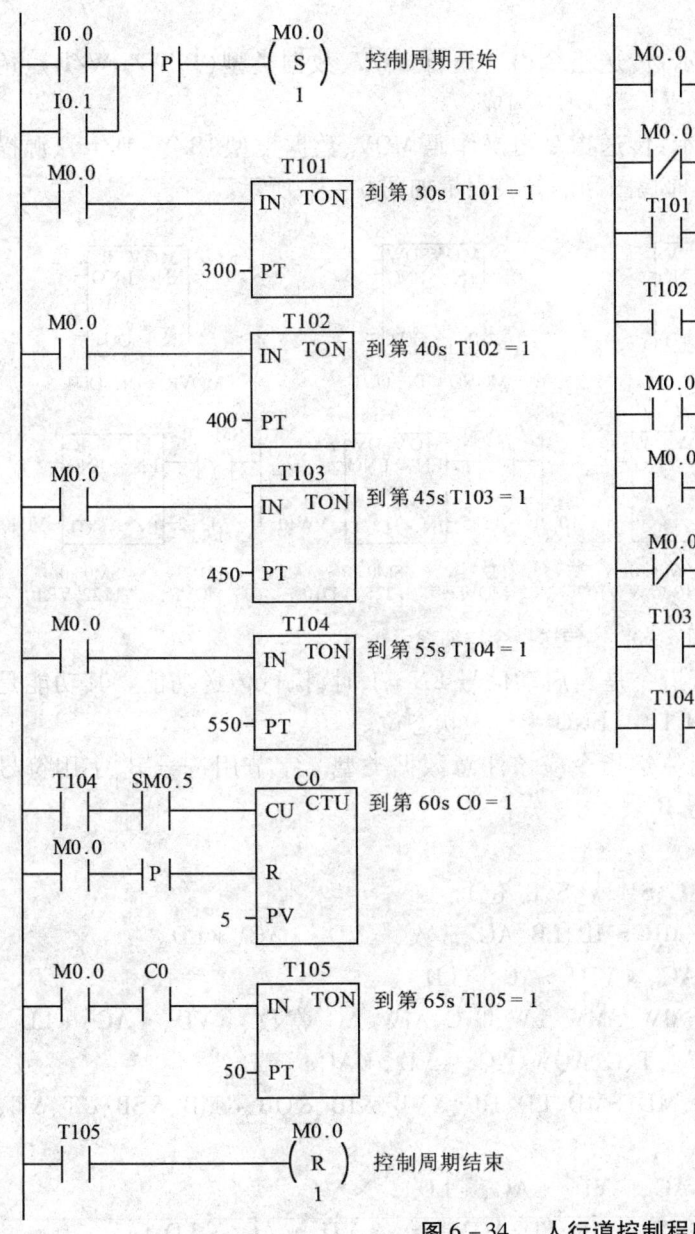

图 6 - 34 人行道控制程序

6.6 S7-200 的传送和比较指令

6.6.1 传送操作指令

1. 数据的传送

(1) 数据传送指令的梯形图表示:传送指令由传送符 MOV、数据类型(B/W/DW/R)、传送启动信号 EN、源操作数 IN 和目标操作数 OUT 构成。

(2) 数据传送指令的语句表表示:传送指令由操作码 MOV、数据类型(B/W/D/R)、源操作数 IN 和目标操作数 OUT 构成,其梯鹆图和语句表表示如图 6-35 所示。

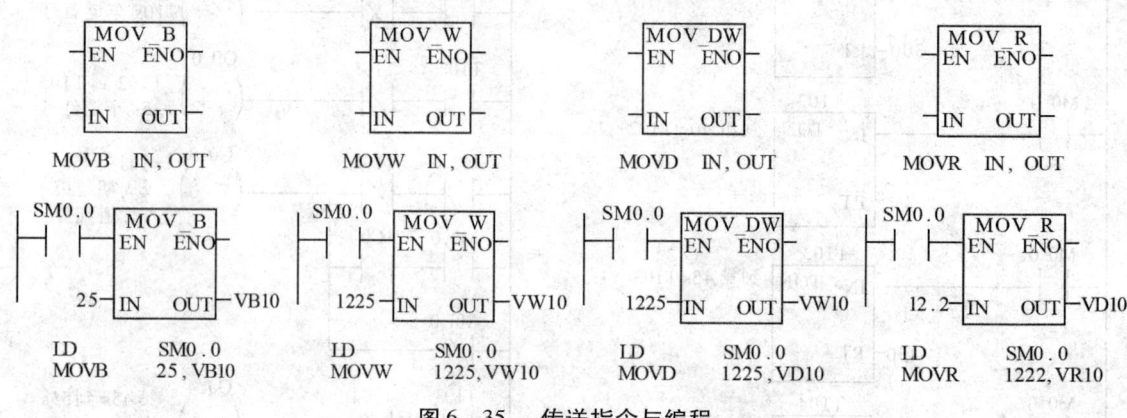

图 6-35　传送指令与编程

(3) 数据传送指令的原理:传送指令是当启动信号 EN=1 时,执行传送功能。其功能是把原操作数 IN 传送到目标操作数 OUT 中,ENO 为传送状态位。

数据传送指令的注意事项:应用传送指令应该注意数据类型。字节用符号 B、字用符号 W、双字用符号 D 或 DW、实数用符号 R 表示。

(4) 操作数范围:

传送启动信号 EN 位:I、Q、M、T、C、SM、V、S、L(位)

字节传送操作数 IN:VB、IB、QB、MB、SMB、LB、AC、常数、*VD、*AC、*LD。

OUT:VB、IB、QB、MB、SMB、LB、AC、*VD、*AC、*LD。

字传送操作数:IN:VW、IW、QW、MW、SMW、LW、T、C、AIW、AC、常数、*VD、*AC、*LD。

OUT:VW、IW、QW、MW、SMW、LW、T、C、AQW、AC、*VD、*AC、*LD。

双字传送操作数 IN:VD、ID、QD、MD、SMD、LD、HC、&VB、&IB、&QB、&MB、&SB、&T、&C、AC、常数、*VD、*AC、*LD。

OUT:VD、ID、QD、MD、SMD、LD、AC、*VD、*AC、*LD。

实数传送操作数 IN:VD、ID、QD、MD、SMD、LD、AC、常数、*VD、*AC、*LD。

OUT:VD、ID、QD、MD、SMD、LD、AC、*VD、*AC、*LD。

2. 数据块的传送

(1) 数据块传送指令的梯形图表示:数据块传送指令由数据块传送符 BLKMOV、数据类型(B/W/D)、传送启动信号 EN、源数据起始地址 IN、源数据数目 N 和目标操作数 OUT 构成。

（2）数据块传送指令的语句表表示：数据块传送指令由数据块传送操作码 BM、数据类型（B/W/D）、源操作数起始地址 IN、目标数据起始地址 OUT 和源数据数目 N 构成。其梯形图和语句表表示如图 6-36 所示。

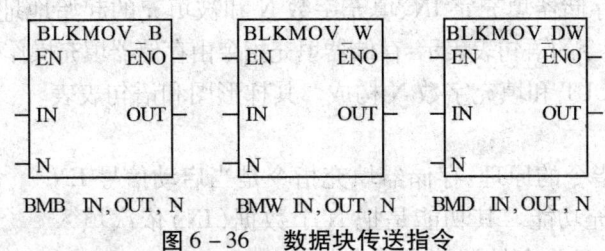

图 6-36　数据块传送指令

（3）数据块传送指令的注意事项：传送指令是当启动信号 EN=1 时，执行数据块传送功能。其功能是把源操作数起始地址 IN 的 N 个数据传送到目标操作数 OUT 的起始地址中。ENO 为传送状态位。

数据块传送指令的应用：应用传送指令应该注意数据类型和数据地址的连续性。

（4）操作数范围：

传送启动信号 EN 位：I、Q、M、T、C、SM、V、S、L（位）。

源数据数目 N：VB、IB、QB、MB、SMB、LB、AC、常数、*VD、*AC、*LD。

字节传送操作数 IN：VB、IB、QB、MB、SMB、LB、*VD、*AC、*LD。

OUT：VB、IB、QB、MB、SMB、LB、*VD、*AC、*LD。

字传送操作数 IN：VW、IW、QW、MW、SMW、LW、T、C、AIW、*VD、*AC、*LD。

OUT：VW、IW、QW、MW、SMW、LW、T、C、AQW、*VD、*AC、*LD。

双字传送操作数 IN：VD、ID、QD、MD、SMD、LD、*VD、*AC、*LD。

OUT：VD、ID、QD、MD、SMD、LD、*VD、*AC、*LD。

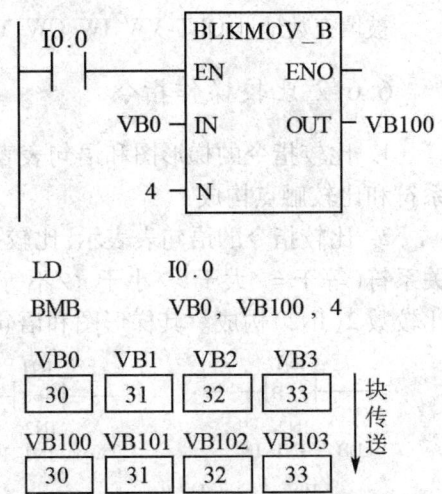

【例 6-4】块传送举例。

使用块传送指令，把 VB0 到 VB3 四个字节的内容传送到 VB100 到 VB103 单元中，启动信号为 I0.0。这时 IN 数据应为 VB0，N 应为 4，OUT 数据应为 VB100，如图 6-37 所示。

图 6-37　数据块传送操作的原理

3. 交换字节

（1）交换字节指令的梯形图表示：交换字节指令由交换字节标识符 SWAP、交换启动信号 EN、交换数据字地址 IN 构成。

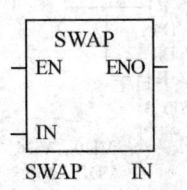

图 6-38　交换字节指令

（2）交换字节指令的语句表表示：交换字节指令由交换字节操作码 SWAP 和交换数据字地址 IN 构成。其梯形图和语句表表示如图 6-38 所示。

（3）交换字节指令的原理：交换字节指令是当启动信号 EN=1 时，执行交换字节功能。

185

其功能是把数据(IN)的高字节与低字节交换,ENO 为传送状态位。

(4)操作数范围:VW、IW、QW、MW、SW、SMW、LW、T、C、AC、*VD、*AC、*LD。

4. 存储器填充

(1)存储器填充指令的梯形图表示:存储器填充指令由存储器填充标识符 FILL_N、存储器填充启动信号 EN、存储器填充字 IN、填充字数 N 和被填充的起始地址 OUT 构成。

(2)存储器填充指令的语句表表示:存储器填充指令由存储器填充操作码 FILL、存储器填充字 IN、被填充的起始地址 OUT 和填充字数 N 构成。其梯形图和语句表表示如图 6-39 所示。

(3)存储器填充指令的原理:存储器填充指令是当启动信号 EN=1 时,执行存储器填充功能。其功能是把 N 个数据(IN)依次填入 OUT 的起始地址中,ENO 为存储器填充状态位。

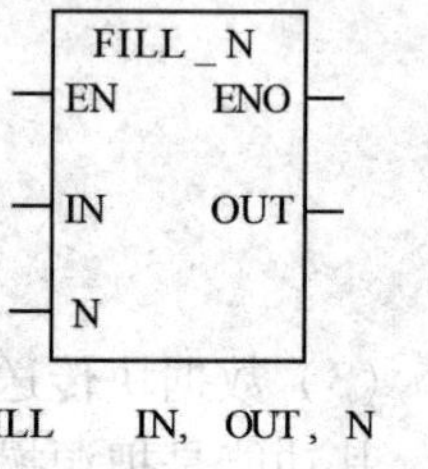

(4)操作数范围:

启动信号 EN 位:I、Q、M、T、C、SM、V、S、L。

存储器填充字 IN:VW、IW、QW、MW、SW、SMW、LW、AIW、T、C、AC、常数、*VD、*AC、*LD。

图 6-39 存储器填充指令

填充字数 N:VB、IB、QB、MB、SB、SMB、LB、AC、常数、*VD、*AC、*LD。

被填充数地址 OUT:VW、IW、QW、MW、SW、SMW、LW、T、C、AQW、*VD、*AC、*LD。

6.6.2 比较操作指令

1. 比较指令的梯形图和语句表表示:比较指令由比较数 1(IN1)、比较数 2(IN2)、比较关系符和比较触点构成。

2. 比较指令的语句表表示:比较指令由比较操作码(LD 加上数据类型 B/W/D/R)、比较关系符(等于 =/大于 >/小于 </不等 <>/大于等于 >=/小于等于 <=)、比较数 1(IN1)和比较数 2(IN2)构成。其梯形图和语句表表示如图 6-40 所示。

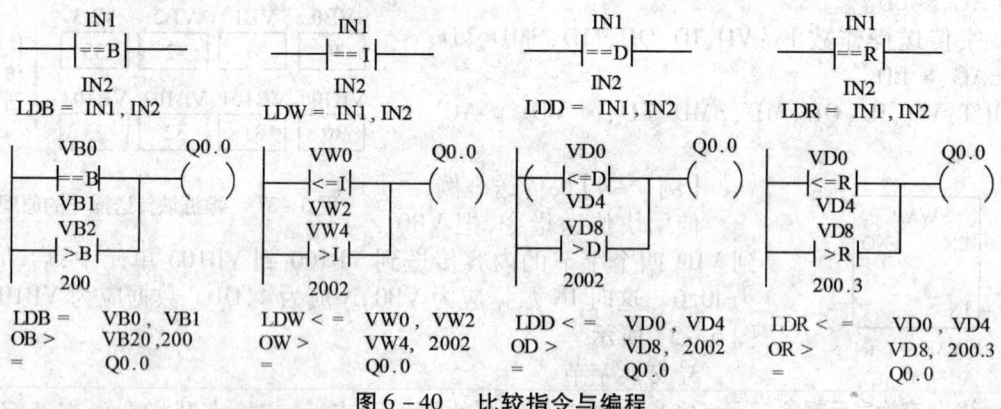

图 6-40 比较指令与编程

3. 比较指令的原理:当比较数 1 和比较数 2 的关系符合比较符的条件时,比较触点闭合,后面的电路被接通。否则比较触点断开,后面的电路不接通。换句话说,比较触点相当于一个有条件的常开触点,当比较关系成立时,触点闭合;不成立时,触点断开。比较指令具体应用如图 6-40 所示。

从字节比较例子中可以看出,当 VB0=VB1 时,Q0.0=1,当 VB2>200 时,Q0.0 也等于 1。

从整数比较例子中可以看出,VW0 < = VW2 时,Q0.0 = 1,当 VW4 > 2002 时,Q0.0 也等于1。

从双整数比较例子中可以看出,当 VD0 < = VD4 时,Q0.0 = 1,当 VD8 > 2002 时,Q0.0 也等于1。

从实数比较例子中可以看出,当 VD0 < = VD4 时,Q0.0 = 1,当 VD8 > 200.3 时,Q0.0 也等于1。

4. 操作数范围

字节比较操作数 IN1/IN2:IB、QB、MB、SMB、VB、SB、LB、AC、常数、*VD、*AC、*LD。

字比较操作数 IN1/IN2:IW、QW、MW、SMW、T、C、VW、LW、AIW、AC、常数、*VD、*AC、*LD。

双字比较操作数 IN1/IN2:ID、QD、MD、SMD、VD、LD、HC、AC、常数、*VD、*AC、*LD。

实数比较操作数 IN1/IN2:ID、QD、MD、SMD、VD、LD、AC、常数、*VD、*AC、*LD。

【例 6 – 5】传送带控制的设计(见图 6 – 41)。

1. 控制要求

启动开关闭合(I0.0 = 1),运货车到位(I0.2 = 1),传送带(由 Q0.0 控制)开始传送工件,件数检测仪在没有工件通过时,I0.1 = 1,当有工件经过时,I0.1 = 0。当件数检测仪检测到三个工件时,推板机(由 Q0.1 控制)推动工件到运货车,此时传送带停止传送。当工件到运货车(行程可以由时间控制)推板返回,传送带又开始传送走,计数器复位,并准备再重新计数。运货车的控制过程,本程序设计暂不考虑。

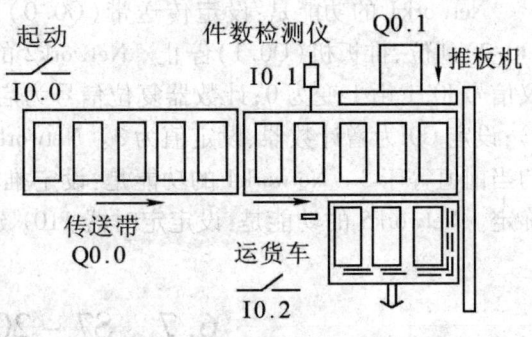

图 6 – 41 传送带控制的示意图

2. 程序设计

主程序·OB1·

```
Network 1          //传送带启动条件为系统启动(I0.0)、运货车(I0.2)到位、推板
                   机(Q0.1)停止。
    LD I0.0        //按下启动开关,I0.0 = 1。
    A I0.2         //运货车到位,I0.2 = 1。
    AN Q0.1        //推板机停止,Q0.1 = 0
    = Q0.0         //传送带工作,Q0.0 = 1。
Network 2          //设置件数检测信号计数器 C0。
    LD I0.0        //按下启动开关,I0.0 = 1。
    A I0.1         //工件通过检测仪,I0.1 由 0 变为 1 之后又回为 0。
    ED             //I0.1 的下微分形成计数器的输入脉冲。
    LD I0.0        //按下启动开关。
    EU             //按下启动开关时刻出现的一个脉冲。
    LD Q0.1        //推板机推板出现的脉冲。
    OLD            //按下启动开关或推板机推板,形成计数器的复位信号。
```

CTU C0, +3   //C3 为工件计数器,PV = 3。
Network 3   //设定推板机 Q0.1 的启动为 C0 的当前值等于 3。
LDW = C0, +3   //计数器 C3 的计数值 = 3。
EU   //上微分。
S Q0.1, 1   //传送带通过 3 个工件,推板机推板。
Network 4   //设定推板机推板的行程,由定时器 T101(20s)确定。
LD Q0.1   //推板机动作,Q0.1 = 1。
TON T101, +200   //T101 延时 20s。
Network 5   //设定定时器 T101 延时(20s)到,推板机返回。
LD T101   //T101 时间到。
R Q0.1, 1   //复位推板机(推板机退回)。

3. 程序注释

Network1 的功能是:设定传送带(Q0.0)启动条件为系统启动开关(I0.0)闭合、运货车(I0.2)到位、推板机(Q0.1)停止。Network2 的功能是:设定计数器 C0 的计数脉冲为件数检测仪信号 I0.1 由 1 变为 0;计数器复位信号为启动信号 I0.0 由 0 变为 1 或运货车启动(Q0.1 = 1);设定 C0 为增计数器、设定值为 3。Network3 的功能是:设定推板机 Q0.1 的启动条件为 C0 的当前值等于 3。Network4 的功能是:设定推板机推板的行程由定时器 T101 的延时(20s)来确定。Network5 的功能是:设定定时器 T101 延时(20s)到,推板机返回(Q0.1 = 0)。

6.7 S7-200 的运算指令

6.7.1 四则运算操作指令

1. 加法运算

(1) 加法运算指令的梯形图表示:加法运算指令由加法运算符(ADD)、数据类型符(I、DI、R)、加法运算允许信号(EN)、加数 1(IN1)、加数 2(IN2)和加法运算的和(OUT)构成。

(2) 加法运算指令的语句表表示:加法运算指令由加法操作码(整型加法 +I、双字型加法 +D、实数型加法 +R)、加数 1(IN1)和加法运算的和(OUT)构成。其梯形图和语句表表示如图 6-42 所示。

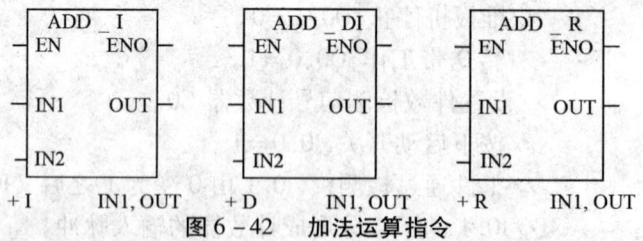

图 6-42 加法运算指令

(3) 加法运算的操作:在梯形图表示中,当加法允许信号 EN = 1 时,被加数 IN1 与加数 IN2 相加,其结果传送到和 OUT 中。在语句表表示中,要先将一个加数送到 OUT 中,然后把 OUT 中的数据和 IN1 中的数据进行相加,并将其结果传送到 OUT 中。

(4) 数据范围:

整数加法 IN1/IN2：VW、IW、QW、MW、SW、SMW、AIW、T、C、AC、常数、*VD、*AC、*LD。
OUT：VW、IW、QW、MW、SW、SMW、LW、T、C、AC、*VD、*AC、*LD。
双字型加法 IN1/IN2：VD、ID、QD、MD、AC、SMD、SD、HC、*VD、*AC、*LD、常数。
OUT：VD、ID、QD、MD、AC、SMD、SD、HC、*VD、*AC、*LD。
实数型加法 IN1/IN2：VD、ID、QD、MD、AC、SMD、SD、HC、*VD、*AC、*LD、常数。
OUT：VD、ID、QD、MD、AC、LD、SMD、SD、HC、*VD、*AC、*LD。

【例6-6】图6-43所示是一个整数加法操作的例子。

在用梯形图编程时，当I0.0=1时，累加器AC1的内容与AC0的内容相加，并将其运算结果传送到AC0中。

原AC1中为16位整数500，AC0为16位整数600，运算结果1100存在AC0中。

在用语句表编程与梯形图稍有不同。如果被加数不在OUT中，需要用传送指令把被加数传送到加法和OUT中，然后执行加法操作，把OUT中的内容与加数相加，其结果存入加法和OUT中。

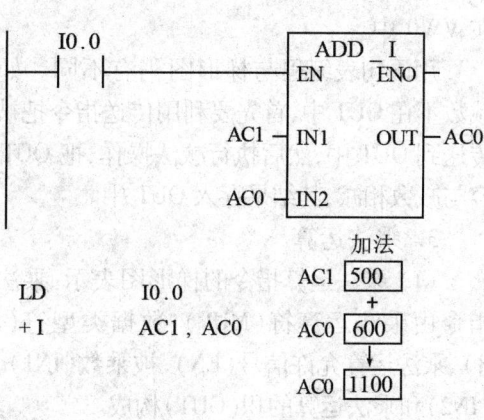

图6-43 加法运算的工作原理

2. 减法运算

（1）减法运算指令的梯形图表示：减法运算指令由运算符（SUB）、数据类型符（I、DI、R）、减法运算允许信号（EN）、被减数（IN1）、减数（IN2）和减法运算的差（OUT）构成。

（2）减法运算指令的语句表表示：减法运算指令由操作码（整数减法-I，双字型减法-D，实数型减法-R）、减数（IN1）和减法运算的差（OUT）构成。其梯形图和语句表表示如图6-44所示。

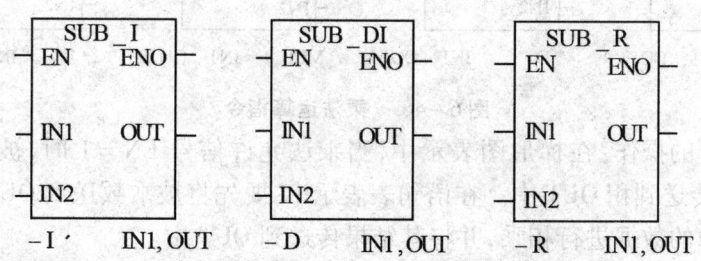

图6-44 减法运算指令

（3）减法运算的操作：在梯形图表示中，当减法允许信号EN=1时，被减数IN1与减数IN2相减，其结果传送到减法运算的差OUT中。在语句表表示中，要先将被减数送到OUT中，然后把OUT中的数据和IN1中的数据进行相减，并将其结果传送到OUT中。

（4）数据范围：
整数减法 IN1/IN2：VW、IW、QW、MW、SW、SMW、AIW、T、C、AC、常数、*VD、*AC、*LD。
OUT：VW、IW、QW、MW、SW、SMW、LW、T、C、AC、*VD、*AC、*LD。
双字型减法 IN1/IN2：VD、ID、QD、MD、AC、SMD、SD、HC、*VD、*AC、*LD、常数。

OUT：VD、ID、QD、MD、AC、SMD、SD、HC、＊VD、＊AC、＊LD。

实数型减法 IN1/IN2：VD、ID、QD、MD、AC、SMD、SD、HC、＊VD、＊AC、＊LD、常数。

OUT：VD、ID、QD、MD、AC、LD、SMD、SD、HC、＊VD、＊AC、＊LD。

【例6－7】图6－45给出一个整数减法操作的编程。

从梯形图可以看到，在 I0.0＝1 时，VW20 中的内容与 VW10 中的内容相减，其结果保存在 VW0 中。

用语句表编程与梯形图稍有不同。如果被减数不在 OUT 中，首先要利用传送指令把被减数传送到 OUT 中，然后执行减法操作，把 OUT 的内容与减数相减，其结果存入 OUT 中。

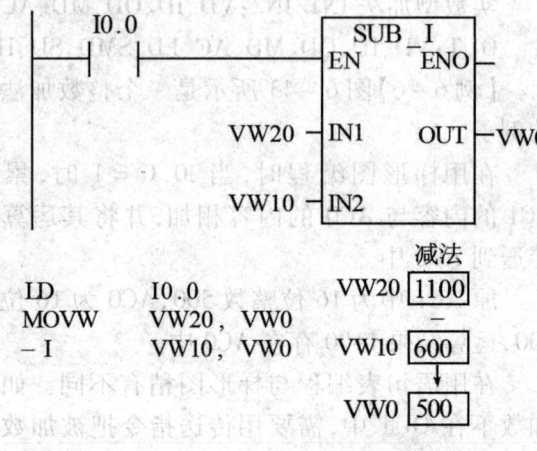

图6－45 减法运算的工作原理

3. 乘法运算

（1）乘法运算指令的梯形图表示：乘法运算指令由乘法运算符（MUL）、数据类型符（I、DI、R）、乘法运算允许信号（EN）、被乘数（IN1）、乘数（IN2）和乘法运算的积（OUT）构成。

（2）乘法运算指令的语句表表示：乘法运算指令由乘法操作码（整数乘法 ＊I，双整数乘法 ＊D，常规乘法 MUL，实数乘法 ＊R）、乘数（IN1）和乘法运算的积（OUT）构成。其梯形图和语句表表示如图6－46所示。

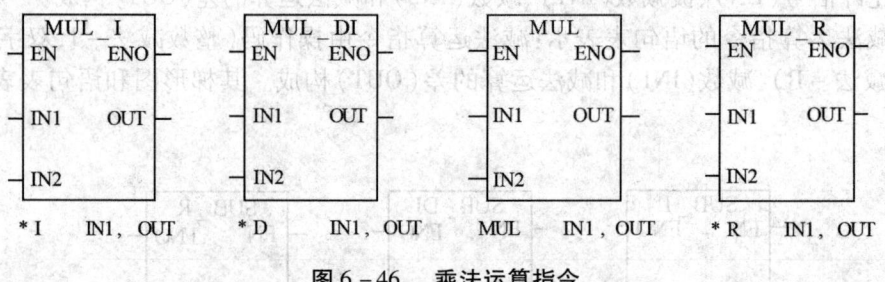

图6－46 乘法运算指令

（3）乘法运算的操作：在梯形图表示中，当乘法允许信号 EN＝1 时，被乘数 IN1 与乘数 IN2 相乘，其结果传送到积 OUT 中。在语句表表示中，要先将被乘数送到 OUT 中，然后把 OUT 中的数据和 IN1 中的数据进行相乘，并将其结果传送到 OUT 中。

乘法运算的说明：乘法运算分四种操作。其一是整数乘法，即两个 16 位整数相乘产生一个 16 位整数的积，梯形图中用 MUL_I 表示。其二是双整数乘法，即两个 32 位整数相乘产生一个 32 位整数的积，梯形图中用 MUL_DI 表示。其三是常规乘法，即两个 16 位整数相乘产生一个 32 位整数的积，梯形图中用 MUL 表示。其四是实数乘法，即两个实数相乘产生一个实数的积，梯形图中用 MUL_R 表示。四种操作的语句表表示分别是：＊I、＊D、MUL、＊R。

（4）数据范围：

整数乘法 IN1/IN2：VW、IW、QW、MW、SW、SMW、LW、AIW、T、C、AC、常数、＊VD、＊AC、＊LD。

OUT：VW、IW、QW、MW、SW、SMW、LW、T、C、AC、＊VD、＊AC、＊LD。

双整数乘法 IN1/IN2：VD、ID、QD、MD、SMD、LD、HC、AC、常数 *VD、*AC、*LD。
OUT：VD、ID、QD、MD、SD、SMD、LD、AC、*VD、*AC、*LD。
常规乘法 IN1/IN2：VW、IW、QW、MW、SW、SMW、LW、AC、AIW、T、C、常数 *VD、*AC、*LD。
OUT：VD、ID、QD、MD、SMD、SD、LD、AC、*VD、*AC、*LD。
实数乘法 IN1/IN2：VD、ID、QD、MD、AC、SMD、SD、LD、AC、常数 *VD、*AC、*LD。
OUT：VD、ID、QD、MD、SMD、SD、LD、AC、*VD、*AC、*LD。

【例6-8】图6-47中给出一个乘法操作的编程。

从梯形图可以看到，在 I0.0=1 时，AC0 中的内容与 VW20 中的内容相乘，其结果保存在 VD10 中。

用语句表编程与梯形图稍有不同。如果被乘数不在 OUT 中，首先要利用传送指令把被乘数的内容传送到 OUT 中，然后执行乘法操作，把 OUT 的内容与乘数相乘，其结果存入 OUT 中。

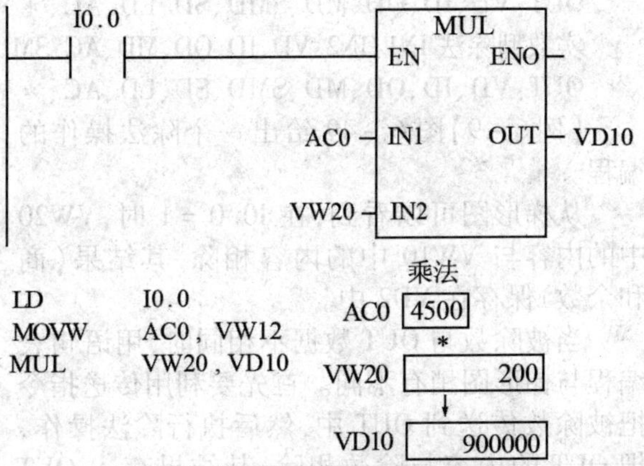

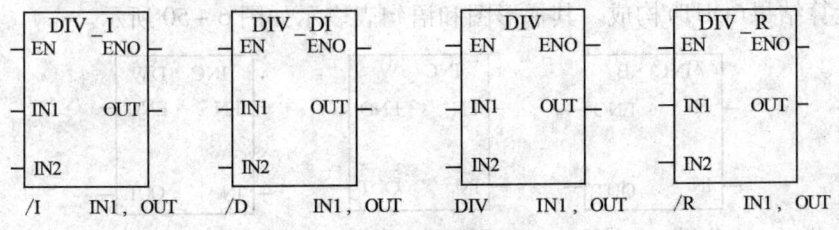

```
LD      I0.0
MOVW    AC0, VW12
MUL     VW20, VD10
```

图6-47　乘法运算的工作原理

4. 除法运算

（1）除法运算指令的梯形图表示：除法运算指令由除法运算符（DIV）、数据类型符（I、DI、R）、除法运算允许信号（EN）、被除数（IN1）、除数（IN2）和除法运算的商（OUT）构成。

（2）除法运算指令的语句表表示：除法运算指令由除法操作码（整数除法/I，双整数除法/D，常规除法 DIV，实数除法/R）、除数（IN1）和除法运算的商（OUT）构成。其梯形图和语句表表示如图6-48所示。

```
 DIV_I            DIV_DI           DIV              DIV_R
EN  ENO          EN  ENO          EN  ENO          EN  ENO
IN1  OUT         IN1  OUT         IN1  OUT         IN1  OUT
IN2              IN2              IN2              IN2
/I  IN1, OUT     /D  IN1, OUT     DIV  IN1, OUT    /R  IN1, OUT
```

图6-48　除法运算指令

（3）除法运算的操作：在梯形图表示中，当除法允许信号 En=1 时，被除数 IN1 与除数 IN2 相除，其结果传送到商 OUT 中。在语句表表示中，要先将被除数送到 OUT 中，然后把 OUT 中的数据和 IN1 中的数据进行相除，并将其结果传送到 OUT 中。

除法运算的说明：除法运算又分四种操作，其一是整数除法，即两个16位整数相除产生一个16位整数的商，梯形图中，用 DIV_I 表示；其二是双整数除法，即两个32位整数相除产生一个32位整数的商，梯形图中，用 DIV_DI 表示；其三是常规除法，即两个16位整数相除产生一个32位整数，其中高16位是余数，低16位是商，梯形图中用 DIV 表示；其四是实数除法，即两个实数相除产生一个实数的商，梯形图中用 DIV_R 表示。四种操作的语句表表示分别是"/I、/D、DIV、/R"。

(4) 数据范围:

整数除法 IN1/IN2:VW、IW、QW、MW、SW、SMW、LW、AIW、T、C、AC、常数、*VD、*AC、*LD。

OUT:VW、IW、QW、MW、SW、SMW、LW、T、C、AC、*VD、*AC、*LD。

双整数除法 IN1/IN2:VD、ID、QD、MD、SD、SMD、LD、HC、AC、常数、*VD、*AC、*LD。

OUT:VD、ID、QD、MD、SD、SMD、LD、AC、*VD、*AC、*LD。

常规除法 IN1/IN2:VW、IW、QW、MW、SW、SMW、LW、AC、AIW、T、C、常数、*VD、*AC、*LD。

OUT:VD、ID、QD、MD、SMD、SD、LD、AC、*VD、*AC、*LD。

实数型除法 IN1/IN2:VD、ID、QD、MD、AC、SMD、SD、LD、AC、常数、*VD、*AC、*LD。

OUT:VD、ID、QD、MD、SMD、SD、LD、AC、*VD、*AC、*LD。

【例6-9】图6-49给出一个除法操作的编程。

从梯形图可以看到,在 I0.0=1 时,VW20 中的内容与 VW10 中的内容相除,其结果(商和余数)保存在 VD2 中。

当被除数与 OUT 数据不相同时,用语句表编程与梯形图稍有不同。首先要利用传送指令把被除数传送到 OUT 中,然后执行除法操作,把 OUT 的内容与除数相除,其结果存入 OUT 中。

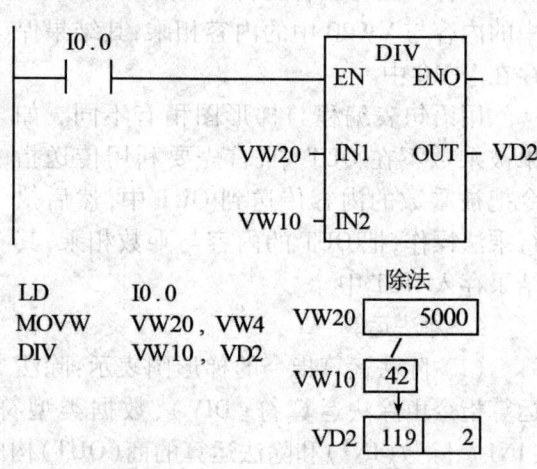

图6-49 除法运算的工作原理

5. 加1运算

(1) 加1运算指令的梯形图表示:加1运算指令由加1运算符(INC)、数据类型符(B、W、DW)、加1运算允许信号(EN)、被加1数(IN)和加1运算结果(OUT)构成。

(2) 加1运算指令的语句表表示:加1运算指令由加1操作码(INC)、数据类型符(B、W、D)和加1运算结果(OUT)构成。其梯形图和语句表表示如图6-50所示。

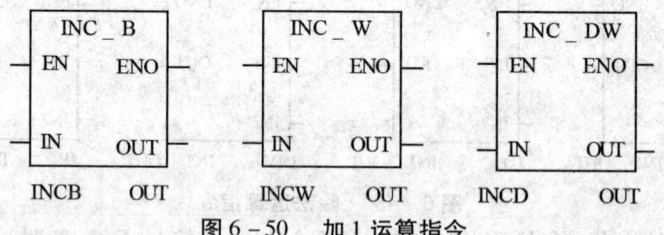

图6-50 加1运算指令

(3) 加1运算的操作:在梯形图表示中,当加1运算允许信号 EN=1 时,数 IN 加1数,其结果传送到 OUT 中。在语句表表示中,OUT 被加1,其结果传送到 OUT 中。

加1运算的注意事项:在梯形图中,被加1数 IN 与结果的地址可以不同。在语句表中,两者必须相同。

(4) 数据范围:

字节型 IN:VB、IB、QB、MB、SMB、LB、AC、常数、*VD、*AC、*LD。

OUT:VB、IB、QB、MB、SMB、LB、AC、*VD、*AC、*LD。

字型 IN:VW、IW、QW、MW、SW、SMW、AC、AIW、LW、T、C、常数、*VD、*AC、*LD。

OUT:VW、IW、QW、MW、SW、SMW、AC、LW、T、C、*VD、*AC、*LD。

双字型 IN：VD、ID、QD、MD、SD、SMD、LD、AC、HC、常数、*VD、*AC、*LD。
OUT：VD、ID、QD、MD、SD、SMD、LD、AC、*VD、*AC、*LD。

【例6-10】图6-51给出一个加1操作的编程。

从梯形图可以看到,在I4.0=1时,AC0的内容被加1,其结果保存在AC0中。当IN单元与OUT单元不相同时,用语句表编程与梯形图稍有不同,首先要利用传送指令把IN单元的内容传送到OUT单元中,然后执行加1操作,把OUT单元的内容加1,其结果存入OUT单元中。

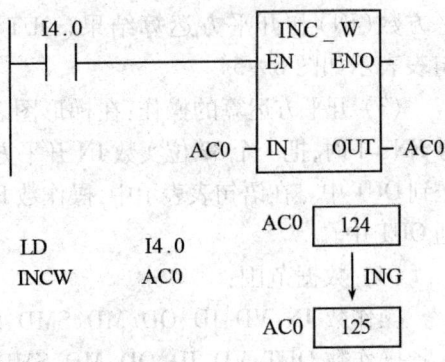

```
LD      I4.0
INCW    AC0
```

6. 减1运算

(1) 减1运算指令的梯形图表示:减1运算指令由减1运算符(DEC)、数据类型符(B、W、DW)、减1运算允许信号(EN)、被减1数(IN)和减1运算结果(OUT)构成。

图6-51 加1运算的工作原理

(2) 减1运算指令的语句表表示:减1运算指令由减1运算操作码(DEC)、数据类型符(B、W、D)和减1运算结果(OUT)构成。其梯形图和语句表表示如图6-52所示。

(3) 减1运算的操作:在梯形图表示中,当减1允许信号EN=1时,数IN减1,其结果传送到OUT中。在语句表表示中,数OUT被减1,其结果传送到OUT中。

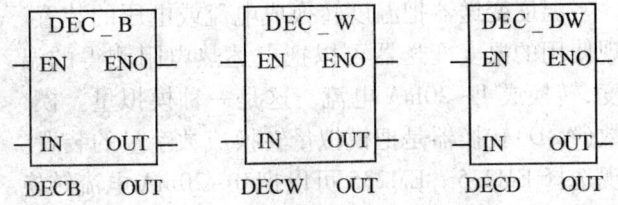

(4) 数据范围:
字节型 IN：VB、IB、QB、MB、SMB、LB、AC、常数、*VD、*AC、*LD。
OUT：VB、IB、QB、MB、SMB、LB、AC、*VD、*AC、*LD。
字型 IN：VW、IW、QW、MW、SW、SMW、AC、AIW、LW、T、C、常数、*VD、*AC、*LD。
OUT：VW、IW、QW、MW、SW、SMW、AC、LW、T、C、*VD、*AC、*LD。

图6-52 减1运算指令

双字型 IN：VD、ID、QD、MD、SD、SMD、LD、AC、HC、常数、*VD、*AC、*LD。
OUT：VD、ID、QD、MD、SD、SMD、LD、AC、*VD、*AC、*LD。

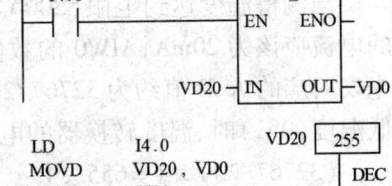

```
LD      I4.0
MOVD    VD20, VD0
DEC     VD0
```

【例6-11】图6-53给出一个减1操作的编程。

从梯形图可以看到,在I4.0=1时,VD20的内容被减1,其结果保存在VD0中。

图6-53 减1运算的工作原理

当IN单元与OUT单元不相同时,用语句表编程与梯形图稍有不同,首先要利用传送指令把IN单元的内容传送到OUT单元中,然后执行减1操作,把OUT单元的内容减1,其结果存入OUT单元中。

7. 开平方运算

(1) 开平方运算指令的梯形图表示:开平方运算指令由开平方运算符(SQRT)、开平方运算允许信号(EN)、被开平方数(IN)和开平方运算结果(OUT)构成。

（2）开平方运算指令的语句表表示：开平方运算指令由开平方运算操作码(SQRT)、被开平方数(IN)和开平方运算结果(OUT)构成。其梯形图和语句表表示如图6-54。

（3）开平方运算的操作：在梯形图表示中，当开平方允许信号EN=1时，把一个32位实数IN开平方，得到32位实数结果传送到OUT中。在语句表表示中，操作数IN被开平方，其结果传送到OUT中。

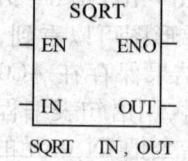

图6-54 开平方运算指令

（4）数据范围：

操作数 IN：VD、ID、QD、MD、SMD、SD、LD、AC、常数、*VD、*AC、*LD。

操作数 OUT：VD、ID、QD、MD、SMD、SD、LD、AC、*VD、*AC、*LD。

【例6-12】图6-55是一个整数运算的实际应用例子。

在温度检测系统中，测温元件有热电阻、热电偶等。现采用Pt100热电阻作为测温元件，测温范围为0~200℃。

温度变送器把温度转换成电流或电压的装置。现使用的温度变送器可以把上述热电阻测得的温度，转换成4~20mA电流。这是一种模拟量。模/数(A/D)转换器是把模拟量转换成数字量的装置。现选择EM235。EM235可以把0~20mA电流转换成12位二进制数，该数据存于AIW0的第3~14位。

试编制把检测值转换成实际的温度值，存于VD0中的程序。

对检测值的分析。

当测得温度达到上限(200℃)时，温度转换器的电流应该为20mA，AIW0的数值约为32767。每毫安对应的A/D值约为32767/20。测得温度为最低温度(0℃)时，温度转换器的电流应该为4mA，A/D值约为

$(32767/20) \times 4 = 6553.4$

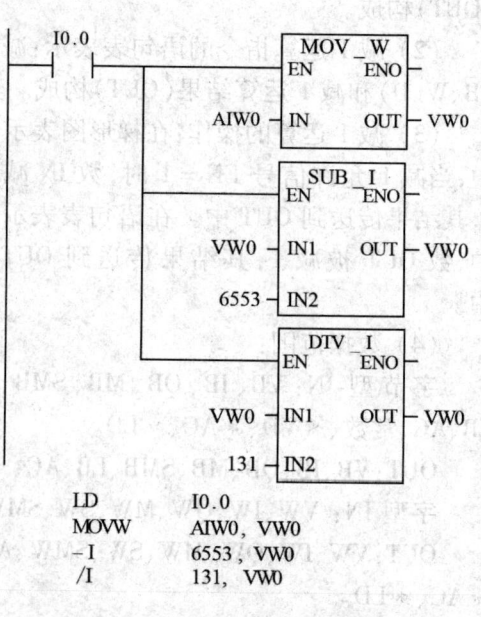

图6-55 整数运算的程序设计

被测温度为0~200℃时，AIW0的对应值约为6553.4~32767。可以算出1℃对应的A/D值大约为

$(32767 - 6553.4)/200 = 131.068$

可以算出把AIW0的数值转换为实际温度的计算公式为

VD0值=(AIW0值-6553.4)/131.068

图6-55是当I0.0=1时，求实际温度的近似计算程序。第一个梯形图支路是把检测的A/D值传送到VW0中。第二个梯形图支路是把VW0的值减去6553存于VW0中。最后一个梯形图支路是把VW0的值除以131存于VW0中。VW0中的最后数值就是实际温度的近似值。

6.7.2 逻辑运算操作指令

1. 逻辑与运算

(1) 逻辑与运算指令的梯形图表示：逻辑与运算由逻辑与运算符(WAND)、数据类型符(B、W、DW)、逻辑与运算允许信号(EN)、数据1(IN1)、数据2(IN2)和逻辑与运算结果(OUT)构成。

(2) 逻辑与运算指令的语句表表示：逻辑与运算指令由逻辑与运算操作码(AND)、数据类型符(B、W、D)、数据1(IN1)和逻辑与运算结果(OUT)构成。其梯形图和语句表表示如图6-56所示。

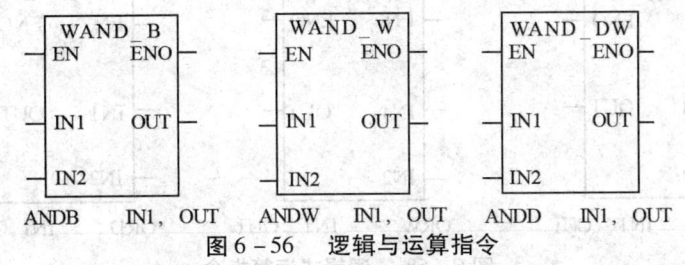

图6-56 逻辑与运算指令

(3) 逻辑与运算的操作：在梯形图表示中，当逻辑与允许信号 EN=1 时，数据1(IN1)和数据2(IN2)按位与，其结果传送到 OUT 中。在语句表表示中，IN1 和 OUT 按位与，其结果传送到 OUT 中。

(4) 数据范围：

字节与 IN1/IN2：VB、IB、QB、MB、SB、SMB、LB、AC、常数、*VD、*AC、*LD。

OUT：VB、IB、QB、MB、SB、SMB、LB、AC、*VD、*AC、*LD。

字与 IN1/IN2：VW、IW、QW、MW、SW、SMW、LW、T、C、AIW、AC、常数、*VD、*AC、*LD。

OUT：VW、IW、QW、MW、SW、SMW、LW、T、C、AC、*VD、*AC、*LD。

双字与 IN1/IN2：VD、ID、QD、MD、SD、SMD、AC、LD、常数、*VD、*AC、*LD。

OUT：VD、ID、QD、MD、SD、SMD、LD、AC、HC、常数、*VD、*AC、*LD。

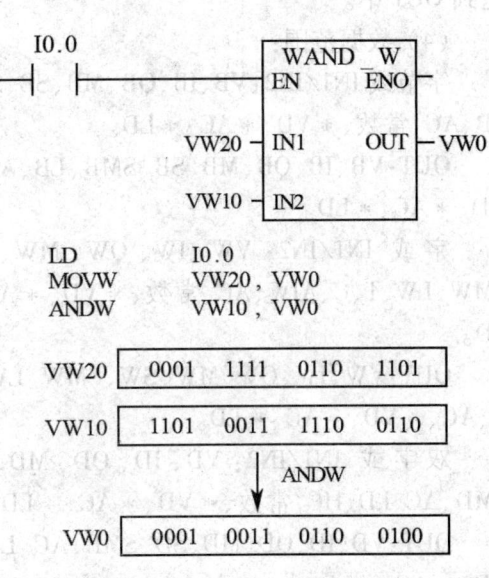

图6-57 逻辑与运算的工作原理

【例6-13】图6-57给出一个逻辑与操作的编程。

从梯形图可以看到，在 I0.0=1 时，VW20 中的内定与 VW10 中的内定相与，其结果保存在 VW0 中。

当 IN1 单元与 OUT 单元不相同时，用语句表编程与梯形图稍有不同。首先要利用传送指令把 IN1 的内容传送到 OUT 中，然后执行逻辑与操作，把 OUT 的内容与 IN2 的内容逻辑与，其结果存入 OUT 中,如图 6－57 所示。

2. 逻辑或运算

(1) 逻辑或运算指令的梯形图表示:逻辑或运算指令由逻辑或运算符(WOR)、数据类型符(B、W、DW)、逻辑或运算允许信号(EN)、数据 1(IN1)、数据 2(IN2)和逻辑或运算结果(OUT)构成。

(2) 逻辑或运算指令的语句表表示:逻辑或运算指令由逻辑或运算操作码(OR)、数据类型符(B、W、D)、数据 1(IN1)和逻辑或运算结果(OUT)构成。其梯形图和语句表表示如图 6－58 所示。

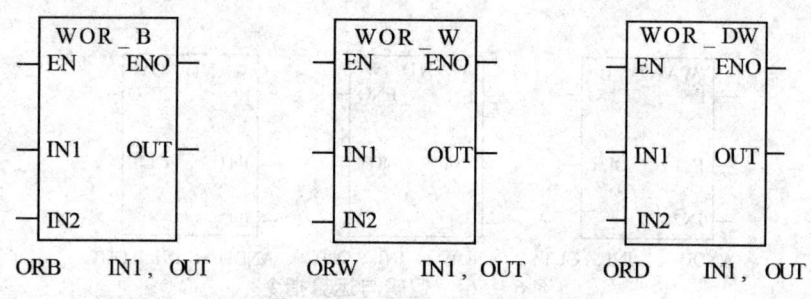

图 6－58　逻辑或运算指令

(3) 逻辑或运算的操作:在梯形图表示中,当逻辑或允许信号 EN＝1 时,数据 1(IN1)和数据 2(IN2)按位或,其结果传送到 OUT 中。在语句表表示中,IN1 和 OUT 按位或,其结果传送到 OUT 中。

(4) 数据范围:

字节或 IN1/IN2:VB、IB、QB、MB、SB、SMB、LB、AC、常数、*VD、*AC、*LD。

OUT:VB、IB、QB、MB、SB、SMB、LB、AC、*VD、*AC、*LD。

字或 IN1/IN2:VW、IW、QW、MW、SW、SMW、LW、T、C、AIW、AC、常数、*VD、*AC、*LD。

OUT:VW、IW、QW、MW、SW、SMW、LW、T、C、AC、*VD、*AC、*LD。

双字或 IN1/IN2:VD、ID、QD、MD、SD、SMD、AC、LD、HC、常数、*VD、*AC、*LD。

OUT:VD、ID、QD、MD、SD、SMB、AC、LD、*VD、*AC、*LD。

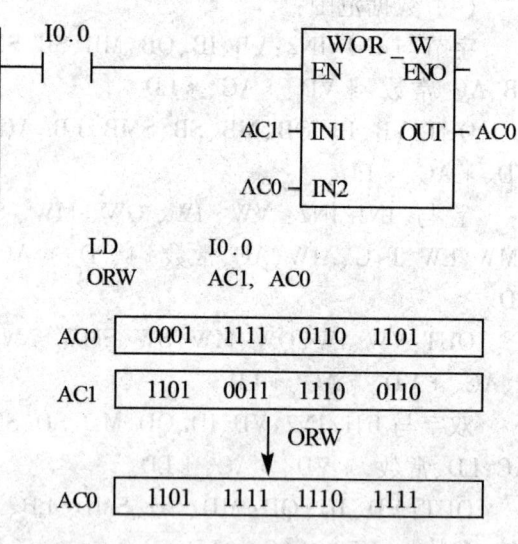

图 6－59　逻辑或运算的工作原理

【例 6－14】图 6－59 给出一个逻辑或操作的编程。

从梯形图可以看到,在 I0.0＝1 时,AC1 中的内容与 AC0 中的内容按位逻辑或,其结果保存在 AC0 中。

当 IN1 单元与 OUT 单元不相同时,用语句表编程与梯形图稍有不同。首先要利用传送指令把IN1的内容传送到OUT中,然后执行逻辑或操作,把OUT的内容与IN1的内容按位逻辑或,其结果存入OUT中。

3. 逻辑异或运算

(1)逻辑异或运算指令的梯形图表示:逻辑异或运算指令由逻辑异或运算符(WXOR)、数据类型符(B、W、DW)、逻辑异或运算允许信号(EN)、数据1(IN1)、数据2(IN2)和逻辑异或运算结果(OUT)构成。

(2)逻辑异或运算指令的语句表表示:逻辑异或运算指令由逻辑异或运算操作码(XOR)、数据类型符(B、W、D)、数据1(IN1)和逻辑异或运算结果(OUT)构成。其梯形图和语句表表示如图6-60所示。

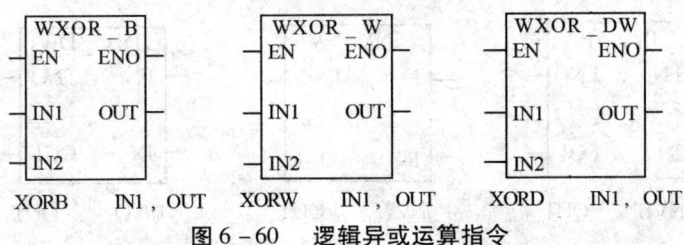

图6-60 逻辑异或运算指令

(3)逻辑异或运算的操作:在梯形图表示中,当逻辑异或允许信号EN=1时,数据1(IN1)和数据2(IN2)按位异或,其结果传送到OUT中。在语句表表示中,IN1和OUT按位异或,其结果传送到OUT中。

(4)数据范围:

字节异或 IN1/IN2:VB、IB、QB、MB、SB、SMB、LB、AC、常数、*VD、*AC、*LD。

OUT:VB、IB、QB、MB、SB、SMB、LB、AC、*VD、*AC、*LD。

字异或 IN1/IN2:VW、IW、QW、MW、SW、SMW、LW、T、C、AIW、AC、常数、*VD、*AC、*LD。

OUT:VW、IW、QW、MW、SW、SMW、LW、T、C、AC、*VD、*AC、*LD。

双字异或 IN1/IN2:VD、ID、QD、MD、SD、SMD、AC、LD、HC、常数、*VD、*AC、*LD。

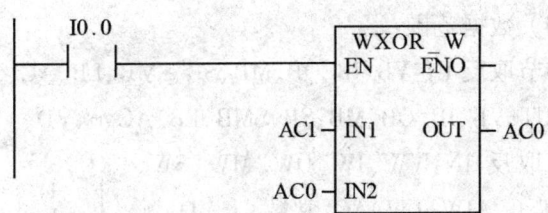

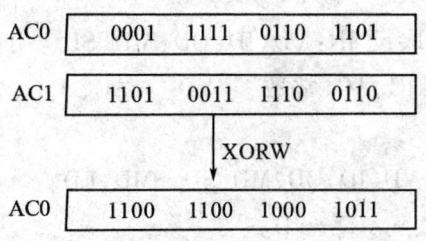

图6-61 逻辑异或运算的工作原理

OUT:VD、ID、QD、MD、SD、SMB、AC、LD、*VD、*AC、*LD。

【例6-15】图6-61给出一个逻辑异或操作的编程。

从梯形图可以看到,在I0.0=1时,AC1中的内定与AC0中的内容逻辑异或,其结果保存在 AC0 中。

当 IN1 单元与 OUT 单元不相同时,用语句表编程与梯形图稍有不同。首先要利用传送指令把 IN1 的内容传送到 OUT 中,然后执行逻辑异或操作,把 OUT 的内容与 IN1 的内容逻辑异或,其结果存入 OUT 中。

4. 取反运算

(1) 取反运算指令的梯形图表示:取反运算指令由取反运算符(INV)、数据类型符(B、W、DW)、取反运算允许信号(EN)、数据(IN)和取反运算结果(OUT)构成。

(2) 取反运算指令的语句表表示:取反运算指令由取反运算操作码(INV)、数据类型符(B、W、D)和取反运算结果(OUT)构成。其梯形图和语句表表示如图 6 - 62。

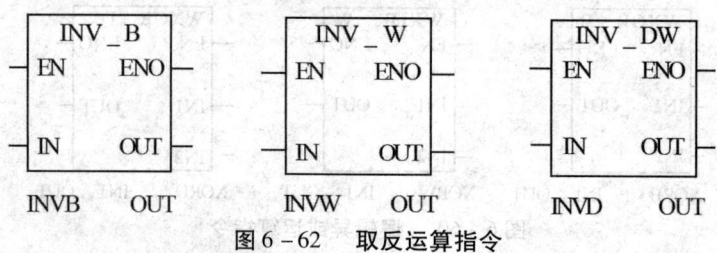

图 6 - 62　取反运算指令

(3) 取反运算的操作:在梯形图表示中,当取反允许信号 EN = 1 时,数据(IN)取反,其结果传送到 OUT 中。在语句表表示中,将 OUT 取反,其结果传送到 OUT 中。

(4) 数据范围:

字节取反 IN:VB、IB、QB、MB、SB、SMB、LB、AC、常数、*VD、*AC、*LD。

OUT:VB、IB、QB、MB、SB、SMB、LB、AC、*VD、*AC、*LD。

字取反 IN:VW、IW、QW、MW、SW、SMW、T、C、AIW、LW、AC、常数、*VD、*AC、*LD。

OUT:VW、IW、QW、MW、SW、SMW、T、C、LW、AC、*VD、*AC、*LD。

双字取反 IN:VD、ID、QD、MD、SD、SMD、LD、HC、AC、常数、*VD、*AC、*LD。

OUT:VD、ID、QD、MD、SD、SMD、LD、AC、*VD、*AC、*LD。

【例 6 - 16】图 6 - 63 给出一个取反操作的编程。从梯形图可以看到,在 I4.0 = 1 时,AC0 中的内容取反,其结果保存在 AC0 中。

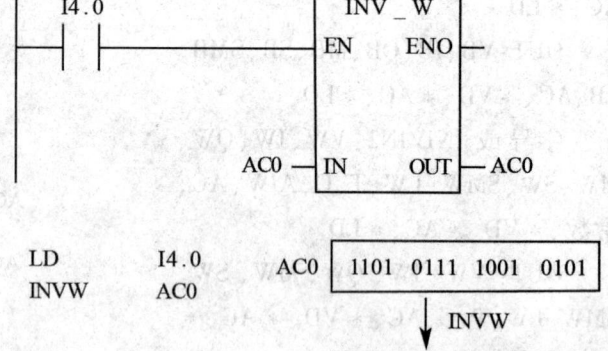

图 6 - 63　取反运算的工作原理

当 IN 单元与 OUT 单元不相同时,用语句表编程与梯形图稍有不同。首先要利用传送指令把 IN 的内容传送到 OUT 中,然后把 OUT 的内容取反,其结果存入 OUT 中。

6.7.3 移位操作指令

1. 右移指令

(1) 右移指令的梯形图表示：右移指令由右移操作符(SHR)、数据类型符(B、W、DW)、右移允许信号(EN)、被右移数(IN)、右移位数(N)和右移结果(OUT)构成。

(2) 右移指令的语句表表示：右移指令由右移操作码(SR)、数据类型符(B、W、D)、右移位数(N)和右移结果(OUT)构成。其梯形图和语句表表示如图6-64所示。

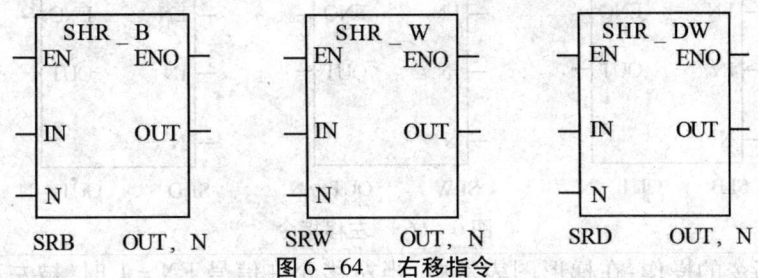

图6-64　右移指令

(3) 右移指令的操作：在梯形图表示中，当右移允许信号 EN=1 时，被右移数 IN 右移 N 位，最左边移走数的位依次用0填充，其结果传送到 OUT 中。在语句表表示中，OUT 被右移 N 位，最左边移走数的位依次用0填充，其结果传送到 OUT 中。

(4) 数据范围：

字节右移 IN/OUT：VB、IB、QB、MB、SB、SMB、LB、AC、*VD、*AC、*LD。

N：VB、IB、QB、MB、SB、SMB、LB、AC、常数、*VD、*AC、*LD。

字右移 IN：VW、IW、QW、MW、SW、SMW、LW、T、C、AIW、AC、常数、*VD、*AC、*LD。

OUT：VW、IW、QW、MW、SW、SMW、LW、T、C、AIW、AC、*VD、*AC、*LD。

N：VB、IB、QB、MB、SB、SMB、LB、AC、常数、*VD、*AC、*LD。

双字右移 IN：VD、ID、QD、MD、SMD、AC、*VD、*AC。

OUT：VD、ID、QD、MD、SMD、AC、*VD、*AC。

N：VB、IB、MB、SMB、AC、*VD、*AC、SB、常数。

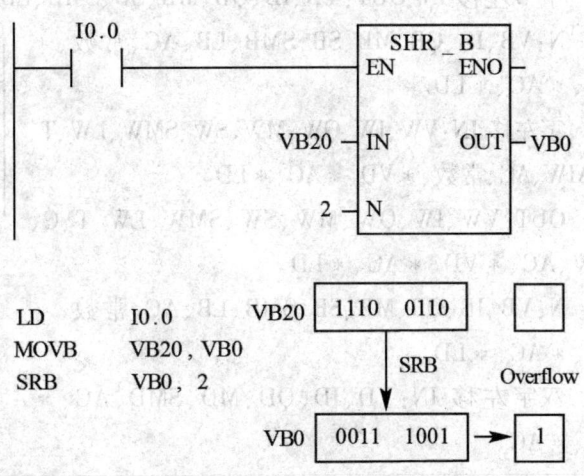

图6-65　右移指令的工作原理

【例6-17】图6-65给出一个右移操作的编程。

从梯形图可以看到，在 I0.0=1 时，VB20 中的内容右移2位(因为N=2)，被移走的位由0填充，其结果保存在 VB0 中。

当 IN 单元与 OUT 单元不相同时，用语句表编程与梯形图稍有不同。首先要利用传送指令把 IN 的内容传送到 OUT 中，然后把 OUT 的内容右移，其结果存入 OUT 中。

2. 左移指令

（1）左移指令的梯形图表示：左移指令由左移操作符（SHL）、数据类型符（B、W、DW）、左移允许信号（EN）、被左移数（IN）、左移位数（N）和左移结果（OUT）构成。

（2）左移指令的语句表表示：左移指令由左移操作码（SL）、数据类型符（B、W、D）、左移位数（N）和左移结果（OUT）构成。其梯形图和语句表表示如图6-66所示。

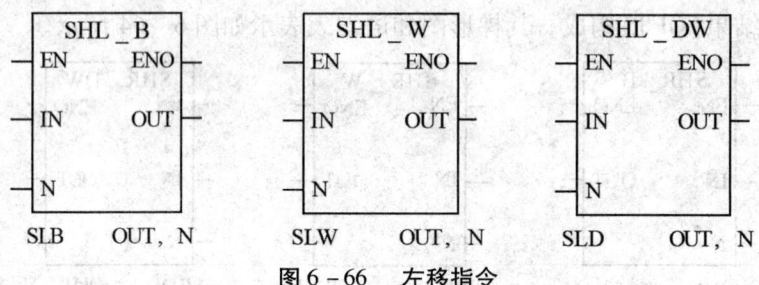

图6-66 左移指令

（3）左移指令的操作：在梯形图表示中，当左移允许信号 EN=1 时，被左移数 IN 左移 N 位，最右边移出的位依次用 0 填充，其结果传送到 OUT 中。在语句表表示中，OUT 被左移 N 位，最右移出的位依次用 0 填充，其结果传送到 OUT 中。

（4）数据范围：

字节左移 IN/OUT：VB、IB、QB、MB、SB、SMB、LB、AC、*VD、*AC、*LD。

N：VB、IB、QB、MB、SB、SMB、LB、AC、常数、*VD、*AC、*LD。

字左移 IN：VW、IW、QW、MW、SW、SMW、LW、T、C、AIW、AC、常数、*VD、*AC、*LD。

OUT：VW、IW、QW、MW、SW、SMW、LW、T、C、AIW、AC、*VD、*AC、*LD。

N：VB、IB、QB、MB、SB、SMB、LB、AC、常数、*VD、*AC、*LD。

双字左移 IN：VD、ID、QD、MD、SMD、AC、*VD、*AC。

OUT：VD、ID、QD、MD、SMD、AC、*VD、*AC。

N：VB、IB、MB、SMB、AC、*VD、*AC、SB、常数。

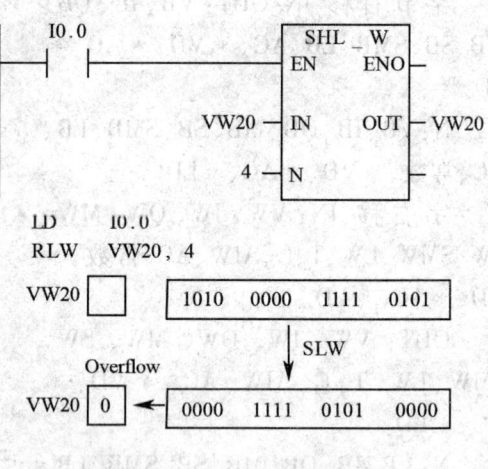

图6-67 左移指令的工作原理

【例6-18】图6-67给出一个左移操作的编程。

从梯形图可以看到，在 I0.0=1 时，VW20 中的内容左移 4 位（因为 N=4），被移走的位由 0 填充，其结果保存在 VW20 中。

当 IN 单元与 OUT 单元不相同时，用语句表编程与梯形图稍有不同。首先要利用传送指令把 IN 的内容传送到 OUT 中，然后把 OUT 的内容左移，其结果存入 OUT 中。

3. 循环右移指令

(1) 循环右移指令的梯形图表示:循环右移指令由循环右移操作符(ROR)、数据类型符(B、W、DW)、循环右移允许信号(EN)、被右移数(IN)、右移位数(N)和右移结果(OUT)构成。

(2) 循环右移指令的语句表表示:循环右移指令由循环右移操作码(RR)、数据类型符(B、W、D)、右移位数(N)和右移结果(OUT)构成。其梯形图和语句表表示如图6-68所示。

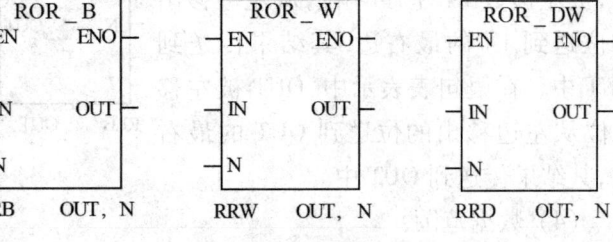

图6-68 循环右移指令

(3) 循环右移指令的操作:在梯形图表示中,当循环右移允许信号EN=1时,被右移数IN右移N位,从右边移出的位送到IN的最左边,其结果传送到OUT中。在语句表表示中,OUT被右移N位,从右边移出的位送到OUT的最左边,其结果传送到IN中。

(4) 数据范围:

字节循环右移 IN/OUT:VB、IB、QB、MB、SB、SMB、LB、AC、∗VD、∗AC、∗LD。

N:VB、IB、QB、MB、SB、SMB、LB、AC、常数、∗VD、∗AC、∗LD。

字循环右移 IN:VW、IW、QW、MW、SW、SMW、LW、T、C、AIW、AC、常数、∗VD、∗AC、∗LD。

OUT:VW、IW、QW、MW、SW、SMW、LW、T、C、AIW、AC、∗VD、∗AC、∗LD。

N:VB、IB、QB、MB、SB、SMB、LB、AC、常数、∗VD、∗AC、∗LD。

双字循环右移 IN:VD、ID、QD、MD、SMD、LD、HC、AC、常数、∗VD、∗AC、∗LD。

OUT:VD、ID、QD、MD、SD、SMD、LD、AC、∗VD、∗AC、∗LD。

N:VB、IB、MB、SMB、SB、AC、常数、∗VD、∗AC、∗LD。

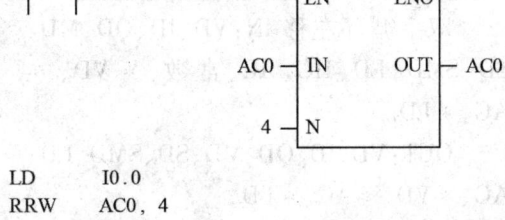

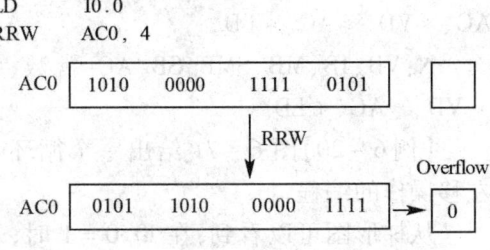

图6-69 循环右移指令的工作原理

【例6-19】图6-69给出一个循环右移操作的编程。

从梯形图可以看到,在I0.0=1时,AC0中的内容右移4位(因为N=4),被移走的位又被填充到AC0的左端,其结果保存在AC0中。

当IN单元与OUT单元不相同时,用语句表编程与梯形图稍有不同。首先要利用传送指令把IN的内容传送到OUT中,然后把OUT的内容循环右移,其结果存入OUT中。

4. 循环左移指令

(1) 循环左移指令的梯形图表示:循环左移指令由循环左移操作符(ROL)、数据类型符(B、W、DW)、循环左移允许信号(EN)、被左移数(IN)、左移位数(N)和左移结果(OUT)构成。

(2) 循环左移指令的语句表表示:循环左移指令由循环左移操作符(RL)、数据类型符

（B、W、D）、左移位数（N）和左移结果（OUT）构成。其梯形图和语句表表示如图6-70所示。

(3) 循环左移指令的操作：在梯形图表示中，当循环左移允许信号EN=1时，被左移数IN左移N位，从左边移出的位送到IN的最右边，其结果传送到OUT中。在语句表表示中，OUT被左移N位从左边移出的位送到OUT的最右边，其结果传送到OUT中。

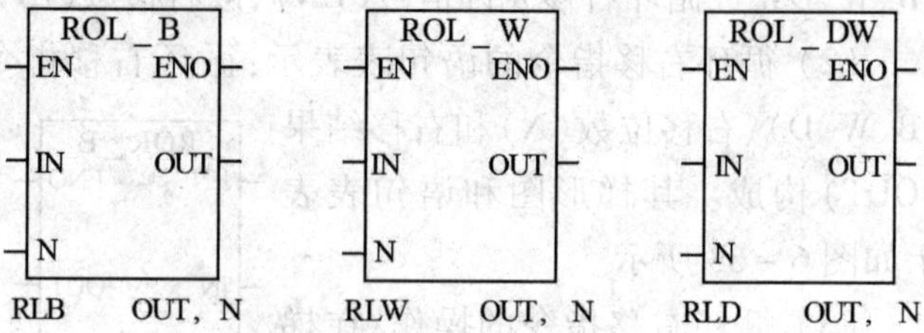

图6-70 循环左移指令

(4) 数据范围：
字节循环左移IN/OUT：VB、IB、QB、MB、SB、SMB、LB、AC、*VD、*AC、*LD。
N：VB、IB、QB、MB、SB、SMB、LB、AC、常数、*VD、*AC、*LD。
字循环左移IN：VW、IW、QW、MW、SW、SMW、LW、T、C、AIW、AC、常数、*VD、*AC、*LD。
OUT：VW、IW、QW、MW、SW、SMW、LW、T、C、AIW、AC、*VD、*AC、*LD。
N：VB、IB、QB、MB、SB、SMB、LB、AC、常数、*VD、*AC、*LD。
双字循环左移IN：VD、ID、QD、MD、SD、SMD、LD、HC、AC、常数、*VD、*AC、*LD。
OUT：VD、ID、QD、MD、SD、SMD、LD、AC、*VD、*AC、*LD。
N：VB、IB、MB、SMB、SB、AC、常数、*VD、*AC、*LD。

【例6-20】图6-71给出一个循环左移操作的编程。

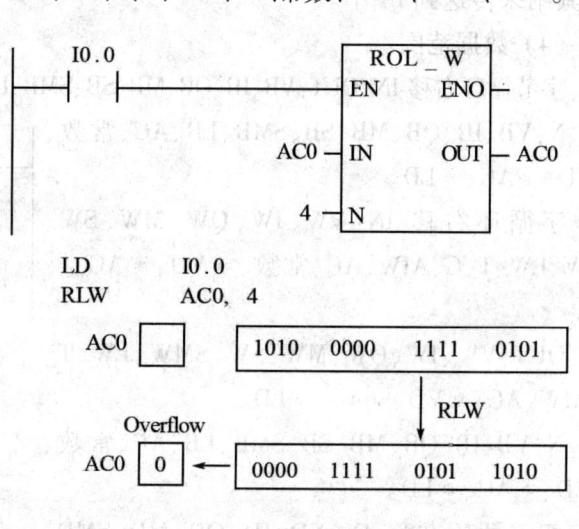

图6-71 循环左移指令的工作原理

从梯形图可以看到，在I0.0=1时，AC0中的内容左移4位（因为N=4），被移走的位又被填充到AC0的右端，其结果保存在AC0中。

当IN单元与OUT单元不相同时，用语句表编程与梯形图稍有不同。首先要利用传送指令把IN的内容传送到OUT中，然后把OUT的内容左移，其结果存入OUT中。

5. 自定义位移位指令

(1) 自定义位移位指令的梯形图表示：自定义位移位指令由自定义位移位操作符（SHRB）、自定义位移位允许信号（EN）、移位寄存器移入的数值（DATA）、移位寄存器的超位（S_BIT）、移位寄存器的长度和移位方向（N）构成。

(2) 自定义位移位指令的语句表表示：自定义位移位指令由自定义位移位操作码（SHRB）、移位寄存器移入的数值（DATA）、移位寄存器的起始位（S_BIT）、移位寄存器的长度和移位方向（N）构成，其梯形图和语句表表示如图6-72所示。

(3) 自定义位移位指令的操作：在梯形图表示中，当自定义移位允许信号EN=1时，位数据 DATA 填入移位寄存器移位的最低位(S_BIT),移位寄存器的长度为 N 的绝对值,移位方向为 N 的符号。每次移一位,第 N 位溢出(到 SM1.1 中)。在语句表表示中,位数据 DATA 填入移位寄存器移位的最低位(S_BIT),移位寄存器的长度为 N,每次移一位,第 N 位溢出(到 SM1.1 中)。

自定位移位指令的注意事项:移位寄存器的最低位由(S_BIT)决定,移位寄存器的最高位可以由最低位 S_BIT 和移位寄存器的长度 N 决定。设移位寄存器的最高位为 MSB.b,则有

MSB.b 的字节号 = {(S_BIT 的字节号) + [(N−1) + (S_BIT 的位号)]/8} 的商

MSB.b 的位号 = {[(S_BIT 的字节号) + (N−1) + (S_BIT 的位号)]/8} 的余数

比如,S_BIT = V33.4,N = 14,因为 [33 + (14 − 1 + 4)]/8 = 35 余 1,所以有 MSB.b 的字节号 = V35,MSB.b 的位号 = 1,则 MSB.b = V35.1。

当 N < 0 时为反向移位(从移位寄存器的最高位移入,由最低位移出),当 N > 0 时为正向移位(从移位寄存器的最低位移入,由最高位移出)。

(4) 数据范围:

位型数据 DATA/S_BIT:I、Q、M、SM、T、C、V、S、L(位)。

字节型数据 N:VB、IB、QB、MB、SB、SMB、LB、AC、*VD、*AC、*LD、常数。

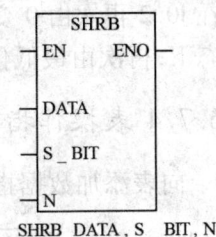

图 6−72 自定义位移位指令

【例 6−21】图 6−73 给出一个自定义位移位操作的编程。

移位寄存器自定义位移位指令将 DATA 数值(I0.3)移位进入移位寄存器(VB100)。

S_BIT 指定移位寄存器的最低有效位(V100.0)。N 指定移位寄存器的长度及移位方向(正移位 N > 0,负移位 N < 0)。SHRB 指令移出的每位被置于溢出内存位(SM1.1)。

从梯形图可以看到,移位寄存器的字节号

MSB.b 的字节号 = {100 + [(4−1) + 0]/8} 的商 = 100

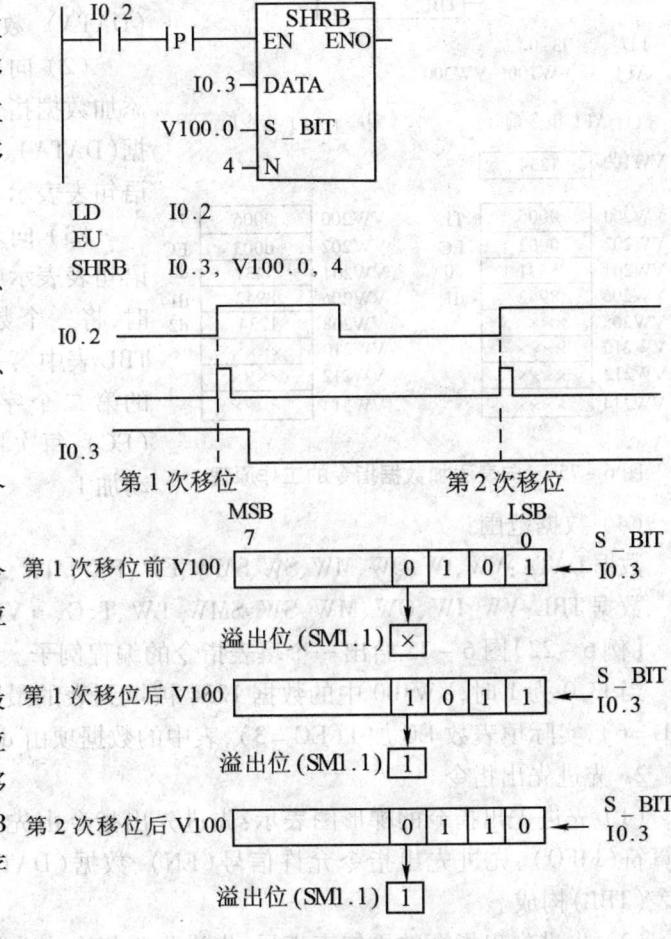

图 6−73 自定义位移位指令的工作原理

MSB.b 的位号 = {100 + [(4-1)+0]/8} 的余数 = 3
所以,MSB.b = V100.3

在 I0.2 由 0 变为 1 时,因为 N>0,移位寄存器将从最低位 V100.0 向最高位 V100.3 移位 1 位,V100.3 的状态被移入 SM1.1 中,同时 I0.3 的状态进入 V100.0。

在 I0.2 再次由 0 变为 1 时,移位寄存器将从被移位 1 次以后的状态下,再次由最低位向最高位移位一次,规律同前所述。

6.7.4 表操作指令

1. 向表添加数据指令

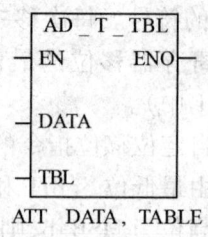

图 6-74 向表添加数据指令

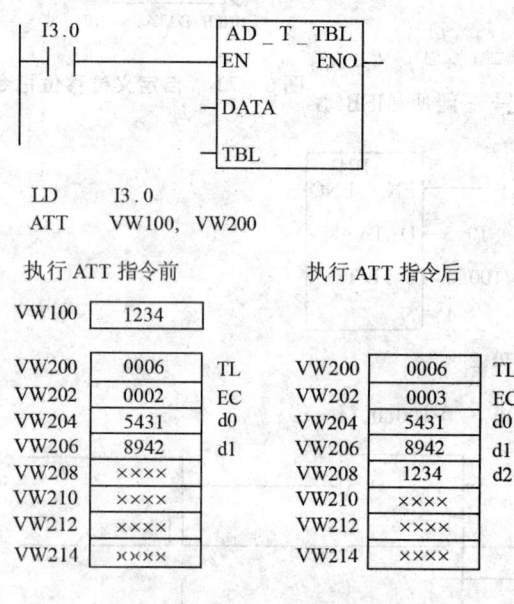

图 6-75 向表添加数据指令的工作原理

(1) 向表添加数据指令的梯形图表示:向表添加数据指令由向表添加数据运算符(AD_T_TBL)、向表添加数据指令允许信号(EN)、数据(DATA)、数据表(TBL)构成。

(2) 向表添加数据指令的语句表表示:向表添加数据指令由向表添加数据操作码(ATT)、数据(DATA)、数据表(TABLE)构成。其梯形图和语句表表示如图 6-74 所示。

(3) 向表添加数据指令的操作:在梯形图和语句表表示中,当向表添加数据允许信号 EN=1 时,将一个数据 DATA 添加到表 TBL 的末尾。TBL 表中第一个字表示最大允许长度(TL);表的第二个字表示表中现有的数据项的个数(EC),每次将新数据添加到表中时,EC 的值自动加 1。

(4) 数据范围:

数据 DATA:VW、IW、QW、MW、SW、SMW、LW、T、C、AIW、AC、常数、*VD、*AC、*LD。

数据 TBL:VW、IW、QW、MW、SW、SMW、LW、T、C、*VD、*AC、*LD。

【例 6-22】图 6-75 给出一个填表指令的编程例子。

当 I3.0 为 1 时,VW100 中的数据 1234 被填到表的最后(d2)。这时最大填表数 TL 未变(TL=6),实际填表数 EC 加 1(EC=3),表中的数据项由 d0、d1 变为 d0、d1、d2。

2. 先进先出指令

(1) 先进先出指令的梯形图表示:先进先出指令由先进先出运算符(FIFO)、先进先出指令允许信号(EN)、数据(DATA)、数据表(TBL)构成。

(2) 先进先出指令的语句表表示:先进先出指令由先进先出指令操作码(FIFO)、字型数据(DATA)、数据表(TABLE)构成。其梯形图和语句表表示如图 6-76 所示。

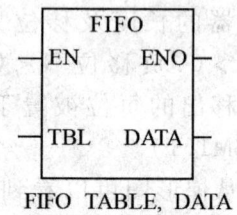

图 6-76 先进先出指令

(3)先进选出指令的操作:在梯形图和语句表表示中,当先进选出指令允许信号 EN=1 时,将表 TBL 的第一个数据项(不是第一个字)移出,并将它送到 DATA 指定的存储单元中。表中其余的数据项都向前移动一个位置,同时 EC 的值减 1。

(4)数据范围:

数据 DATA:VW、IW、QW、MW、SW、SMW、LW、T、C、AQW、AC、*VD、*AC、*LD。

数据 TBL:VW、IW、QW、MW、SW、SMW、LW、T、C、*VD、*AC、*LD。

【例 6-23】图 6-77 给出一个先进先出指令的编程例子。

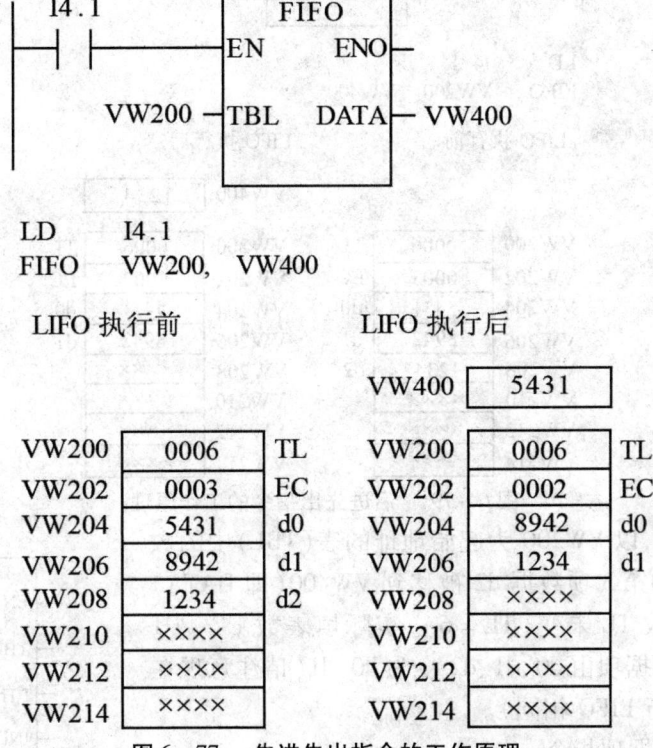

图 6-77 先进先出指令的工作原理

当 I4.1 为 1 时,以 VW200 为起始地址的表(TBL)中的数据 d0、d1 和 d2 中的第 1 项数据 d0 被移到 VW400(即 DATA)中。这时最大填表数 TL 未变(TL=6),实际填表数 EC 减 1(EC=2),表中的数据项由 d0、d1、d2 变为 d0、d1(请注意,现在 d0、d1 的地址与执行 FIFO 已有不同)。

3. 后进先出指令

(1)后进先出指令的梯形图表示:后进先出指令由后进先出指令运算符(LIFO)、后进先出指令允许信号(EN)、字型数据(DATA)、数据表(TBL)构成。

(2)后进选出指令的语句表表示:后进先出指令由后进先出指令操作码(LIFO)、数据(DATA)、数据表(TABLE)构成。其梯形图和语句表表示如图 6-78 所示。

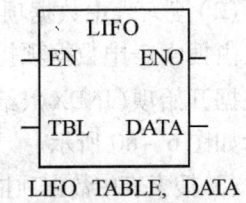

图 6-78 后进先出指令

(3)后进先出指令的操作:在梯形图表示中,当后进先出指令允许信号 EN=1 时,将表 TBL 的最后一个数据项删除,并将它送到 DATA 指定的存储单元中,同时 EC 的值减 1。

(4) 数据范围：

数据 DATA：VW、IW、QW、MW、SW、SMW、LW、T、C、AQW、AC、*VD、*AC、*LD。

数据 TBL：VW、IW、QW、MW、SW、SMW、LW、T、C、*VD、*AC、*LD。

【例 6-24】图 6-79 给出一个后进先出指令的编程例子。

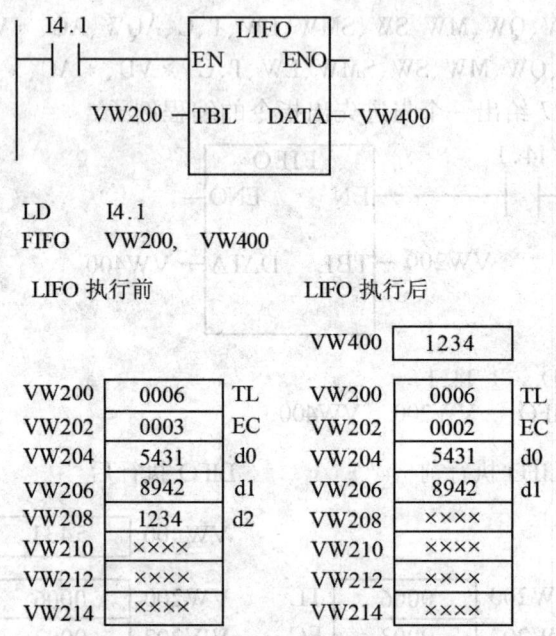

图 6-79　后进先出指令的工作原理

当 I4.1 为 1 时，以 VW200 为起始地址的表（TBL）中的数据 d0、d1 和 d2 中的第 3 项数据 d2 被移到 VW400（即 DATA）中，这时最大填表数 TL 未变（TL=6），实际填表数 EC 减 1（EC=2），表中的数据项由 d0、d1、d2 变为 d0、d1（请注意现在 d0、d1 的地址与执行 LIFO 相同）。

4. 搜索表中数据项指令

(1) 搜索表中数据项指令的梯形图表示：搜索表中数据项指令由搜索表中数据项运算符（TBL_FIND）、搜索表中数据项指令允许信号（EN）、搜索表（TBL）、搜索表中数据开始项（INDX）、给定值（PTN）、搜索条件（CMD）构成。

(2) 搜索表中数据项指令的语句表表示：搜索表中数据项指令由搜索表中数据项操作码（FND）、搜索表（TBL）、搜索表中数据开始项（INDX）、给定值（PTN）、搜索条件（=、<>、<、>）构成。其梯形图和语句表表示如图 6-80 所示。

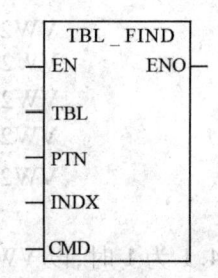

图 6-80　搜索表中数据项指令

(3) 搜索表中数据项指令的操作：在梯形图表示中，当搜索表中数据项允许信号 EN=1 时，从搜索表 TBL 中由 INDX 设定的数据开始项开始，依据给定值 PTN 和搜索条件 CMD（CMD=1 表示等于，CMD=2 表示不等于，CMD=3 表示小于，CMD=4 表示大于）进行搜索。每搜索过一个数据项，INDX 自动加 1。如果找到一个符合条件的数据项，则 INDX 中指明该数据项在表中的位置。如果一个符合条件的数据项也找不到，则 INDX 的值等于数据表的长度。为了搜索下一个符合条件的值,在再次使用 TBL_FIND 指令之前,必须先将 INDX 加 1。在语句表表示中,从搜索表 TBL 中,由 INDX 设定的数据开始项开始,依据给定值 PTN 和搜索条件(= 、< > 、< 、>)进行搜索,搜索过程同上所述。

(4) 数据范围:

数据 TBL:VW、IW、QW、MW、SMW、T、C、*VD、*AC、*LD。

数据 PIT:VW、IW、QW、MW、SMW、AIW、LW、T、C、AC、常数、*VD、*AC、*LD。

数据 INDX:VW、IW、QW、T、C、MW、SMW、LW、T、C、AC、*VD、*AC、*LD。

数据 CMD:1~4。

【例 6-25】图 6-81 给出了一个搜索表中数据项指令的编程例子。

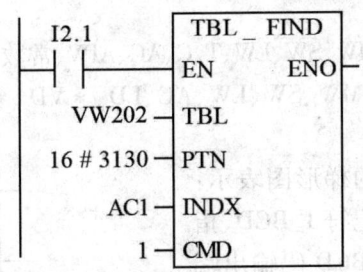

```
LD    I2.1
FND = VW202, 16#3130, AC1
```

VW202	0006	EC（实际填表数）
VW204	3133	d0（数据 0）
VW206	4142	d1（数据 1）
VW208	3130	d2（数据 2）
VW210	3030	d3（数据 3）
VW212	3130	d4（数据 4）
VW214	4541	d5（数据 5）

图 6-81 搜索表中数据项指令的工作原理

当 I2.1 = 1 时,FND 指令开始查找数据表中等于 16#3130 的数据(因为 CMD = 1)。TBL 的数据为 VW202,从 VW204 单元开始即为表中数据。实际上表中共有 6 项数据,VW202 的内容为 EC(这里 EC = 6)。

如果从 AC1 置 0,表示从头查找。当 I2.1 = 1 时,从头搜索表中含数值为 16#3130 的数据项。搜索完之后 AC1 的数据 = 2。表明找到一个数据,其位置在 VW208。如果想继续往下查找,可以令 AC1 数据加 1,再执行一次搜索。搜索完之后 AC1 的数据 = 3,表明找到一个数据,其位置在 VW210。如果想继续往下查找,可以令 AC1 数据加 1,再执行一次搜索。搜索完之后,AC1 的数据 = 4,表明找到一个数据,其位置在 VW212。如果想继续往下查找,可以令 AC1 数据加 1,再执行一次搜索。搜索完之后 AC1 的数据 = 5 = EC,表明搜索结束。

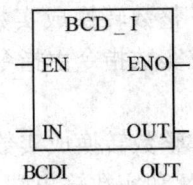

图 6-82 BCD 码转换成整数指令

6.7.5 数据转换操作指令

1. BCD 码转换为整数指令

(1) BCD 码转换成整数指令的梯形图表示：BCD 码转换成整数指令由指令助记符 BCD_I、指令允许输入 EN、BCD 码输入端 IN 和整数输出端 OUT 构成。

(2) BCD 码转换成整数指令的语句表表示：BCD 码转换成整数指令由指令操作码 BCDI、BCD 码输入 IN 和整数输出 OUT 构成。其梯形图和语句表表示如图 6-82 所示。

(3) BCD 码转换成整数指令的操作，该指令可以将 0 到 9999 范围内的 BCD 码转换成整数。当转换允许时，BCD 码 IN 被转换成整数，其结果传送到 OUT 中。

(4) 数据范围：

BCD 码 IN：VW、IW、QW、MW、SMW、SW、LW、T、C、AC、AIW、常数、*VD、*AC、*LD。

整数 OUT：VW、IW、QW、MW、SMW、SW、LW、AC、LD、*VD、*AC、*LD。

2. 整数转换为 BCD 码指令

(1) 整数转换成 BCD 码指令的梯形图表示：整数转换成 BCD 码指令由指令助记符 I_BCD、指令允许输入 EN、整数输入端 IN 和 BCD 码输出端 OUT 构成。

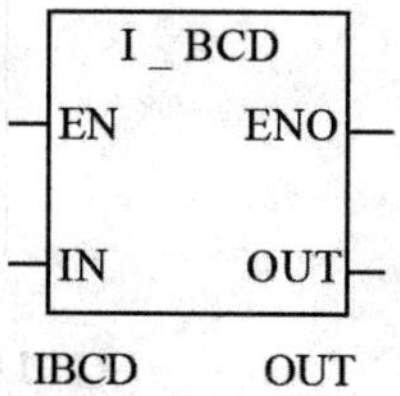

(2) 整数转换成 BCD 码的语句表表示：整数转换成 BCD 码指令由指令操作码 IBCD 和 BCD 码输出 OUT 构成。其梯形图和语句表表示如图 6-83 所示。

图 6-83 整数转换成 BCD 码指令

(3) 整数转换成 BCD 码指令的操作：该指令可以将 0 到 9999 范围内的整数转换成 BCD 码。当转换允许时，整数 OUT 被转换成 BCD 码，其结果存到 OUT 中。

(4) 数据范围：

整数 IN：VW、IW、QW、MW、SMW、SW、LW、T、C、AC、AIW、常数、*VD、*AC、*LD。

BCD 码 OUT：VW、IW、QW、MW、SMW、SW、LW、AC、LD、*VD、*AC、*LD。

3. 整数转换成实数指令

(1) 整数转换成实数指令的梯形图表示：整数转换成实数指令由指令助记符 DI_R、指令允许输入 EN、整数输入端 IN 和实数输出端 OUT 构成。

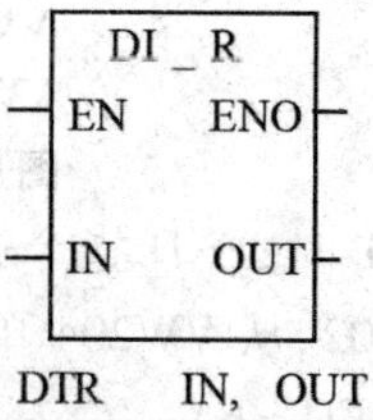

图 6-84 整数转换成实数指令

(2) 整数转换成实数指令的语句表表示：整数转换成实数指令由指令操作码 DTR、整数输入端 IN 和实数输出端 OUT 构成。其梯形图和语句表表示如图 6-84 所示。

(3) 整数转换成实数指令的操作：该指令可以将 32 位有符号整数转换成 32 位实数。当整数转换成实数允许信号 EN=1 时，双整数 IN 被转换成实数，其结果传送到 OUT 中。

(4) 数据范围：

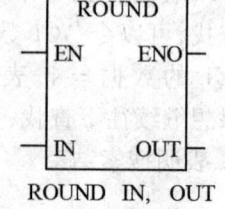

图 6-85 实数转换成整数指令 1

整数 IN：VD、ID、QD、MD、SMD、AC、LD、HC、常数、*VD、*AC、SD、*LD。

实数 OUT：VD、ID、QD、MD、SMD、AC、LD、*VD、*AC、SD、*LD。

4．实数转换成整数指令之一

（1）实数转换成整数指令之一的梯形图表示：实数转换成整数指令之一由指令助记符 ROUND、指令允许输入 EN、实数输入端 IN 和双整数输出端 OUT 构成。

（2）实数转换成整数指令之一的语句表表示：实数转换成整数指令 1 由指令操作码 ROUND、实数输入端 IN 和双整数输出端 OUT 构成。其梯形图和语句表表示如图 6-85 所示。

（3）实数转换成整数指令之一的操作：该指令可以将实数转换成 32 位有符号整数，如果小数部分大于 0.5 就进一位。当实数转换成整数允许时，实数 IN 被转换成有符号整数，其结果传送到 OUT 中。

（4）数据范围：

实数 IN：VD、ID、QD、MD、SMD、AC、LD、HC、常数、*VD、*AC、SD、*LD。

整数 OUT：VD、ID、QD、MD、SMD、AC、LD、*VD、*AC、SD、*LD。

5．实数转换成整数指令之二

（1）实数转换成整数指令之二的梯形图表示：实数转换成整数指令之二由指令助记符 TRUNC、指令允许输入 EN、32 位实数输入端 IN 和 32 位整数输出端 OUT 构成。

（2）实数转换成整数指令之二的语句表表示：实数转换成整数指令之二由指令操作码 TRUNC、实数输入端 IN 和整数输出端 OUT 构成。其梯形图和语句表表示如图 6-86 所示。

（3）实数转换成整数指令之二的操作：该指令可以将 32 位实数转换成 32 位有符号整数，小数部分被舍去。当实数转换成整数允许时，32 位实数 IN 被转换成有符号 32 位整数，其结果传送到 OUT 中。

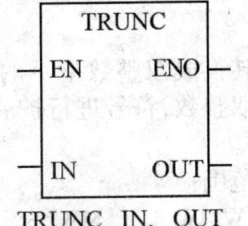

图 6-86　实数转换成整数指令之 2

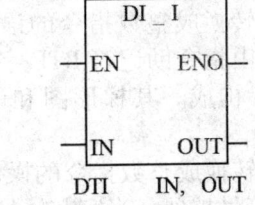

图 6-87　双整数转换成整数指令

（4）数据范围：

实数 IN：VD、ID、QD、MD、SMD、AC、LD、HC、常数、*VD、*AC、SD、*LD。

整数 OUT：VD、ID、QD、MD、SMD、AC、LD、*VD、*AC、SD、*LD。

6．双整数转换成整数指令

（1）双整数转换成整数指令的梯形图表示：双整数转换成整数指令由指令助记符 DI_I、指令允许输入 EN、双整数输入端 IN 和整数输出端 OUT 构成。

（2）双整数转换成整数指令的语句表表示：双整数转换成整数指令由指令操作码 DTI、双整数输入 IN 和整数输出 OUT 构成。其梯形图和语句表表示如图 6-87 所示。

（3）双整数转换成整数指令的操作：该指令可以将双整数转换成整数，如果要转换的数据太大，溢出位被置位且输出保持不变。当转换允许时，双整数 IN 被转换成整数，其结果传送到 OUT 中。

(4)数据范围:

双整数 IN:VD、ID、QD、MD、SMD、AC、LD、HC、常数、*VD、*AC、SD、*LD。

整数 OUT:VW、IW、QW、MW、SW、SMW、LW、T、C、AC、*VD、*AC、*LD。

7. 整数转换成双整数指令

(1)整数转换成双整数指令的梯形图表示:整数转换成双整数指令由指令助记符 I_DI、指令允许输入 EN、整数输入端 IN 和双整数输出端 OUT 构成。

(2)整数转换成双整数指令的语句表表示:整数转换成双整数指令由指令操作码 ITD、整数输入端 IN 和双整数输出端 OUT 构成,其梯形图和语句表表示如图 6-88 所示。

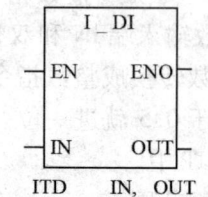

图 6-88　整数转换成双整数指令

(3)整数转换成双整数指令的操作:该指令可以将整数转换成双整数,符号进行扩展。当转换允许时,整数 IN 被转换成有符号双整数,其结果传送到 OUT 中。

(4)数据范围:

整数 IN:VW、IW、QW、MW、SW、SMW、LW、T、C、AIW、AC、常数、*VD、*AC、*LD。

双整数 OUT:VD、ID、QD、SMD、AC、LD、*VD、*AC、SD、*LD。

8. 字节转换成整数指令

(1)字节转换成整数指令的梯形图表示:字节转换成整数指令由指令助记符 B_I、指令允许输入 EN、字节输入端 IN 和整数输出端 OUT 构成。

(2)字节转换成整数指令的语句表表示:字节转换成整数指令由指令助记符 BTI、字节输入端 IN 和整数输出端 OUT 构成。其梯形图和语句表表示如图 6-89 所示。

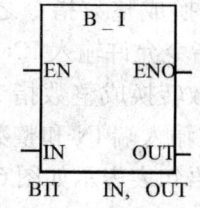

图 6-89　字节转换成整数指令

(3)字节转换成整数指令的操作:该指令可以将字节转换成整数,由于字节是没有符号的,所以没有符号扩展。当字节转换成整数允许时,字节 IN 被转换成整数,其结果传送到 OUT 中。

(4)数据范围:

字节 IN:VB、IB、QB、MB、SB、SMB、AC、LB、常数、*VD、*AC、*LD。

整数 OUT:VW、IW、QW、MW、SW、SMW、LW、T、C、AC、*VD、*AC、*LD。

9. 整数转换成字节指令

(1)整数转换成字节指令的梯形图表示:整数转换成字节指令由指令助记符 I_B、指令允许输入 EN、整数输入端 IN 和字节输出端 OUT 构成。

(2)整数转换成字节指令的语句表表示:整数转换成字节指令由指令操作码 ITB、整数输入 IN 和字节输出端 OUT 构成,其梯形图和语句表表示如图 6-90 所示。

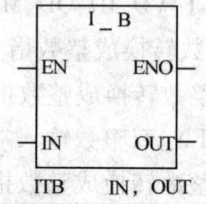

图 6-90　整数转换成字节指令

(3)整数转换成字节指令的操作:该指令可以将整数转换成字节,当整数的范围不在 0~

255 时，会有溢出，且输出不变。当整数转换成字节允许时，整数 IN 被转换成字节，其结果传送到 OUT 中。

（4）数据范围：

整数 IN：VW、IW、QW、MW、SW、SMW、LW、T、C、AIW、AC、常数、＊VD、＊AC、＊LD。

字节 OUT：VB、IB、QB、MB、SMB、AC、LB、＊VD、＊AC、＊LD。

【例 6－26】图 6－91 给出了数据转换指令的应用。

计数器 C10 的计数值为现场测得的以英寸为单位表示的长度，现在想把这个长度单位改为厘米，且把该长度的整数部分保存。

因为 1in 等于 2.54cm，故需要把 C10 的计数值乘以 2.54，这是一个实数运算，需要先把整数转换成实数，再进行实数运算。这个乘积是一个实数，为了得到整数值，则需要进行实数到整数的转换。

梯形图中，第一条指令是把一个 16 位无符号数（整数 C10 的内容转换成双整数存入 AC1 中，AC1 的高 16 位用 0 填充）。第二条指令是把双整数 AC1 的内容转换成实数存入 VD0 中。第三条指令是把实数 VD0 的内容与 2.54 相乘，其结果存于 VD4 中。最后一条指令是把实数 VD4 的内容转换成双整数存于 VD8 中。

用语句表编写的程序附于图 6－91 中。

```
LD      I0.0
ITD     C10 , AC1
DTR     AC1 , VD0
MOVR    VD0 , VD4
*R      2.54 , VD4
ROUND   VD4 , VD8
```

图 6－91 数据转换指令的编程

10. 译码指令

（1）译码指令的梯形图表示：译码指令由指令助记符 DECO、指令允许输入端 EN、译码字节输入端 IN 和译码字输出端 OUT 构成。

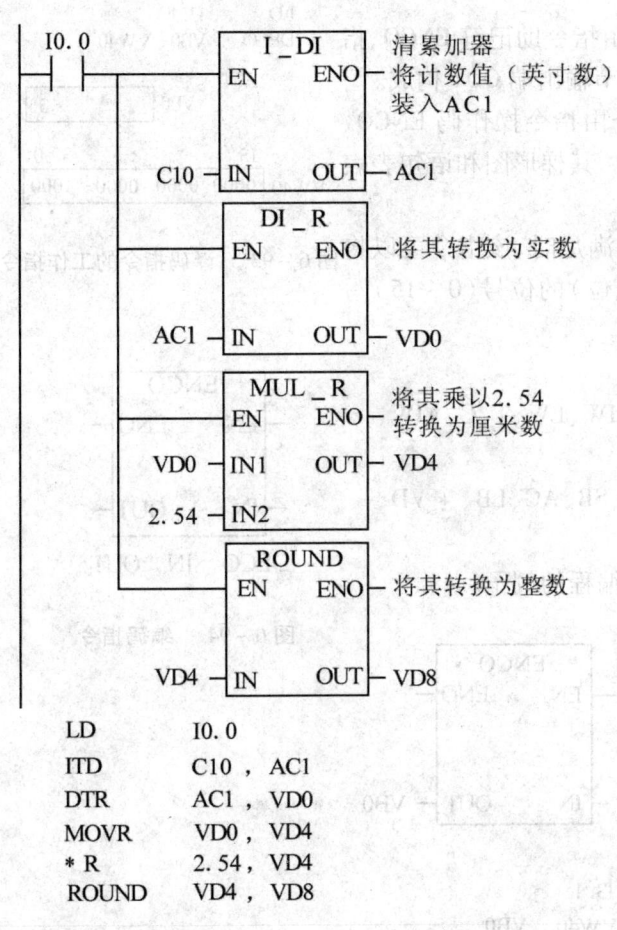

（2）译码指令的语句表表示：译码指令由指令操作码 DECO、译码字节输入 IN 和译码字输出 OUT 构成。其梯形图和语句表表示如图 6－92 所示。

（3）译码指令的操作：该指令可以将译码输入字节 IN 的低四位（半个字节），所表示的位号（0～15）置输出字 OUT 的相应位为 1，而 OUT 的其他位置零。

DECO　　IN，OUT

图 6－92 译码指令

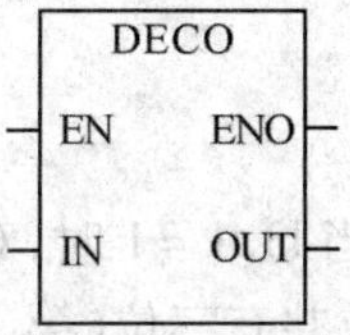

（4）数据范围：

字节数据 IN：VB、IB、QB、MB、SMB、AC、常数、LB、＊VD、＊AC、＊LD。

字数据 OUT：VW、IW、QW、MW、SW、SMW、LW、T、C、AC、常数、＊VD、＊AC、＊LD。

【例6-27】图6-93是一个译码指令编程的例子。

当I3.1=1时,对VB0的低四位的数字进行译码,当VB0的内容等于3时,因为其代表的位号为3,经译码后VW40中的内容应为0008H(用二进制表示如图中所示)。从程序运行的结果可以看到,VW40的第3位应该为1。

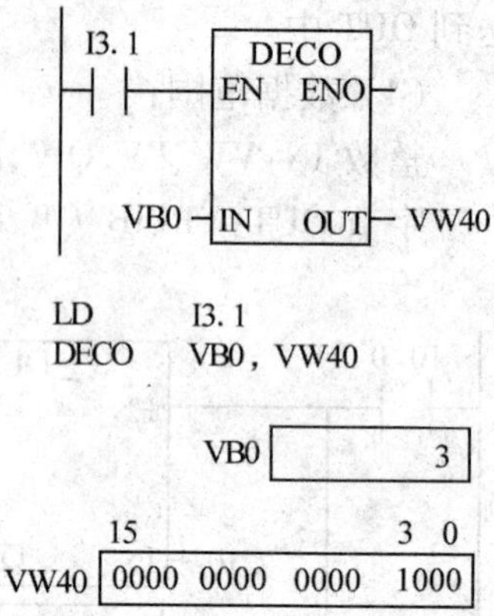

11. 编码指令

(1)编码指令的梯形图表示:编码指令由指令助记符ENCO、指令允许输入EN、编码字输入端IN和编码字节输出端OUT构成。

(2)编码指令的语句表表示:编码指令由指令操作码ENCO、编码字输入IN和编码字节输出OUT构成。其梯形图和语句表表示如图6-94所示。

(3)编码指令的操作:在指令执行条件满足时,该指令可以将编码输入字IN的最低有效位(为1的最低位)的位号(0~15)写入输出字节OUT低4位的半个字节中。

(4)数据范围:

字数据 IN:VW、IW、QW、MW、SW、SMW、LW、T、C、AIW、AC、常数、*VD、*AC、*LD。

字节数据 OUT:VB、IB、QB、MB、SMB、SB、AC、LB、*VD、*AC、*LD。

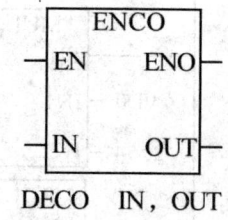

图6-93 译码指令的工作指令

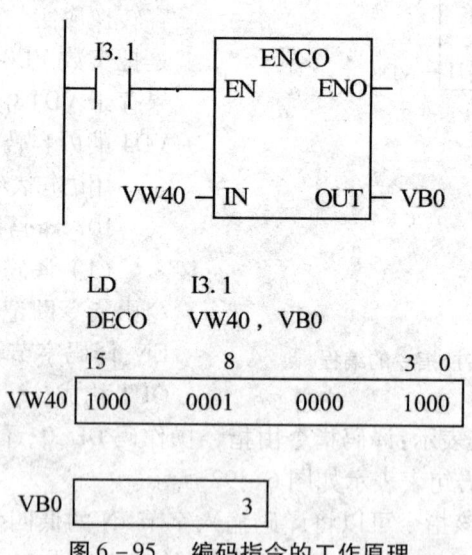

图6-94 编码指令

【例6-28】图6-95是一个编码指令编程的例子。

图6-95 编码指令的工作原理

当I3.1=1时,对VW40中的内容(1000000100001000)进行编码,因为VW40中的数据为1的位共有三位(第15位、第8位、第3位)。这三位中位数最低的是第3位,其位号为3。经编码后,VB0中应该为这个位号。从程序运行的结果可以看到VB0的值为3。

12. 段码指令

(1)段码指令的梯形图表示:段码指令由指令助记符SEG、指令允许输入EN、字节数据输入端 IN 和段码输出端 OUT 构成。

(2) 段码指令的语句表表示:段码指令由指令操作码 SEG、字节数据输入 IN 和段码输出 OUT 构成,其梯形图和语句表表示如图 6-96 所示。

(3) 段码指令的操作:该指令可以将字节数据转换成 7 段段码输出。当转换允许时,字节数据 IN 转换成 7 段段码,其结果传送到 OUT 中。

通过段码指令可以产生一个能点亮 7 段码显示器的位模式段码值。段码指令中的 IN/OUT 关系如下:

输入值 IN:0 1 2 3 4 5 6 7 8 9
段码值 OUT:3F 06 5B 4F 66 6D 7D 07 7F 63
输入值 IN:A B C D E F
段码值 OUT:77 7C 39 5E 79 71
段码和点亮的 7 段显示器的数码关系与上相同。

(4) 数据范围:
字节数据 IN:VB、IB、QB、MB、SMB、SB、AC、常数、LB、*VD、*AC、*LD。

段码数据 OUT:VB、IB、QB、MB、SMB、SB、AC、LB、*VD、*AC、*LD。

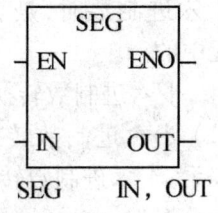

图 6-96 段码指令

【例 6-29】图 6-97 是一个段码指令编程的例子。

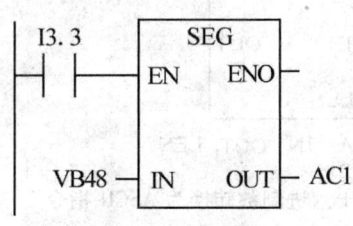

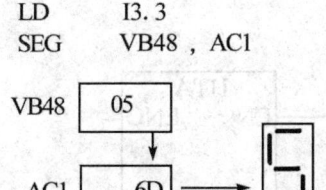

图 6-97 段码指令的工作原理

在本例中,当 I3.3=1 时启动段码指令,VB48 中的数值(0~15)被译成点亮 7 段显示器的数据,利用这个数据可以驱动 7 段显示器。如图中所示,原 VB48 中的内容为 05,执行段码指令以后,在 OUT 单元中(AC1)被译成 6D,该信号可以使 7 段显示器点亮"5"。

13. ASCII 转换为十六进制数

(1) ASCII 转换为十六进制数指令的梯形图表示:ASCII 转换为十六进制数指令由指令助记符 ATH、指令允许输入 EN、ASCII 起始字节 IN、字符长度 LEN 和十六进制数的输出端 OUT 构成。

(2) ASCII 转换为十六进制数指令的语句表表示:ASCII 转换为十六进制数指令由指令操作符 ATH、ASCII 起始字节 IN、十六进制数的输出 OUT 和字符长度 LEN 构成。其梯形图和语句表表示如图 6-98 所示。

(3) ASCII 转换为十六进制数指令的操作:在 ASCII 转换为十六进制数指令允许时,该指令把从 IN 开始、长度为 LEN 的 ASCII 转换成十六进制数,并存放在从 OUT 开始的单元中。

(4) 数据范围:

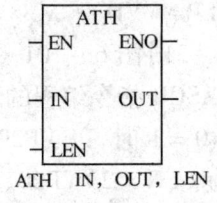

图 6-98 ASCII 转换为十六进制数指令

ASCII IN:VB、IB、QB、MB、SMB、SB、LB、*VD、*AC、*LD。
十六进制数 OUT:VB、IB、QB、MB、SMB、SB、LB、*VD、*AC、*LD。
字符长度 LEN:VB、IB、QB、MB、SMB、SB、AC、常数、LB、*VD、*AC、*LD。

【例6-30】图6-99是一个ASCII转换为十六进制数指令编程的例子。

当I3.0=1时,以VB20开始的连续3(因为LEN=3)个单元VB20、VB21、VB22中的ASCII("3"、"4"、"5")被转换成十六进制数(345X),其中X表示该位数据不受这个指令的影响。其结果存入以VB40为开始的连续单元中。从图6-99中可以看到,把ASCII转换成十六进制数时,是从高位到低位依次存到单元中的。

14. 十六进制数转换为ASCII

(1) 十六进制数转换为ASCII指令的梯形图表示:十六进制数转换为ASCII指令由指令助记符HTA、指令允许输入端EN、十六进制数输入端IN、数据长度LEN和ASCII输出端OUT构成。

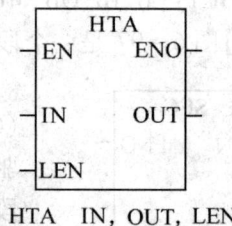

图6-99 ASCII转换为十六进制数指令的工作原理

(2) 十六进制数转换为ASCII指令的梯形图表示:十六进制数转换为ASCII指令由指令操作码HTA、十六进制数输入IN、ASCII输出OUT和数据长度LEN构成。其梯形图和语句表表示如图6-100所示。

(3) 十六进制数转换为ASCII指令的操作:当转换允许时,该指令可以把从IN开始、以LEN为长度的十六进制数转换成ASCII,存在以OUT开始的连续的单元中。LEN的范围为0~255。

(4) 数据范围:

十六进制 IN:VB、IB、QB、MB、SMB、LB、*VD、*AC、*LD。

ASCII OUT:VB、IB、QB、MB、SMB、LB、*VD、*AC、*LD。

字符长度 LEN:VB、IB、QB、MB、SMB、AC、常数、LB、*VD、*AC、*LD。

【例6-31】图6-101是一个十六进制数转换为ASCII指令编程的例子。

当I3.0=1时,以VB20开始连续2个单元(因为LEN=2)VB20、VB21字节中的十六进制数(43、65)被转换成ASCII("34"、"33"、"36"、"35"),其结果存入以VB40开始的连续单元VB40、VB41、VB42、VB43中。

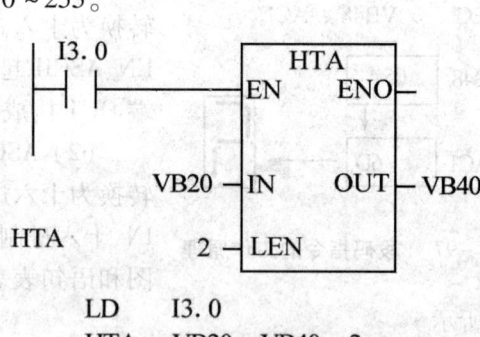

图6-101 十六进制数转换为ASCII指令的工作原理

15. 整数转换为ASCII

(1) 整数转换为 ASCII 指令的梯形图表示:整数转换为 ASCII 指令由指令助记符 ITA、指令允许输入 EN、整数输入端 IN、格式输入端 FMT 和 ASCII 输出端 OUT 构成。

(2) 整数转换为 ASCII 指令的语句表表示:整数转换为 ASCII 指令由指令操作码 ITA、整数输入端 IN、格式输入端 FMT 和 ASCII 输出端 OUT 构成。其梯形图和语句表表示如图 6 - 102 所示。

(3) 整数转换为 ASCII 指令的操作:当整数转换为 ASCII 指令允许时,该指令可以将整数 IN 根据格式 FMT 要求,转换成 ASCII,转换结果置于从 OUT 开始的 8 个连续字节内。

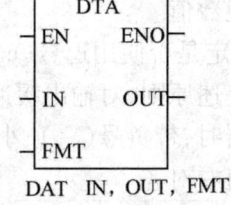

图 6 - 102　整数转换为 ASCII 指令

整数转换为 ASCII 码指令的注意事项:格式操作数 FMT 是一个字节,指定小数点右侧的转换精确度,以及是否将小数点表示为逗号或点号。其中各位的含义是这样定义的:

高 4 位均为 0;

低 4 位中第 3 位为 c 区,第 2 位、第 1 位和第 0 位为 n 区。

输出缓冲器总共为 8 字节。输出缓冲器内小数点右侧的位数由 n 区指定。n 区的有效范围是 0 ~ 5。如果指定小数点右侧的数位为 0,则是显示数值时无小数点。对于 n 的数值大于 5。输出缓冲器的小数点的标点符号由 c 区指定。c = 1 是使用逗号为整数及小数部分的分隔符号。c = 0 是使用小数点作为整数及小数部分的分隔符号。

根据上述原则对输出缓冲器进行格式化。正值写入输出缓冲器时不带符号、负值写入输出缓冲器带负号(-)、小数点左侧的起首零(与小数点相邻的数位除外)被省略、输出缓冲器内数值右对齐。

例如 c = 1、n = 3。表明输出缓冲区的格式应该是:小数点为 3 位,整数与小数部分的分隔符为逗号。

(4) 数据范围:

整数 IN:VW,IW,QW,MW,SW,SMW,LW,AIW,T,C,AC,常量,*VD,*AC,*LD。
格式 FMT:VB,IB,QB,MB,SMB,LB,AC,常量,*VD,*AC,SB,*LD。
ASCII OUT:VB,IB,QB,MB,SMB,LB, *VD, *AC,SB, *LD。

16. 双整数转换为 ASCII

(1) 双整数转换为 ASCII 指令的梯形图表示:双整数转换为 ASCII 指令由指令助记符 DTA、指令允许输入 EN、双整数输入端 IN、格式输入端 FMT 和 ASCII 输出端 OUT 构成。

(2) 双整数转换为 ASCII 指令的语句表表示:双整数转换为 ASCII 指令由指令操作码 DTA、双整数输入 IN、格式输入 FMT 和 ASCII 输出 OUT 构成。其梯形图和语句表表示如图 6 - 103 所示。

(3) 双整数转换为 ASCII 指令的操作:当双整数

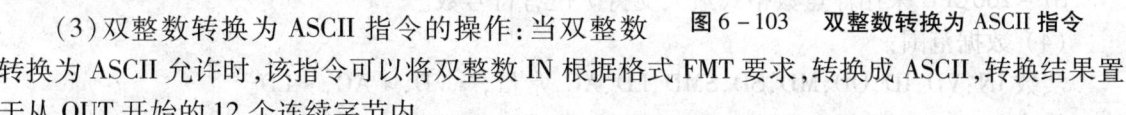

图 6 - 103　双整数转换为 ASCII 指令

转换为 ASCII 允许时,该指令可以将双整数 IN 根据格式 FMT 要求,转换成 ASCII,转换结果置于从 OUT 开始的 12 个连续字节内。

格式操作数 FMT 是一个字节,指定小数点右侧的转换精确度,以及是否将小数点表示为逗号或点号,其中各位的含义是这样定义的:

其中,高 4 位均为 0;在低 4 位中第 3 位为 c 区,第 2 位、第 1 区位和第 0 位为 n 区。

输出缓冲器总共为 12 字节。输出缓冲器内小数点右侧数的位由 n 区指定。n 区的有效范围是 0～5。如果指定小数点右侧的数位为 0，则显示数值时无小数点。对于 n 的数值大于 5，发生转换错误。

c 区指定是否使用逗号（c=1）或小数点（c=0）作为整数及小数部分的分隔符号。

根据上述原则对输出缓冲器进行格式化。正值写入输出缓冲器时，不带符号、负值写入输出缓冲器时，带负号（-）、小数点左侧的起首零（与小数点相邻的数位除外）被省略，输出缓冲器内数值右对齐。

（4）数据范围：

双整数 IN：VD，ID，QD，MD，SD，SMD、LD、HC、常量，AC，*VD，*AC，*LD。

格式 FMT：VB，IB，QB，MB，SMB，LB，AC，常量，*VD，*AC，SB，*LD。

ASCII OUT：VB，IB，QB，MB，SMB，LB，*VD，*AC，SB，*LD。

17. 实数转换为 ASCII

（1）实数转换为 ASCII 指令的梯形图表示：实数转换为 ASCII 指令由指令助记符 RTA、指令允许输入 EN、实数输入端 IN、格式输入端 FMT 和 ASCII 输出端 OUT 构成。

（2）实数转换为 ASCII 指令的语句表表示：实数转换为 ASCII 指令由指令助记符 RTA、实数输入 IN、格式输入 FMT 和 ASCII 输出 OUT 构成，其梯形图和语句表表示如图 6-104 所示。

（3）实数转换为 ASCII 指令的操作：当实数转换为 ASCII 指令允许时，该指令可以将实数 IN 根据格式 FMT 要求，转换成 ASCII，转换结果置于从 OUT 开始的 3～15 个连续字节内。

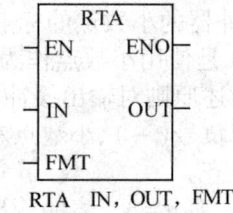

图 6-104 实数转换为 ASCII 指令

格式操作数 FMT 是一个字节，指定小数点右侧的转换精确度，以及是否将小数点表示为逗号或点号，其中各位的含义是这样定义的：

其中，高 4 位为 s 区：在低 4 位中第 3 位为 c 区，第 2 位、第 1 位和第 0 位为 n 区。

输出缓冲器的尺寸由 s 区指定，0、1 或 2 字节为无效尺寸。

输出缓冲器内小数点右侧的位数由 n 区指定。n 区的有效范围是 0～5。如果指定小数点右侧的数位为 0，则显示数值时，无小数点。如果 nnn 的数值大于 5 或者输出缓冲器过小，无法容纳转换数值。

c 区指定是否使用逗号（c=1）或小数点（c=0）作为整数及小数部分的分隔符符号。

根据上述原则，对输出缓冲器进行格式化。正值写入输出缓冲器时，不带符号，负值写入输出缓冲器时，带负号（-），小数点左侧的起首零（与小数点相邻的数位除外）被省略，输出缓冲器内数值右对齐。

S7-200CPU 采用浮点数格式最大支持 7 位有符号数。

（4）数据范围：

实数 IN：VD，ID，QD，MD，SD，SMD、LD、AC，常量，*VD，*AC，*LD

格式 FMT：VB，IB，QB，MB，SMB，LB，AC，常量，*VD，*AC，SB，*LD

ASCII OUT：VB，IB，QB，MB，SMB，LB，*VD，*AC，SB，*LD。

6.8 S7-200的程序控制指令

6.8.1 结束指令

1. 结束指令的表示

结束指令由结束条件、指令助记符(END)构成。其梯形图和语句表表示如图6-105所示。

2. 结束指令的操作

结束指令根据先前逻辑条件终止用户程序。

结束指令的注意事项:结束指令可以在主程序内使用,但不能在子程序或中断内使用。STEP7-Micoro/WIN32软件自动在主程序结尾添加了无条件结束语句。在编制主程序时

图6-105 结束指令　　　　图6-106 结束指令的编程

不需要用户自己再在程序末尾添加结束语句(END)。

【例6-32】图6-106给出了一个有条件结束程序的结束指令的编程。

当I0.0=1时,结束主程序。

6.8.2 暂停指令

1. 暂停指令的表示

暂停指令由暂停条件、指令助记符(STOP)构成,其梯形图和语句表表示如图6-107所示。

2. 暂停指令的操作

暂停指令使PLC从运行模式进入停止模式,立即终止程序的执行。

暂停指令的注意事项:如果在中断程序内执行暂停指令,中断程序立即终止,并忽略全部等待执行的中断。对程序剩余部分进行扫描,并在当前扫描结尾处完成从运行模式到停止模式的转换。

【例6-33】图6-108给出了使用暂停指令的编程。

SM5.0为I/O错误继电器,当出现I/O错误时,SM5.0=1。此时,就会强迫CPU进入停止方式。

图6-107 暂停指令　　　　图6-108 暂停指令的编程

6.8.3 看门狗复位指令

1. 看门狗复位指令的表示

看门狗复位指令由看门狗复位条件、指令助记符 WDR 构成,其梯形图和语句表表示如图 6-109 所示。

2. 看门狗复位指令的操作

看门狗复位指令允许 CPU 系统的监视程序定时器被重新触发。因此,看门狗复位指令可以在没有监视程序错误的条件下增加 CPU 系统扫描占用的时间。

看门狗复位指令的注意事项:如果使用循环指令造成阻止扫描完成或过度地延迟扫描完成时间。而有些程序的执行过程只有在一个扫描循环终止后才能进行。如果当前扫描时间不能满足这一要求时,可以考虑使用看门狗复位指令用以延长扫描时间。否则,下列程序的执行过程可能会被禁止。

通信(自由口模式除外)、I/O 更新(立即 I/O 除外)、强迫更新、SM 位更新(不更新 SM0、SM5 至 SM29)、运行时间诊断、10ms 及 100ms 定时器对于超过 25s 扫描不能正确地累计时间,在中断程序中使用停止指令。

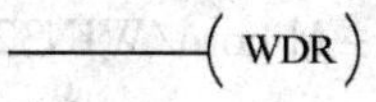

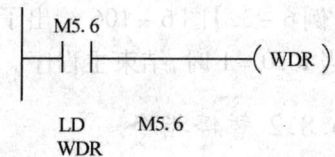

图 6-109 看门狗复位指令

如果希望扫描时间超过 300ms(原系统设置),或者将发生大量中断活动,可能阻止在 300ms 内返回主程序,则应使用看门狗复位指令。

【例 6-34】图 6-110 为看门狗复位指令的编程。

M5.6 是本程序中需要扩大扫描时间的标志。当 M5.6 = 1 的时候,需要扩大扫描时间,否则不需要。当 M5.6 = 1 时,重新触发看门狗定时器 WDR,从而可以令 WDR 重新启动运行而增加本次扫描的时间。

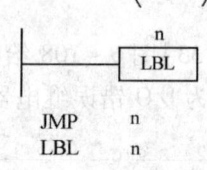

图 6-110 看门狗复位指令的编程

6.8.4 跳转操作指令

1. 关于跳转操作

在执行程序时,可能会由于条件的不同,需要产生一些分支,这些分支程序的执行可以用跳转操作来实现。跳转操作是由跳转指令和标号指令两部分构成的。

2. 跳转指令和标号指令的表示

跳转指令由跳转条件、跳转助记符 JMP 和跳转的标号 n 构成。标号指令由标号指令助记符 LBL 和标号 n 构成。跳转指令和标号指令的梯形图和语句表表示如图 6-111 所示。

3. 关于跳转操作

跳转指令可以使程序流转到具体的标号(n)处。当跳转条件满足时,程序由 JMP 指令控制转至标号 n 的程序段去执行。如果完成转移,堆栈顶的值总是逻辑 1。

标号指令标记转移目的地 n 的位置。

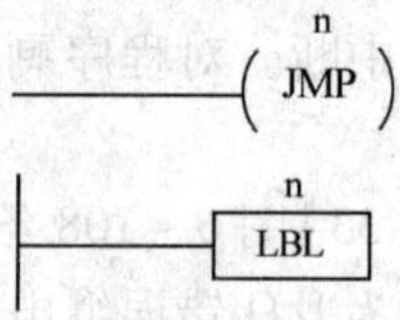

图 6-111 跳转和标号指令

注意事项:跳转指令和标号指令必须位于主程序、子程序或中断程序内,不能从主程序转移至子程序或中断程序内的标号,也不能从子或中断程序转移至该子程序或中断程序之外的标号。

4. 数据范围:

n:0~255。

【例6-35】图6-112是一个跳转操作的编程。

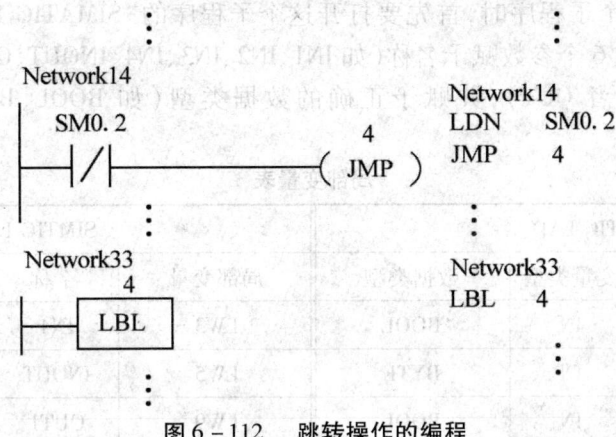

图6-112　跳转操作的编程

其中SM0.2是一个特殊功能继电器,其功能是反映保持数据状态,若保存的数据丢失,则该位在一个扫描周期中为1。

本例子中利用SM0.2的非为条件启动跳转操作,即如果保存的数据没有丢失,则跳转到LBL4。

应当指出,可以在主程序、子程序或中断程序中使用跳转指令和标号指令。JMP和相应的LBL必须总在同一个程序段中(要么是主程序,要么是子程序,要么是中断程序)。

6.8.5　子程序操作指令

S7-200PLC把程序主要分为三大类:主程序(OB1)、子程序(SBR n)和中断程序(INT n)。实际应用中,有些程序内容可能被反复使用。对于这些可能被反复使用的程序往往编成一个单独的程序块,存放在程序的某一个区域中。执行程序时,可以随时调用这些程序块。这些程序块可以带一些参数,也可能不带参数,这类程序块被叫做子程序。

子程序由子程序标号开始,到子程序返回指令结束。S7-200的Micro/WIN32编程软件为每个子程序自动加入子程序标号和子程序返回指令。在编程时,子程序开头不用编程者另加子程序标号,子程序末尾也不需另加返回指令。

子程序的优点在于它可以用于对一个大的程序进行分段及分块,使其成为较小的更易管理的程序块。程序调试、程序检查和程序维护时,可充分利用这项优势。通过使用较小的子程序块,会使得对一些区域及整个程序检查及排除故障变得更简单。子程序只在需要时才被调用、执行。这样就可以更有效地使用PLC,充分地利用CPU的时间。

1. 子程序的建立

可采用下列方法创建子程序:从编辑菜单,选择插入子程序。从程序编辑器视窗,右击鼠标并从弹出菜单中选择插入子程序。只要插入了子程序,程序编辑器底部都将出现一个新标签,标志新的子程序名。此时,可以对新的子程序编程。

2. 为子程序定义参数

如果要为子程序指定参数,可以使用该子程序的局部变量表来定义参数。S7-200为每个程序都安排了局部变量,每个程序内都有独立的局部变量表。必须利用选定该子程序后出现的局部变量表为该子程序定义局部变量。编辑局部变量表时,必须保证选定正确标签。

例如，SBR0 子程序是一个含有 4 个输入参数、1 个输入输出参数、1 个输出参数的带参数的子程序。在创建这个子程序时，首先要打开这个子程序的"SIMATIC LAD"、局部变量表。在局部变量表中，为这 6 个参数赋予名称（如 IN1、IN2、IN3、IN4、INOUT、OUT1），选定变量类型（IN 或者 IN_OUT 或者 OUT），并赋予正确的数据类型（如 BOOL、BYTE、BOOL、WORD、DWORD）见表 6-1。

表 6-1   局部变量表

SIMTIC LAD				SIMTIC LAD			
局部变量	名 称	变量类型	数据类型	局部变量	名 称	变量类型	数据类型
L0.0	IN1	IN	BOOL	LW3	IN4	IN	WORD
LB1	IN2	IN	BYTE	LW5	INOUT	IN_OUT	DWORD
L2.0	IN3	IN	BOOL	LW9	OUT1	OUT	DWORD

注：一个子程序调用最多可具有 16 个输入/输出参数数目。这时再调用 SBR0 时，这个子程序自然就带参数了，表中局部变量一项（L 区）参数是自动形成的。

3. 子程序调用与返回指令

（1）子程序调用与返回指令的梯形图表示：子程序调用指令由子程序调用允许端 EN、子程序调用助记符 SBR 和子程序标号 n 构成。子程序返回指令由子程序返回条件、子程序返回助记符 RET 构成。

（2）子程序调用与返回指令的语句表表示：子程序调用指令由子程序调用助记符 CALL 和子程序标号 n 构成。子程序返回指令由子程序返回条件、子程序返回助记符 CRET 构成。

如果子程序带有参数时，可以附上调用时所需的参数。子程序调用与返回指令的梯形图和语句表表示如图 6-113 所示。

（3）子程序的操作：主程序内使用的调用指令决定是否去执行指定子程序。子程序的调用由调用指令完成。当子程序调用允许时，调用指令将程序控制转移给子程序 SBR_n，程序扫描将转到子程序入口处执行。当执行子程序时，子程序将执行全部指令直至满足返回条件而返回，或者执行到子程序末尾而返回。当子程序返回时，返回到原主程序出口的下一条指令执行，继续往下扫描程序。

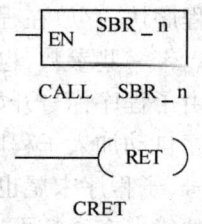

图 6-113 子程序操作的指令

（4）数据范围：

n：0～63

4. 子程序编程步骤

建立子程序（SBR_n）；

在子程序（SBR_n）中编写应用程序；

在主程序或其他子程序或中断程序中编写调用子程序（SBR_n）指令。

5. 注意事项

（1）程序内一共可有 64 个子程序。可嵌套子程序（在子程序内放置子程序调用指令），最大嵌套深度为 8。

（2）不允许直接递归。例如,不能从 SBR0 调用 SBR0。但是,允许进行间接递归。

（3）各子程序调用的输入/输出参数的最大限制是 16 个,如果要下载的程序超过此限制,将返回错误。

（4）对于带参数的子程序调用指令应遵守下列原则,参数必须与子程序局部变量表内定义的变量完全匹配。参数顺序应为输入参数最先,其次是输入/输出参数,再次是输出参数。

（5）在子程序内不能使用 END 指令。

【例 6-36】图 6-114 是一个调用带有 6 个参数的子程序的编程方法。

在这个例子中,在建立子程序 SBR0 的时候,要打开该子程序的"SIMATIC LAD"局部变量表,给各个参数赋名称,选定变量类型,见表 6-1。

在使用语句表编程时,要注意 CALL 指令第一个参数是子程序标号,接着是有关参数。其中参数的顺序应该先输入,后输入与输出,最后是输出。

本程序是用梯形图编制的。一般情况下,在语句表编制的程序和用梯形图编制的程序是可以相互转换的。

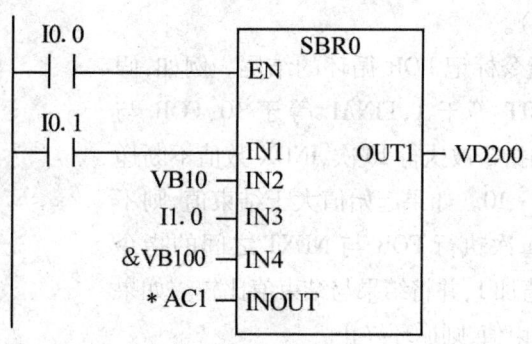

图 6-114 带有参数的子程序的编程

在用梯形图编写程序时,要注意把各个参数正确填入。其中一些局部变量(作为暂存寄存器的 L 区局部变量)是 S7-200 自动添加的读者可不予干预。

【例 6-37】图 6-115 是一个用梯形图语言对无参数子程序调用的编程例子。

其中 OB1 是 S7-200 中的主程序。在 OB1 中仅有一段程序,该程序的功能是,当输入端 I0.0=1 时,调用子程序 1。

SBR1 是被调用的子程序,该程序段的第一条支路的功能是,如果输入信号 I0.1=1,则立刻返回主程序,而不向下扫描该子程序。该程序段的第二条支路的功能是,每隔 1s 启动输出 Q0.0 一次,占空比为 50%。

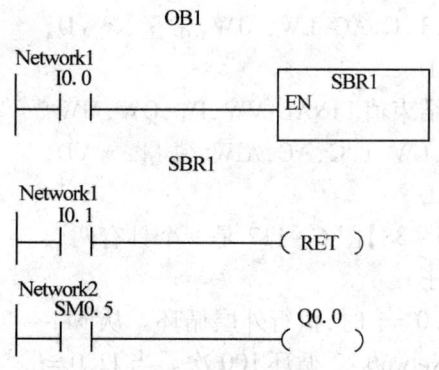

图 6-115 无参数的子程序的编程

6.8.6 循环操作指令

1. 循环指令的表示

循环指令由循环指令助记符 FOR、指令允许端 En、循环起始值 INIT、循环结束值 FINAL、循环计数器 INDX 和循环结束助记符 NEXT 构成,如图 6-116 所示。2. 循环操作

循环操作执行 FOR 与 NEXT 之间的指令。必须指定循环计数(INDX)、起始值(INIT)及结束值(FINAL)。

NEXT 指令标记 FOR 循环的结尾。例如,假定起始值 INIT 等于 1,FINAL 等于 10,FOR 与 NEXT 之间的指令被执行 10 次,INDX 数值不断递增 1、2、3、……、10。如果起始值大于结束值,则不执行循环。每次执行 FOR 与 NEXT 之间的指令后,INDX 数值加 1,并将结果与结束值比较。如果 INDX 大于结束值,则循环终止。

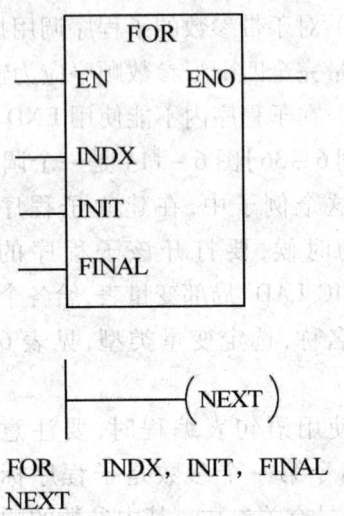

FOR　INDX,INIT,FINAL
NEXT

图 6-116　循环操作的指令

注意事项:如果启动 FOR/NEXT 循环,它将继续循环进程直到结束。除非在循环内部改变结束值。

使用 FOR/NEXT 指令执行重复指定次数的循环。每个 FOR 指令要求与一个 NEXT 指令配套。可以嵌套 FOR/NEXT 循环(即在 FOR/NEXT 循环内放置 FOR/NEX 循环),最多可嵌套 8 层。

3. 数据范围:

循环计数器 INDX:VW,IW,QW,MW,SW,SMW,LW,T,C,AC,*VD,*AC,*LD。

循环起始值 INIT:VW,IW,QW,MW,SW,SMW,T,C,AC,LW,AIW,常量,*VD,*AC,*LD。

循环结束值 FINAL:VW,IW,QW,MW,SW,SMW,LW,T,C,AC,AIW,常量,*VD,*AC,*LD。

【例 6-38】图 6-117 是一个具有两层循环的例子。

当 I2.0 = 1 时,执行外层循环。从 Network1 到 Network20 循环 100 次。当 I2.0 = 1 且 I2.1 = 1 时,要执行内层循环,每执行一次外层循环就要执行 2 次从 Network10 到 Network15 的内层循环。

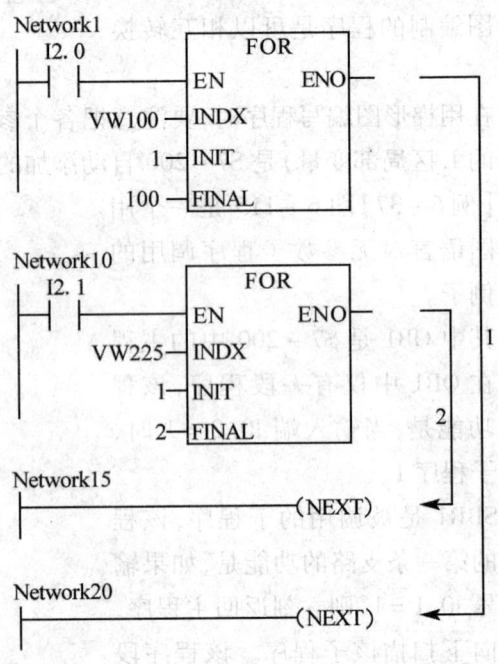

图 6-117　循环操作指令的编程

6.9 S7-200 的特殊功能指令

6.9.1 中断操作指令

PLC 的 CPU 在整个控制过程中，有些控制要取决于外部事件。比如只有外部设备请求 CPU 发送数据时，CPU 才能向这个设备发送数据。这类控制的进行是取决于外部设备的请求和 CPU 的响应，当 CPU 在接受了外部设备的请求时，CPU 就要暂停其当前的工作，去完成外部过程的请求，这种工作方式就叫中断方式。

在启动中断程序之前，必须使中断事件与发生此事件时希望执行的程序段建立联系。使用中断连接指令(ATCH)建立中断事件(由中断事件号码指定)与程序段(由中断程序号码指定)之间的联系。将中断事件连接于中断程序时，该中断自动被启动。

使用中断分离指令(DTCH)可删除中断事件与中断程序之间的联系，因而关闭单个中断事件。中断分离指令使中断返回未激活或被忽略状态。

S7-200 可以引发的中断事件总共有 5 大类 34 项。其中输入信号引起的中断事件有 8 项，通信口引起的中断事件有 6 项，定时器引起的中断事件 4 项，高速计数器引起的中断事件有 14 项，脉冲指令引起的中断事件有 2 项，见表 6-2。

表 6-2　　　　　　　　　　　S7-200 中断事件表

事件号	中断描述	CPU221	CPU222	CPU224	CPU226
0	I0.0 上升沿	有	有	有	有
1	I0.0 下降沿	有	有	有	有
2	I0.1 上升沿	有	有	有	有
3	I0.1 下降沿	有	有	有	有
4	I0.2 上升沿	有	有	有	有
5	I0.2 下降沿	有	有	有	有
6	I0.3 上升沿	有	有	有	有
7	I0.3 下降沿	有	有	有	有
8	端口 0 接收字符	有	有	有	有
9	端口 0 发送字符	有	有	有	有
10	定时中断 0(SMB34)	有	有	有	有
11	定时中断 1(SMB35)	有	有	有	有
12	HSC0 当前值 = 预置值	有	有	有	有
13	HSC1 当前值 = 预置值	有	有	有	有
14	HSC1 输入方向改变	有	有	有	有
15	HSC1 外部复位	有	有	有	有

续表

16	HSC2 当前值 = 预置值	有	有		
17	HSC2 输入方向改变有	有	有		
18	HSC2 外部复位有	有	有		
19	PLS0 脉冲数完成中断	有	有	有	有
20	PLS1 脉冲数完成中断	有	有	有	有
21	T32 当前值 = 预置值	有	有		
22	T96 当前值 = 预置值	有	有		
23	端口 0 接收信息完成	有	有		
24	端口 1 接收信息完成有	有	有		
25	端口 1 接收字符有				
26	端口 1 发送字符有				
27	HSC0 输入方向改变	有	有	有	有
28	HSC0 外部复位	有	有	有	有
29	HSC4 当前值 = 预置值				
30	HSC4 输入方向改变	有			
31	HSC4 外部复位	有	有	有	有
32	HSC3 当前值 = 预置值	有	有	有	有
33	HSC5 当前值 = 预置值	有	有	有	有

S7 - 200 可以在梯形图编辑器内的任何位置右击鼠标,并选择插入中断。S7 - 200 也可以从指令树,右击程序块图标,并从弹出菜单中选择插入中断。S7 - 200 还可以从程序编辑器窗口的菜单中右击插入中断。一旦一个新的中断被建立,会在程序编辑器的底部将出现新的标签,代表新的中断程序。

1. 中断连接指令

(1) 中断连接指令的表示:中断连接指令由指令的允许端 EN、指令助记符 ATCH、中断程序号(INT)和中断事件的事件号 EVNT 构成。用梯形图或语句表表示如图 6 - 118 所示。

(2) 中断连接指令的操作:中断连接指令(ATCH)使中断事件(EVNT)与中断程序号(INT)相联系,并启动中断事件。根据指定事件优先级组,PLC 按照先来先服务的顺序对中断提供服务。

任何时刻只能激活一个用户中断。其他中断处于激活状态时,CPU 发出中断暂时入队,等待以后处理。如果发生的中断数目过多,队列无法处理,则设定队列溢出状态位。当队空时,重置这些位。

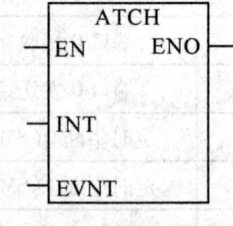

ATCH INT, EVNT

图 6 - 118 中断连接指令

(3) 数据范围:

中断程序啊 INT:0 ~ 127

中断事件的事件号 EVNT:0~33

2. 中断分离指令

(1)中断分离指令的表示:中断分离指令由指令的允许端 EN、指令助记符 DTCH 和中断事件

图6-119　中断分离指令　　　　　图6-120　中断返回指令

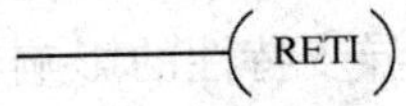

的事件号 EVNT 构成。用梯形图或语句表表示如图6-119所示。

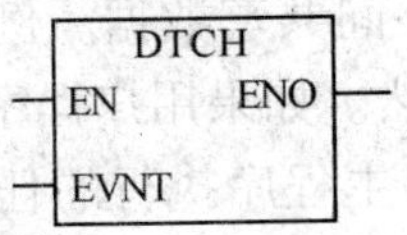

(2)中断分离指令的操作:中断分离指令(DTCH)取消中断事件(EVNT)与全部中断程序之间的联系,并关闭此中断事件。

(3)数据范围:

中断事件的事件号 EVNT:0~33

3. 中断返回指令

(1)中断返回指令的表示:中断返回指令由指令助记符 RET1 构成。用梯形图或语句表表示如图6-120所示。

(2)中断返回指令的操作:中断返回指令(RET1 条件返回)可用于根据先前逻辑条件从中断返回。

注意事项:

Micro/WIN32 自动为各中断程序添加无条件返回。在编写程序时,用户不必再书写无条件返回指令了。

中断处理提供了对特殊的内部或外部中断事件的响应。编写中断服务程序时,使中断程序短小而简单,加快执行速度而且不要延时过长。否则,未预料条件可能引起主程序控制的设备操作异常。对于中断服务程序,俗语说"越短越好",这是绝对正确的。

在中断程序内不能使用 DISI、ENI、HDEF、LSCR、END 指令。

4. 中断允许指令

(1)中断允许指令的表示:中断允许指令由指令助记符 ENI 构成。用梯形图或语句表表示如图6-121所示。

―――（ ENI ）　　　―――（ DISI ）

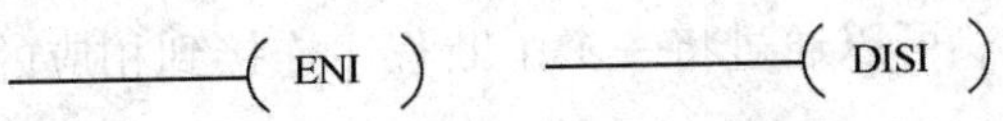

ENI　　　　　　　DISI
图6-121　中断允许指令和中断禁止指令

(2)中断允许指令的操作:中断允许指令(ENI)全局性地启动全部中断事件。一旦进入运行模式,就允许执行各个已经激活的中断事件。

5. 中断禁止指令

(1)中断禁止指令的表示:中断禁止指令由指令助记符 DISI 构成。用梯形图或语句表表示如图6-121所示。

(2)中断禁止指令的操作:中断禁止指令(DISI)可以全局性地关闭所有中断事件。中断禁止指令允许中断入队,但不允许启动中断程序。

6. 中断中进一步说明的几个问题

(1) 关于在中断中调用子程序。从中断程序中可以调用一个嵌套子程序。累加器和逻辑堆栈在中断程序和被调用的子程序中是共用的。

(2) 关于共享数据。可以在主程序和一个或多个中断程序间共享数据。例如，用户主程序的某个地方可以为某个中断程序提供要用到的数据，反之亦然。如果用户程序共享数据，必须考虑中断事件异步特性的影响，这是因为中断事件会在用户主程序执行的任何地方出现。共享数据一致性问题的解决要依赖于主程序被中断事件中断时中断程序的操作。

这里有几种可以确保在用户主程序和中断程序之间正确共享数据的编程技巧。这些技巧或限制共享存储器单元的访问方式，或让使用共享存储器单元的指令序列不会被中断。

语句表程序共享单个变量。如果共享数据是单个字节、字、双字变量，而用户程序用 STL 编写，那么通过把共享数据操作得到的中间值，只存储到非共享的存储器单元或累加器中，可以保证正确的共享访问。

梯形图程序共享单个变量。如果共享数据是单个字节、字或双字变量，而且用户程序用梯形图编写，那么通过只用 Move 指令（MOVB、MOVW、MOVD、MOVR）访问共享存储器单元，可以保证正确的共享访问。这些 Move 指令执行时不受中断事件影响。

语句表或梯形图程序共享多个变量，如果共享数据由一些相关的字节、字或双字组成，那么可以用中断禁止/允许指令（DISI 和 ENI）来控制中断程序的执行。在用户程序开始对共享存储器单元操作的地方禁止中断，一旦所有影响共享存储器单元的操作完成后，再允许中断，但这种方法会导致对中断事件响应的延迟。

(3) 关于通信口中断。PLC 的串行通信口可由梯形图或语句表程序来控制。通信口的这种操作模式称为自由端口模式。在自由端口模式下，用户可用程序定义波特率、每个字符位数、奇偶校验和通信协议。利用接收和发送中断可简化程序对通信的控制。

(4) 关于 I/O 中断。I/O 中断包含了上升沿或下降沿中断、高速计数器中断和脉冲串输出（PTO）中断。S7-200CPU 可用输入 I0.0~I0.3 的上升沿或下降沿产生中断。上升沿事件和下降沿事件可被这些输入点捕获。这些上升沿或下降沿事件可被用来指示当某个事件发生时必须引起注意的条件。

高速计数器中断允许响应诸如当前值等于预置值、计数器计数方向改变和计数器外部复位等事件而产生中断。每种高速计数器可对高速事件实时响应，而 PLC 扫描速率对这些高速事件是不能控制的。脉冲串输出中断给出了已完成指定脉冲数输出的指示。脉冲串输出的一个典型应用是步进电动机。可以通过将一个中断程序连接到相应的 I/O 事件上来允许上述的每一个中断。

(5) 关于时基中断。时基中断包括定时中断和定时器 T32/T96 中断。CPU 可以支持定时器中断。可以用定时中断指定一个周期性的活动。周期以 1ms 为增量单位，周期可以为 5~255ms。对定时中断 0，把周期时间写入 SMB34；对定时中断 1，把周期时间写入 SMB35。每当定时器溢出时，定时中断事件把控制权交给相应的中断程序。通常可用定时中断以固定的时间间隔去控制模拟量输入的采样或者执行一个 PID 回路。

当把某个中断程序连接到一个定时中断事件上，如果该定时中断被允许，那就开始计时，在连接期间，系统捕捉周期时间值，因而后来的变化不会影响周期。为改变周期时间，首先必须修改周期时间值，然后重新把中断程序连接到定时中断事件上。当重新连接时，定中断功能清除前一次连接时的任何累计值,并用新值重新开始计时。

一旦允许,定时中断就连续地运行,指定时间间隔的每次溢出时执行被连接的中断程序。如果退出 RUN 模式或分离定时中断,则定时中断被禁止。如果执行了全局中断禁止指令,定时中断事件会继续出现,每个出现的定时中断事件将进入中断队列等待,直到中断允许或队列满。

定时器 T32/T96 中断允许及时地响应一个给定时间间隔。这些中断只支持 1ms 分辨率的延时接通定时器(TON)和延时断开定时器(TOF)T32 和 T96。定时器 T32 和 T96 在其他方面工作正常。一旦中断允许,当有效定时器的当前值等于预置值时,在 CPU 的正常 1ms 定时刷新中,执行被连接的中断程序。首先把一个中断程序连接到 T32/T96 中断事件上,然后允许该中断。

(6)关于中断的优先级和排队。中断按以下固定的优先级顺序执行:通信(最高优先级),I/O 中断,时基中断(最低优先级)。

在各个指定的优先级之内,CPU 按先来先服务的原则处理中断。任何时间点上,只有一个用户中断程序正在执行。一旦中断程序开始执行,它要一直执行到结束。而且不会被别的中断程序,甚至是更高优先级的中断程序所打断。当另一个中断正在处理中,新出现的中断需排队等待处理。

有时,可能有多于队列所能保存数目的中断出现,因而,由系统维护的队列溢出存储器位表明丢失的中断事件的类型。只在中断程序中使用这些队列溢出存储器位,因为在队列变空或控制返回到主程序时,这些位会被复位。

(7)关于使用中断的限制。一个程序内最多可有 128 个中断。在各自的优先级范围内,PLC 采用先来服务的原则处理中断。在任何时刻,只能执行一个用户中断程序。一旦一个中断程序开始执行,则一直执行至完成。

在中断程序内不能使用 DISI、ENI、HDEF、LSCR 和 END 指令。

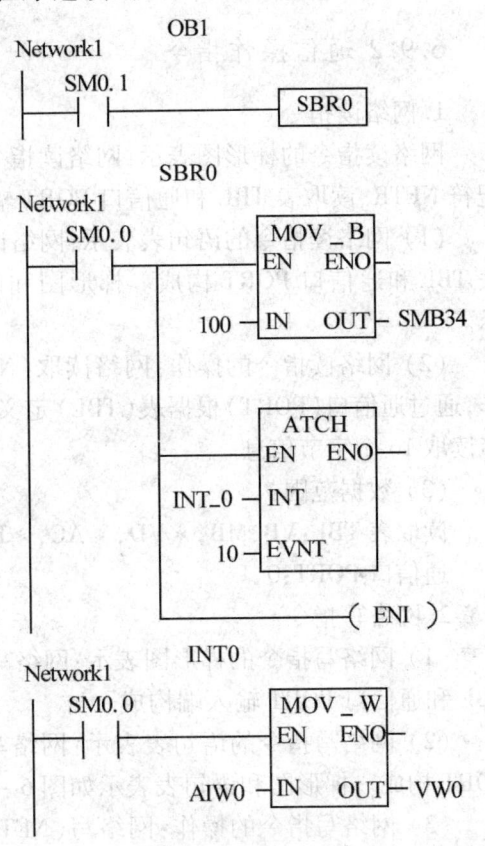

图 6-122 应用定时中断方式读取模拟量的编程

7. 中断程序编程步骤

(1)建立中断程序 INT n(同建立子程序方法相同)。
(2)在中断程序 INT n 中编写其应用程序。
(3)编写连接指令(ATCH)。
(4)允许中断(ENI)。
(5)如果需要的话,可以编写中断分离指令(DTCH)。

【例 6-39】图 6-122 是一个应用定时中断去读取一个模拟量的编程例子。

主程序 OB1 有一条语句,其功能是当 PLC 上电以后首次扫描(SM0.1 = 1),调用子程序

SBR0,进行初始化。

子程序 SBR0 的功能是设置定时中断。其中,设定定时中断 0 时间间隔为 100ms。传送指令 MOV 把 100 存入 SMB34 中,就是设定定时中断 0 的时间间隔。而中断连接指令 ATCH 则把定时中断 0(中断事件号为 10)和中断程序 0(中断入口为 INT0)连接起来,并对该事件允许中断。子程序的最后一句是全局允许中断(ENI),只有有了这一条,已经允许中断的中断事件才能真正被执行。

中断服务程序 INT0 的功能是每中断一次,执行一次读取模拟量 AIW0 的操作,并将这个数值传送给 VW0。

6.9.2 通信操作指令

1. 网络读指令

网络读指令的梯形图表示:网络读指令由指令允许端 EN、指令助记符 NETR、读取表 TBL 和通信口 PORT 输入端构成。

(1)网络读指令的语句表表示:网络读指令由指令码 NETR、读取表 TBL 和通信口 PORT 构成。梯形图和语句表表示如图 6-123 所示。

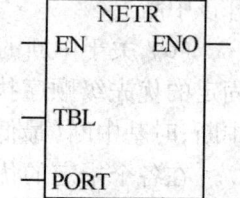

NETR   TBL, PORT

图 6-123 网络读指令

(2)网络读指令的操作:网络读取(NETR)指令开始一项通信操作,通过通信口(PORT)根据表(TBL)定义,从远程设备收集数据。NETR 指令可从远程站最多读取 16 个字节信息。

(3)数据范围:

读取表 TBL:VB,MB,*VD,*AC,*LD

通信口 PORT:0,1

2. 网络写指令

(1)网络写指令的梯形图表示:网络写指令由指令允许端 EN、指令助记符 NETW、写出表 TBL 和通信口 PORT 输入端构成。

(2)网络写指令的语句表表示:网络写指令由指令操作码 NETW、写出表 TBL 和通信口 PORT 构成。梯形图和语句表表示如图 6-124 所示。

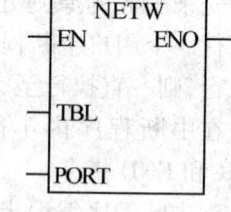

NETW   TBL, PORT

图 6-124 网络写指令

(3)网络写指令的操作:网络写(NETW)指令开始一项通信操作,通过指定通信口(PORT)根据表(TBL)定义,向远程设备写入数据。NETW 指令可向远程站最多写入 16 字节信息。

(4)数据范围:

写出表:TBL:VB,MB,*VD,*AC,*LD

通信口 PORT:0,1

(5)关于网络读和网络写的说明:

远程站地址为存取数据的 PLC 的地址。数据指针为指向 PLC 内数据的间接指针。数据长度为存取数据的字节长度(1~16)。接收或传输数据区域为 1~16 字节。对于 NETR 指令,此数据区是指执行 NETR 后存储从远程站读取的数据的区域。对于 NETW 指令,此数据区是指执行 NETW 前存储发送至远程站的数据区域。

表 TBL 有 23 个字节。字节 0 为状态码,字节 1 为远程站地址(被访问的 PLC 的地址),字节2、3、4、5为远程站的数据指针(数据区可以为I区、Q区、M区或V区),字节6为数据长度,字节7、8~22为数据字节,见表6-3。

表6-3   网络读写指令数据表

字节	内容	字节	内容
0	状态码(D、A、E、0、RR)	7	数据字节
1	远程站地址(被访问的PLC地址)	8	数据字节1
2	程站地址的数据指针 数据区可以为I区、Q区、M区或V区	9	数据字节2
3		10	数据字节3
4		……	
5		21	数据字节14
6	数据长度n	22	数据字节15

(6) 关于网络读/写的限制:可在程序内使用任意数目的NETR/NETW指令,但在任意时刻最多只能有8个NETR及NETW指令处于激活状态。例如,可以在给定S7-200内任意时刻有4个NETR及4个NETW指令,或2个NETR及6个NETW指令处于激活状态。

(7) 网络读/写编程步骤:
建立通信网络(主站/从站)
建立网络读/写表(TBL)
编写网络读/写指令(NETR/NETW)

6.9.3 高速计数器操作指令

高速计数器可以对CPU扫描速度无法控制的高速事件进行计数,可设置多种不同操作模式。高速计数器的最大计数频率决定于CPU类型。S7-200CPU内置4~6个高速计数器(HSC0~HSC5,其中PLCCPU221及PLCCPU222不支持HSC1及HSC2)。这些高速计数器工作频率可达到20kHz,有12种工作模式,而且不影响CPU的性能。高速计数器对所支持的计数、方向控制、重新设置及启动均有专门输入。对于双相计数器,两个计数都可以以最大速率运行。对于正交模式,可以选择单倍(1×)或4倍(4×)最大计数速率工作。HSC1和HSC2互相完全独立,并不影响其他的高速功能。全部计数器均可以以最大速率运行,互不干扰。

高速计数器经常被用于距离检测,用于电机转速检测。当计数器的当前值等于预设值或发生重置时,计数器提供中断。因为中断的发生速率远远低于高速计数器的计数速率,所以可对高速操作进行精确控制,并对PLC的整体扫描循环的影响相对较小。高速计数器允许在中断程序内装载新的预设值,使程序简单易懂。

1. 高速计数器工作模式

高速计数器大体可以分为四种。第一种是带内部方向控制的单相计数器。这种计数器的计数要么是增计数,要么是减计数,只能是其中一种方式。这种计数器只有一个计数输入端。其控制计数方向由内部继电器控制。这种计数器工作模式为模式0、1、2。第二种是带外部方向控制的单相计数器。这种计数器的计数要么是增计数,要么是减计数,只能是其中一种方式。这种计数器只有一个计数输入端。由外部办公设备控制其计数方向。这种计数器的工作模式为模式3、4、5。第三种计数器是既可以增计数也可以减计数的双相计数器。这种计数器有两个计数输入端,一个增计数输入端,一个减计数输入端。这种计数器的工作模式为模式6、7、8。第四种计数器是正交计数器。这种计数器有两个时钟脉冲输入端,一个输入端叫A相,一个输端叫B相。当A相时钟脉冲超前B相时钟脉冲时,计数器进行增计数。当A相时钟脉冲滞后B相时钟脉冲时,计数器进行减计数。这种计数器的工作模式为模式9、10、11。在正交模式下,可选择1倍(1×)或4倍(4×)最大计数速率。

对于相同的操作模式,全部计数器的运行方式均相同,共有12种模式。请注意并非每种计数器均支持全部操作模式。HSC0、HSC3、HSC4、HSC5高速计数器的工作模式见表6-4。

表6-4　　　　　　　　　　　高速计数器操作模式(一)

高速计数器名称	HSC0			HSC3	HSC4			HSC5
模式	I0.0	I0.1	I0.2	I0.1	I0.3	I0.4	I0.5	I0.4
0 带内部方向控制的单相计数器	计数			计数	计数			计数
1 带内部方向控制的单相计数器	计数		复位		计数		复位	
2 带内部方向控制的单相计数器								
3 带外部方向控制的单相计数器	计数	方向			计数	方向		
4 带外部方向控制的单相计数器	计数	方向	复位		计数	方向	复位	
5 带外部方向控制的单相计数器								
6 带增减计数输入的双相计数器	增计数	减计数			增计数	减计数		
7 带增减计数输入的双相计数器	增计数	减计数	复位		增计数	减计数	复位	
8 带增减计数输入的双相计数器								
9 A/B相正交计数器	A相	B相			A相	B相		
10 A/B相正交计数器	A相	B相	复位		A相	B相	复位	
11 A/B相正交计数器								

HSC1、HSC2高速计数器的工作模式见表6-5。

表 6-5　　　　　　　　　　　　高速计数器操作模式（二）

高速计数器名称	HSC1				HSC2			
模式	I0.6	I0.7	I1.0	I1.1	I1.2	I1.3	I1.4	I1.5
0 带内部方向控制的单相计数器	计数				计数			
1 带内部方向控制的单相计数器	计数		复位		计数		复位	
2 带内部方向控制的单相计数器	计数		复位	启动	计数		复位	启动
3 带外部方向控制的单相计数器	计数	方向			计数	方向		
4 带外部方向控制的单相计数器	计数	方向	复位		计数	方向	复位	
5 带外部方向控制的单相计数器计数	方向	复位	启动	计数	方向	复位	启动	
6 带增减计数输入的双相计数器	增计数	减计数			增计数	减计数		
7 带增减计数输入的双相计数器	增计数	减计数	复位		增计数	减计数	复位	
8 带增减计数输入的双相计数器	增计数	减计数	复位	启动	增计数	减计数	复位	启动
9 A/B 相正交计数器	A相	B相			A相	B相		
10 A/B 相正交计数器	A相	B相	复位		A相	B相	复位	
11 A/B 相正交计数器	A相	B相	复位	启动	A相	B相	复位	启动

2. 高速计数器的中断描述

全部计数器模式均支持当前数值等于预设数值中断，使用外部重置输入的计数器模式支持外部重置被激活中断。除模式 0、1 及 2 以外的全部计数器模式均支持计数方向改变中断，可以单独启动或关闭这些中断。使用外部重置中断时，不要装载新当前数值，或者在该事件的中断程序中先关闭再启动高速计数器，否则将引起 CPU 严重错误。高速计数器的中断描述见表 6-6。

表 6-6　　　　　　　　　　　　高速计数器中断事件表

中断事件号	中断描述		优先级别（在整个中断事件中排序）
12	HSC0	CV = PV（当前值 = 设定值）	10
27	HSC0	计数方向改变	11
28	HSC0	外部复位	12
13	HSC1	CV = PV（当前值 = 设定值）	13
14	HSC1	计数方向改变	14
15	HSC1	外部复位	15
16	HSC2	CV = PV（当前值 = 设定值）	16
17	HSC2	计数方向改变	17
18	HSC2	外部复位	18
32	HSC3	CV = PV（当前值 = 设定值）	19
29	HSC4	CV = PV（当前值 = 设定值）	20
30	HSC4	计数方向改变	21
31	HSC4	外部复位	22
33	HSC5	CV = PV（当前值 = 设定值）	23

3. 高速计数器的状态字

每一个高速计数器都有一个状态字节,该字节的每一位都反映了这个计数器的工作状态。表示当前计数方向以及当前数值是否大于或等于预设数值。高速计数器的状态位见表6-7。

表6-7　　　　　　　　　　　高速计数器状态字

HSC0	HSC1	HSC2	HSC3	HSC4	HSC5	说　明
SM36.0	SM46.0	SM56.0	SM136.0	SM146.0	SM156.0	未使用
SM36.1	SM46.1	SM56.1	SM136.1	SM146.1	SM156.1	未使用
SM36.2	SM46.2	SM56.2	SM136.2	SM146.2	SM156.2	未使用
SM36.3	SM46.3	SM56.3	SM136.3	SM146.3	SM156.3	未使用
SM36.4	SM46.4	SM56.4	SM136.4	SM146.4	SM156.4	未使用
SM36.5	SM46.5	SM56.5	SM136.5	SM146.5	SM156.5	当前为向上计数:0 = 向下、1 = 向上计数
SM36.6	SM46.6	SM56.6	SM136.6	SM146.6	SM156.6	当前值等于预设值:0 = 不等于、1 = 等于
SM36.7	SM46.7	SM56.7	SM136.7	SM146.7	SM156.7	当前值大于预设值:0 = 不大于、1 = 大于

4. 高速计数器的控制字

定义计数器及计数器模式后,可对计数器动态参数进行编程。各高速计数器均有控制字节,可启动或关闭计数器、控制方向(只用于模式0、1及2)或其他全部模式的初始计数方向、装载当前数值及预设数值。执行 HSC 指令可检查控制字节及相关当前及预设值。高速计数器的控制字见表6-8。

表6-8　　　　　　　　　　　高速计数器控制字

HSC0	HSC1	HSC2	HSC3	HSC4	HSC5	说明(0、1、2位仅在 HDEF 指令中用)
SM37.0	SM47.0	SM57.0		SM147.0		复位控制:0 = 高电平复位,1 = 低电平复位
SM37.1	SM47.1	SM57.1		SM147.1		启动控制:0 = 高电平启动,1 = 低电平启动
SM37.2	SM47.2	SM57.2		SM147.2		正交速率:0 = 4倍速率,1 = 1倍速率
SM37.3	SM47.3	SM57.3	SM137.3	SM147.3	SM157.3	计数方向:0 = 向下计数,1 = 向上计数
SM37.4	SM47.4	SM57.4	SM137.4	SM147.4	SM157.4	方向更新:0 = 无更新,1 = 更新方向
SM37.5	SM47.5	SM57.5	SM137.5	SM147.5	SM157.5	预设值更新:0 = 无更新,1 = 更新当前值
SM37.6	SM47.6	SM57.6	SM137.6	SM147.6	SM157.6	当前值更新:0 = 无更新,1 = 更新当前值
SM37.7	SM47.7	SM57.7	SM137.7	SM147.7	SM157.7	允许控制:0 = 禁止 HSC,1 = 允许 HSC

5. 高速计数器的当前值

各高速计数器均有32位当前值,当前值为带符号整数值。欲向高速计数器装载新的当前值,必须设定包含当前值的控制字节及特殊内存字节。然后执行 HSC 指令,使新数值传输至高速计数器。表 6-9 列举了用于装入新当前值的特殊内存字节。

表 6-9   高速计数器的当前值

高速计数器	HSC0	HSC1	HSC2	HSC3	HSC4	HSC5
新当前值	SMD38	SMD48	SMD58	SMD138	SMD148	SMD158

6. 高速计数器的预设值

每个高速计数器均有一个 32 位的预设值。预设值为带符号整数值。欲向计数器内装载新的预设值,必须设定包含预设值的控制字节及特殊内存字节。然后执行 HSC 指令,将新数值传输至高速计数器。表 6-10 描述了用于容纳预设值的特殊内存字节。

表 6-10   高速计数器的预设值

高速计数器	HSC0	HSC1	HSC2	HSC3	HSC4	HSC5
新预设值	SMD42	SMD52	SMD62	SMD142	SMD152	SMD162

7. 定义高速计数器指令

(1) 定义高速计数器的 HDEF 指令:使用高速计数器之前必须选择计数器模式,读者可利用 HDEF 指令(高速计数器定义)选择计数器模式。HDEF 提供高速计数器(HSC n)及计数器模式之间的联系。对每个高速计数器只能采用一条 HDEF 指令定义高速计数器。高速计数器中的四个计数器拥有三个控制位,用于配置重置(复位)、起始输入(启动)的激活状态和选择 1× 或 4× 计数模式(只用于正交计数器)。这些位处于计数器的控制字节内,只有在执行 HDEF 指令时才被使用。执行 HDEF 指令之前,必须将这些控制位设定成要求状态。否则,计数器对所选计数器模式采用默认配置。重置输入及起始输入的默认设定是高电平有效,正交计数速率为 4×(或输入时钟频率的四倍)。一旦执行 HDEF 指令后,不可改变计数器设定,除非首先将 PLC 置于停止模式。

(2) 定义高速计数器指令的表示:定义高速计数器指令由助记符 HDEF、定义高速计数允许端 EN、高速计数器编号 HSC、高速计数器工作模式 MODE 构成。其梯形图和语句表表示如图 6-125 所示。

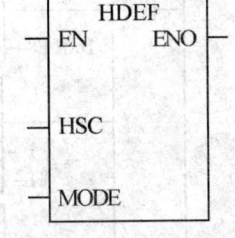

HDEF   HSC,MODE

图 6-125   定义高速计数器指令

(3) 定义高速计数器指令的操作:在高速计数器定义指令允许时,高速计数器的计数器号(HSC)、高速计数器的工作模式(MODE)被确定。要注意的是 HDEF 指令只能用一次,HSC 的编号和 MODE 号要符合表 6-4 和表 6-5 的规定。

(4) 数据范围:

高速计数器允许端 EN:I、Q、M、SM、T、C、V、S、L

高速计数器编号 HSC:常量(0、1、2、3、4、5)

工作模式 MODE:常量(0、1、2、……、10、11)

8. 高速计数器编程指令

(1) 高速计数器编程的 HSC 指令:高速计数器在定义之后,高速计数器在重置(复位)、更新当前值、更新预置值时,都

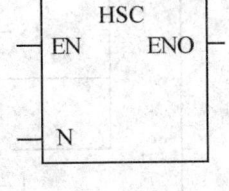

HSC   N

图 6-126   高速计数器编程指令

要应用高速计数器编程的 HSC 指令对其编程。执行 HSC 指令的目的就是使 S7 – 200 对高速计数器进行编程。只有经过编程,高速计数器才能运行。

(2) 高速计数器编程指令的表示:高速计数器编程指令由高速计数器编程指令允许端 EN、高速计数器编程指令助记符 HSC 和对高速计数器进行编程的计数器编号 N 构成。高速计数器编程指令的梯形图和语句表表示如图 6 – 126 所示。

(3) 高速计数器编程指令的操作:当高速计数器编程指令有效时,对高速计数器 N 进行的一系列新的操作,将被 S7 – 200 编程。高速计数器的功能生效。

(4) 数据范围:

编程指令允许端 EN:I、Q、M、SM、T、C、V、S、L

计数器编号 N:常量(0、1、2、3、4、5)

9. 高速计数器的编程举例

【例 6 – 40】图 6 – 127 是一个给高速计数器编程的例子。

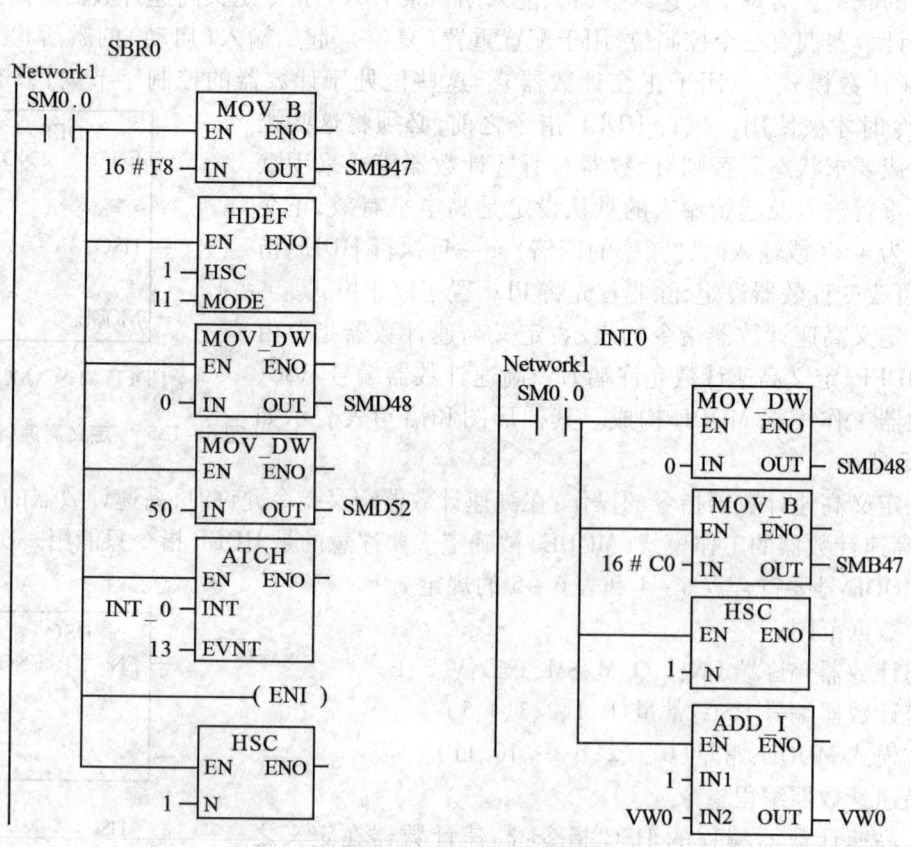

图 6 – 127　高速计数器的编程

高速计数器 1 设定为正交 4 倍速率计数器。当 HSC1 的当前值等于预置值时,引发中断,在中断程序中对变量 VW0 进行加 1 操作。VW0 的值即为 HSC1 的中断计数。

1. OB1 从程序中可以看出,主程序 OB1 利用初次扫描 SM0.1 调用 HSC1 初始化程序。

2. SBR0 子程序 SBR0 对 HSC1 初始化。

第一条指令是向 SMB47 传送十六进制数 16#F8。设定高速计数器为允许计数、写入新当前值、写入新预置值、设定计数器初始计数方向为向上计数、设定启动输入和复位输入高电平有效、正交 4 倍速率模式。

第二条指令是设定 HSC1 为模式 11 方式。

第三条指令是对 SMD48 送零,这是清除 HSC1 的当前值。

第四条指令是设定 HSC1 的预置值为 50。

第五条指令是连接当前值 = 预置值(事件 13)与中断程序(INT0)。

第六条指令是设定允许全局中断(ENI)。

第七条指令是对 HSC1 编程。

3. INT0 第一条指令是 0 送到 SMD48 中,对 HSC1 当前值清零。

第二条指令是把 0C0H 送入 SMB47,是设定 HSC1 允许更新当前值。

第三条指令是对 HSC1 编程。

第四条指令是对 VW0 加 1,可以由 VW0 的值记录中断次数。或者说用 VW0 记录 HSC1 从 0 计数到 50 的次数。

从这个例子中可以看到,一般 HDEF 指令只能使用一次,每重新赋予一次控制字都要对高速计数器用 HSC 编程。

6.9.4 PID 操作指令

S7 - 200CPU 提供 PID 回路指令(成比例、积分、微分循环),进行 PID 计算。PID 回路的操作取决于存储在 36 字节回路表内的 9 个参数。

1. 回路表

PID 指令根据表(TBL)内的输入输出配置信息对引用回路(LOOP)执行 PID 计算。PID 指令有两个操作数,表示循环表起始地址的 TBL 地址以及回路号 LOOP,回路号是 0～7 的常量。程序内可使用 8 条 PID 指令。如果两个或多个 PID 指令使用相同回路号(即它们的表地址不同),PID 计算将互相干扰,结果难以预料。循环表存储 9 个参数,用于控制及监控循环操作,包括过程变量、设定值、输出、增益、采样时间、积分时间、微分时间、积分前项以及过程变量前值。在 PID 指令块内输入的表(TBL)起始位置开始为回路表分配 36 个字节的空间,见表 6-11。

表 6-11　　　　　　　　　　　　　PID 的回路表

偏移地址	域	格式	类型	说明
0	过程变量 PV_n	双字 - 实数	输入	过程变量,在 0.0～1.0 之间
4	设定值 SP_n	双字 - 实数	输入	设定值,在 0.0～1.0 之间

续表

偏移地址	域	格式	类 型	说 明
8	输出 M_n	双字－实数	输入/输出	输出，在 0.0～1.0 之间
12	增益 K_c	双字－实数	输入	增益，可为正数或负数
16	采样时间 T_s	双字－实数	输入	采样时间，以秒为单位，必须为正数
20	积分时间 T_i	双字－实数	输入	积分时间，以分钟为单位，必须为正数
24	微分时间 T_d	双字－实数	输入	微分时间，以分钟为单位，必须为正数
28	积分前项 MX	双字－实数	输入/输出	积分前项值，在 0.0～1.0 之间
32	过程变量前值 PV_{n-1}	双字－实数	输入/输出	最近一次 PID 运算的过程变量

欲按所要采样速率进行 PID 计算，必须按定时器控制的速率从定时中断程序或从主程序执行 PID 指令。采样时间必须通过回路表作为 PID 指令输入提供。

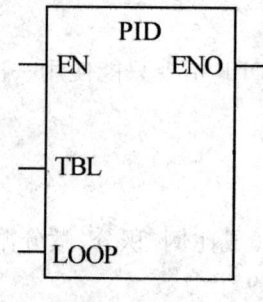

PID   TBL,LOOP

图 6-128　PID 指令

2. PID 指令

PID 指令的表示：PID 指令由 PID 指令助记符 PID、指令的启动条件输入端 EN、PID 运算的回路表 TBL 和 PID 指令的回路号 LOOP 构成。其梯形图和语句表表示如图 6-128 所示。

（1）PID 指令的操作：PID 指令必须用在定时发生的中断程序中。当 PID 指令被允许时 PID 指令根据回路表中的数据进行 PID（比例、积分和微分）运算，并得到输出控制量。

（2）数据范围：

回路表 TBL：VB

回路号 LOOP：常数（0 到 7）

3. PID 的编程举例

【例 6-41】图 6-129、图 6-130 是一个 PID 控制的例子。

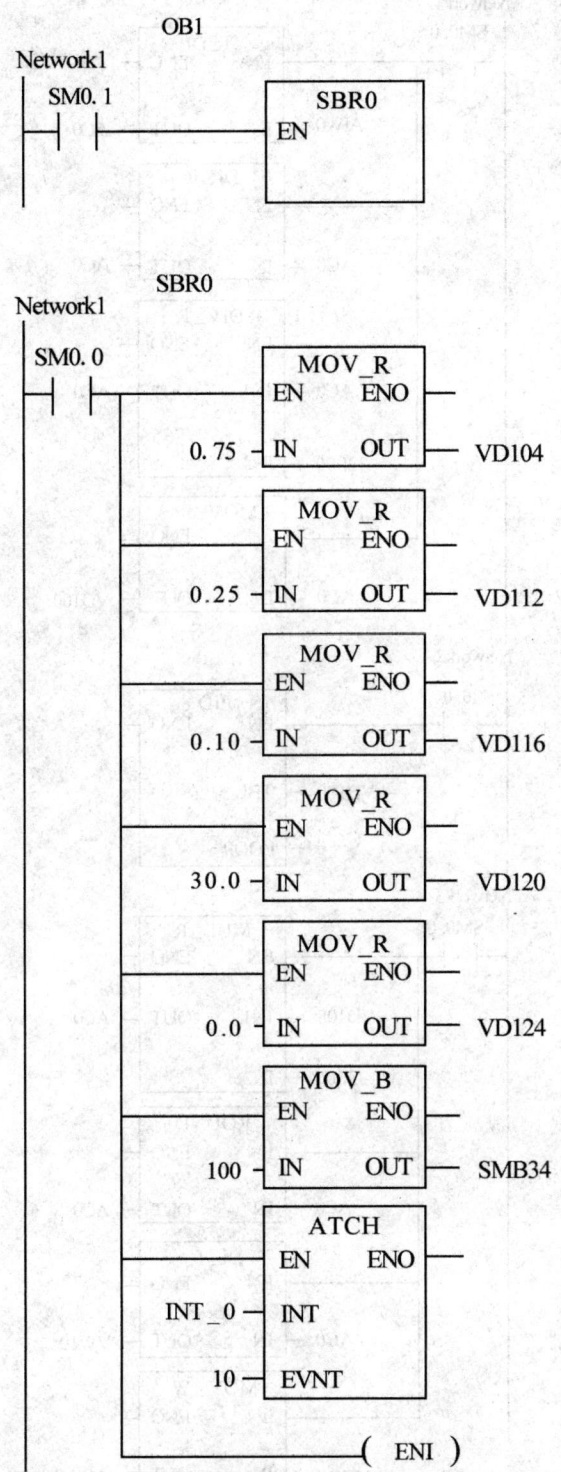

图 6-129 水箱水位 PID 控制的主程序和子程序

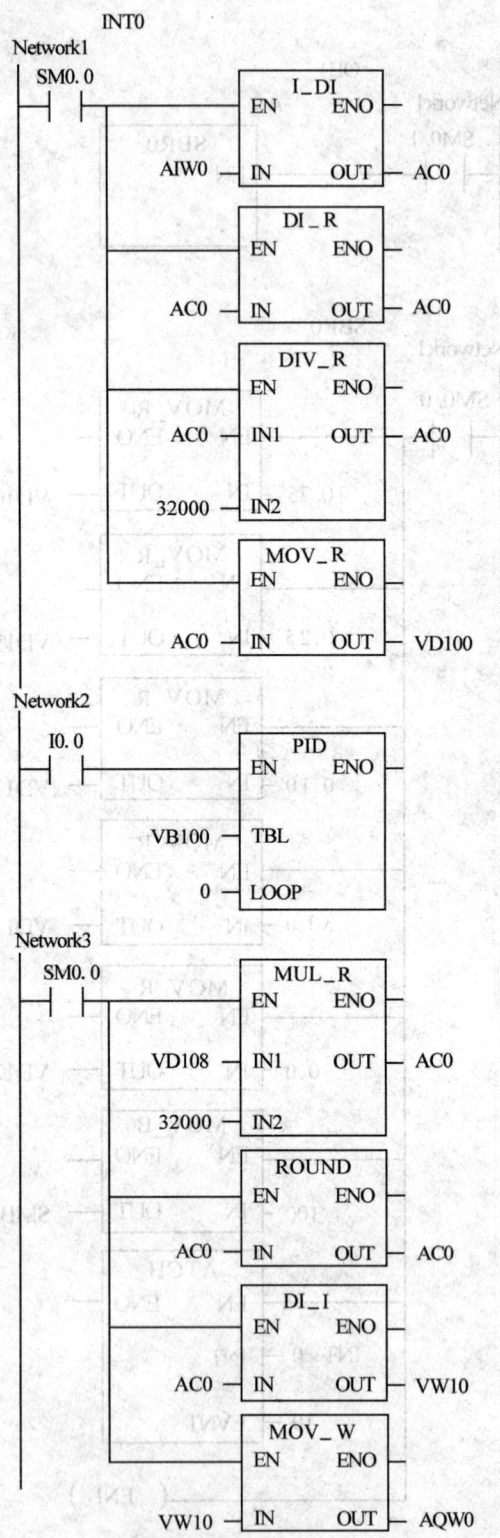

图 6-130 水箱水位 PID 控制的中断服务程序

水箱需要维持一定的水位,该水箱里的水以变化的速度从水箱的出水管中流出。因而需要有一个水泵以不同的速度通过水箱的进水管向水箱供水,以维持水位不变。

本供水系统的设定值是水箱满水位的 75% 时的水位,过程变量是由漂浮在水面的水位测量仪给出。输出值是进水泵的速度,可以从允许最大值时 0% 变到 100%。设定值可以预选设定后直接输入回路表中,过程变量是来自水位表的单极性模拟量,回路输出值也是一个单极性模拟量,用来控制水泵速度。这个模拟量的范围是 0.0~1.0,分辨率为 1/32000(标准化)。

本工程的特点是在系统中,水泵的机械惯性比较大,故系统仅采用比例和积分控制。其增益和时间常数可以通过工程计算初步确定。实际上,还需要进一步调整,以达到最优控制效果。初步确定的增益和时间常数为

$$K_c = 0.25$$
$$T_s = 0.1s$$
$$T_i = 30min$$

系统启动时,关闭出水口,用手动控制进水泵速度,使水位达到满水位的 75%,然后打开出水口,同时水泵控制由手动方式切换到自动方式。这种切换由一个输入的开关量控制,具体描述如下:I0.0 位控制手动到自动方式的切换,0 代表手动,1 代表自动。当工作在手动方式下,可以把水泵的速度(0.0~1.0 之间的实数)直接写入回路表中的输出寄存器(VD108)。

应用 PID 指令控制系统时,要注意积分作用引起的超调问题。为了避免这一现象,可以加一些保护。比如当过程变量达到甚至超过设定值时,可以限制输出值在某一定范围之内。

本例中的程序仅有自动控制方式的设计。其中主程序 OB1 的功能是 PLC 首次运行时利用 SM0.1 调用初始化程序 SBR0。

子程序 SBR0 的功能是形成 PID 的回路表,建立 100ms 的定时中断,并且开中断。

中断程序 INT0 的功能是输入水箱的水面高度 AIW0 的值,并送入回路表。

I0.1=1 时进行 PID"自动"控制,把 PID 运算的输出值送到 AQW0 中,从而控制进水泵的速度,以保持水箱的水面高度。

6.9.5 顺序控制操作指令

用梯形图或语句表方式编写程序固然广为电气技术人员接受,但对于一个复杂的控制系统,尤其是顺序控制程序,由于内部的联锁、互动关系极其复杂,其梯形图往往长达数百行,通常要由熟练的电气工程师才能编制出这样的程序。另外,如果在梯形图上不加上注释,则这种梯形图的可读性也会大大降低。

近年来,许多新生产的 PLC 在梯形图语言之外加上了顺序控制指令,采用一般编程语言,用于编制复杂的顺序控制程序,利用这种编程方法,使初学者也很容易编写出复杂的顺序控制程序,即使是熟练的电气工程师,用这种方法后也能大大提高工作效率。

S7-200CPU 含有 256 个顺序控制继电器用于顺序控制。S7-200 包含顺序控制指令,可以模仿控制进程的步骤,对程序逻辑分块;可以将程序分成单个流程的顺序步骤,也可同时激活多个流程;可以使单个流程有条件地分成多支单个流程,也可以使多个流程有条件地重新汇集成单个流程,从而对一个复杂的工程可以十分方便地编制控制程序。

S7-200 的顺序控制包括三个指令。其一是顺控开始指令(SCR),其二是顺序控制指令(SCRT),其三是顺控结束指令(SCRE)。顺控程序是从 SCR 开始到 SCRE 结束。

1. 顺控开始指令

（1）顺控开始指令的表示：顺控开始指令由顺控开始指令助记符 SCR 和顺控继电器 Sn 组成，其中 n 为顺控继电器的位号。其梯形图和语句表表示如图 6-131 所示。

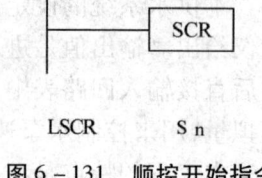

（2）顺控开始指令的操作：当顺控继电器 Sn = 1 时，启动 SCR n 段的顺控程序，顺控程序从标记 SCR n 开始，到 SCRE 指令终止。在执行到 SCR n 之前一定要使 Sn 置位才能进到 SCR n 顺控程序段。顺控程序段一定要从 SCR n 开始。

图 6-131 顺控开始指令

（3）数据范围：n = 0.0 ~ 31.7

2. 顺控转换指令

（1）顺控转换指令的表示：顺控转换指令由顺控转换指令助记符（SCRT）和顺控继电器 Sn 组成，其中 n 为顺控继电器的位号。其梯形图和语句表表示如图 6-132 所示。

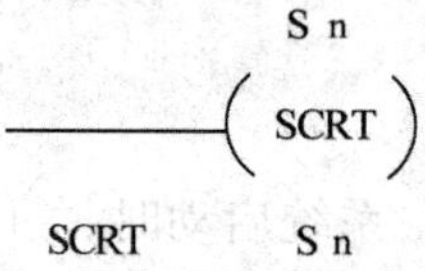

（2）顺控转换指令的操作：在执行到 SCRE 之前，顺序控制转换 SCRT 指令确定要启动的下一个 SCR 位（将要设定的下 n 位）。事实上在执行 SCRT 指令，就终结了前一个 SCR 程序段（即本段的 Sn 被复位），而启动下一 SCR 程序段（即下一段顺控继电器被置位）。只等执行到 SCRE 指令时就过渡到下一个顺控程序段。

图 6-132 顺控转换指令

（3）数据范围：n = 0.0 ~ 31.7

3. 顺控结束指令

（1）顺控结束指令的表示：顺控结束指令由顺控结束指令助记符 SCRE 构成。其梯形图和语句表表示如图 6-133 所示。

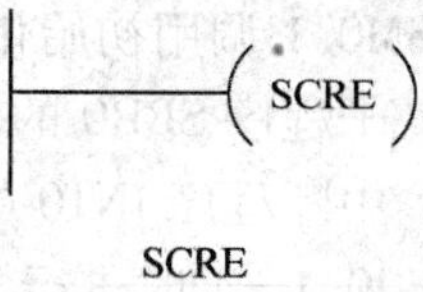

（2）顺控结束指令的操作：执行到 SCRE 意味着本 SCR 程序段的结束。紧接着要执行下一个（或几个）等于 1 的顺控继电器开始的顺控程序段，一个顺控程序段要用 SCRE 结束。

（3）理解 SCR 指令

图 6-133 顺控结束指令

顺序控制为应用程序设计提供组织操作或顺序进入程序段的一项技术。用户程序的分段区域允许更简单地进行编程及监控。对于顺序控制指令，由 SCR 与 SCRE 指令之间的全部逻辑组成 SCR 段，能否执行顺控程序段取决于 Sn 的值。SCRT 指令设定 S 位，启动下一个 SCR 段，并复位本部分的 S 位。

不能在多个程序内使用相同的 S 位。例如，如果在主程序内使用 S0.1，则不能再在子程序内使用。

不能在 SCR 段内使用 JMP 及 LBL 指令。这意味着不允许转入、转内或转出 SCR 段。可以围绕 SCR 段使用跳转及标签指令。

不能在 SCR 段内使用 FOR、NEXT 或 END 指令。

4. 状态转移图

像 S7-200 系列小型 PLC 还难于直接用绘制系统状态流图的办法生成复杂的顺序控制程序。但是，可以利用顺控指令在系统状态流图和程序之间架起的桥梁，先根据工程要求绘制状态转移图，再利用顺控指令极方便地形成用 PLC 梯形图或语句表等语言编制的程序。状态转移图是用状态继电器（即顺序控制继电器）代表工程中的工序，一个工序的任务就是一个状态的控制过程。一个工序的完成就意味着一个状态的结束。

S7-200的顺序控制继电器S的状态在顺序控制过程中反映了各个顺控程序段是否应该被执行。从这个意义上讲,顺序控制继电器的状态代表了工程中各个工作过程的状态,而工程状态的变化也就是顺序控制继电器状态的转移。状态转移可以很方便地把工程状态用顺序控制继电器的状态描述出来,因而它也很容易地转换成梯形图或语句表程序。

【例6-42】图6-134是一个状态转移图应用的例子。

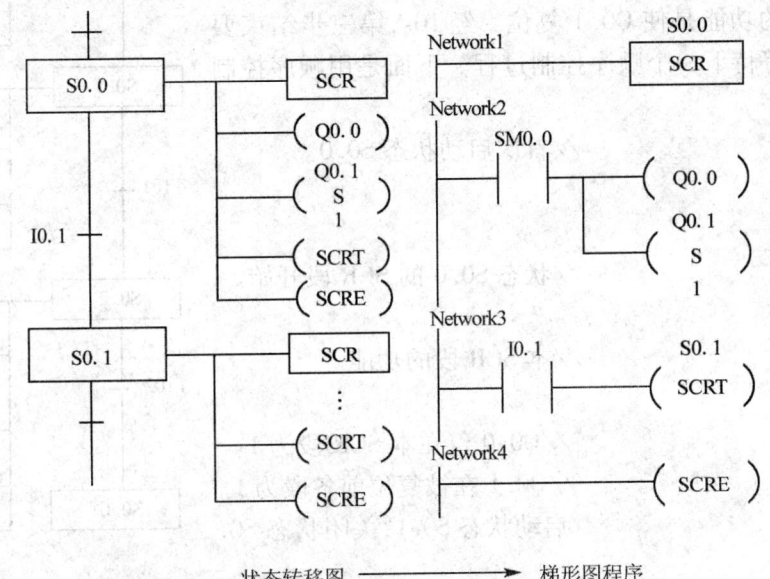

图6-134 状态转移图与梯形图

图6-134中,当S0.0=1时,系统进入S0.0顺控程序段。在这一程序段中,使Q0.0输出1,使Q0.1置位。当I0.1=1时,状态由S0.0转为S0.1。

由状态转移图过渡到梯形图或语句表程序是很方便的。从图中可以看到,一个SCR顺控程序段起始于SCR指令,终止于SCRE指令。在执行到SCRE之前一定要有顺控转移指令SCRT。还应该注意到,在一个顺控程序段中,用OUT指令的输出只能在本程序段内保持,为了在本程序段也能保持输出,应该使用置位指令S。还应该注意到顺控转移条件(I0.1)和顺控转移指令(SCRT)的编程方法及语句的位置。

1. 简单的顺序控制

简单的顺序控制是指各个顺控程序段的转换不带分支和汇合的顺控过程。这类控制过程是一个顺控程序段只能转到另一个惟一的顺控程序段。转到某一个顺控程序段的顺控程序也只能有一个。简单的顺序控制是顺控状态流的单流情况。如图6-135所示。当状态A为1时,执行顺控程序段A。在转换条件具备时,置位状态B,复位状态A,转到下一个顺控程序段B。当状态B为1时,执行顺控程序段B。在转换条件具备时,置位状态C,复位状态B,转到下一个顺控程序段C。当状态C为1时,执行顺控程序段C。在转换条件具备时,当转换条件满足时,又转到顺控程序段A。具体编程方法,可通过下面例子说明。

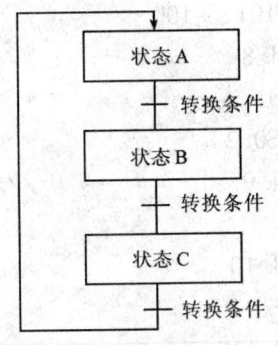

图6-135 简单顺序控制流程

【例 6-43】 图 6-136 是一个简单的顺序控制的编程例子。

本例子共有三步。PLC 开始运行就进入第一步。第一步的功能是使 Q0.0 = 1,使 Q0.1 置 1。经过 10s,第一步结束,并转到第二步。第二步的功能是经过 10s,本步结束,并转到第三步。第三步的功能是使 Q0.1 复位。经 10s,第三步结束要转到第一步。等待下一个顺序控制过程。下面是用顺序控制指令编写的程序。

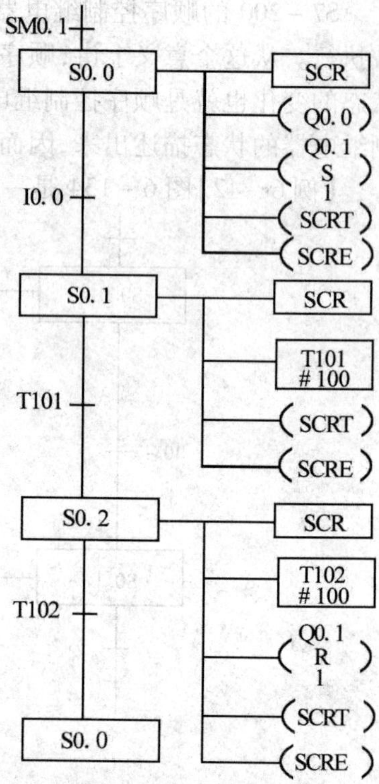

```
Network 1            //首次启动状态 S0.0。
LD SM0.1
S S0.0,1
Network 2            //状态 S0.0 的 SCR 段开始。
LSCR S0.0
Network 3            //本 SCR 段的功能。
LD SM0.0
= Q0.0               //Q0.0 仅在本 SCR 段为 1。
S Q0.1,1             //Q0.1 在被复位前各段为 1。
Network 4            //启动状态 S0.1,关闭状态 S0.0。
LD I0.0
SCRT S0.1
Network 5            //状态 S0.0 的 SCR 段结束。
SCRE
Network 6            //状态 S0.1 的 SCR 段开始。
LSCR S0.1
Network 7            //本 SCR 段的功能。
LD SM0.0
TON T101, +100
Network 8            //启动状态 S0.2,关闭状态 S0.1。
LD T101
SCRT S0.2
Network 9            //状态 S0.1 的 SCR 段结束。
SCRE
Network 10           //状态 S0.2 的 SCR 段开始。
LSCR S0.2
Network 11           //本 SCR 段的功能。
LD SM0.0
TON T102, +100
R Q0.1,1
```

图 6-136 简单顺序控制的编程

Network 12   //启动状态 S0.3,关闭状态 S0.2。
LD T102
SCRT S0.3   //这个 S0.3 仅仅是编程格式要求,没有实际意义。
Network 13   //状态 S0.2 的 SCR 段结束。
SCRE
Network 14   //再次启动状态 S0.0。
LD T102
S S0.0,1

2. 并行分支顺序控制

在许多应用中,顺控状态流的单流将分支成两个或多个同时激活的顺控状态流。当顺控状态流分支成多流时,必须同时激活全部顺控状态流。这种控制是并行分支顺序控制。

在图 6-137 中,当状态 A=1 时,执行顺控程序段 A。当转换条件成立时,要同时激活状态 B 和状态 C,即可以同时执行顺控程序 B 和顺控程序 C。具体编程方法,可通过下面例子说明。

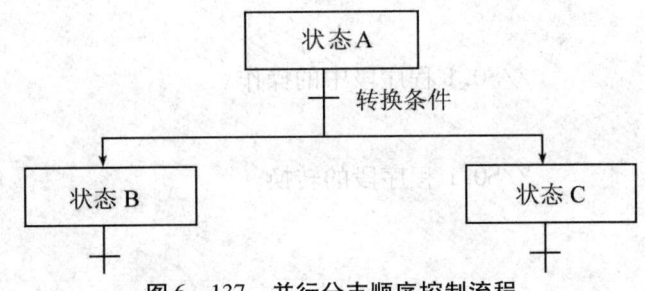

图 6-137 并行分支顺序控制流程

【例 6-44】图 6-138 是为了说明具有并行分支顺序控制程序在分支处的编程方法。

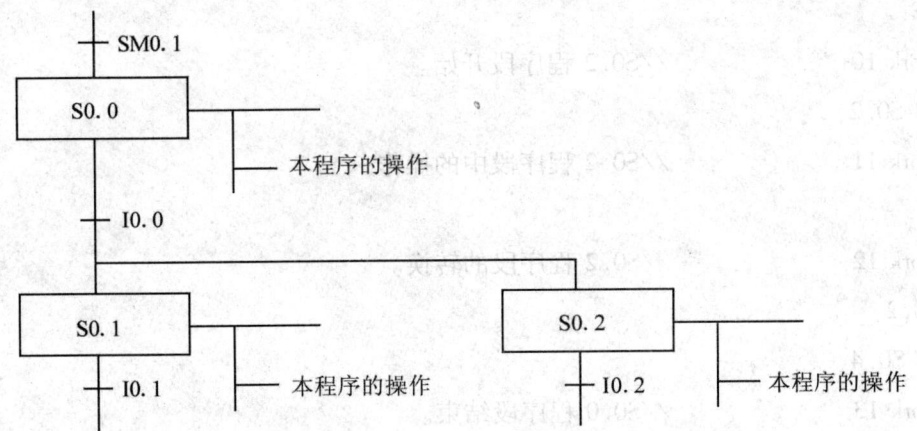

图 6-138 并行分支顺序控制的编程

本例是在 I0.0=1 时,同时要求激活状态 S0.1 和 S0.2。
各个程序段中的操作内容应根据实际工程要求去编程,本例中省略了这方面的编程内容。

Network 1   //激活 S0.0。
LD SM0.1

S S0.0,1
Network 2   //S0.0 程序段开始。
LSCR S0.0
Network 3   //S0.0 程序段中的操作。
……
Network 4   //同时激活 S0.1 和 S0.2。
LD I0.0
SCRT S0.1
SCRT S0.2
Network 5   //S0.0 程序段结束。
SCRE
Network 6   //S0.1 程序段开始。
LSCR S0.1
Network 7   //S0.1 程序段中的操作。
……
Network 8   //S0.1 程序段的转换。
LD I0.1
SCRT S0.3
Network 9   //S0.1 程序段结束
SCRE
Network 10   //S0.2 程序段开始。
LSCR S0.2
Network 11   //S0.2 程序段中的操作。
……
Network 12   //S0.2 程序段的转换。
LD I0.2
SCRT S0.4
Network 13   //S0.0 程序段结束。
SCRE
……

3. 选择分支顺序控制

下面要介绍的是另外一种分支顺序控制。在这种控制中,当顺控状态流分支成多流时,可能转到其中的一个分支顺控状态流。到底能进到哪一个分支,要看哪个分支的转换条件先为真,状态优先转到先接通的分支的状态中,这种控制是选择分支顺序控制,如图 6-139 所示。

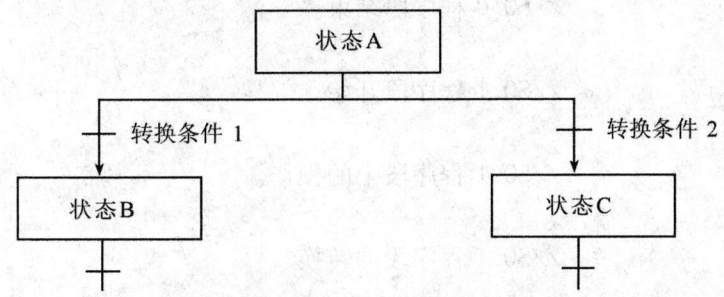

图 6-139 选择分支顺序控制流程

当状态 A=1 时,执行顺控程序段 A。当转换条件 1 先成立时,要激活状态 B,顺控程序应转到程序段 B。当转换条件 2 先成立时,要激活状态 C,顺控程序应转到程序段 C。具体编程方法,可通过下面例子说明。

【例 6-45】图 6-140 是为了说明具有分支的顺控程序在分支处的编程方法。

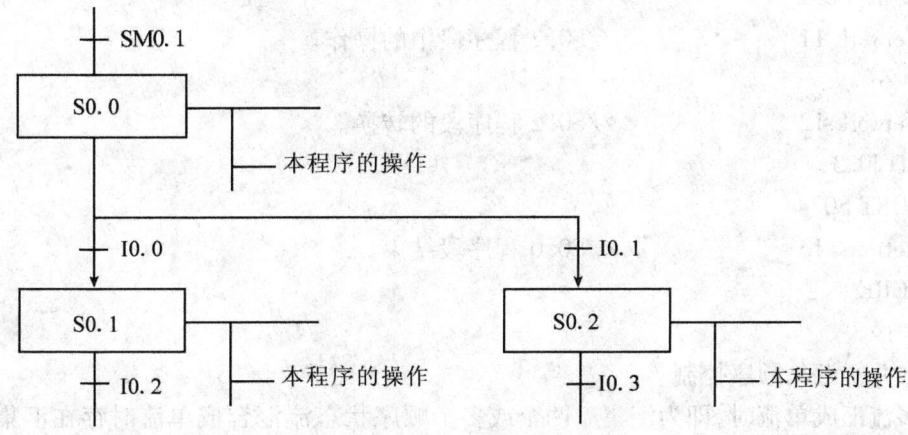

图 6-140 选择分支顺序控制的编程

本例是在 I0.0=1 先于 I0.1 时,要求激活状态 S0.1。在 I0.1=1 先于 I0.0 时,要求激活状态 S0.2。

各个程序段中的操作内容应根据实际工程要求去编程,本例中省略了这方面的编程内容。

Network 1   //激活 S0.0。
LD SM0.1
S S0.0,1

Network 2   //S0.0 程序段开始。
LSCR S0.0

Network 3   //S0.0 程序段中的操作。
……

Network 4   //激活 S0.1 或激活 S0.2。
LD I0.0
SCRT S0.1
LD I0.1

SCRT S0.2
Network 5   //S0.0 程序段结束。
SCRE
Network 6   //S0.1 程序段开始。
LSCR S0.1
Network 7   //S0.1 程序段中的操作。
……
Network 8   //S0.1 程序段的转换。
LD I0.2
SCRT S0.3
Network 9   //S0.1 程序段结束
SCRE
Network 10   //S0.2 程序段开始。
LSCR S0.2
Network 11   //S0.2 程序段中的操作。
……
Network 12   //S0.2 程序段的转换。
LD I0.3
SCRT S0.4
Network 13   //S0.0 程序段结束。
SCRE
……

4. 并行汇集顺序控制

多流汇成单流时,即为汇集。两个或多个顺序状态流汇合成单流时存在汇集问题。控制流汇集时,必须完成全部入流,才能启动下一状态。控制汇集流的代码略复杂些。为了保证全部入流均已完成,有必要使用每次扫描均执行的程序段(即不属于任何 SCR 段),检查全部入流是否均完成。如果全部完成,则可以转换到下一个程序段。例如,执行状态 A 的程序段时,转换条件已被满足,这时可以启动虚拟状态 D。当执行状态 B 的程序段时,转换条件也被满足,这时可以启动虚拟状态 E。当虚拟状态 D 和虚拟状态 E 均被启动时,才能启动状态 C,使状态流进入顺控程序段 D,从而完成了汇集,如图 6-141 所示。

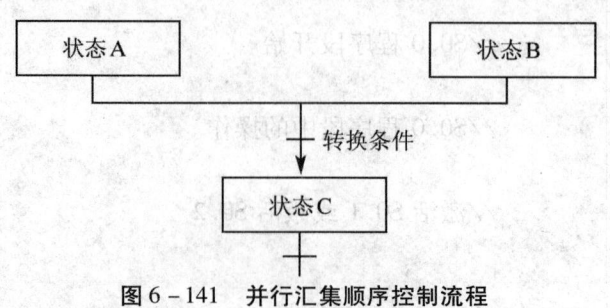

图 6-141 并行汇集顺序控制流程

【例 6-46】图 6-142 是一个汇集编程的例子。

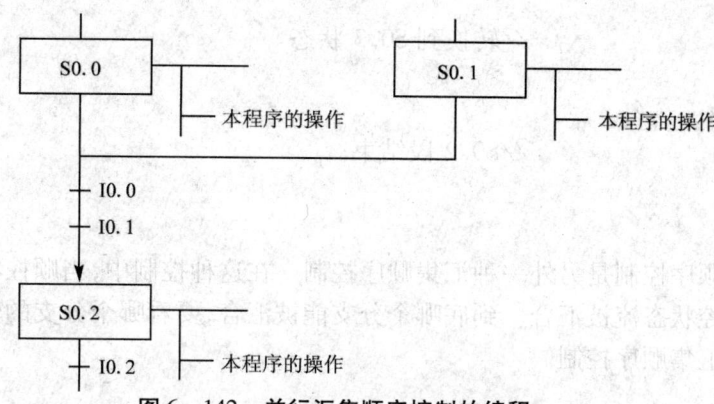

图 6-142 并行汇集顺序控制的编程

例子中的并行汇集的编程是采用了各自 SCR 段的转换条件实行转换的。其转换的状态 S0.1 和 S1.1 并没有对应的 SCR 程序段，编程中是用 S1.0 和 S1.1 的与生成状态 S0.2，这是一个真正的 SCR 程序段。可以看出，程序进入 S0.2 的条件是 S0.0 和 S0.1 程序段均完成。其语句表编程如下。每个程序段的具体操作，程序中没有给出。

Network 1	//S0.0 段开始
LSCR S0.0	
Network 2	//段内操作。
……	
Network 3	//转换到虚拟状态。
LD I0.0	
SCRT S1.0	
Network 4	//S0.0 段结束。
SCRE	
Network 5	//S0.1 段开始。
LSCR S0.1	
Network 6	//段内操作。
……	
Network 7	//转换到虚拟状态。
LD I0.1	
SCRT S1.1	
Network 8	//S0.1 段结束。
SCRE	
Network 9	//利用虚拟状态与启动状态 S0.2，同时复位各虚拟状态。
LD S1.0	
A S1.1	
S S0.2,1	
R S1.0,1	
R S1.1,1	
Network 10	//S0.2 段开始。
LSCR S0.2	

```
Network 11              //段内操作。
……
Network 12              //转换到 S0.3 状态。
LD I0.2
SCRE S0.3
Network 13              //S0.2 段结束。
SCRE
……
```

选择汇集顺序控制是另外一种汇集顺序控制。在这种控制中,当顺控状态流汇合时,其中的一个分支顺控状态流被汇合。到底哪个分支能被汇合,要看哪个分支的转换条件先为真,这种控制是选择汇集顺序控制。

6.10 堆栈和时钟操作指令

6.10.1 堆栈操作指令

堆栈这个概念在计算机中是一个十分重要的概念。堆栈就是一个特殊的数据存储区,最深部的数据叫栈底数据,顶部的数据叫栈顶数据,如图 6-143 中 IV0。PLC 有些操作往往需要把当前的一些数据送到堆栈中保存,待需要的时候再把存入的数据取出来。这就是常说的入栈和出栈,也叫压栈和弹出。S7-200 PLC 在编程时就可能会用到堆栈指令。比如,逻辑操作中块的与和块的或操作、子程序操作、顺控操作、高速计数器操作、中断操作等都会接触到堆栈。S7-200 PLC 堆栈有 8 层,如图 6-143 中 IV1~IV8。本节将介绍有关堆栈的概念。

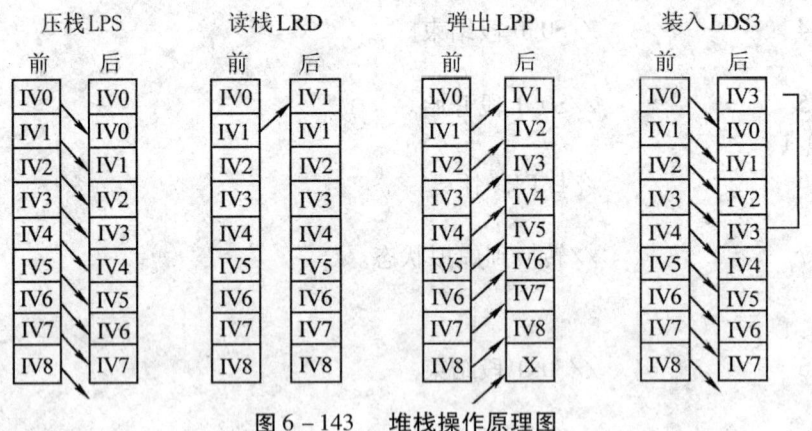

图 6-143 堆栈操作原理图

1. 压栈指令 LPS

(1) 压栈指令的表示:压栈指令由压栈指令助记符 LPS 表示。该指令只能用语句表表示,且没有操作数。

(2) 压栈指令的操作:执行压栈指令就是复制堆栈顶部的数据并将其入栈。堆栈底值被推出丢失。

2. 读栈指令 LRD

(1) 读栈指令的表示:读栈指令由读栈指令助记符 LRD 表示。该指令只能用语句表表示,且没有操作数。

（2）读栈指令的操作:执行读栈指令就是使堆栈顶部的数据被推出。堆栈第一层数据成为堆栈新顶值。

3．弹出指令 LPP

（1）弹出指令的表示:弹出指令由弹出指令助记符 LPP 表示。该指令只能用语句表表示,且没有操作数。

（2）弹出指令的操作:执行弹出指令就是弹出堆栈顶部的数据,堆栈第二层数值成为堆栈新顶值。

4．装栈指令 LDS n

（1）装栈指令的表示:装栈指令由装栈指令助记符 LDS 和操作数 n 构成。该指令只能用语句表表示,且操作数 n 只能选 1～8。

（2）装栈指令的操作:执行装栈指令就是复制堆栈上的堆栈位 n,并将此数值置于堆栈顶部。堆栈底值被推出丢失。

图 6－143 用于说明压栈、读栈、弹出和装栈的过程:

在执行堆栈指令之前,图中堆栈内的数据存 8 项,（IV1～IV8）。执行压栈指令,则数据 IV0 进栈。执行读栈指令,则把 IV1 读出。执行弹出指令,则 IV1 出栈。执行装栈指令,则 IV0 进栈且读出 IV3。

【例 6－47】图 6－144 说明堆栈指令的使用。

```
Network1
LD    I0. 0
LD    I0. 1
LD    I2. 0
A     I2. 1
OLD
ALD
=     Q5. 0

Network2
LD    I0. 0
LPS
LD    I0. 5
O     I0. 6
ALD
=     Q7. 0
LRD
LD    I2. 1
O     I1. 3
ALD
=     Q6. 0
LPP
A     I1. 0
=     Q3. 0
```

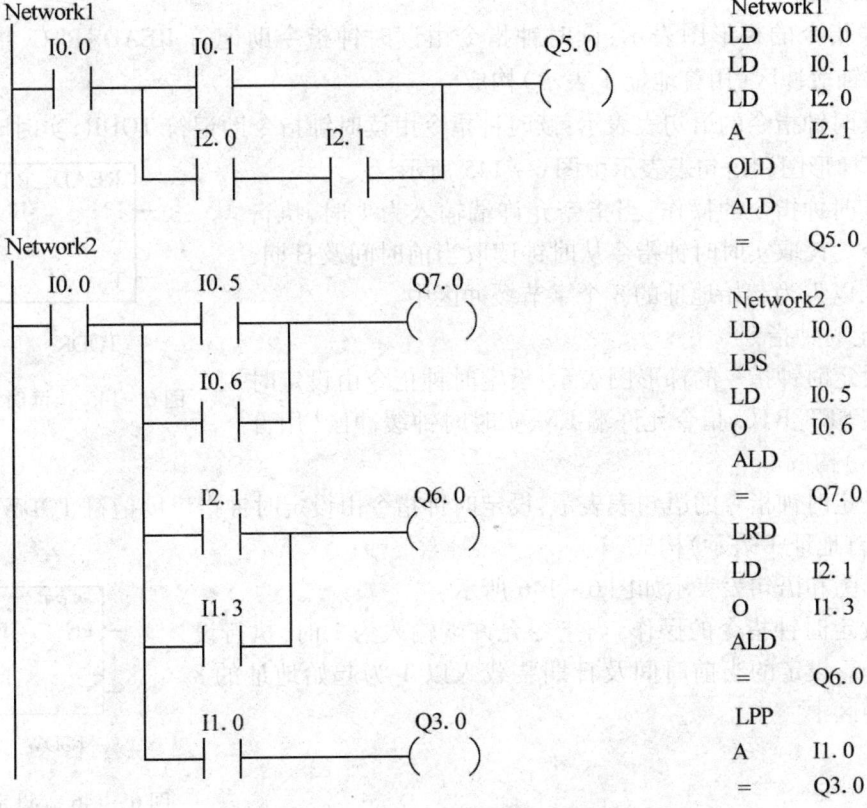

图 6－144　堆栈操作的编程

从梯形图中没有看到有关堆栈问题。实际上这种用梯形图表示的逻辑块的并联和串联是离不开堆栈的。把梯形图转换成语句表之后，堆栈问题就明显地暴露出来了。Network 1 中，事实上 I0.0 的状态被压到堆栈的第三层、I0.1 的状态被压到堆栈的第二层、I2.0 和 I2.1 的与状态被压到堆栈的第一层。

OLD 指令就是对堆栈的第一层和第二层的数据进行逻辑或，然后把结果压栈顶，执行完 OLD 指令后堆栈的深度减 1。现在堆栈的第一层的数据是 I2.0 和 I2.1 的与之后再和 I0.1 的或。第二层的数据是 I0.0。ALD 指令就是对这时堆栈的第一层和第二层的数据进行逻辑与，然后把结果压栈顶，执行完 OLD 指令后堆栈的深度减 1。

用语句表编程时，显然使用堆栈指令编程显得更方便了。把 I0.0 的状态压栈，是为了以后读 I0.0 更方便。从中可以看出，读栈不影响栈内数据结构，而压栈和弹出则改变了原来栈内数据内容。

6.10.2 时钟操作指令

S7-200 PLC 增加了时钟功能。其中 CPU221 和 CPU222 都有时钟卡可以安装，CPU224 和 CPU226 都有内置时钟。利用实时时钟指令可以方便地读出实时时钟的时间，也可以设定实时时钟的时间。S7-200 PLC 为实时时钟开辟了 8 个字节的时钟缓冲区，其中 T 为年，T+1 为月，T+2 为日，T+3 为小时，T+4 为分钟，T+5 为秒钟，T+6 为 0，T+7 为星期。

1. 读时钟指令

读时钟指令的梯形图表示：读时钟指令由读时钟指令助记符 READ_RTC、指令允许端 EN、实时时钟缓冲区（用首地址 T 表示）构成。

（1）读时钟指令的语句表表示：读时钟指令由读时钟指令助记符 TODR、实时时钟缓冲区 T 构成。其梯形图和语句表表示由图 6-145 所示。

（2）读时钟指令的操作：当指令允许端输入为 1 时，执行读时钟指令。读取实时时钟指令从时钟读取当前时间及日期，并将其装入以 T 为起始地址的 8 个字节缓冲区中。

2. 设定时钟指令

（1）设定时钟指令的梯形图表示：设定时钟指令由设定时钟指令助记 SET_RTC、指令允许端 EN、实时时钟缓冲区（用首地址 T 表示）构成。

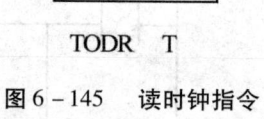

图 6-145　读时钟指令

（2）设定时钟指令的语句表表示：设定时钟指令由设定时钟指令助记符 TODW、实时时钟缓冲区（用首地址 T 表示）构成。

其梯形图和语句表表示如图 6-146 所示。

（3）设定时钟指令的操作：当指令允许端输入为 1 时，执行设定时钟指令。设定的当前时间及日期装载入以 T 为起始地址的 8 个字节缓冲区中。

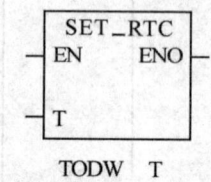

图 6-146　设定时钟指令

本章小节

1. 可编程序控制器的编程以指令系统为基础，指令又是以机器硬件为依据，编程时必须考虑到存储器中各编程元件的地址分配及操作数范围。

2. 通过位操作类指令的学习，基本上就可以用 PLC 实现原来继电接触控制系统所能实现的控制任务。位操作类指令包括基本逻辑指令、复杂逻辑指令、定时器指令、计数器指令和比较指令等。

3. 各种运算指令包括算术运算指令和逻辑运算指令，算术运算是对有符号和大小含义的算术数进行处理，逻辑运算是对无符号和大小含义的逻辑数进行处理。

4. 其他数据处理指令主要涉及非数值运算类的数据操作。

习题

1. 设计一个电动机启动、停止的 PLC 控制系统，画出 PLC 的接线图并编写梯形图程序。仔细体会它与继电接触控制系统的联系与区别。

2. 设计一个对锅炉鼓风机和引风机控制的梯形图。控制要求：
(1) 开机时首先启动引风机，15s 后自动启动鼓风机。
(2) 停止时，立即关断鼓风机，经 20s 后自动关断引风机。

3. 用定时器串接法实现 6 小时的延时，画出梯形图。如果用定时器与计数器配合达到这一延时目的，如何实现？画出梯形图。

4. 设计一个电机可以双向旋转的 PLC 梯形图。控制要求：
(1) 电机沿某一方向旋转时，按下反方向旋转控制按钮，要经过 5s 才能接通反向旋转的主电路，以保证有足够的时间刹车停转。
(2) 如果同时按下两个方向旋转的启动按钮，则电机停转，且不启动。

5. 设计一个小车自动运行的电路图。控制要求：
(1) 小车由 A 点开始向 B 点前进，到 B 点后自动停止，停留 10s 后返回 A 点，在 A 点停留 10s 后又向 B 点运动，如此往复。
(2) 要求可以在任意位置使小车停止或再次启动继续运行。

第七章　S7-200 的网络及通信基础

● **内容提要**：随着现代社会生产的发展，特别是计算机网络技术的飞速发展，现代化企业的自动化程度越来越高，自动控制的水平已由传统的单机自动化、集中控制系统发展到多级分布式控制系统。自动化网络系统将一个个的自动化单元连成一体，降低成本，快速反应，提高了控制系统的可靠性和灵活性。

为了适应自动化网络技术的发展，目前所有厂家的 PLC 都配置了通信和联网的功能。S7-200 同样具有很强的通信和联网功能，它既可以同上位机进行通信，也可以同其他的 PLC 及智能数字设备进行通信。

7.1　PLC 的通信及网络基本知识

在现代化企业中，自动化控制系统一般可分为三级，采用中央计算机的数据管理级为最高级；在生产线上使用计算机或可编程控制器的数据控制级为中间级；直接完成设备或生产线顺序控制的逻辑控制级为最低级。PLC 与 PLC，或不同级的计算机进行数据接收和发送是通过数据通信完成的。数据通信就是数据信息通过适当的传送线路从一台机器传送到另一台机器，这里说的机器可以是计算机、PLC 或具有数据通信功能的数字设备。

PLC 外部的信息交换一般都是通过网络进行，此外 PLC 内部及与其扩展模块之间也要进行数据交换，这些信息交换也可以叫做通信，本章介绍的主要是通过网络进行的通信。

7.1.1　数据通信基础

1. 数据传送方式

目前采用的数据通信方式主要有并行通信和串行通信两种。

（1）并行通信：所传送数据的各位是同时发送或接收的，如图 7-1 所示。其传输速度快，但硬件成本较高，不宜进行远距离传送，在 PLC 中用于其内部，如多处理器 PLC 中多台处理器之间的通信及 PLC 与其智能模板之间的通信等。

（2）串行通信：所传送数据的各位是按顺序一位一位地发送或接收的，如图 7-2 所示。其仅需要一条或两条传输线，适于进行长距离而速度要求不高的场合。近年来串行通信发展很快，传输速率也达每秒兆比特（Mb）（Mbit/s，因计算机程序关系，本章用 Mbps 表示，其他同）数量级。PLC 网络采用的是串行通信方式，也是分布式工业测控系统中普遍采用的数据通信方式，以下主要对串行通信方式进行讨论。

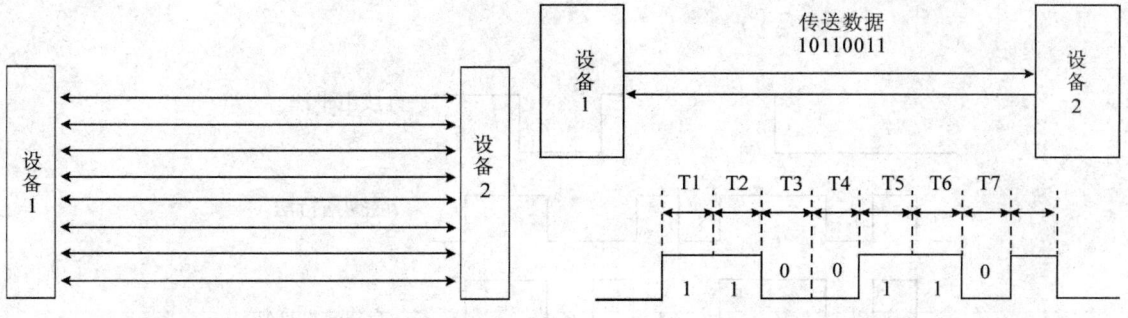

图 7-1　并行通信　　　　　　　　　图 7-2　串行通信

串行通信按时钟可分为同步传送和异步传送两种方式。同步传送要求发送端和接受端有统一的时钟信号来实现严格的同步，这种方式有利于提高传输率，但硬件设备复杂，还限制了不同速度的设备之间的信息传递。

异步传送允许传输线上各个部件有各自的时钟，在各部件之间进行通信时没有统一的时间标准，起始时刻是任意的，字符与字符间的间隔也是任意的。它是靠发送信息时同时发出字符的开始和结束标志信号来实现的，如图 7-3 所示。PLC 与其他设备之间进行串行通信时，大多采用异步通信方式。数据传送时经常用到波特率指标，即每秒传送的数据位数。如每秒传送 100 个字符，每个字符为 10 位，则传送的波特率为：100 字符/s × 10 位/字符 = 1000bps。但是波特率与有效数据的传送速率往往并不一致，如每个字符为 10 位，而真正有效的数据为 7 位，则有效数据的传送率为 100 字符/s × 70 位/字符 = 700bps。

基带传送是指数据传送系统对计算机或数字设备产生的电脉冲信号（0 或 1），不进行任何调制直接传送。可用 3 种方式进行基带传送：直接电平法、曼彻斯特法和差分曼彻斯特法，如图 7-4 所示。宽带传送是指数据传送系统对计算机或数字设备产生的信号调制到某一频带上进行传送。可采用 3 种调制方式：调频、调幅和调相。

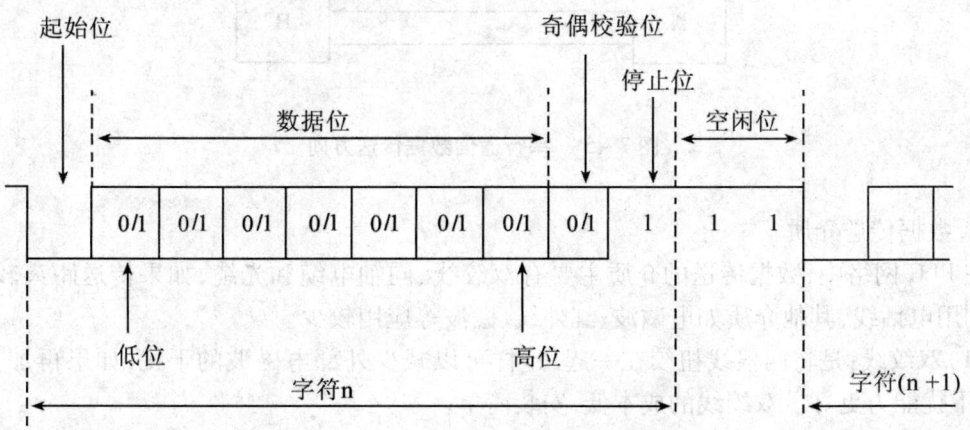

图 7-3　异步串行通信的数据传送格式

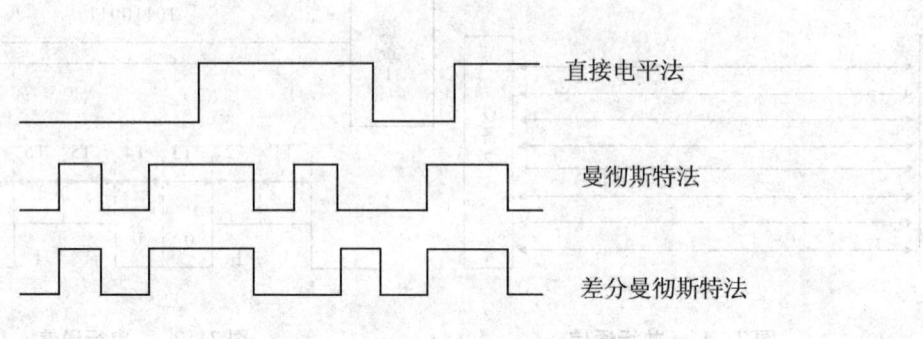

图 7-4　基带传送

在 PLC 网络中,大多数采用基带传送,只是在传送距离很远时,考虑采用调制解调器进行宽带传送。

串行通信按数据在设备间传送的方向又分为单工、半双工和全双工 3 种方式,如图 7-5 所示。单工通信方式的传输线只有一条,数据只能按固定的单一方向传送。半双工通信方式的传输线也只有一条,数据可以沿两个方向传送,但不能同时进行,在任意时刻,数据只能沿一个方向传送。因此,双向传送时速度较慢。全双工通信方式的传输线有两条,两设备之间可以同时发送和接收数据,数据传输速度快。

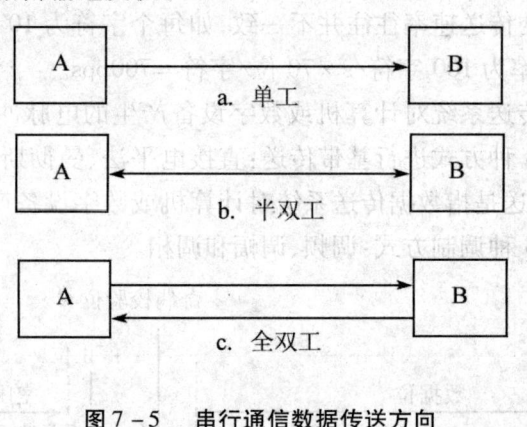

图 7-5　串行通信数据传送方向

2. 数据传送介质

在 PLC 网络中,数据传送的介质主要有双绞线、同轴电缆和光缆,如果传送距离较远,还可以利用电话线,其他介质如电磁波、红外线、微波等应用较少。

(1)双绞线:是将两根线扭绞在一起,这样可以减少外部电磁波的干扰,如果再加上屏蔽套,抗干扰能力更好。双绞线的成本低,安装简单。

(2)同轴电缆:由中心导体、电介质绝缘层、外屏蔽导体及外绝缘层组成。可用于基带传送,也可用于宽带传送。同轴电缆的传送速率高、传输距离远,成本比双绞线要高。

(3)光缆:尺寸小、重量轻,传送速率及传输距离比同轴电缆更好,但成本高,安装需要专门仪器。

传送介质之间的性能比较见表7-1。

表7-1　　　　　　　　　　　　传送介质之间的性能比较

性能	双绞线	同轴电缆	光缆
传送速率	9.6kbps~2Mbps	1~2Mbps	10~500Mbps
连接方法	点对点,多点 1.5km 不用中继器	点对点,多点 10km 不用中继器(宽带) 1.3km 不用中继器(基带)	点对点,多点 50km 不用中继器
传送信号	数字、调制信号 纯模拟信号(基带)	数字、调制信号(基带) 数字、声音、图像(宽带)	数字、调制信号(基带) 数字、声音、图像(宽带)
支持网络	星型、环型小型交换机	总线型	总线型
抗干扰	好	很好	很好

7.1.2 串行通信接口标准

采用串行通信方式在设备或网络之间传送数据,常用到的串行通信接口有以下几种:

1. RS232C 标准串行通信接口

RS232C 是 1969 年由 EIA(电子工业协会)公布的串行通信接口。RS 是英文"推荐标准"一词的缩写,232 是标识号,C 表示此标准修改的次数。设备间通信的接口与连接电缆的相互兼容是通信得以实现的第一要求。RS232C 是一种标准接口,标准机构详细地规定了其机械的、电气的、功能的及规程的规范,其常用引脚信号、功能及接线在此不多作介绍。

RS232C 已经使用了很多年,是计算机、PLC 上普遍配备的接口,它采用按位串行的方式,采用单端发送,单端接收电路。存在的问题:数据传输速率低,最高不超过 20 kbps(比特率 300~19200 bps);传输距离近,最远 15m;接口电路采用不平衡收/发器,易产生干扰的不足。在传输速率和环境要求不高的场合应用较广泛。为此,EIA 推出了 RS449 标准。可对上述问题加以改进。目前工业环境中广泛应用的 RS422A 和 RS485 就是在此标准下派生出来的。

2. RS422A 串行通信接口

RS422A 的电气接口电路,采用的平衡驱动差分接收电路,其收、发不共地,这可以大大减少共地所带来的共模干扰。由于 RS232C 采用单端驱动非差分接收电路,在收发端必须有公共地线。这样当地线上有干扰信号时,则会当作有用信号接收进来,故不适于在长距离、强干扰的条件下使用。RS422A 所示电路,其驱动电路相当于两个单端驱动器,它们的输入是同一个信号,而一个输出正好与另一个输出反相,故如有共模信号干扰时,接收器只接收差分输入电压,从而大大提高抗共模干扰能力,所以可进行长距离传输。

3. RS485 串行通信接口

RS485 实际上是 RS422A 的简化变型。它们的区别是 RS422A 采用两对信号线,分别用于发送和接收,收、发可同时进行,支持全双工通信;RS485 分时使用一对信号线发送或接收,仅支持半双工通信。

在采用 RS485 互联的网络中,某一时刻两个站中只有一个站可以发送数据,而另一个站只能接收数据,因此其发送电路是由使能端来控制的。RS485 用于多站互联十分方便,可以节省昂贵的信号线,同时,它可以远距离传送。许多智能仪表均配有 RS485 总线接口,将它们联网构成分布式控制系统十分方便。表 7-2 给出了 RS232C、RS422A、RS485 的主要性能参数。

表 7-2　　　　　　RS232C、RS422A、RS485 的主要性能参数

项目	RS232C	RS422A	RS485
接口电路	单端	差分	差分
可连接的台数	1 台驱动器 1 台接收器	1 台驱动器 10 台接收器	32 台驱动器 32 台接收器
传输距离/m	15	1200	1200
最高传输速率/Mbps	0.02	10	10
接收器输入阻抗/kΩ	3~7	≥4	>12
驱动器输出阻抗/Ω	300	100	54
输入电压范围/V	-25~+25	-7~+7	-7~+12
输入电压阈值/V	±3	±0.2	±0.2

7.1.3 工业局域网基础

在计算机网络中,每个计算机或交换信息的职能设备称为网络的站或结点,根据计算机网络的站间距离分为:

全域网——通过卫星通信覆盖世界各地。

广域网——又称远程网,站点分布从几千米到几千千米,一般借用公共电话网和电报网进行通信,各种规程限制很严。

局域网——地理范围有限,站点距离一般在几十米到几千米,数据通信传送速率高,网络拓扑结构规则。PLC 控制网络采用局域网进行数据通信。

1. 工业控制网络结构

工业局域网一般有 3 种结构形式:星形、环形和总线形,如图 7-6 所示。

(1)星形网络:结构特点是以中央结点为中心,网络中任何两个结点不能直接进行通信,数据传送必须经过中央结点的控制。

星形网络即主机通过点对点的方式与各个从机进行通信,它的结构简单建网容易,便于程序集中开发和资源共享。但是由于主机的负荷较重,线路利用率低,系统费用高。一旦主机发生故障,整个通信系统将瘫痪。星形网络结构如图 7-6(a)所示。

(2)环形网络:结构特点是各个结点通过环路接口首尾相连,形成环形。各个结点均可请求发送信息,请求批准后,数据沿环路穿越各个环路接口,单向或者双向发送,直到接受结点,再返回到发送结点。

环形网络结构简单,安装费用低,某个结点发生故障时,可以自动旁路,系统可靠性高。自动化系统经常采用环形网络,环形网络结构如图 7-6(b)所示。

(3)总线型网络:是利用总线连接所有的站点,所有的站点对总线有同等的访问权,其结构如图 7-6(c)所示。

总线型网络结构简单,易于扩充,可靠性高,灵活性好,网络响应速度快特别适用于受工业控制局域网。

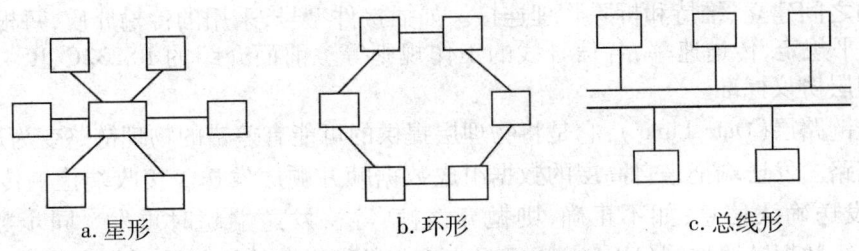

　　a. 星形　　　　　　b. 环形　　　　　c. 总线形

图 7-6　工业局域网结构形式

2. 工业控制网络模型

国际标准化组织 ISO(International Organization Standardization)对工业控制网络确定的模型,企业自动化网络金字塔如图 7-7 所示。

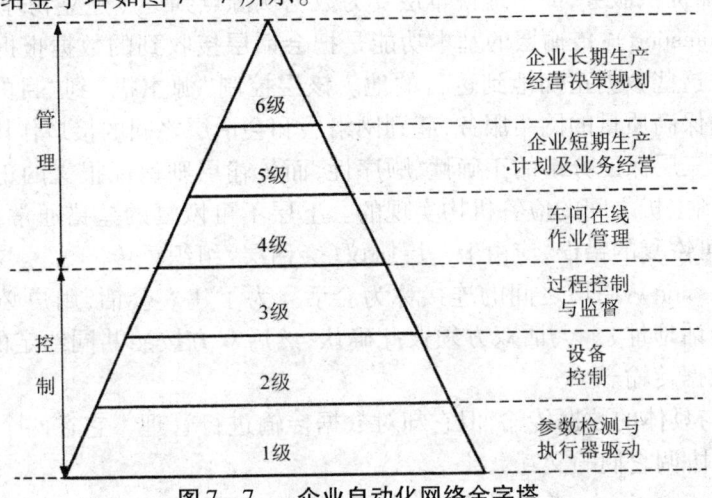

图 7-7　企业自动化网络金字塔

3. 通信协议

计算机网络和 PLC 网络要实现相互之间的通信,为了保证通信的正常进行,参加通信的各方必须遵守一些共同的协议,也就是通信协议(Protocol)。它是通信各方为实现正确通信所作的约定和制定的规则。在 PLC 网络中配制的通信协议可分为两类:通用协议和公司专用协议。

(1)通用协议:国际标准化组织于 1978 年提出了开放系统互联参考模型 OSI(Open System Interconnection/Reference Model)。"开放"的含义是指凡是按"OSI 标准"建立的系统,无论是哪一家的产品,不管位于世界什么地方,都是互相开放的,可以互联通信。它所采用的通信协议一般为 7 层,每一层都有有自己的协议,如图 7-8 所示。

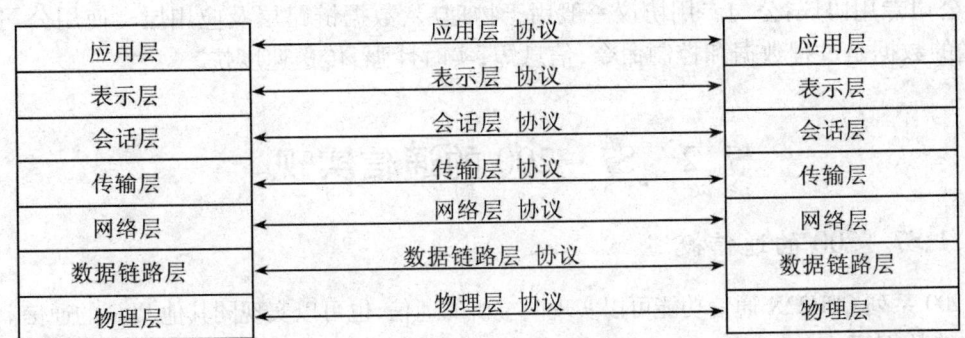

图 7-8　通信协议模型

①物理层(Physical):物理层提供了通信站之间电路连接的机械、电气、功能和规程特性,

以便在它们之间建立、维持和拆除物理连接。如插接件型号,采用的传输介质,每根线的定义,"1"、"0"电平规定,传送速率,各信号线的工作规则等。前面介绍的 RS232C、RS422A、RS485 等均是物理层协议标准。

②数据链路层(Data Link):它是将物理层提供的可能有差错的物理链路变为逻辑上无差错的数据链路。发送端把来自高层的数据组成数据帧并顺序发送。接收端检测传输正确性,若正确,则发送确认信息;如不正确,则抛弃该帧,等待发送端超时重发。同步数据链控制(SDLC)、高级数据链路控制(HDLC)以及异步串行数据链路协议都属于此范围。

③网络层(Network):数据链路层协议是相邻两直接链路节点的通信协议,它不能解决数据经过网络中多个转节点间的通信问题。网络层要为"报文分组",并令其以最佳路径通过网络到达目的主机而提供服务,简单地说本层要为数据从源点到终点建立物理和逻辑的连接。

④传输层(Transport):传输层的基本功能是把会话层接收到的数据报拆成若干数据块传到网络层,并保证这些数据正确地到达目的地。该层控制"源主机"到"目的主机"(端到端)数据的完整性,确保高质量的网络服务,起到网络层和会话层之间的接口作用。

图 7-8 中下三层保证分组的正确性、顺序性,而传输层则保证报文的正确性、顺序性,这种保证是由主机到主机之间的应答机构实现的。下层不可恢复的差错通常靠上一层恢复;传输层也有自身不可恢复的错误,应由上一层协议(会话层)组织重传。

⑤会话层(Session):用户之间的连接称为会话。为了建立会话,用户必须提供其希望连接的远程地址(会话地址)。会话双方须彼此确认,然后双方按照共同约定的方式(如半双工或全双工)开始数据传输。

会话层不参与具体的数据传输,但它却对数据传输进行管理。它在两个相互通信的进程之间建立、组织和协调它们的交互。

⑥表示层(Presentation):表示层是解决信息表示的问题,它只改变信息的表示形式而不改变信息的内容。发、收双方表示层要完成如下语法转换:发送方将符合自己语法的数据系列转换成符合传送语法的数据系列;接收方再将符合传送语法的数据系列转换成符合自己局部语法的数据系列。通信双方的表示层实体应准备好进行语法转换所需要的编码与解码子程序。

⑦应用层(Application):是 OSI 模型的最高层,是与用户直接交互的界面,它直接为用户编写的应用程序提供服务。包括满足各种要求的一些协议如分布式数据库、文件传输等。用户调用应用层提供的服务来支持自己程序的编写。

常用的通用协议有两种:MAP 协议和 Ethernet 协议。

(2)公司专用协议:公司专用协议一般用于物理层、数据链路层及应用层。使用公司专用协议传送的数据是过程数据和控制命令,信息短,实时性强,传送速度快。

7.2 S7-200 的通信实现

7.2.1 S7-200 的通信概述

S7-200 系列 CPU22X 通信功能可以实现同主机的通信,也可以实现同其他 PLC 的通信。

1. 字符数据形式

S7-200 采用异步串行通信方式,可以在通信组态时设置 10 位或 11 位的数据格式传送字符。

(1) 10 位字符数据:1 个起始位,8 个数据位(无校验位),1 个停止位。传送速率:一般为 9600bps。

(2) 11 位字符数据:1 个起始位,8 个数据位,1 个校验位,1 个停止位。传送速率:一般为 9600bps 或 19200bps。

2. 网络层次结构

SIEMENS 公司的 S7 系列网络金字塔模型如图 7-9 所示。

S7 系列的网络金字塔模型分为 4 级,最高级是公司管理级,然后向下依次为工厂及过程管理级、过程监控级,最低级为过程测量及控制级。这 4 级网络通过 3 级工业控制总线连接起来,即工业以太网 Ethernet、现场总线 Profibus 及执行器级总线 AS-I。最高级为工业以太网,使用通用协议,传送生产管理信息;中间级是现场总线 Profibus,完成现场、控制和监控的通信;最低级是执行器级总线 AS-I,负责与现场传感器及执行器的通信,也可以是远程 I/O 总线,负责 PLC 主机与分布式 I/O 系统的通信,它只传输简单的二进制编码的传感器和执行器信号。

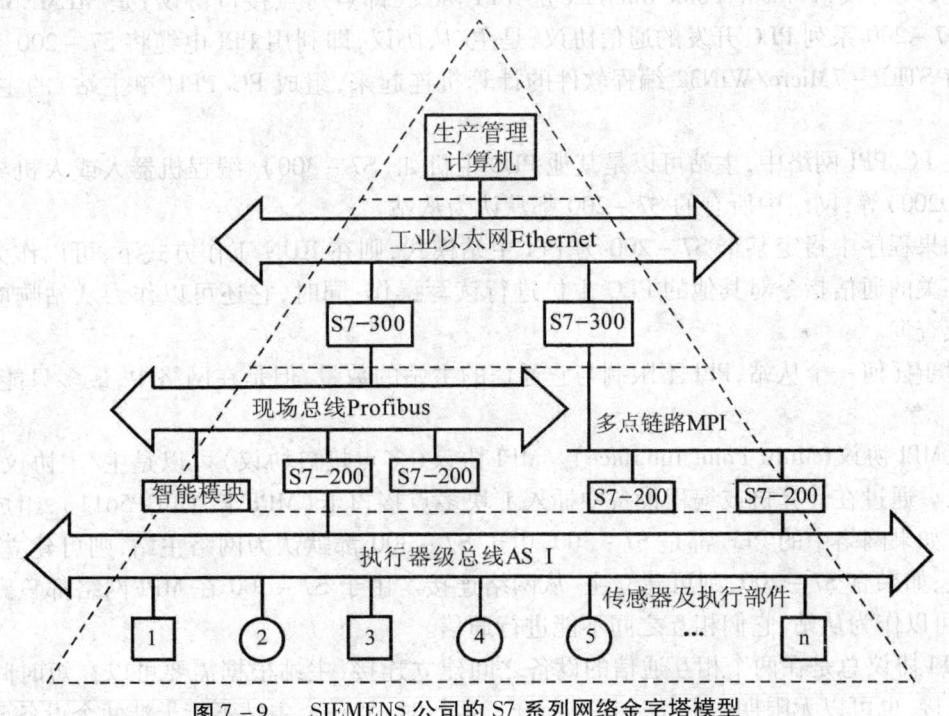

图 7-9　SIEMENS 公司的 S7 系列网络金字塔模型

3. 通信类型及协议

(1) 通信类型与连接:在 S7-200 系列 PLC 与主机的通信网络中,可以把主机作为主站,或者把人机界面 HMI 作为主站。主站可以对网络中的其他设备发出初始化请求,从站只是响应来自主站的初始化请求,而不能对网络中的其他设备发出初始化请求。

主站与从站之间有两种连接方式,即单主站和多主站连接方式。单主站,即有一个主站,连接一个或多个主站,如图 7-10 所示;多主站,即有两个以上的主站,连接多个从站,如图 7-11 所示。

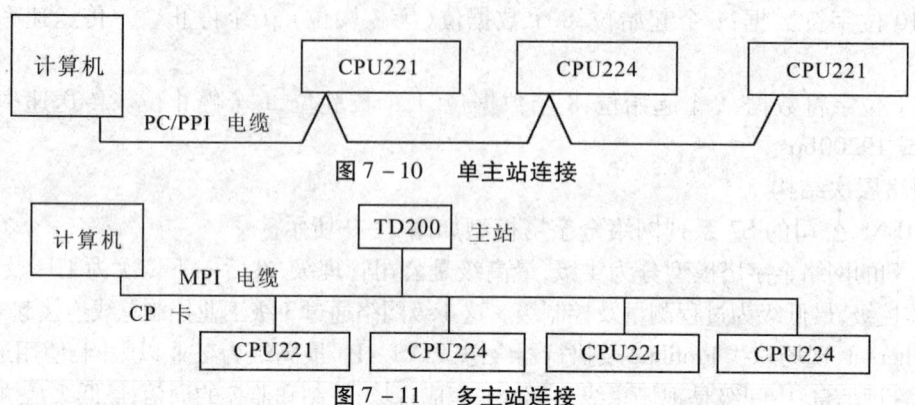

图 7-10　单主站连接

图 7-11　多主站连接

(2) 通信协议:S7-200 系列 PLC 主要用在现场控制,在主站和从站之间的通信一般采用公司专用协议,可以采用 3 个标准化协议和 1 个自由口协议。

①PPI 协议(Point to Point Interface)。PPI 协议(即点对点接口协议)是 SIEMENS 公司专门为 S7-200 系列 PLC 开发的通信协议,是主/从协议,即利用 PPI 电缆将 S7-200 系列 PLC 与装有 STEP-7Micro/WIN32 编程软件的计算机连起来,组成 PC/PPI(单主站)的主/从网络连接。

在 PC/PPI 网络中,主站可以是其他 PLC 主机如(S7-300)、编程机器人或人机界面 HIM(如 TD200)等,网络中所有的 S7-200 都默认为从站。

如果程序中指定某个 S7-200 为 PPI 主站模式,则在 RUN 工作方式下,可以作为主站可使用相关的通信指令对其他的 PLC 主机进行读写操作;同时,它还可以作为从站响应主站的请求或查询。

对于任何一个从站,PPI 不限制与它通信的主站的数量,但是在网络中,最多只能有 32 个主站。

②MPI 协议(Multi Point Interface)。MPI 协议(多点接口协议)可以是主/主协议或者主/从协议。通过在计算机或编程设备中插入 1 块多点接口卡(MPI 卡,如 CP5611),组成多主站网络。如果网络中的 PLC 都是 S7-300,由于 S7-300 都默认为网络主站,则可建立主/主网络连接;如果有 S7-200,则可建立主/从网络连接。由于 S7-200 在 MPI 网络都只默认为从站,则可以作为从站,它们相互之间不能进行通信。

MPI 协议总是在两个相互通信的设备之间建立连接,主站根据需要可以在短时间内建立一个连接,也可以无限期的保持连接或断开。运行时,另一个主站不能干涉两个设备已经建立的连接。

③Profibus DP 协议。Profibus DP 协议用于分布式 I/O(远程 I/O)的高速通信。在 S7-200 中,CPU222、CPU224 和 CPU226 都可以通过增加 EMM277 PROFIBUS DP 扩展模板,支持 ProfibusDP 网络协议。最高传送速率可达 12Mbps。

Profibus DP 网络通常有 1 个主站和几个 I/O 从站,主站初始化网络,核对网络上的从站设备和组态情况。如果网络中有第二个主站,则它只能访问第一个主站的各个从站。

④自由口协议。自由口协议是指通过编写用户程序来控制 CPU 通信接口的操作模式,可以用自定义的通信协议连接多种智能设备。

自由口通信是 S7-200 系列 PLC 一个非常有特色的功能,它可以使 S7-200 与任何通信协议公开的设备、控制器进行通信,即 S7-200 可以有用户自己定义通信协议(ASCII 协议)。波特率最高可达 38.4kbps。

S7-200 自由口通信范围:任何具有串行通信接口的设备,如打印机、变频器、条码阅读器、调制解调器、上位计算机等。

S7-200 系列 PLC 用两个 PLC 间的简单数据交换。用户可以通过编程的方法来编制通信协议和交换数据。

具有 RS232 接口的设备也可以用 PC/PPI 电缆连接进行自由口通信。

4. 通信设备

(1)通信端口:S7-200 系列的 PLC 中,CPU221、CPU222 和 CPU224 有 1 个 RS485 串行通信端口,定义为端口 0;CPU226 有 2 个 RS485 端口,分别定义为端口 0 端口 1。这些通信口是符合欧洲标准 EN50170 中 Profibus 标准的 RS485 兼容 9 针 D 型接口,端口引脚与 Profibus 的名称对应关系见表 7-3,引脚如图 7-12 所示。

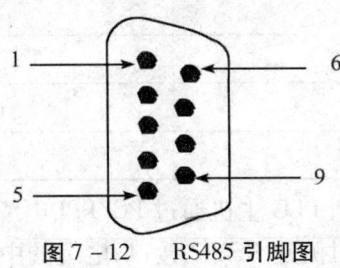

图 7-12 RS485 引脚图

表 7-3 RS485 端口引脚与 Profibus 的名称对应关系

引脚号	端口 0/端口 1	Profibus 名称
1	逻辑地	屏蔽
2	逻辑地	24V 地
3	RS485 信号 B	RS485 信号 B
4	RTS(TTL)	发送申请
5	逻辑地	5V 地
6	+5V、100Ω 串联电阻	+5V
7	+24V	+24V
8	RS485 信号 A	RS485 信号 A
9	10 位信号选择	不用
外壳	机壳接地	屏蔽

通信端口的作用:

①PPI 接口,点对点的通信,用于编程器 PG 的功能,人机界面 HMI 功能(TD200,OP),S7-200 系列 CPU/CPU 通信。

传送速率:9.6/19.2/187.5kbps

②作为 MPI 从站,用于与主站(S7-300/400CPU,OP,TD,按钮面板)交换数据,在 MPI 网上不能进行 CPU22X 系列的 CPU/CPU 通信。

③作为具有中断功能的自由通信方式,用于同其他外部设备进行串行交换。

波特率:0.3/0.6/1.2/2.4/4.8/9.6/19.2/38.4 kbps。

(2)网络连接器:网络连接器用于将多个设备连接到网络中。网络连接器有两种类型,一种是仅提供连接到主机的接口,另一种是在连接器上增加了编程接口。带有编程接口的连接器可以把编程器或操作员面板直接增加到网络中,编程口传递主机信号的同时,为这些设备提供电源,而不需要另加电源。

(3)通信电缆:与 S7-200 通信的电缆主要有网络电缆和 PC/PPI 电缆。

①网络电缆:Profibus DP 网络使用 RS485 标准屏蔽双绞线电缆,它允许在一个网络段上最多连接 32 台设备。根据波特率不同,网络段的最大长度可以达到 1200m(表 7-4)。

表 7-4　　　　　　　　　　Profibus DP 网络中的最大电缆长度

波特率	网络中的最大电缆长度/m
9.6~93.75 kbps	1200
187.5 kbps	1000
500 kbps	400
1~1.5 Mbps	200
3~12 Mbps	100

②PC/PPI 电缆:S7-200 系列 PLC 主机通过 PC/PPI 电缆连接到计算机及其他通信设备,PLC 主机侧是 RS485 接口,计算机侧是 RS232 接口,电缆的中部是 RS485/RS232 适配器,在适配器上有 4 个或 5 个 DIP 开关,用于设置波特率、字符数据格式及设备模式。

当数据从 RS232 传送到 RS485 时,PC/PPI 电缆是发送模式;当数据从 RS485 传送到 RS232 时,PC/PPI 电缆是接收模式。如果在 RS232 检测到有数据发送时,电缆立即从接收模式切换到发送模式;如果 RS232 的发送线处于闲置的时间超过电缆切换时间时,电缆又切换到接收模式。

如果在自由口通信时使用了 PC/PPI 电缆,为保证数据从 RS485 传递到 RS232,在用户程序中必须考虑从发送模式到接收模式的延迟(电缆切换时间),电缆切换时间见表 7-5。

表 7-5　　　　　　　　　　电缆切换时间

波特率/bps	切换时间/ms
38400	0.5
19200	1
9600	2
4800	4
2400	7
600	28

(4)网络中继器:在 Profibus DP 网络中,一个网络段的最大长度是 1200m,用网络中继器可以增加传输距离。一个 Profibus DP 网络中,每个中继器最多可接 32 个设备,最多可以有 9 个中继器,但是网络的最大长度不能超过 9600m。

(5)调制解调器:当计算机(或编程器)距离 PLC 主机很远时,可以用调制解调器进行远距离通信。

7.2.2 通信实现

在实际进行 S7-200 系列 PLC 通信时,主要工作有:建立通信方案,选择通信器件,进行参数组态。

1. 建立通信方案

通信前要根据实际需要建立通信方案,主要考虑的是:

(1)主站与从站之间的连接形式。单主站还是多主站,可通过软件组态进行设置。

在 S7-200 的通信网络中,如果使用了 PPI 电缆,安装了编程软件 STEP7 Micro/WIN32 的计算机或 SIEMENS 公司提供的编程器(如 PG740),默认设置为主站,如果网络中还有 S7-300 或 HMI 等,可设置为多主站,否则设置为单主站。网络中所有的 S7-200 为 RUN 工作方式下的 PPI 主站模式。

(2)站号:站号是网络中各个站的编号,网络中的每个设备(PC,PLC,HMI 等)。

都要分配惟一的编号(站地址)。站号 0 是安装编程软件 STEP7 Micro/WIN32 的计算机或编程器的默认站地址,操作面板(如 TD200、OP3 和 OP7)的默认站号为 1,与站号 0 相连的第一台 PLC 默认站号 2。一个网络中最多可以有 127 个站地址(站号 0 到站号 126)。

(3)实现通信的器件:在 STEP7 Micro/WIN32 中,支持通信的器件见表 7-6。

表 7-6　　　　　　　　　STEP7 Micro/WIN32 支持通信的器件

通信器件	功能支持的波特率/bps	支持的协议	
PC/PPI 电缆	PCPLC 的电缆连接器	9.6k/19.2k	PPI
CP5511	笔记本用的 PCMCIA 卡	9.6k/19.2k/187.5k	PPI,MPI,PROFIBUS
CP5611	PCI 卡		
MPI	PG 中集成的 PCISA 卡		
端口 0	串行通信口 0	9.6k	PPI,MPI,PROFIBUS
端口 1	串行通信口 1	9.6k/187.5k	
EM277 模板	Profibus DP 扩展模板	9.6k~12M	MPI,PROFIBUS

2. 进行参数组态

在编程软件 STEP7 Micro/WIN32 中,对通信硬件参数进行设置,即通信参数组态,涉及到通信设置、通信器件的安装/删除、PC/PPI(MPI,MODEM)参数设置。

下面以 PC/PPI 电缆为例,介绍参数组态方法。其他通信器件的参数组态方法与 PC/PPI 电缆组态方法基本相同。

(1)通信设置:在 STEP7 Micro/WIN32 中,使用菜单命令 View\Communications,也可以在引导窗口单击 Communications 进入通信设置对话框,如图 7-13 所示。此时所显示的参数配置为:

远程设备地址(Remote Address):2。

本地设备地址(Local Address):0。

通信模式(Module)PC/PPI 电缆(计算机通信端口为 COM1)。
通信协议(Protocol):PPI。
传送速率(Transmission Rate):9.6kbs。
传送字符格式(Mode):11 位。

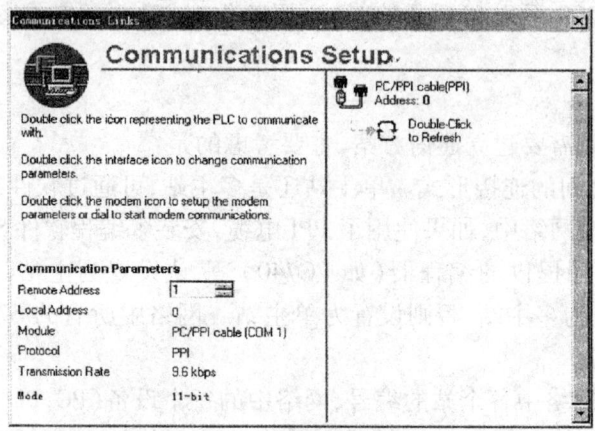

图 7-13　通信设置对话框

(2)安装/删除通信器件:在图 7-13 中,双击 PC/PPI 电缆图标,出现通信器件设置对话框,如图 7-14 所示。

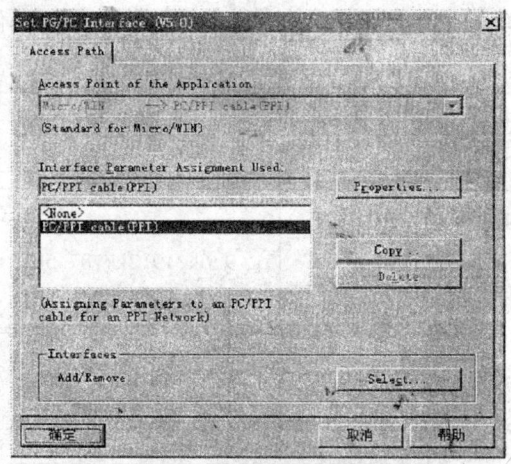

图 7-14　通信器件设置对话框

在 Add/Remove 区,单击 Select 按钮,弹出 Install/Uninstall 对话框,如图 7-15 所示。

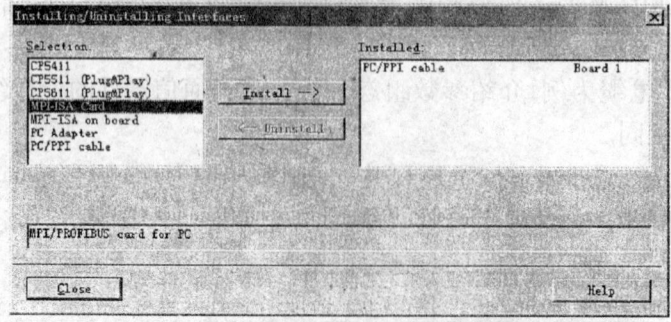

图 7-15　Install/Uninstall 对话框

安装:在 Select 窗口选择要安装的通信器件,单击 Install 按钮后,按照安装向导逐步安装通信器件。安装完成后,在 Installed 窗口将出现已经安装的通信器件。

删除:在 Installed 窗口选择要删除的通信器件,单击 Uninstall 按钮后,按照删除向导逐步删除通信器件。删除完成后,该器件将从 Installed 窗口消失。

(3)通信器件参数设置:在图 7-14 所示对话框中,单击 Properties 按钮,将弹出通信参数设置对话框,如图 7-16 所示。在该对话框中进入 PPI 选项,可以设置 PPI 通信参数,系统默认值为:

站号(Address):0。
超时时间(Time-out):1s。
传送速率:9.6kbps
最高站地址:31。

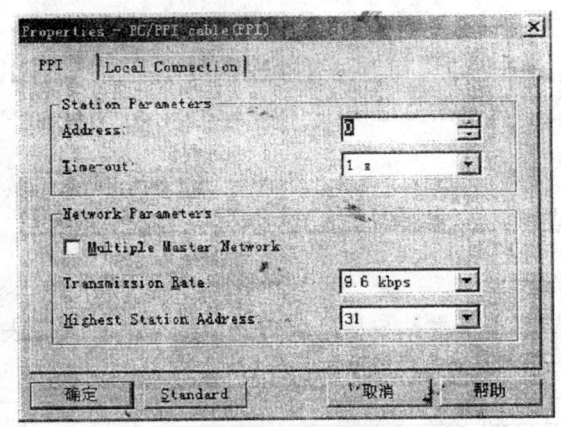

图 7-16　通信参数设置对话框

7.3　S7-200 的网络通信

在 SIMATIC S7 的网络中,S7-200 被默认为是从站。只有在采用 PPI 通信协议时,如果某些 S7-200 系列的 PLC 用户程序中允许 PPI 主站模式,这些 PLC 主机可以在 RUN 工作方式下作为主站,这样就可以用通信指令读取其他 PLC 主机的数据。

7.3.1　PPI 主站模式设定

在 S7-200 的特殊继电器 SM 中,SMB30(SMB130)时用于设定通信端口 0(通信端口 1)的通信方式。由 SMB30(SMB130)的低 2 位决定通信端口 0(通信端口 1)的通信协议:PPI 从站、自由口、PPI 主站。只要将 SMB30(SMB130)的低 2 位设置位 2#10,就允许该主机位 PLC 主站模式,可以执行网络读写指令。

7.3.2　网络通信指令

在 S7-200 的 PPI 主站模式下,网络指令由两条:NETR 和 NETW。

1. 网络读指令 NETR(Net Read)(图 7-17)

在梯形图中,网络读指令 NETR 以功能框形式编程,指令的名称位:NETR。当允许输入 EN 有效时,初始化通信操作,通过指定的端口 PORT,从远程设备接收数据,并形成数据表 TBL。

NETR 指令最多可以从远程设备上接收 16 字节的信息。

影响允许输出 ENO 正常工作的出错条件为:SM4.3(运行时发现编程错误标志)=1,出现错误代码 0006(间接寻址错误代码)。

在语句表中,NETR 指令的指令格式为:NETR TBL,PORT。

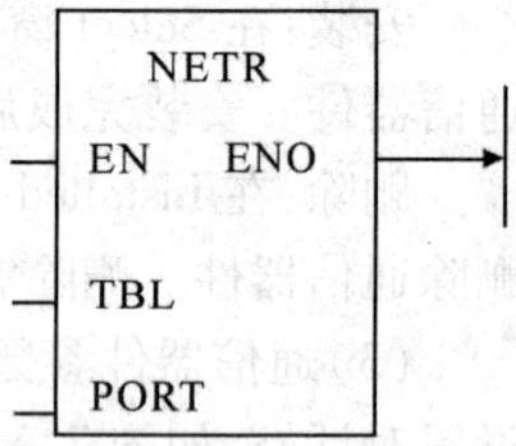

2. 网络写指令 NETW(Net Write)(图 7-18)

在梯形图中,网络写指令 NETW 以功能框形式编程,指令的名称位:NETW。当允许输入 EN 有效时,初始化通信操作,通过指定的端口 PORT 从远程设备接收数据,将数据表 TBL 中的数据发送到远程设备。

图 7-17 网络读指令

NETW 指令最多可以向远程设备上发送 16 字节的信息。

影响允许输出 ENO 正常工作的出错条件是以下因素之一:SM4.3(运行时发现编程错误标志)=1,出现错误代码 0006(间接寻址错误代码)。

在语句表中,NETW 指令的指令格式为:NETW TBL,PORT。

在一个应用程序中,使用 NETR 和 NETW 指令的数量不受限制,但是不能同时激活 8 条以上的网络读写指令(如同时激活 6 条 NETR 和 3 条 NETW 指令)。

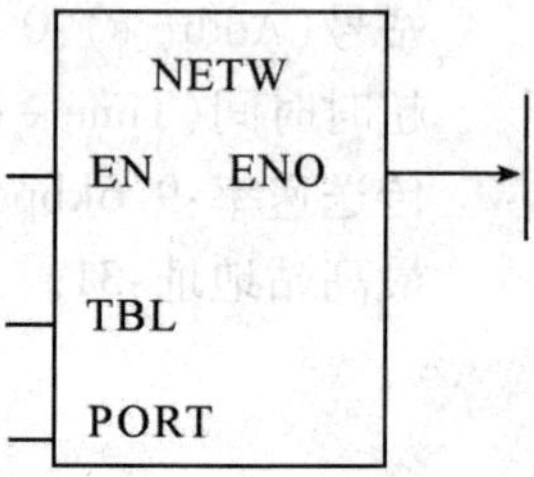

图 7-18 网络写指令

7.3.3 主站与从站传送数据表的格式

1. 数据表格式

在执行网络读写指令时,PPI 主站与从站间传送数据表的格式如表 7-7 所示。

表 7-7　　　　　　　　　　数据表格式

字节偏移地址	字节名称	描　述
0	状态字节	反映网络通信指令的执行状态及错误码
1	远程设备地址	被访问的 PLC 从站地址
2	远程设备的数据指针	被访问的数据的间接指针 指针可以指向 I、Q、M 和 V 数据区
3		
4		
5		
6	数据长度	远程设备被访问的数据长度
7	数据字节 0 数据字节 1 ……数据字节 5	执行 NETR 指令后,存放从远程设备接收的数据 执行 NETW 指令后,存放要向从远程设备接收的数据
8		
……		
22		

2. 状态字节说明

数据表的第一个字节为状态字节,各个位的意义如下:

MSB LSB

| D | A | E | 0 | E1 | E2 | E3 | E4 |

D位:操作完成位。0:未完成。1:已经完成。
A位:操作排队有效位。0:无效。1:有效。
E位:错误标志位。0:无错误。1:有错误。

E1、E2、E3、E4为错误编码。如果执行指令后,E位为1,则由E1、E2、E3、E4返回一个错误码,编码及说明见表7-8。

表7-8　　　　　　　　　　　错误编码表

E1E2E3E4	错误码	说　明
0000	0	无错误
0001	1	时间溢出错误:远程设备不响应
0010	2	接收错误:奇偶校验错,响应时帧或检查时出错
0011	3	离线错误:相同的站地址或无效的硬件引发冲突
0100	4	队伍溢出错误:同时激活了8个以上的网络通信
0101	5	违反通信协议:没有在SMB30中设置允许PPI协议而使用网络命令
0110	6	非法参数:NETR或NETW中包含非法或无效的值
0111	7	没有资源:远程设备忙,如正在上装或下装
1000	8	第7层错误:违反应用协议
1001	9	信息错误:错误的数据地址或不正确的数据长度
1010~1111	A~F	未用,为将来的使用保留

7.3.4　应用举例

在一条包装机流水线上有4台打包机和1台分流机,4台打包机分别由4台CPU221控制,在CPU222上装了HMI(TD200)。打包机把9个产品包装到一个纸箱中,分流机控制流水线上的产品输送到各个打包机。

CPU222用NETR指令连续地读取每个打包机的控制字节和包装数量,每当某个打包机包装完300箱时,分流机用NERW指令发1条信息,复位该打包机的计数器。网络配置如图7-19所示。

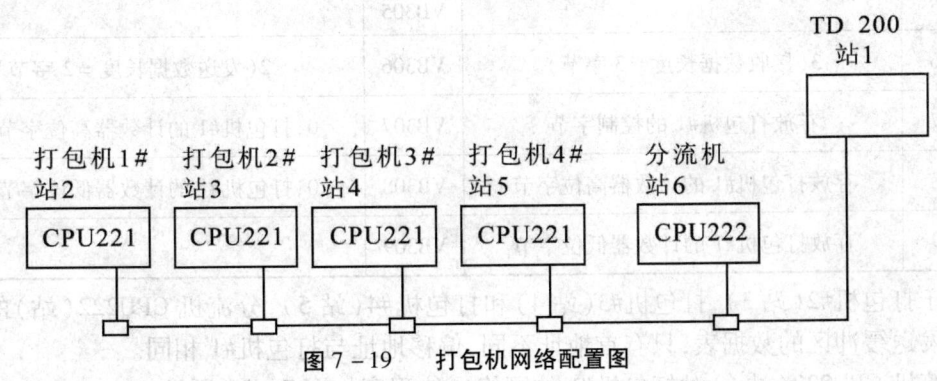

图7-19　打包机网络配置图

在每台打包机的 CPU221（站 2、站 3、站 4 和站 5）中，VB100 存放控制字节，VB101 和 VB102 存放包装完的纸箱数（计数器的当前值）。

VB100 中的控制字节内容为：

F	E	E	E	O	G	B	T

F. 错误指示：F = 1，打包机检测到错误。
G. 黏结剂供应慢：G = 1，30min 内必须增加黏结剂。
B. 包装箱供应慢：B = 1，30min 内必须增加包装箱。
T. 没有可供包装的产品：T = 1，无产品。
EEE。错误码。

在分流机的 CPU222（站 6）中，为了能在 PPI 主站模式接收 & 发送数据，安排了接收缓冲区和发送缓冲区见表 7 - 9。

表 7 - 9　　　　　　　　　接收缓冲区和发送缓冲区首地址

VB200	站 2 接收缓冲区	VB300	站 2 发送缓冲区
VB210	站 3 接收缓冲区	VB310	站 3 发送缓冲区
VB220	站 4 接收缓冲区	VB320	站 4 发送缓冲区
VB230	站 5 接收缓冲区	VB330	站 5 发送缓冲区

对于打包机#1（站 2），分流机 CPU224（站 6）接收缓冲区和发送缓冲区的数据表格见表 7 - 10。

表 7 - 10　　　　　　　　　打包机#1 的数据表

接收缓冲区						发送缓冲区					
VB200	D	A	E	O	错误码	VB300	D	A	E	O	错误码
VB201	2（打包机#1 站号 = 2）					VB301	2（打包机#1 站号 = 2）				
VB202						VB302					
VB203	VB100（指向远程站数据区的指针）					VB303	VB100（指向远程站数据区的指针）				
VB204						VB304					
VB205						VB305					
VB206	3（接收数据长度 = 3 字节）					VB306	2（发送数据长度 = 2 字节）				
VB207	存放打包机#1 的控制字节					VB307	0，打包机#1 的计数器高位字节清零				
VB208	存放打包机#1 的计数器高位字节					VB308	0，打包机#1 的计数器低位字节清零				
VB209	存放打包机#1 的计数器低位字节					VB309					

对于打包机#2（站 3），打包机#3（站 4）和打包机#4（站 5），分流机 CPU222（站）的接收缓冲区和发送缓冲区的数据表，只有首地址不同，偏移地址与打包机#1 相同。

分流机 CPU222（站 6）对打包机#1 的网络通信程序如图 7 - 20 所示。

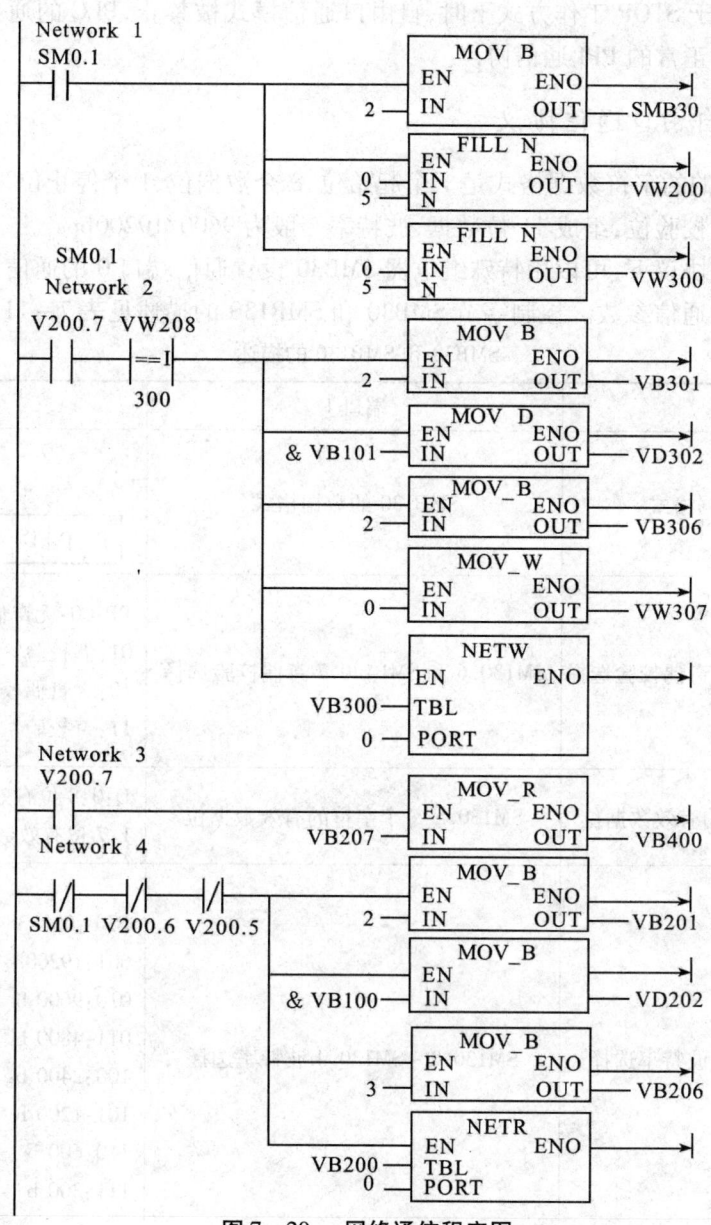

图 7-20　网络通信程序图

7.4　S7-200 的自由口通信模式

S7-200 系列 PLC 有一种特殊的通信模式——自由口通信模式。在这种通信模式下，用户可以在自定义的通信协议（可以在用户程序中控制通信参数：选择通信协议、设定波特率、设定校验方式、设定字符的有效数据位）下，通过建立通信中断事件，，使用通信指令，控制 PLC 的串行通信口与其他设备进行通信。

只有当 CPU 主机处于 RUN 工作方式下（此时特殊继电器 SM0.7 位 1），允许自由口通信模式。如果选择了自由口通信模式，此时 S7-200 失去了与标准通信装置进行正常通信的功能，当 CPU 主机处于 STOP 工作方式下时，自由口通信模式被禁止，PLC 的通信协议自由口通信协议自动切换到正常的 PPI 通信协议。

7.4.1 设置自由口通信协议

S7-200 正常的的字符数据格式是 1 个起始位，8 个数据位，1 个停止位，即 10 位数据，或者再加上 1 个奇偶校验位，组成 11 位数据，波特率一般为 9600/19200bps。

在自由口通信协议下，可以用特殊继电器 SMB30 设置通信端口 0 的通信参数，用 SMB130 设置通信端口 1 的通信参数。控制字节 SMB30 和 SMB130 的描述见表 7-11。

表 7-11 SMB30 和 SMB130 的描述

端口 0	端口 1	描述
SMB30 的数据格式	SMB130 的数据格式	7　　　　　　　　0 P　P　D　B　B　B　M　M
SM30.6 和 SMB30.7 奇偶校验选择	SM130.6 和 SMB130.7 奇偶校验选择	PP:00:无奇偶校验位 01:偶校验 10:无奇偶校验位 11:奇校验
SM30.5 每个字符的有效数据位	SM130.5 每个字符的有效数据位	D:0:8 位有效数据 1:7 位有效数据
SM30.2~SM30.4 波特率选择	SM130.2~SM130.4 波特率选择	BBB:000:38400b 001:19200b 010:9600 b 011:4800 b 100:2400 b 101:1200 b 110:600 b 111:300 b
SM30.0~SM30.1 通信协议选择	SM130.0~SM130.1 波特率选择	MM:00:PPI 从站模式 01:自由口通信模式 10:PPI 主站模式 11:保留
每种设置都有 1 个停止位		

为便于快速设置控制字节 SM30 和 SM130 的通信参数，可参照表 7-12 给出的控制字节值。

表7-12　　　　　　　控制字节与自由口通信参数参照表

	波特率	38.4kbps	19.2 kbps	9.6 kbps	4.8 kbps	2.4 kbps	1.2 kbps	600 bps	300 bps
8字符	无校验	01H	05H	09H	0DH	11H	15H	19H	1DH
	偶校验	41H	45H	49H	4DH	51H	55H	59H	5DH
	奇校验	C1H	C5H	C9H	CDH	D1H	D5H	D9H	DDH
7字符	无校验	21H	25H	29H	2DH	31H	35H	39H	3DH
	偶校验	61H	65H	69H	6DH	71H	75H	79H	7DH
	奇校验	E1H	E5H	E9H	EDH	F1H	F5H	F9H	FDH

7.4.2　自由口通信时的中断事件

在S7-200的中断事件中，与自由口通信有关的中断事件如下：
(1)中断事件8：通信端口0单字符接收中断。
(2)中断事件9：通信端口0发送完成中断。
(3)中断事件23：通信端口0接收完成中断。
(4)中断事件25：通信端口1单字符接收中断。
(5)中断事件26：通信端口1发送完成中断。
(6)中断事件24：通信端口1接收完成中断。

7.4.3　自由口通信指令

在自由口通信模式，可以用由口通信指令接收和发送数据。

1. 数据接收指令RCV（图7-21）

在梯形图中，数据接收指令以功能框的形式表示，指令名称为RCV。当允许输入EN有效时，通过通信端口PORT(0或1)接收远程设备的数据，并将其存放到首地址为TBL的数据接收缓冲区。

数据接收缓冲区最多可以接收255个字符信息。

在语句表中，数据接收指令格式为：RCV TBL,PORT。

影响允许输出ENO正常工作的出错条件是以下因素之一：SM4.3（运行时发现编程错误标志）=1，出现错误代码0006（间接寻址错误代码），出现错误代码0009（在同一端口同时激活RCV和XMT指令）。

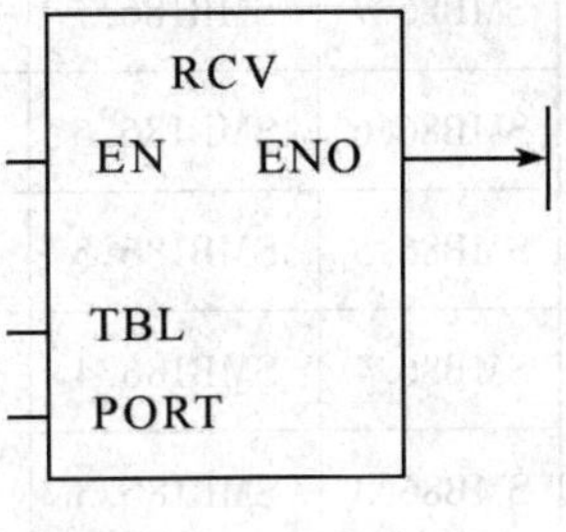

图7-21　数据接收指令

可以通过中断的方式接收数据，在接收字符数据时，由如下两种中断事件产生。

(1)利用字符中断控制接收数据：每接收完成1个字符，就产生一个中断事件8（通信端口0）或中断事件25（通信端口1）。特殊继电器SMB2作为自由口通信接收缓冲区。接收到的字符存放在特殊继电器 SMB2 中,以便用户程序访问。奇偶校验状态存放在特殊继电器 SMB3 中,如果接收到的字符奇偶校验值出现错误,则 SMB3.0 为 1;可利用 SMB3.0 为 1 的信号,将出现错误的字符去掉。

(2)利用接收结束中断控制接收数据:当指定的多个字符接收结束后,产生中断事件 23(通信端口 0)和中断事件 24(通信端口 1)。如果有一个中断服务程序连接到接收结束中断事件上,就可以实现相应的操作。

S7-200 在接收信息字符时要用到一些特殊继电器,对通信端口 0 要用 SMB86~SMB194。这些特殊继电器的功能见表 7-13。

表 7-13　　　　　　　　　自由口通信时各个特殊继电器的功能

端口 0	端口 1	功能描述
SMB86	SMB186	接收信息状态字节
SMB87	SMB187	接收信息控制字节
SMB88	SMB188	信息字符的开始
SMB89	SMB189	信息字符的结束
SMB90	SMB190	空闲时间段设定(ms),空闲时间后收到的第一个字符是新信息的首字符
SMB92	SMB192	内部字符定时器溢出值设定( ),超时将禁止接收信息
SMB94	SMB194	要接收的最大字符数

SMB86 和 SMB186 称为自由口通信的接收信息状态字节,其功能描述见表 7-14。

表 7-14　　　　　接收信息状态字节 SMB86 和 SMB186 的功能描述

端口 0	端口 0	功能描述							
SMB86 的格式	SMB186 的格式	7　　　　　　　　　　　　0							
		N	R	E	O	O	T	C	P
SMB86.7	SMB186.7	N=1:用户通过禁止命令结束接收信息操作							
SMB86.6	SMB186.6	R=1:因输入参数错误或缺少起始和结束条件引起的接收信息结束							
SMB86.5	SMB186.5	E=1:收到结束字符							
SMB86.4	SMB186.4	不用							
SMB86.3	SMB186.3	不用							
SMB86.2	SMB186.2	T=1:因超时引起的接收信息结束							
SMB86.1	SMB186.1	C=1:因字符数超长引起的接收信息结束							
SMB86.0	SMB186.0	P=1:因奇偶校验错误引起的接收信息结束							

SMB87 和 SMB187 是接收信息控制字节,其功能描述见表 7-15。

表 7-15　　　　　　　接收信息控制字节 SMB87 和 SMB187 功能描述

端口 0	端口 0	功能描述						
SMB87 的格式	SMB187 的格式	7　　　　　　　　　　　　　　　　0						
		EN	SC	EC	IL	C/M	TMR	BK	0
SMB87.7	SMB187.7	EN:接收允许。0:禁止接收信息;1:允许接收信息						
SMB87.6	SMB187.6	SC:是否用 SMB88 或 SMB188 的值检测起始信息;0:忽略;1:使用						
SMB87.5	SMB187.5	EC:是否用 SMB89 或 SMB189 的值检测起始信息;0:忽略;1:使用						
SMB87.4	SMB187.4	IL:是否用 SMB90 或 SMB190 的值检测空闲状态;0:忽略;1:使用						
SMB87.3	SMB187.3	C/M:定时器定时性质。0:内部字符定时器;1:信息定时器						
SMB87.2	SMB187.2	TMR:是否用 SMB92 或 SMB192 的值终止接收。0:忽略;1:使用						
SMB87.1	SMB187.1	BK:是否用中断条件来检测起始信息。0:忽略;1:使用						
SMB87.0	SMB187.0	不用						
		定义:起始信息 = IL × SC + BK × SC 结束信息 = EC + TMR = 最大字符数 用起始信息编程: 1. 空闲检测:　　　　　　IL = 1,SC = 0,BK = 0,SMW > 0 2. 起始字符检测:　　　　IL = 0,SC = 1,BK = 0,SMW 可以忽略 3. 中断检测:　　　　　　IL = 0,SC = 1,BK = 1,SMW 可以忽略 4. 对信息响应检测:　　　IL = 1,SC = 0,BK = 0,SMW = 0 5. 对中断和起始字符检测:　　　　IL = 0,SC = 1,BK = 1,SMW 可以忽略 6. 对空闲和起始字符检测:　　　　IL = 1,SC = 1,BK = 0,SMW > 0 7. 对空闲和起始字符检测(非法):　　IL = 1,SC = 1,BK = 0,SMW = 0						

注意:如果出现超时和奇偶校验错误,则自动结束接收过程。

接收数据缓冲区和发送数据缓冲区的格式见表 7-16。

表 7-16　　　　　　　　　　　数据缓冲区格式

接收数据缓冲区	发送数据缓冲区
接收数据字符	发送数据字符
字符 1	字符 1
字符 2	字符 2
……	……
字符 n	字符 n

2. 数据发送指令(XMT)(图 7-22)

在梯形图中,数据发送指令以功能框的形式编程,指令名称为 XMT。当允许输入 EN 有效时,对通信操作做初始化处理,通过通信端口 PORT(0 或 1)将数据表首址 TBL(发送数据缓冲区)中的数据发送到远程设备。

发送接收缓冲区最多可以发送 255 个字符信息。

当发送完成时,将产生中断事件 9(通信端口 0)或中断事件 26(通信端口 1),如果将一个中断服务程序连接到发送完成中断事件上,则可实现相应的操作。

利用特殊继电器 SM4.5 和 SM4.6,可监控通信端口 0 和通信端口 1 的发送空闲状态,当发送空闲时,SM4.5 或 SM4.6 为 1。

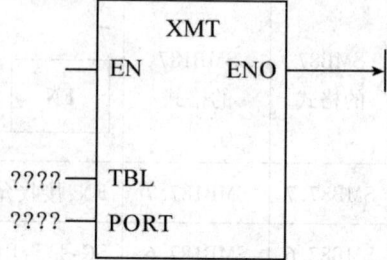

图 7-22 数据发送指令

在语句表中,数据发送指令的格式为:XMT TBL,PORT。

影响允许输出 ENO 正常工作的出错条件是以下因素之一:SM4.3(运行时发现编程错误标志)=1,出现错误代码 0006(间接寻址错误代码),出现错误代码 0009(在同一端口同时激活 RCV 和 XMT 指令)。

7.4.4 自由口通信的简单应用

例 1 S7-200CPU222 接收来自条码阅读器的数据,如图 7-23 所示。通信要求:

(1)来自条码阅读器的数据(ASCⅡ码),经条码解码器翻译后,通过自由口通信模式,将数据传送到 CPU222,以便程序调用。

(2)在 CPU222 内设置两个数据缓冲区:缓冲区 0 和缓冲区 1,用于存储条码信息。在接收到回车键的字符(编码为 16#10)后,向另一个缓冲区存储读入的条码信息。

(3)用 Q0.0 和 Q0.1 指示新读入的条码所在缓冲区。

(4)通信参数设定:波特率为 9600bps,无奇偶校验,每个字符 8 位。

控制程序由主程序、子程序 0、中断程序 0 和中断程序 1 组成。

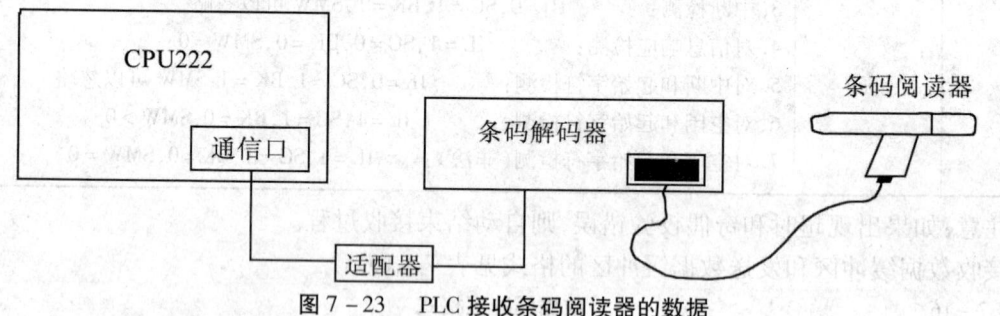

图 7-23 PLC 接收条码阅读器的数据

(1)主程序:初始化程序。
(2)子程序 0:SBR0 接收条码信息。
(3)中断程序 0:INT0 在数据缓冲区 0 接收。
(4)中断程序 1:INT1 在数据缓冲区 1 接收。

主程序的 STL 为:

```
LD SM0.1              //第一次扫描 SM0.1=1
CALL SBR__0           //调用子程序 0
LD SM0.7              //如果工作方式开关在 TERM 位置,则可设置 PPI 通信协议
```

```
        = SM30.0              //如果工作方式开关在 RUN 位置,则可设置自由口通信协议
        MEND                  //主程序结束
子程序 0 的 SRL 为:
        SBR__0                //准备接收条码
        LD SM0.0
        MOVB  +9,SMB30        //设置通信参数:9600bps,无奇偶校验,8 位字符
        MOVD &VB100,VD50      //指针指向数据缓冲区 0
        MOVD &VB200,VD60      //指针指向数据缓冲区 1
        MOVD &VB50,VD56       //VD56 也指针指向数据缓冲区 0
        MOVW  +0,VW54         //清除数据缓冲区 0 的字符计数器(VB54 作为字符计数器)
        ATCH INT__0,8         //建立单字符接收中断事件 8 与中断事件 0 的连接
        MOVB  +1,QB0          //置 Q0.1=0,Q0.0=1
        ENI                   //开中断
        RET                   //结束子程序 0
中断程序 0 的 SRL 为:
        INT__0                //数据缓冲区 0 接收
        LD SM0.0
        MOVB SMB2,*VD56       //字符装入缓冲区 0
        INCD VD56             //指针加 1
        INCW VW54             //字符计数器加 1
        LDB = = SMB2,16#10    //如果字符是 LF(回车符,编码为 16#10),则
        MOVD VD60,VD66        //使指针 VD66 指向数据缓冲区 1
        MOVW  +0,VW64         //清除数据缓冲区 1 的字符计数器(VB64 作为字符计数器)
        ATCH INT__1,8         //建立单字符接收中断事件 8 与中断事件 1 的连接
        MOVB  +2,QB0          //置 Q0.1=0,Q0.0=1
        RETI                  //中断程序 0 结束
中断程序 1 的 SRL 为:
        INT__1                //数据缓冲区 1 接收
        LD SM0.0
        MOVB SMB2,*VD66       //字符装入缓冲区 1
        INCD VD66             //指针加 1
        INCW VW64             //字符计数器加 1
        LDB = = SMB2,16#10    //如果字符是 LF6,则
        MOVD VD50,VD56        //使指针 VD56 指向数据缓冲区 0
        MOVW  +0,VW54         //清除数据缓冲区 5 的字符计数器
        ATCH INT__0,8         //建立单字符接收中断事件 8 与中断事件 0 的连接
        MOVB  +1,QB0          //置 Q0.1=0,Q0.0=1
        RETI                  //中断程序 1 结束
```

例 2 两台 S7-200 进行单向主从式自由口通信。通信要求:

(1)主机只有发送功能,将 IB0 送到由指针 &VB100 指定的发送数据缓冲区,且不断执行自由口数据发送指令 XMT。

(2)从机只有接收功能,通过单字符接收中断事件 8 连接到一个中断服务程序,将接收到的 IB0 通过 SMB2 传送到 QB0,使 QB0 随 IB0 同步变化。

(3)通信参数:9600bps,偶校验,8 位字符。

主机发送程序如图 7-24 所示，从机接收程序如图 7-25 所示。

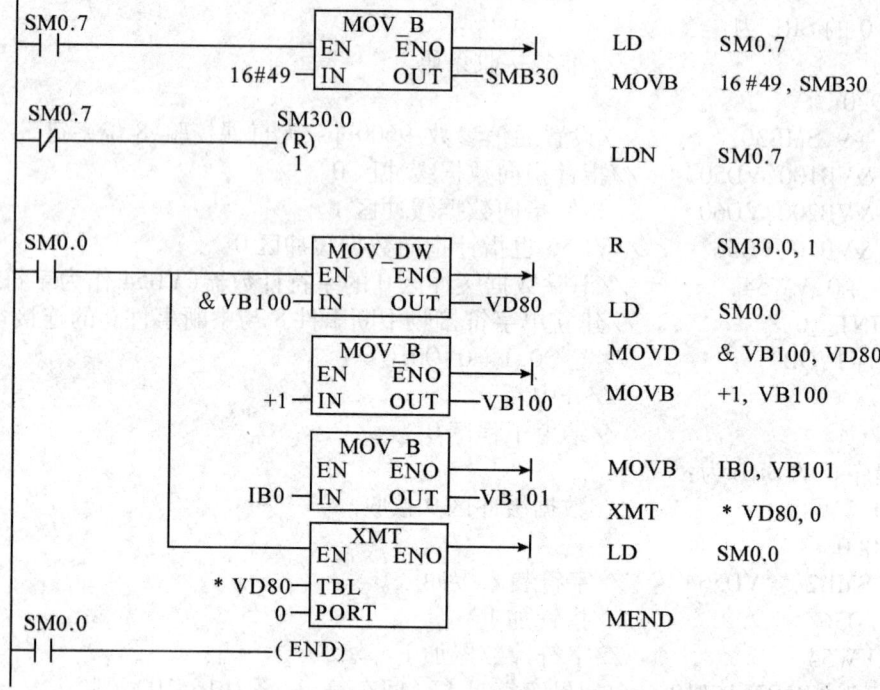

图 7-24　主机发送程序

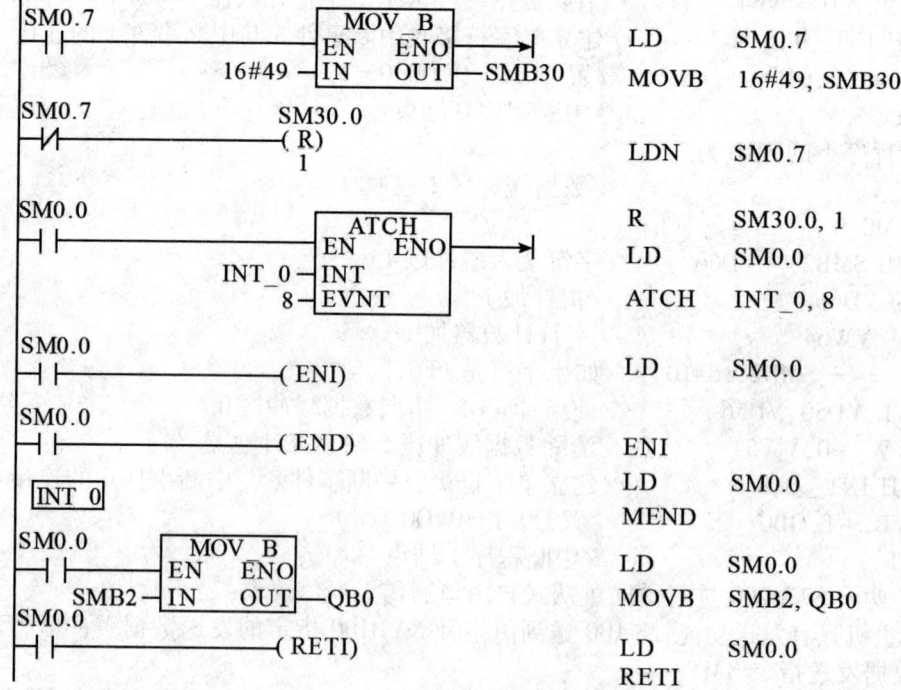

图 7-25　从机接收程序

例3 本地 PLC 与远程 PLC 的自由口通信。通信要求：

(1) 本地 PLC CPU224 接收来自远程 PLC CPU222 的 10 个字符，接收完成后，又将信息发送回远程 PLC。

(2) 本地 PLC 是通过一个外部信号(I0.0)的脉冲控制接收任务的开始；当发送任务完成后用指示灯(Q0.1)显示。

(3) 通信参数：9600bps，无奇偶校验，8 位字符。

(4) 不设立超时时间，接收和发送使用同一个数据缓冲区，首地址为 VB200。

本地 PLC CPU224 的控制程序如图 7-26 所示。

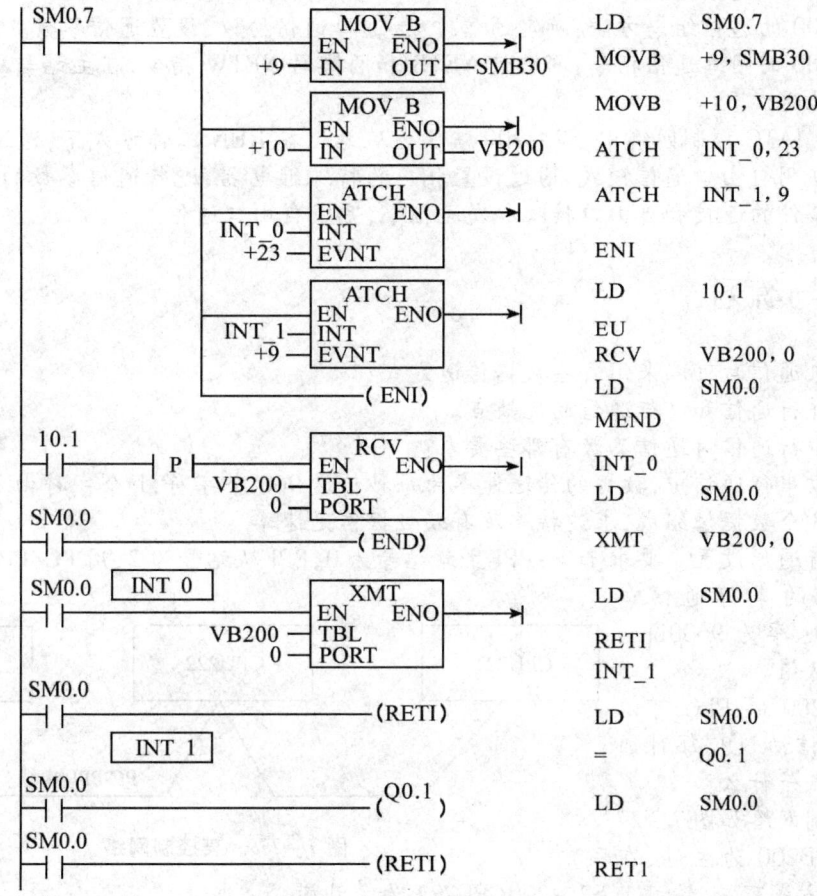

图 7-26 本地 PLC 控制程序

本章小结

PLC 的通信功能使得 PLC 在现代化企业自动控制网络中的作用得到充分发挥，也使得 PLC 在工厂自动化网络中的作用越来越重要，建立在通信基础上的工厂综合自动化系统已经越来越多地出现在现代化企业中。

本章简要地介绍了计算机通信的基本知识、工业控制网络的基本知识及 S7-200 的通信实现。

1. 计算机通信的基本方式为并行通信和串行通信。并行通信传送速度快，通信成本高，适用于短距离通信。串行通信适用于远程通信，通信成本低，传送速度慢。

2. 串行通信中最简单、最常用的是异步串行通信,绝大多数 PLC 都采用异步串行通信,此时要求相互通信的设备设置相同的字符格式和传送速度。

3. 常用的计算机中的串行通信口 RS232、RS422、RS485,应根据数据传送距离和传送方向选择相应的通信接口。

4. 工业局域网有 3 种结构形式:星形、环形和总线型。

5. SIEMENS 的 S7 系列网络金字塔有 3 级控制总线:工业以太网 ETHERNET,现场总线 PROFIBUS,执行器级总线 AS−1。

6. 网络设备的连接方式:单主站和多主站。

7. S7−200 的通信协议:PPI 协议,PROFIBUS 协议,自由口协议。

8. S7−200 的通信组态方法:确定通信方案,选择通信协议,设置通信参数。

9. S7−200 的网络通信指令:网络读 NETR 和网络写 NETW 指令,在主站与从站之间以数据表的格式传送。

10. 在 SIMATC 控制网络中,S7−200 默认为从站。在 RUN 工作方式下,通过设置 SMB30(SMB130),使用自由口通信模式,通过设置相应的特殊继电器,进行通信参数的设定,利用建立通信中断事件的连接和自由口接收和发送指令,完成自由口通信。

思考与练习

1. 计算机通信时可以采用哪些数据传送方式?
2. 比较并行通信和串行通信的优缺点。
3. 异步串行通信对通信参数有哪些要求?
4. 在异步串行通信中,数据的传送速率为每秒传送 960 个字符,1 个字符由 1 个起始位、1 个停止位和 8 个数据位组成,求波特率及有效数据传送速率。
5. 请进行通信设置。要求如下:PPI 主站站号为 0,PPI 从站号为 2,用 PC/PPI 电缆连接到主站计算机的串行通信口 COM1,传送速率为 9600bps,传送字符默认值。
6. S7−200 的 PLC 可以采用哪些通信协议?每种通信协议的特点是什么?
7. 某控制网络如图 7−27 所示,其中 TD200 为主站,在 RUN 的工作方式下,允许站 1:S7−200CPU222 为主站模式。

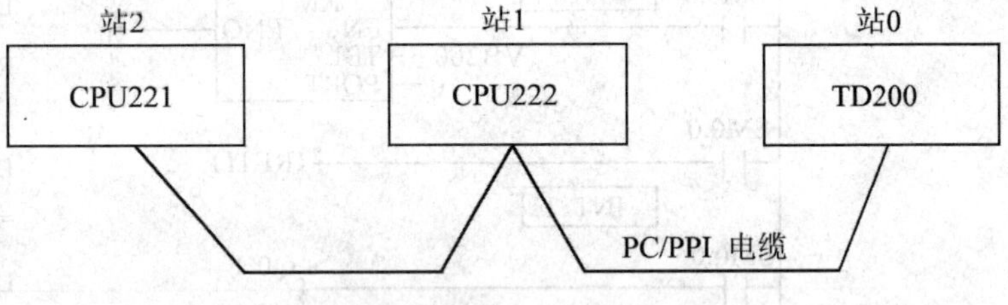

图 7−27 某控制网络

通信要求:

(1)站 1 要对网络中的站 2 的状态字节(存放在 VB100)和计数器当前值(存放在 VB101)进行读写操作,如果站 2 的计数值达到 100,站 1 将站 2 的计数器清零,重新计数,并使站 1 的指示灯亮 5s。

(2)站 1 的数据接收缓冲区首址为 VB300,数据发送缓冲区首址为 VB320。

(3)用网络读写指令完成通信操作。

8. 编写一段采用自由口通信完成的本地 PLC 与远程 PLC 通信的梯形图程序,本地 PLC 为 CPU224,远程 PLC 为 CPU221,由一个外部脉冲信号启动本地 PLC 向远程 PLC 发送 50 字节的信息,任务完成后,用指示灯进行显示。通信参数为:波特率 4800bps,每个字符 8 位,无奇偶校验,不设立超时时间。

第八章 PLC 控制系统的应用设计

●**内容提要**：PLC 控制系统的应用设计是学习 PLC 的核心与目的。在熟悉了 PLC 的结构、基本原理、掌握了 PLC 的指令系统、编程原则与编程方法后，就可以将 PLC 应用于实际。所谓 PLC 的应用设计，就是把 PLC 作为主要控制装置进行设计而形成的控制系统，经过安装调试后，实现对生产机械和生产过程的控制。

通过学习，同学们应当掌握 PLC 控制系统应用设计的方法和步骤，重点掌握用功能流程图法进行 PLC 应用程序设计的方法。本章的学习方法是理论联系实际，首先从实际出发提出问题，通过本章的学习找到解决问题的方法。

8.1 PLC 控制系统的设计原则

PLC 控制系统需要经过一系列复杂工作后才能应用于生产实际，所以其设计工作从一开始就应该将生产过程中的各种因素考虑全面，在一定的设计原则指导下，严格按步骤有序地进行。

同一个 PLC 控制系统，经过不同的人设计，会形成不同的控制风格，但是系统设计的优劣最终要由使用者来进行评价。作为 PLC 控制系统的设计人员，必须树立正确的设计指导思想，树立实践的观点和长远的观点，兼顾系统运行的质量、成本、效益等多方面的问题，使所设计的 PLC 控制系统运行起来经济、实用、先进、可靠、操作简单、维修方便。对于任何一种 PLC 控制系统来说，可靠性都是第一位的，只有在保证可靠性的前提下才能谈经济性和实用性等原则。

目前大多数电气控制系统都是机电一体化设备，其自动化程度必然受到机械设备的结构形式和使用性能的影响。因此在设计一个 PLC 控制的机电一体化设备时，机械设备和电气控制设计必须同步进行，双方设计人员必须密切配合，通过相互交流，解决控制过程中可能出现的一些问题。对于电气控制设计人员来说，必须对每个被控制对象的机械结构、工艺流程、加工工艺等有了一定的了解，只有这样才能设计出符合质量要求的 PLC 控制系统。

在 PLC 控制系统中，设计者应该最大限度地满足生产机械或生产流程对电气控制系统的控制要求，在满足安全、可靠控制的前提条件下，力求 PLC 控制系统的结构简单、运行经济、操作简单、维修方便。考虑经济性问题不能盲目地仅考虑设备的一次性购入成本，还要考虑设备在使用过程中的运行成本。

设计一个 PLC 控制系统的途径有很多，我们可以用 PLC 代替原有的继电器控制系统，通过改造形成 PLC 控制系统，也可以在只有被控对象和控制要求的前提下着手组建一个全新的 PLC 控制系统。

8.2 PLC 控制系统的设计步骤

设计一个全新的 PLC 控制系统是复杂的系统工程,设计时应严格按照一定的步骤进行,这样做有助于整个设计工作的顺利展开,可以有效地减少设计过程的失误,提高设计的效率。PLC 控制系统设计总的思路是由大到小、由粗到细、由分到合。PLC 控制系统设计一般经过以下步骤:明确设计任务和技术条件;确定 PLC 控制系统的类型;制定控制方案;详细描述控制对象;详细描述操作员站;PLC 的硬件配置;设计 PLC 用户程序;现场安装调试;写技术文件。

8.2.1 明确设计任务和技术条件

在对一个 PLC 控制系统进行设计之前,首先对被控制对象进行调查,全面详尽地了解被控对象的工作性能、基本结构特点、生产过程、生产工艺等。进一步了解机械设备的可动部分,掌握各个可动部分的动作内容、动作形式、动作的步骤和要求等,必要时可以画出系统的工作循环图或工艺流程图及有关信号的时序图。

在熟悉被控对象后应进一步明确控制系统的任务和技术条件。了解机械运动部件与电器执行机构之间的相互关系,掌握设备对电气控制系统的要求。例如,设备运行时机械部件如何进行传动与驱动,各运动部件之间的相互关系,液压部分、电器部分的控制,传感器、仪表之间的连接与驱动等。如果是自动循环工作的设备,可以归纳出电器执行元件的节拍图或时序图,这一节拍图或时序图是控制系统要实现的根本任务。

8.2.2 确定 PLC 控制系统的类型

被控对象的控制要求各不相同,因此设计者应当根据被控对象的控制要求确定 PLC 控制系统的类型。常见的 PLC 控制系统包括四种类型:单机控制系统、集中控制系统、分布式控制系统、远程 I/O 控制系统。

1. 单机控制系统

这种控制系统是指用一台 PLC 控制一台机电设备或一条简易生产线的控制系统。其特点是控制系统简单明了,输入输出点数较少,要求的存储器容量小,没有通信的问题,但有时也要求功能齐全。

2. 集中控制系统

集中控制系统是指用一台 PLC 控制多台机电设备或多条简易生产线的控制系统,如图 8-1 所示。这种系统用于多个被控对象的地理位置比较接近,且相互之间的动作有一定联系的场合。如果各控制对象的地理位置相距较远,而且大多数的输入/输出信号要进入 PLC,这时安装需要大量的电缆线,施工量和施工成本大量增加,最好选用远程 I/O 控制系统。

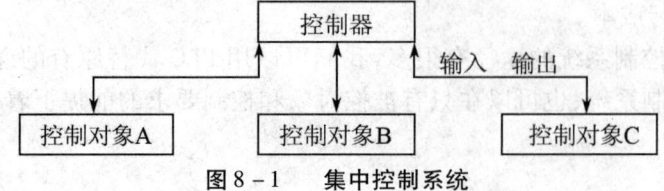

图 8-1 集中控制系统

3. 分布式控制系统

这种控制系统具有多个控制对象,每个控制对象设置一台 PLC 进行控制,各 PLC 之间可以通过通信模块传递信息,或和上位机通过通信电缆进行通信,如图 8-2 所示。

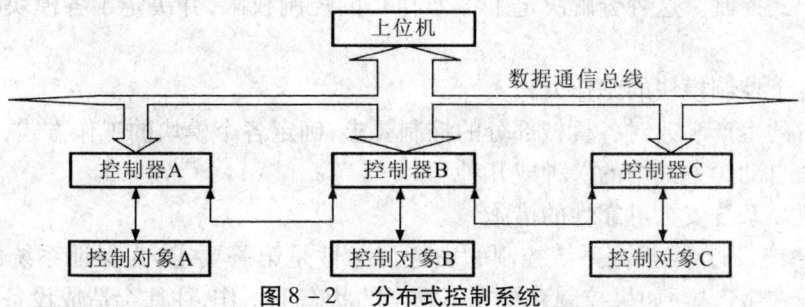

图 8-2　分布式控制系统

分布式控制系统多应用于由多台设备组成的生产线控制,各设备之间有数据的交换。由于各个控制对象都有自己的控制器,当一台控制器停止运行时不需要停止其他控制器。当分布式控制系统与集中控制系统有相同的 I/O 点数时,虽然前者多了一台或几台 PLC,导致了价格的偏高,但维护简单、试运行或增设控制对象的灵活性更大。

4. 远程 I/O 控制系统

这种控制系统是集中控制系统的特殊情况,部分或全部 I/O 模块与 PLC 主机不放在一起,而是放在远离 PLC 主机的控制对象附近,如图 8-3 所示。

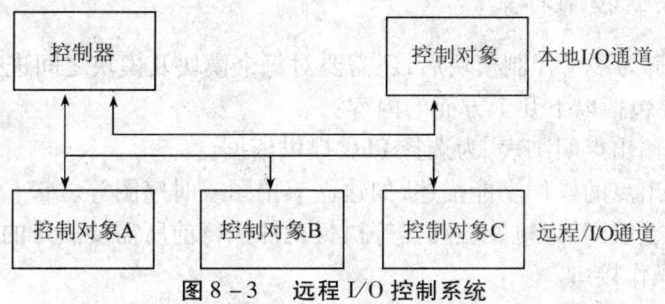

图 8-3　远程 I/O 控制系统

例如,SIEMENS 公司的 ET100、ET200 产品就是专门用于远程控制的 I/O 模块,但是只能和 S7-300 系列配套使用,S7-200 系列 PLC 不能使用远程模块。

S7-200 系列 PLC 属于小型 PLC,一般常用于单机控制系统或分布式控制系统中单个控制对象的控制。对于中型、大型 PLC 控制系统,设计者应树立模块化的指导思想。首先把控制对象进行分解,对于小模块的被控对象,可不进行对象的分解,采用单机主程序系统进行控制,也可以分解成若干模块,采用结构化的编程方法,每个模块采用一个子程序进行控制,主程序在必要时调用子程序。

8.2.3　制定控制方案

PLC 控制系统按其应用特点可以分为三类:单机控制的小型系统、慢过程的大型系统、实时控制的快速系统。要制定控制方案需要做好以下几方面的工作。

1. 分解被控对象

系统设计应建立模块化的思想。除了极小规模的被控对象可以采用单机控制系统实现控制任务外,对于大规模或位置分散的被控对象,应首先采用系统图和框图的方式把被控对象分解为若干个独立的模块,然后对各个模块的控制进行分工,如果模块的控制规模仍然比较大,则可进一步细化。通过分解被控对象,可以进一步掌握各个模块之间的联系,采用多机联网的方式实现分布式控制。这种分解决定了各个 PLC 的控制权限,并决定了各模块的功能描述和资源的分配。

2. 确定各个控制模块的工作方式

根据设备的生产工艺对各机械部分的控制要求,确定各个模块的工作方式,如可以采用手动、半自动、全自动等方式中的一种或几种。

3. 确定提高系统安全可靠性的措施

在 PLC 系统设计中,提高系统控制的安全可靠性是第一要求,为保证系统的安全可靠性要不惜代价。在生产中,如果控制系统在不安全的状态下工作,往往会造成设备生产意外的动作,造成系统严重损坏,对操作人员的生命安全构成威胁。为了保证系统工作的安全可靠性,对于一般的 PLC 控制系统可采用独立于 PLC 之外的机电冗余来避免控制系统的不安全操作;对于可靠性要求较高的重要 PLC 控制系统,不但采用机电冗余,而且 PLC 和网络也可以采用冗余的措施。

此外,还要考虑控制系统的信息显示、报警、出错和故障的诊断处理,以及对紧急情况的处理措施等。

8.2.4 详细描述控制对象

将被控对象分解为多个控制模块后,还需要对每个模块及模块之间进行详细的描述,从而建立功能规范,主要包括以下几个方面的内容:

(1)建立输入/输出点明细表,为选择 PLC 提供依据。

(2)各输入/输出点的操作功能描述,如建立节拍图或时序图等。

(3)确定电磁阀、线圈、电机及驱动器等执行元件执行前所需要满足的条件。

(4)详细描述操作接口。

(5)描述与被控对象相连接的其他接口。

8.2.5 详细描述操作员站

操作员站是操作人员与 PLC 控制系统的接口,根据上一步对被控对象的功能描述,建立完成各功能的操作员站的详细配置,主要包括以下几个方面:

(1)建立每个与被控对象有关的操作员站的位置总图。

(2)布置操作员站控制面板上各种显示控制元件,如按钮、触摸屏、文本显示器、开关、指示灯等。

(3)绘制与主机单元或扩展模块有关的电气图。

8.2.6 PLC 的硬件配置

根据上面步骤所得到的各种信息和要求,进行 PLC 的硬件设计,建立 PLC 控制系统的硬件配置图,主要包括以下内容:

(1)配置 PLC。

(2)建立对各个控制模块进行控制的 PLC 主机单元的位置图。

（3）建立各个主机单元和相应扩展模块的机械布局图，包括电气控制柜、控制模板和导轨等其他辅助设备。

（4）建立 PLC 主机单元和扩展模块的电气图，内容包括设备型号、通信地址说明和输入/输出点的轨迹。

（5）建立现场信号的符号和 PLC 的直接地址对照表，不仅包括物理输入/输出信号，还包括程序中用到的其他元件，如通用辅助继电器（M）、定时器（T）、计数器（C）、特殊标志继电器（SM）等编程元件。

8.2.7 设计用户程序

用户程序设计是 PLC 控制系统设计的核心工作，是结合前面所收集到的信息选择一种合适的编程方法，并选用一种编程语言，编写出用户程序。

程序的编写可以在计算机上利用 PLC 生产企业提供的编程软件进行编程，也可以利用专用的编程设备进行编程，如手持编程器或图形输入设备等，程序编译无误后即可下载到 PLC 中去。

8.2.8 现场安装调试

完成上述工作后，将 PLC 安装到工业控制现场，接入实际的输入信号和负载。进行现场调试，在联机总调试的过程中将暴露出系统中可能存在的传感器、执行器和接线等硬件方面的问题，以及 PLC 的外部接线图与梯形图设计中存在的问题，发现问题后在现场加以解决，直到完全符合控制要求为止。

8.2.9 编写技术文件

系统交付使用后，应根据调试的最终结果整理出完整的技术文件，并提供给用户，以利于用户对系统进行维修和改进。技术文件应包括：

（1）PLC 的外部接线图和其他电器图纸。

（2）PLC 的编程元件表，包括程序中使用的 I/O 位，存储器位，定时器，计数器，顺序继电器的地址、名称、功能，以及定时器、计数器的设定值等。

（3）功能流程图、带注释的梯形图及必要的总体文字说明。

8.3 PLC 控制系统的硬件设计

PLC 控制系统的特点不同，其硬件设计原则也不同。

8.3.1 单机控制系统的硬件配置原则

此类系统采用一台 PLC 完成控制功能，被控对象通常是一台设备，或几台设备中的一种功能。虽没用 PLC 通信问题，但有时要求功能齐全，容量变化大，有时还要与原系统的其他机型相连接，设计时要从以下几个方面考虑：

（1）若设备集中，待驱动的设备功率小，则 PLC 可以选用整体式结构，而且选择低电压、高密度（I/O 点数多）的输入/输出模块。

(2)若设备分散,待驱动的设备功率大,则 PLC 可以选用分散式结构,而且选择高电压、低密度的输入/输出模块。

(3)若设备有专门要求,如飞剪控制,这时 PLC 的输入/输出容量不是关键的参数,重要的是需要选择功能强、且控制速度能满足要求的高速计数器。

8.3.2 慢过程的大型系统的硬件配置原则

这种系统又可分为两类:如大型料场、高炉、码头、大型车间等信号控制是一种类型;另一种类型是大型热连轧钢厂、冷连轧钢厂的主令控制系统。

第一种设备本身对运行速度要求不高,但设备距离远,控制功能多,一般达到 1 万个控制点以上。第二种设备本身对运行速度要求高,但主令部分(也就是对所有直流电机、交流电机、供油及供风部分的给定)所要求的响应速度并不高,因此我们把这种设备也归属为慢过程的大型系统。

慢速大系统的特点是设备对运行速度要求不高或系统中某一部分对运行速度要求不高,但设备间有连锁关系,所有设备都要统一管理。这种系统可以选择具有低速网的中小型 PLC 进行控制,每一台 PLC 控制一台单体设备,功能简化,编程与调试容易,产生故障时影响面积小,容易查找。例如,上海宝山的冷连轧钢厂、热连轧钢厂以及武钢的薄板冷轧厂都采用此类结构,所用的 PLC 台数虽然多了一些,但编程省时,调试方便,故障影响面小,从整体上看是合理的。

产品完善的 PLC 生产厂简都提供高速网和低速网两种产品,一般低速网的波特率为 19.2kb/s,高速网的波特率为 10Mb/s。例如,西门子公司的 SINEC L1 网就是低速网,SINEC L2 网就是高速网。慢速工程选择低速网就可以满足要求,不必选择价格高昂的高速网。

8.3.3 实时高速控制系统的硬件配置原则

随着 PLC 在工业领域的应用不断扩大,在中小型控制系统中,PLC 不仅可以完成逻辑控制和主令控制,而且逐步进入了设备的控制级,如高速线材、中低速热连轧等速度控制系统逐步由 PLC 来实现。

构成该类系统时就要考虑选用输入/输出容量大,运行速度快,计算功能强的大型 PLC。但在上述控制系统中,即使选择了大型机,一台 PLC 也难以满足要求,这时多台 PLC 间的通信和系统的快速响应就成为了一对尖锐的矛盾。解决矛盾的方法有两种:一是选用高速网,可靠的高速网能满足信息的高速交换的要求,但高速网络都是为大量信息交换而设计的,在中小系统中昂贵的高速网不能被充分利用;另一种是选用低速网,对传送速度要求不高的信息由低速网来传送,对传送速度要求高的那部分信息,则采用硬件输入的办法进行解决,但是控制器之间交换的数据不能太多,否则占用太多的输入/输出点数,给 PLC 的容量造成困难。例如,两 PLC 之间要进行速度值的快速交换,可以把一台 PLC 的 32 点输出与另一台 PLC 的 32 点输入连接起来,这种数据的传送比任何网络的速度都快,而且可靠。

8.3.4 PLC 控制系统的硬件配置

1. 确定输入元件和输出元件

根据前面的有关设计信息,首先确定 PLC 控制系统的输入元件数量与型号,如按钮、主令电器、位置开关、接近开关、传感器、变送器等,然后确定输出元件数量与型号,如继电器、接触器、指示灯、电磁阀、变频器、伺服驱动器等。

2. 确定 PLC 控制系统的控制面板

根据设备的操作任务、操作方式等有关控制信息,确定操作面板上所需要的操作元件与指示元件,如指示灯、数字显示装置、按钮开关等,有的操作系统可能还需要智能操作面板,如 S7—200 配套的 TD200 文本显示器,或有图形显示功能和触摸屏功能的操作员面板等。

3. 确定 PLC 的输入/输出点数量

列表统计 PLC 的输入/输出信号的数量,在表中标明各信号的类型与意义。例如,该信号是开关量还是模拟量,若是模拟信号,其变化范围是多少等,并进一步确定哪些信号可以不进入 PLC,哪些信号必须进入 PLC,最终确定出 PLC 的 I/O 点数。

PLC 的每个 I/O 点的平均价格高达近百元,减少所需的 I/O 点数是降低系统硬件费用的主要措施,因此设计 PLC 控制系统时应尽可能减少 PLC 的 I/O 点数。

4. 减少输入点的常用方法

(1) 分时分组输入:自动程序和手动程序不可能同时被执行,自动和手动这两种工作方式分别使用的输入量可以分成两组输入,如图 8-4 所示。I1.0 用来输入自动/手动的控制信号,供自动程序和手动程序切换时使用。

图 8-4 中的二极管用来切断寄生电路,避免了错误输入的产生。如果没有这些二极管,当系统处于自动状态,且 S1、S2、S3 闭合,S4 断开,电流从 L+ 端子流出,经 S3、S1、S2 形成寄生电路,流入 I0.1、I1.0 端子,使输入位 I0.1、I1.0 错误的变为 ON。

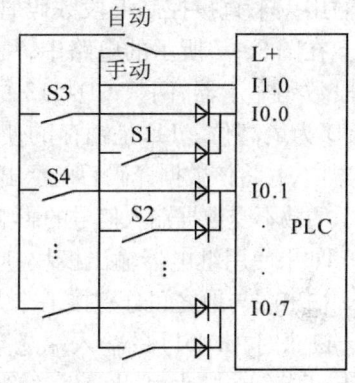

图 8-4 分时分组输入

(2) 输入点合并:如果某些外部输入信号总是以某种"与"、"或"、"非"组合的整体形式出现在梯形图 8-4 中,我们在设计时可以将它们对应的触点在 PLC 的外部串联或并联后作为一个整体的输入接入端子,只占用 PLC 的一个输入点。例如,对于单人三地操作的设备,可以将三个地点的停止按钮串联,将三个地点的启动按钮并联,然后分别接入 PLC 的两个输入点,如图 8-5 所示。与每个启动、停止按钮分别接一个 PLC 的输入端子相比,不仅节省了 4 个输入端子,同时也简化了 PLC 的梯形图程序。

(3) 将输入信号设置在 PLC 之外:系统的某些输入信号可以设置 PLC 之外。例如,在手动操作的电机启、停控制线路中,当热继电器 FR 实现过载保护后,若要再次启动电机,首先需要提供热继电器 FR 的手动复位信号,可以把热继电器的动断触点 FR 从 PLC 的输入端移出,而与接触器线圈串联后接入 PLC 的输出端子,如图 8-6 所示。注意,若某些手动按钮需要串联一些安全连锁触点,而采用外部硬件连锁电路过于复杂时,则仍应将有关的信号直接送入 PLC,用 PLC 的梯形程序实现软的连锁控制。

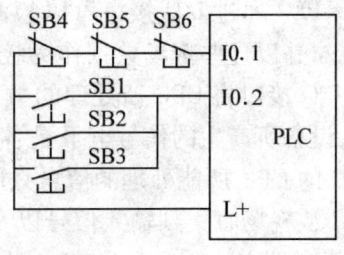

图 8-5 输入点合并

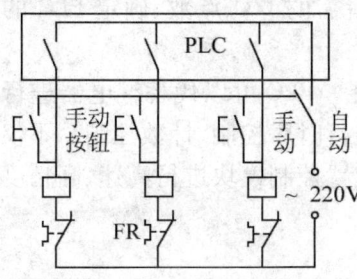

图 8-6 将输入信号设置在 PLC 之外

5. 减少输出点的常用方法

(1) 减少开关量输出点的常用方法:在 PLC 输出功能允许的条件下,若系统某些负载的通断状态完全相同,则可以将多个负载并联,通过 PLC 控制的继电器开关对多个负载进行控制,这样只需把继电器的线圈直接接入 PLC 的一个输出端子上即可实现。

对于指示电路,可用一个指示灯指示控制系统的多种控制状态。例如,指示灯常亮表示一种控制状态,闪烁表示另一种控制状态,这样原来的两个指示灯可以用一个指示灯代替。若需要用指示灯指示 pLC 负载的工作状态,则可以将指示灯与负载直接并联,这样可以使每个指示灯不再单独占用一个输出端子。注意,并联时指示灯与负载的电压相等,其总电流不应超过 PLC 输出触点的允许值,最好选用工作电流小、可靠性高的发光二极管作为指示灯。

另外,对于系统中某些相对独立或比较简单的部分,可以不用 PLC 进行控制,直接用继电器控制线路进行控制,这样做可以同时减少 PLC 输入与输出点数。

(2)减少数字显示所用输出点的方法:在某些情况下系统需要显示数值,若用 PLC 的数字量输出点来直接控制七段数码管的每个段,所需的输出点是很多的。

在图 8-7 所示的电路中,用具有锁存、译码、驱动功能的芯片 CD4513 驱动共阴极的 LED 七段数码显示器,两只 CD4513 的数据输入端 A~D 共用 PLC 的 4 个输出端,其中 A 为最低位,D 为最高位。LE 是锁存的使能输入端,在 LE 信号的上升沿将 BCD 码数据锁存在片内寄存器内,并将该数据译码后显示出来。如果输入的数据不是十进制数,显示器熄灭。LE 为高电平,显示的数不受数据输入信号的影响。显然 N 个数码管显示器占用的 PLC 输出点数为 4+N 个。

如果使用继电器输出模块,应在与 CD4513 相连的 PLC 各个输出端与地之间分别接一个几千欧的电阻,以避免在继电器断来时,CD4513 的输入端悬空。当输出状态变化时,其触点可能存在抖动,因此应先送输出数据,待信号稳定后再送 LE 使能的上升沿信号,将数据锁存在 CD4513 片内。如果需要显示的数据很多,可以考虑选用文本显示器 TD200 或其他操作面板。

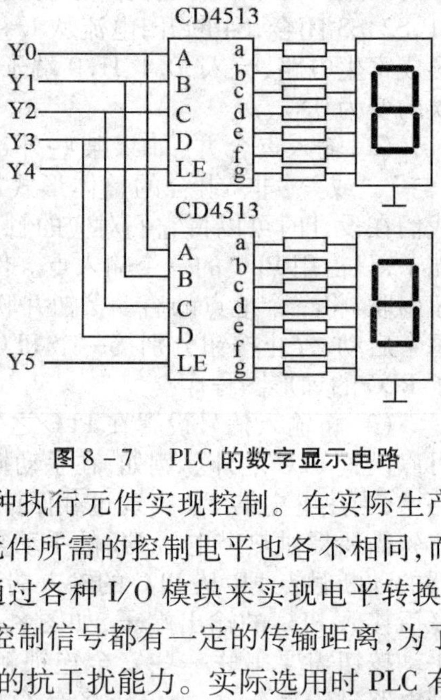

8.3.5 确定 PLC 与其他硬件配置的型号

PLC 通过 I/O 接口可以检测生产过程的各种信号与参数,并以这些现场数据作为控制的信息,同时 PLC 又通

图 8-7 PLC 的数字显示电路

过 I/O 接口将 CPU 所处理的数据送给被控对象,驱动各种执行元件实现控制。在实际生产中,设备所产生的信号电平是各种各样的同时各种执行元件所需的控制电平也各不相同,而 PLC 的 CPU 所能处理的信息只能是标准电平,这就需要通过各种 I/O 模块来实现电平转换。PLC 从现场收集到输入信号以及 PLC 给外部设备输出的控制信号都有一定的传输距离,为了保证这些信号准确无误,PLC 的各种 I/O 模块都具有很强的抗干扰能力。实际选用时 PLC 有很多 I/O 接口模块,包括开关量输入模块、开关量输出模块、模拟量输出模块、温度控制模块、运动控制模块等。我们在使用时,应根据系统特点及控制所需的 I/O 点数,确定 PLC 的主机单元、扩展模块的型号与数量。

把不同的 PLC 模块进行组合,可以实现不同的控制功能。PLC 可以代替继电器进行逻辑控制,可以按移位寄存器进行步进控制、顺序控制,也可以进行时序控制、计数控制。不仅可以对模拟信号的压力、温度、速度等进行控制,而且可以利用位置控制模块进行高速、高精度的位置控制、组网通信等。

8.3.6 可靠性设计

PLC 的可靠性很高,一般不需要采取什么特殊措施就可以直接应用于工业环境,但如果工

第八章 PLC控制系统的应用设计

作环境过于恶劣,电磁干扰特别强或安装使用不当,后会导致PLC的可靠性下降,造成系统误动作,内部数据丢失,严重时使系统失效。因此,在对系统进行硬件设计时应采取相应的措施,以消除或减少干扰的影响,保证系统正常工作。

1. 对外部干扰的处理

(1)外部干扰的主要来源:控制系统供电电源的波动及电源电压中的高次谐波产生的干扰;其他设备或空中强电场通过分布电容的耦合窜入控制系统中引起的干扰;附近的大容量电器设备的启、停时,因电磁感应引起的干扰;相邻信号线绝缘降低,通过导线绝缘电阻引起的干扰。

(2)消除干扰的:方法主要是阻断干扰侵入的路径,降低系统的敏感性,提高自身的抗干扰能力。另外PLC本身的可靠性远高于周围的设备,多数故障是由于周围的主令电器(特别是机械式行程开关)故障所造成,因此设计时应采用可靠性较高的主令电器(接近开关),这样才能保证整个系统的可靠性。

2. 对电源的处理

电源是干扰进入PLC的主要途径之一,电源干扰只要是通过供电线路的阻抗耦合产生的,各种大功率的用电设备是主要的干扰源。在干扰较强或可靠性要求较高的场合,可以采取加装屏蔽层的隔离变压器和串接LC滤波电路,如图8-8所示。隔离变压器可以抑制从电源线窜入的外来干扰,提高抗高频共模干扰的能力,屏蔽层应可靠接地。

动力部分、控制部分、PLC、I/O电源应分别配线。隔离变压器与PLC和I/O电源之间应采取双绞线连接。系统的动力线应足够粗,以降低大容量电机启动时对线路的压降。

3. 安装与布线的注意事项

(1)PLC应远离干扰源,如大功率可控硅装置、高频焊机和大型动力设备等。PLC不能与高压电器安装在一个控制柜内。在柜内PLC应远离动力线(二者之间的距离应大于20mm)。与PLC装在同一控制柜内,但不是由PLC控制的电感元件,如接触器的线圈,应并联消弧电路保证PLC不受影响。

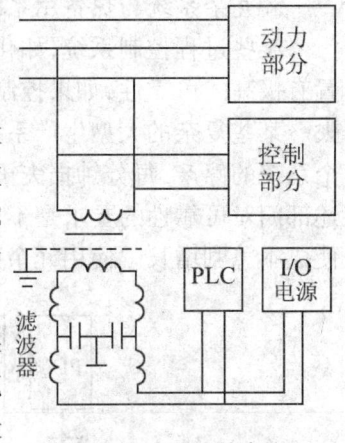

图8-8 PLC的电源

(2)I/O线与控制线应分开走线,并保持一定的距离。如果不得已在同一线槽布线,I/O应使用屏蔽层线缆。交流线与直流线、输入线与输出线都最好分开走线。开关量与模拟量I/O线最好分开敷设,后者最好使用屏蔽线。

(3)PLC的基本单元与扩展单元之间的电缆传送的信号电压低、频率高,很容易受到干扰,不能将它与其他别的线敷设在同一管路内。

当输入端或输出端有感性元件时,应在它们的两端并联续流二极管(对直流电路而言)或阻容电路(对交流电路而言),以抑制电路断开时产生的电弧对PLC的影响。电阻可以取51~120Ω,电容可以取0.1~0.47μF,电容的额定电压应大于电源的峰值电压。续流二极管可选1A的管子,其额定电压应大于电源电压的3倍。如果输入信号由晶体管提供,其截止电阻应大于10kΩ,导通电阻应大于800Ω,如图8-9所示。

当接近开关、光电开关这一类两线式传感器的漏电电流较大时,可能出现故障的输入信号。可以在输入端并联输入电阻,以减小输入电阻,如图8-10所示。旁路电阻 R 由下面的计算公式确定:

$$\frac{(I \cdot R \cdot U_e/I_e)}{(R + U_e/I_e)} \leq U_L$$

式中 I — 传感器的电流(A);

U_e — PLC 的额定输入电压(V);

I_e — PLC 的额定电流(A);

U_L — PLC 输入电压低电平的上限值(V)。

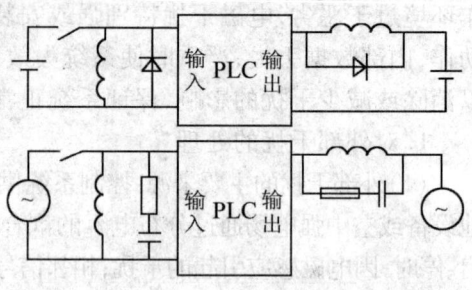

图8-9 输入输出电路的处理

4. PLC 的接地

良好的接地是 PLC 安全可靠运行的重要条件。PLC 应于其他设备分别使用自己的接地装置,如图8-11a 所示,也可以采用公共接地方式,如图8-11b 所示,但禁止使用图8-11c 所示的接地方式。因为这种接地方式会使设备之间产生电位差。接地线的截面面积应大于 $2mm^2$,接地点应尽量靠近 PLC。

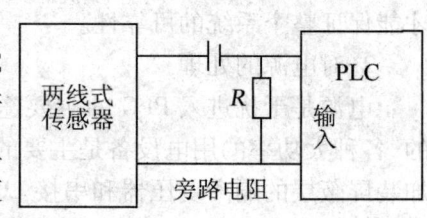

图8-10 输出电路

5. 冗余系统与热备用系统

某些过程控制系统,如化学、石油、造纸、冶金、核电站等工业部门的某些系统,要求控制装置有极高的可靠性,如果控制系统出现故障,由此引起的停产或设备损坏将造成极大的经济损失。某些复杂的大型生产系统,如汽车装配线,如果系统中有一个地方出现问题,就会造成整个系统的停产,每分钟损失可能高达数万元。仅仅利用提高控制系统硬件的可靠性来满足上述部门对可靠性的要求是不可能的。因为 PLC 本身的可靠性的提高是有一定限度的,并且会使成本急剧增长。使用冗余系统或热备用系统可以有效地解决上述问题。

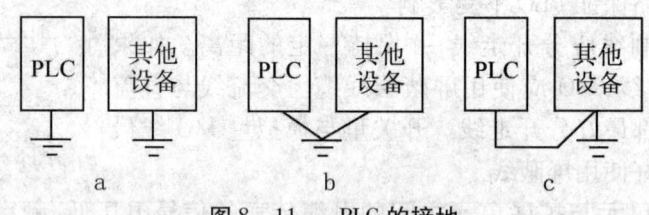

图8-11 PLC 的接地

"冗余"在字典中被定义为"多余的重复"。在冗余控制系统中,整个 PLC 控制系统(或系统中的重要部分,如 CPU 模板)由两套完全相同的"双胞胎"组成。是否使用备用的 I/O 系统取决于控制系统对可靠性的要求。两块 CPU 使用相同的用户程序进行并行工作,其中一块是主 CPU,另一块是备用 CPU,后者的输出是被禁止的。当主 CPU 失效时,备用 CPU 马上投入工作,这一切换是由所谓的冗余处理单元 RPU(Redundant Processing Unit)来控制的,如图8-12a 所示。I/O 系统的切换也是用 RPU 来完成的。在系统正常运行时,由主 CPU 控制系统工作,备用 CPU 的 I/O 影像表和寄存器通过 RPU 被主 CPU 同步刷新。当主 CPU 出现故障后,RPU 在13个扫描周期内将控制功能切换到备用 CPU。

另一类系统没有冗余处理单元 RPU,两台 CPU 通过通信端口连接在一起,如图8-12b 所示。当系统出现故障时,由主 CPU 通知备用 CPU,这一切换过程不是太快,这种结构比较简单的系统也叫做热备用系统。

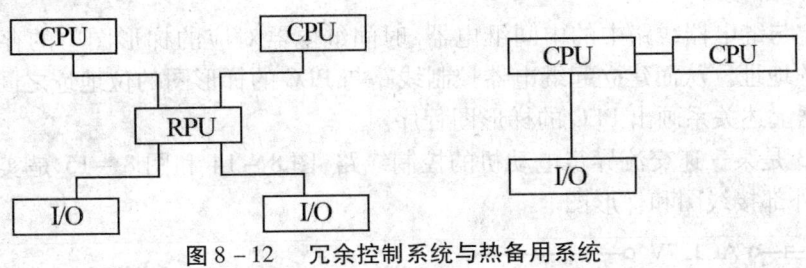

图 8-12　冗余控制系统与热备用系统

8.3.7　绘出 PLC 外部接线图及控制面板的机械布置图

给个输入输出信号分配 I/O 地址,画出 PLC 的外部接线图,以及其他电器原理图与接线图,然后画出控制面板的机械布置图,为 PLC 的安装调试等奠定基础。

8.4　PLC 控制系统的软件设计

用 PLC 系统控制一个任务或过程,是通过 CPU 在 RUN 方式下循环扫描用户程序来实现的,用户程序决定了一个系统的功能。因此 PLC 用户程序的设计是 PLC 控制系统的软件设计中最关键的一个环节。

程序设计的方法有多种:根据继电器的电路原理图设计 PLC 的梯形图程序;用功能流程图法设计 PLC 的梯形图。

8.4.1　根据继电器的电路原理图设计 PLC 的梯形图程序

继电器控制系统是典型数字量控制系统。我们可以用设计继电器控制线路的方法来设计比较简单的 PLC 梯形图程序。这种设计方法没有普遍的规律可循,具有很大的试探性和随意性,最后的结果也不是惟一的,设计所用的时间及设计的质量与设计者的经验有很大的关系。所以这种设计方法也叫经验设计法。

PLC 的梯形图程序与继电器原理图极为相似。如果用 PLC 改造继电器控制系统,根据现有的继电器控制线路来设计 PLC 的梯形图便是一条比较简单的途径。因为继电器电路图与梯形图有很多相似之处,可以用翻译的方法把继电器的硬逻辑用 PLC 的梯形图(软逻辑)来代替。这种设计方法一般不用改动控制面板,保持了系统的外部特性,操作人员不用改变长期形成的操作习惯。

在分析 PLC 控制系统的功能时,可以把 PLC 认为是一个继电器控制系统的控制柜,PLC 的外部接线图描述了控制柜的外部接线,梯形图是这个控制柜的内部接线图,梯形图中的输入位(I)和输出位(Q)是这个控制柜与外部联系的中间继电器,这样就可以用分析继电器线路的方法分析 PLC 控制系统。在分析时把梯形图中的位触点想象成外部输入器件的触点,把输出位的线圈想象成继电器对应的线圈。外部线圈除了受梯形图控制外,还可能外部触点的控制。

1. 根据继电器的电路原理图设计 PLC 的梯形图程序的步骤

(1)了解和熟悉被控设备的机械部分的动作情况和工艺过程,根据继电器线路图分析和掌握控制系统的工作原理,这样在设计和调试时才能做到心中有数。

(2)确定 PLC 的输入信号和输出负载,以及与它们对应的梯形图中输入位、输出位地址,画出 PLC 的外部接线图。

(3)确定与继电器线路中的中间继电器、时间继电器对应的梯形图中的存储器位(M)和定时器(T)的地址。从而建立起继电器控制线路与 PLC 的梯形图的位地址之间的对应关系。

(4)根据上述关系画出 PLC 的梯形图程序。

图 8-13 是某三速交流异步电动机的控制线路,图 8-14 和图 8-15 是实现功能相同的 PLC 控制的外部接线图和梯形图。

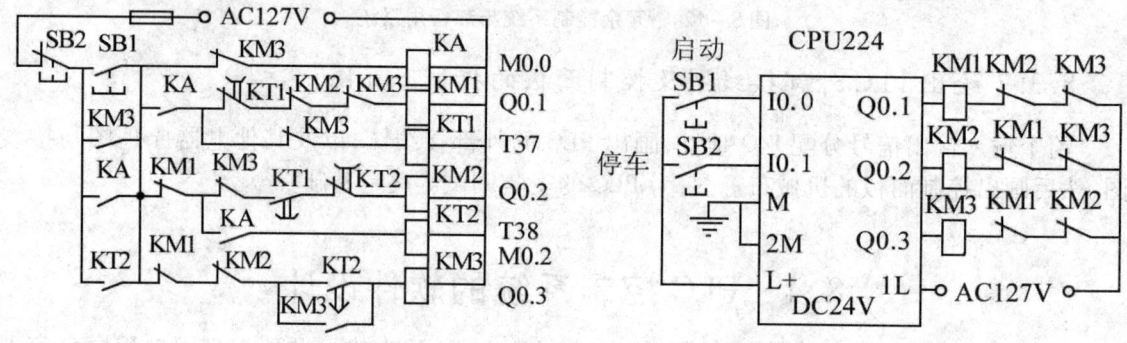

图 8-13 继电器电路图　　　　图 8-14 PLC 外部接线图

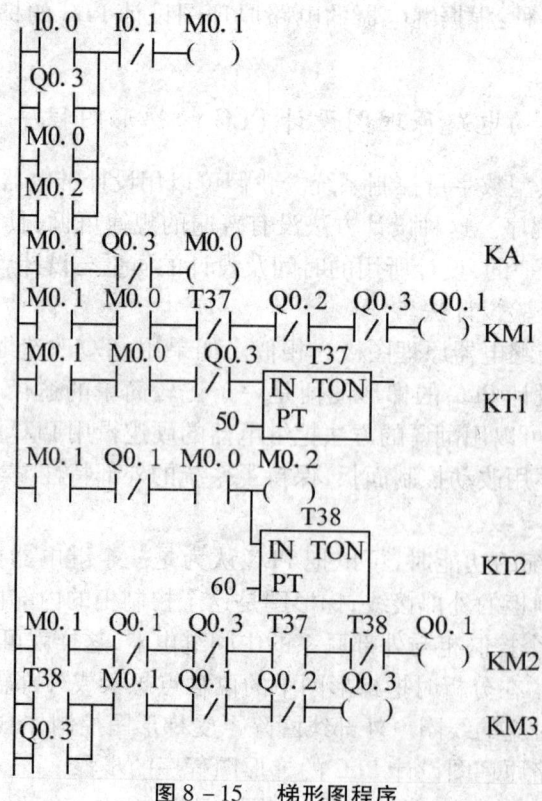

图 8-15 梯形图程序

继电器控制线路中的交流接触器和电磁阀等执行元件如用 PLC 的输出位来控制，它们的线圈应接在 PLC 输出端子上。按钮、限位开关、接近开关等用来给 PLC 提供控制命令和反馈信号，它们的触点应接在 PLC 的输入端子上，一般使用动合触点。继电器控制线路中间继电器与时间继电器的功能可用 PLC 中内部存储器位和定时器位来完成，它们与 PLC 输入位、输出位无关。

图 8-13 左边的时间继电器 KT2 的触点为瞬动触点，即该触点在线圈接通的瞬间接通，在梯形图中，在与 KT2 对应的 T38 功能块的两端并联有 M0.2 的线圈，用 M0.2 的动合触点来模拟 KT2 的瞬动触点。

设计时应注意梯形图与继电器电路的区别。梯形图是一种软件，是 PLC 图形化的一种程序。在继电器电路图中，各继电器可以同时动作，而 PLC 的 CPU 是串行工作的，每个时刻 CPU 只能处理一条指令。

2. 根据继电器的电路图设计 PLC 的接线图和梯形图时应注意的问题

(1) 应遵循 PLC 梯形图的语法规则。在继电器电路中，触点可以放在线圈的左边也可以放在线圈的右边，但在梯形图中必须放在线圈的右边。

(2) 设置中间单元。在梯形图中，若多个线圈都受某一触点的串联、并联电路的控制，为了简化电路，在梯形图中可以设置电路的存储器位（如图 8-15 中的 M0.1），它类似于继电器控制线路中的中间继电器。

(3) 尽量减少 PLC 的输入输出信号。与继电器线路不同，一般只需一个动合触点给 PLC 提供输入信号，在梯形图中可以多次使用一个位的动合触点与动断触点。

在继电器的控制线路中，如果几个触点的串联、并联电路总是作为一个整体出现，可以把它们作为 PLC 的一个输入信号，只占用 PLC 的一个输入点。

(4) 外部连锁电路的设立。为防止控制正转、反转的两个接触器同时动作，造成电源短路，应在 PLC 的外部设置连锁电路。KM1、KM2、KM3 的线圈不能同时通电，除了在梯形图程序中设置连锁外，还可以在 PLC 的外部设置硬件连锁电路。

(5) 为了减少 PLC 的指令条数，在梯形图程序中单个触点与电路块串联时应放右边，与电路并联时应放在下面。

(6) 外部负载的额定电压。PLC 的继电器输出或双向晶闸管输出一般只能驱动额定电压 AC220V 的负载，如果系统原来的交流接触器的线圈电压为 380V，应将 380V 的线圈换成 220V 的线圈，或设置中间继电器。

用经验设计法设计 PLC 的梯形图程序时，没有一套固定的方法和步骤可循，具有很大的随意性和试探性，对不同的控制系统，没有一种通用的容易掌握的设计方法。在设计复杂系统的梯形图时，用大量的中间单元来完成记忆、连锁等功能，由于需要考虑的因素很多，它们往往又交织在一起，分析起来非常困难，很容易遗漏一些应该考虑的问题。修改某些局部电路时很可能"牵一发而动全身"，对系统其他部分产生意想不到的影响，因此梯形图的修改也很麻烦，往往花了很长时间而得不到一种满意的结果。另外用经验法设计的梯形图很难阅读，给系统的修改和改进带来了很大的困难。

8.4.2 功能流程图简介

1. 功能流程图控制法的概念

功能流程图简称功能图，又叫状态图或状态转移图。所谓功能流程控制法就是按照生产工艺预先规定的顺序，在各个输入信号的作用下，根据内部的状态和时间的顺序，对生产过程中的各个执行机构自动有序地进行操作。使用功能流程图控制设计法时，首先根据系统的工艺过程，画出功能流程图，然后根据功能流程图设计出梯形图程序。有的 PLC 为用户提供了功能流程图语言，在软件中生成功能流程图后便完成了编程工作。功能流程图法是一种先进的设计方法，很容易被初学者接受，对于有经验的工程师此法也会提高设计的效率，程序的调试、修改和阅读也很方便。

用功能流程图控制法进行设计，其基本的指导思想是将系统的每一个工作周期划分为若干个顺序相连的阶段，每个阶段成为一步，并用编程元件（如为存储器 M 和顺序继电器 S）来代替各步。步是根据输出量的状态变化来划分的，任何一步之内，各输出量的 ON/OFF 状态是不变化的，相邻两步的输出量状态是不同的，至少是不完全相同的，如图 8-16 所示。步的这种划分方法使代表各步的编程元件的状态与各输出量的状态之间有极为简单的逻辑关系。

使系统由当前步进入下一步的信号称为转移条件，转移条件可以是外部的输入信号，如按钮、转换开关、接近开关等的接通或断开信号；也可以是 PLC 内部产生的信号，如为存储器 M、定时器、计数器等的动合触点的接通或断开信号。转移条件可以是若干个信号的与、或、非逻辑的组合。

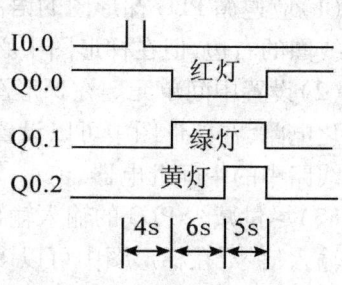

功能流程图控制法是用转移条件控制代表各步的编程元件，让它们的状态按一定的顺序变化，然后用代表各步的编程元件去控制 PLC 的各个输入位。

图 8-16 步的划分

2. 功能流程图的组成

功能流程图是专用于工业顺序控制程序设计的一种功能说明性语言。它能完整地描述控制系统的工作过程、功能和特性，是分析、设计 PLC 系统用户程序的重要工具。

步是控制系统中一个稳定的工作状态，它是根据输出量的状态变化来划分的，通常用来表示某个执行元件的状态变化。步用矩形框表示，框中的数字表示该步的编号，编号可以是该步对应的工步号，也可以是该步所对应的编程元件（如 PLC 的内部存储器 M、S 等）。步的图形符号如图 8-17a 所示。与系统的初始状态相对应的步称为初始步，初始状态一般是系统等待启动命令的相对静止的状态。初始步用矩形双框表示，如图 8-17b 所示。每个功能流程图至少有一个初始步。

一个步表示控制过程中的一种稳定状态，它可以对应一个或几个动作。可以在步的右边加一个矩形框，在框中用简要的文字说明该步对应的动作，一步对应一个动作时只画一个矩形框，对应多个动作时要画多个矩形框（图 8-18），表示一步对应两个动作，可任意选择其中一种来表示。

当系统正处在某一步所在的阶段时，该步处于活动状态，称该步为"活动步"。步处于活动状态时，步所对应的动作被执行；当步处于不活动的状态时，相应的动作被停止执行。

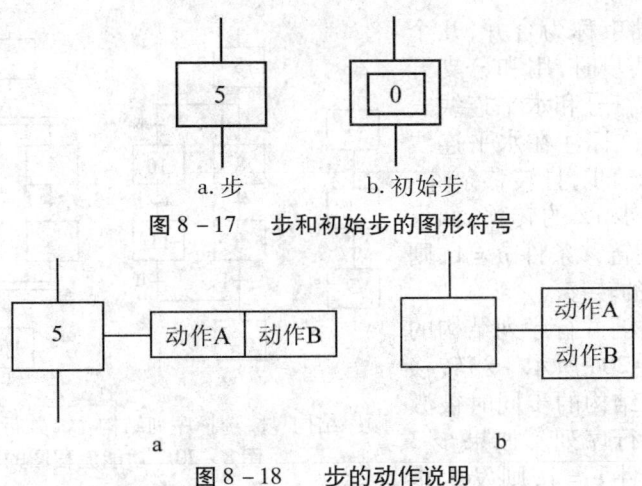

图 8-17 步和初始步的图形符号

图 8-18 步的动作说明

3. 有向连线和条件转移

在功能流程图中,随着时间的推移和转移条件的实现,就会发生步活动状态的变化,这种变化是按有向连线规定的方向进行。在画功能流程图时,将代表各步的矩形框按它们成为活动步的先后顺序进行排列,并用有向连线将它们连接起来。步活动状态的习惯进展方向是从上到下、从左到右,在这两个方向上的有向连线的箭头可以省略,如果不是上述方向,应在有线连线的末端加上箭头表明进展的方向。在可以省略箭头的有向连线上,为了更易于理解也可以加上箭头。

如果在画图时有向连线必须中断(如复杂的图或用几个图表示功能流程图时),应在有向连线中断处标明下一步的编号和所在的页数。

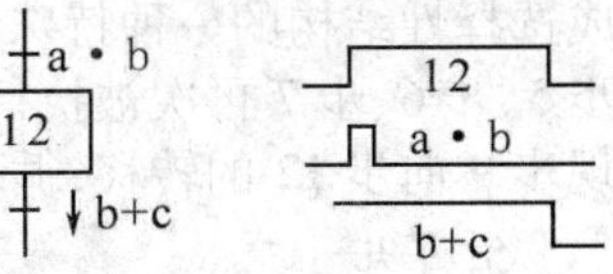

转移用与有向连线相垂直的短线来表示,转移将相邻两步分开。步的活动状态的进展是由转移来完成的,并与控制过程的变化相对应。

图 8-19 转移与转移条件

转移条件是与转移相关的逻辑命题,转移条件可以是文字语言、布尔代数式或图形符号等,它标注在转移短线的旁边,使用最多的是布尔代数,如图 8-19 所示。

转移条件 I0.0 和$\overline{I0.0}$分别表示输入信号 I0.0 为 ON 和 OFF 时转移实现。符号↑I0.0 和↓I0.0 分别表示当 I0.0 从 0→1 状态和从 1→0 状态时转移实现。图 8-19 中用高电平表示步 12 为活动步;反之,则用低电平表示。转移条件 I0.0·$\overline{C0}$表示 I0.0 的动合触点与 C0 的动断触点同时闭合时转移实现,在梯形图中则用两触点串联来表示;转移条件 I0.0 + I0.1 表示 I0.0 的动合触点闭合或 I0.1 的动合触点闭合时转移实现,在梯形图中则用两触点并联来表示。

4. 功能流程图的基本结构

功能流程图有以下基本结构形式:顺序结构、选择性分支结构、并行分支结构、循环结构。

(1)顺序结构:也称单一结构,如图 8-20a 所示。它由一系列相继活动的步组成,每一步后面仅有一个转移,每个转移后面仅有一个步。

(2)选择序列结构:选择性结构的开始称为分支,转移条件只能标注在水平连线之下,如果在某一步执行完后,能执行若干条分支结构(每一条可以是顺序结构,也可以是其他结构)中的一条,这种结构叫选择性结构,如图 8-20b 所示。如果步 5 是活动步,且转移条件 h=1,则发生由步 5→步 8 的转移;如果步 5 是活动步,并且转移条件 k=1,则发生步 5→步 10 的转移。

选择性结构的结束称为合并,几个分支合并到一个公共步时,用和分支开始时相同数量的转移符号和水平连线表示,且转移符号只允许标注在水平连线之上。如果步 9 是活动步,且转移条件 j =1,则发生由步 9→步 12 的转移;如果步 11 是活动步,并且转移条件 n = 1,则发生由步 11→步 12 的转移。

(3)并行序列结构:并行序列结构的开始叫分支,如图 8 – 20c 所示。当转移的实现导致几个序列结构的步同时被激活,这些序列称为并行序列。如果步 3 是活动步,且转移条件 e = 1,则发生步

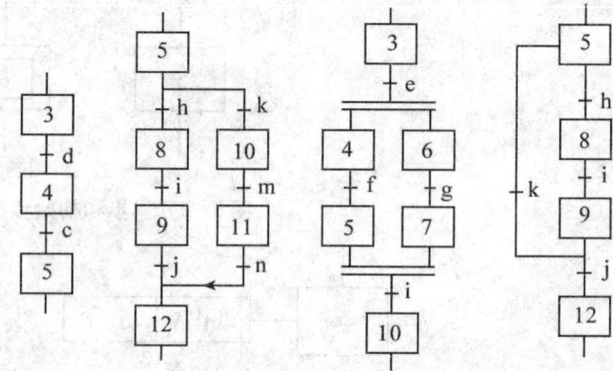

a. 顺序结构　b. 选择序列结构　c. 并行序列结构　d. 循环结构
图 8 – 20　功能流程图的基本结构

4、步 6 同时转变为活动步,同时步 3 变为不活动步。为了强调转移的同步实现,水平连线用双线表示。步 4、步 6 被同时激活后,每个序列中活动步的进展将是各自独立的,在表示同步的水平双线之上,只允许有一个转移条件。并行序列用来表示系统中几个独立部分的同时工作的情况。

并行序列的结束称为合并,在表示同步的水平线下,只允许有一个转移条件。当连在水平双线上的所有步都处于活动状态时,并且转移条件 i = 1 时,才会发生步 5、步 7 到步 10 的转移,步 5、步 7 同时边为不活动步,而步 10 变为活动步。

(4)循环结构:用于一个顺序结构的多次重复执行,如图 8 – 20d 所示。这种结构可以看成选择性结构的一种特殊情况。当步 9 为活动步,且满足 k = 1,则实现步 9 向步 5 的转移,使步 5、步 6、步 7 再次被执行,被重复执行的部分叫循环体。当步 9 为活动步,且满足 j = 1,则实现步 9 向步 12 的转移,循环结束。

5.子步

在功能流程图中某一步可以包括一系列的子步和转移,如图 8 – 21 所示。通常这种序列表示系统中一个完整的子功能。子步的使用可以使设计者在总体设计时容易抓住系统的主要矛盾,用更加简洁的方式表示系统的整体功能和概貌,而不是一开始就陷入某些细节中。设计者可用最简单的方式对系统的全貌开始描述,然后再画出更详细的功能流程图,子步中还可以包括更详细的子步。这种设计方法的逻辑性很强,可以减少设计中的错误。

6.功能流程图应用举例

图 8 – 22 是某剪板机的结构示意图,开始时压钳与剪刀均在上限位置,限位开关 I0.0 和 I0.1 为 ON。按下启动按钮过程如下:首先板料右行(Q0.0 为 ON)至限位开关 I0.3 动作,然后压钳下行(Q0.1 为 ON 并保持),压紧板料后,压力继电器 I0.4 为 ON,压钳保持在压紧状态,剪刀开始下行(Q0.2 为 ON)。剪断板料后 I0.2 变为 ON,压钳和剪刀同时上升(Q0.3 和 Q0.4 为 ON,Q0.1 和 Q0.2 为 OFF),它们分别碰到限位开关 I0.0 和 I0.1 后,分别停止上行,都停后又开始下一周期的工作。剪完 10 块料后停止工作,并停在初始化状态。

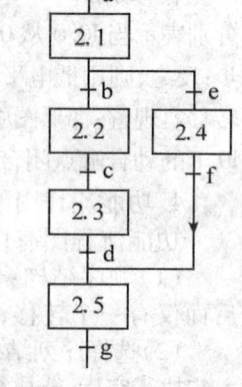

图 8 – 21　子步

系统的功能流程图如图8-23所示。图中有选择性结果、并行结构等的分支与合并。步M0.0是初始步,C0用来控制剪料的次数,每次循环中C0的当前值加1。C0的当前值小于10时,其动断触点闭合,转移条件$\overline{C0}$满足,将返回M0.1步,重新开始循环工作,剪完10块料后,C0的动合触点闭合,转移条件C0满足,返回初始步M0.0,等待下一次启动命令。

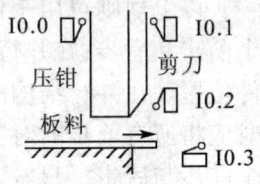

图8-22 剪板机示意图

步M0.5、步M0.7是等待步,它们用来同时结束两个并行序列。只要步M0.5、步M0.7都是活动步,就会发生步M0.5、步M0.7到步M0.1或步M0.0的转移,步M0.5、步M0.7同时变为不活动步,而步M0.1或步M0.0变为活动步。

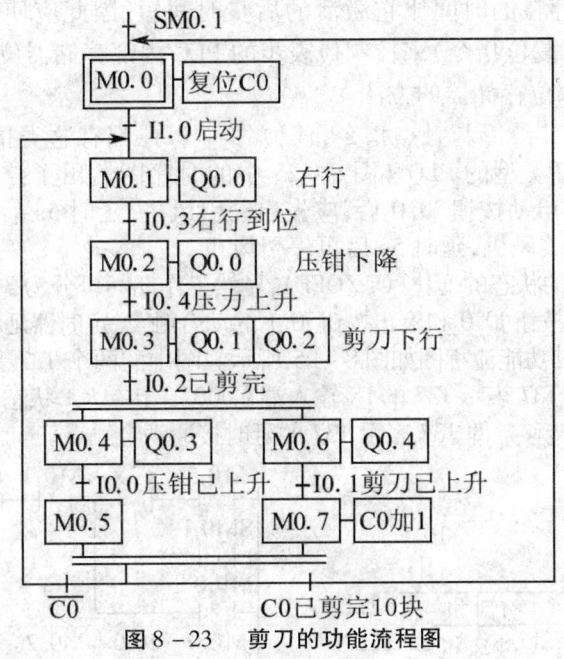

图8-23 剪刀的功能流程图

8.4.3 用功能流程图法设计PLC的梯形图

1. 功能流程图转换梯形图的基本规则

功能流程图转换梯形图时,转换实现的条件是在功能流程图中,步活动状态的进展是由转移的实现来完成的。转移的实现必须同时满足来两个条件:

(1)该转移的所有前步必须都是活动的。

(2)相应的转移条件都得到满足。如果转移的前步或后步不止一个时,转移的实现称为同步实现,如图8-24所示。为了加强同步实现,有向线段的水平部分用双线表示。

2. 转移实现应完成的操作

转移实现时应完成以下两个操作:

(1)使所有通过有向连线与相应的转移符号相连接的后步都变为活动步。

(2)使所有通过有向连线与相应的转移符号相连接的前步都变为不活动步。

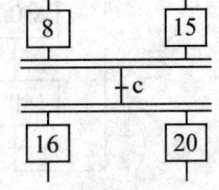

图8-24 转移的同步实现

以上规则可用于任意结构的功能流程图中,其区别如下:在顺序结构中,一个转移仅有一个前步和后步;在并行结构中,转移有几个后续步,在转移实现的同时将所有的后续步编程元件置位。在并行结构的合并处转移有几个前步,它们均为活动步时才能实现转移,在转移实现时应将所有前步的对应编程元件复位。在选择结构的分支与合并处,一个转移实际上只有一个前步与后步,但是这一步可以是多个前步或后步中的一步。

3. 根据流程图用启保停电路设计梯形图的方法

根据功能流程图设计梯形图时,可以用存储器位 M 来代表步。某一步为活动步时,对应的存储器位为 1,某一转移实现时,该转移的后步变为活动步,前步变为非活动步。很多转移条件都是短信号,即它存在的时间比它激活的后步时间短,因此应使用有记忆的电路或指令(如启保停电路和置位、复位指令)来控制代表步的 PLC 内部存储器位。下面先介绍由启保停电路控制代表 PLC 内部位存储器的方法。

启保停电路仅仅使用线圈与触点指令,任何一种 PLC 都有这类指令,因此这是一种通用的编程方法,可以用任何类型的 PLC。图 8-25 中的时序图给出了控制锅炉的引风机与鼓风机的控制要求。当按下启动按钮 I0.0 后,应先启动引风机,延时 5s 后启动鼓风机。当按下停止按钮 I0.1 后,应先停鼓风机,延时 5s 后再停引风机。

根据 Q0.0 和 Q0.1 的状态的变化(ON/OFF),显然工作期间可分为 3 步,另外还应设置等待启动的初始步 M0.0。启动按钮 I0.0 和停止按钮 I0.1 的动合触点、定时器延时接通的动合触点 T37 是各步之间的转移条件。其功能流程图如图 8-25 所示。图中的两个 T37 其意义是完全不同的。与 M0.1 相连的动作框中的 T37 表示 T37 的 IN 输入端在 M0.1 步应为 1 状态,在梯形图中,T37 通过 IN 端与线圈 M0.1 相并联,转移条件 T37 表示 T37 的延时接通动合触点。

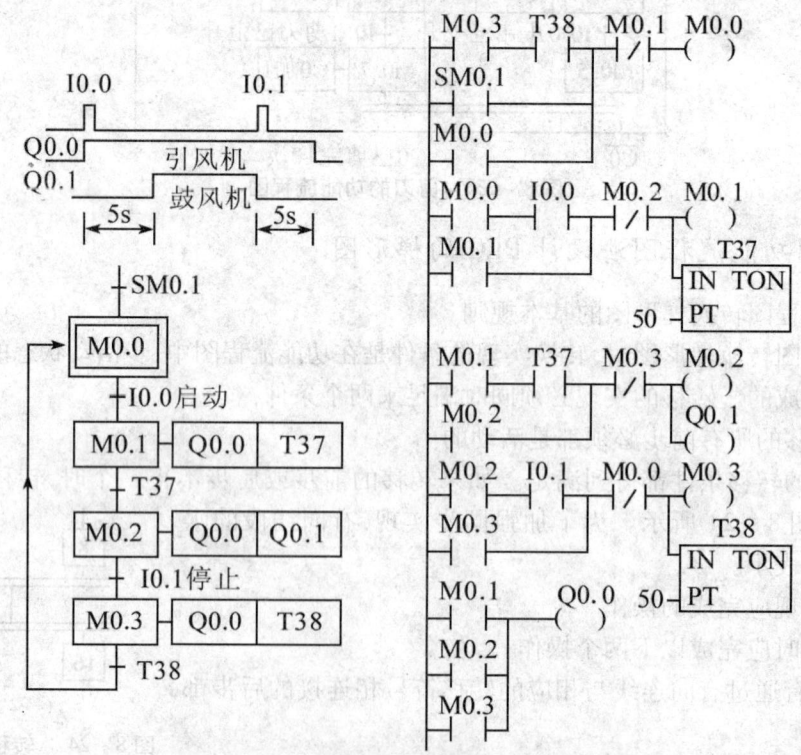

图 8-25 鼓风机与引风机的功能流程图

设计启保停电路的关键是找出它们的启动条件与停止条件。根据转移实现的基本规则可知,转移实现的条件是它的前步为活动步,并且满足其转移的条件。步 M0.1 变为活动步的条件是步 M0.0 为活动步,且二者之间的转移条件为 I0.0 = 1。在启保停电路中,则应用代表前步 M0.0 的动合触点和代表转移条件的 I0.0 的动合触点串联后作为 M0.1 启动的电路。

当动合触点 M0.1 和 T37 均闭合时,步 M0.2 变为活动步,这时步 M0.1 应变为不活动步,因此可将 M0.2 = 1 作为存储器位 M0.1 变为 OFF 的条件,即将 M0.2 的动断触点与 M0.1 的线圈串联。用停止优先的原则进行设计,其逻辑函数式为

M0.1 = (M0.0 · I0.0 + M0.1) · $\overline{M0.2}$

用启动优先的原则进行设计,其逻辑函数式为

M0.1 = M0.0 · I0.0 + M0.1 · $\overline{M0.2}$

根据上述编程方法,可很容易地写出各步的逻辑函数式,然后再画出对应的梯形图程序。以初始步 M0.0 为例,由功能流程图可知,步 M0.3 是它的前步,二者之间的转移条件是 T38 的动合触点,所以应将 M0.3 和 T38 串联作为 M0.0 的启动电路。PLC 开始运行时必须将 M0.0 置 1,否则系统无法工作,因此将首次扫描标志位 SM0.1 与启动电路并联作为另一个启动电路,同时启动电路还需要自保触点 M0.0。其后步 M0.1 的动断触点与线圈 M0.0 串联作为线圈 M0.0 停止电路。

下面介绍梯形图输出电路的设计方法。由于步是根据输出量的状态变化来划分的,它们之间的关系很简单,可以分两种情况来处理:

(1)当某一输出量仅在某一步中为 ON,如图 8 – 25 中的 Q0.1 就属于这种情况,可以将它们的线圈与对应步的存储器位 M0.2 的线圈并联,其逻辑函数式为:Q0.1 = M0.2。可能你会发现用输出代表这些步时更简便吗?如用 Q0.1 代替 M0.2。这样做可以省掉一些编程元件,但是存储器位 M 完全是够用的,多用一些不会增加任何硬件费用,却可以使编出来的程序更规范,更易于阅读和查错。

(2)当某一输出量在几步中都为 ON,如图 8 – 25 中的 Q0.0 在 M0.1 ~ M0.3 这 3 步均处于工作状态,所以需要用各步的存储器位对应的动合触点 M0.1 ~ M0.3 并联后驱动 Q0.0 线圈,其逻辑函数式为:

Q0.0 = M0.1 + M0.2 + M0.3

4. 选择序列结构的功能流程图的编程方法

(1)选择序列分支处的编程方法:图 8 – 26 中步 M0.0 之后有一个选择序列结构的分支,设步 M0.0 为活动步,当它的后续步 M0.1 或 M0.2 变为活动步时,步 M0.0 都应变为不活动步。所以步 M0.0 的停止电路应为 M0.1、M0.2 的动断触点与线圈 M0.0 串联。

如果某一步的后面有 N 条分支组成的选择序列,该步在满足转移条件时,可以转移到 N 步中的任一步中去,其停止条件应为这 N 步对应的存储器位的动合触点相串联。

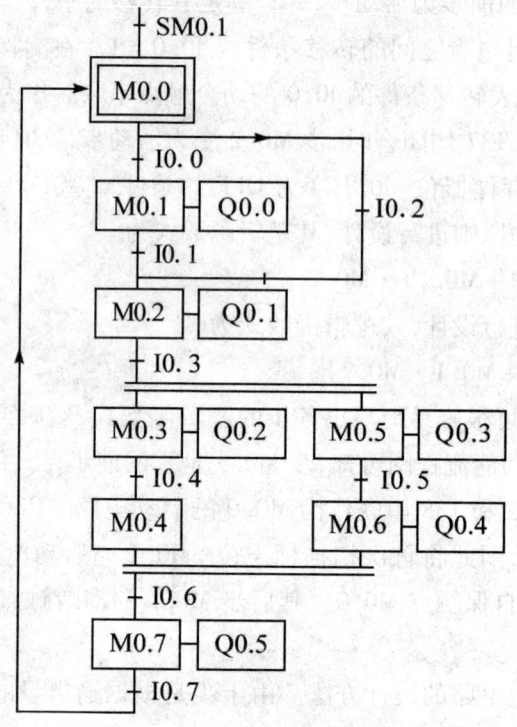

图 8-26 选择序列结构与并行序列结构

(2)选择序列合并处的编程方法:图 8-26 中步 M0.2 之前有一个选择序列结构的合并,当步 M0.1 为活动步,并且转移条件 I0.1 满足;或步 M0.0 为活动步,并且转移条件 I0.2 满足,步 M0.2 都应变为活动步,即代表该步的存储器位 M0.2 启动条件应为 M0.1·I0.1+M0.0·I0.2。

一般来说,对于选择序列的合并,如果某一步之前有 N 步转移(即有 N 条分支进入该步),则代表该步的存储器位的启动电路有 N 条支路并联而成,各支路由某一前步对应的存储器位的动合触点与相应的转移条件对应的触点串联而成。

5. 并行序列结构的功能流程图的编程方法

(1)并行序列分支处的编程方法:图 8-26 中步 M0.2 之后有一个并行序列结构的分支,当步 M02 为活动步,且转移条件 I0.3 满足,步 M0.5 与步 M0.5 应同时变为活动步,这是由 M0.2 和 I0.3 的启动触点串联成的电路作为 M0.3、M0.5 的启动电路来实现的,与此同时 M0.2 变为不活动步。由于步 M0.3、M0.5 是同时变为活动步的,因此只需要将动断触点 M0.3 或 M0.5 作为停止条件与线圈 M0.2 串联就行了。

(2)并行序列合并处的编程方法:步 M0.7 之前有一个并行序列结构的合并,该转移实现的条件是所有的前步都是活动的,且转移条件 I0.6=1。需要将步 M0.4、M0.6 和 I0.6 的动合触点串联作为努 M0.7 的启动电路。

任何复杂的功能流程图都是由顺序结构、选择序列结构和并行序列结构等组成的。如果掌握了这些基本结构的编程方法,就可以快速设计出任何复杂的功能流程图对应的梯形图程序。图 8-26 的流程图对应的梯形图程序如图 8-27 所示。

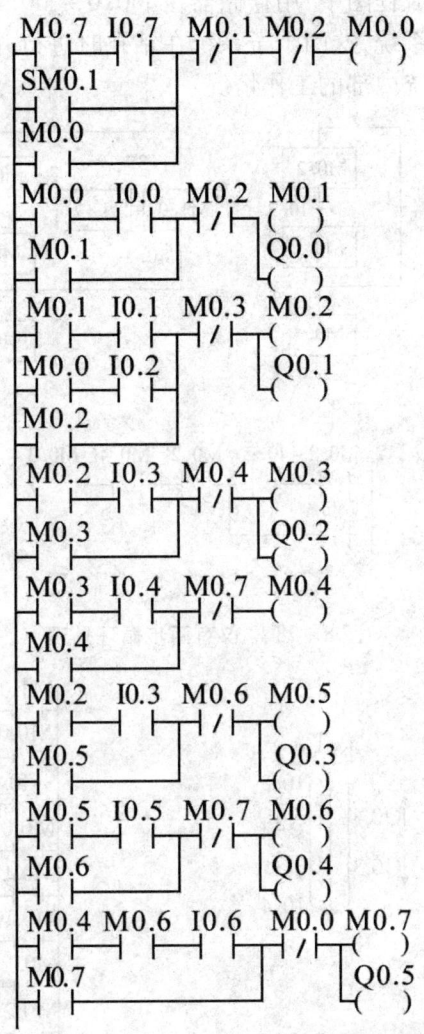

图 8－27　选择序列与并行序列的梯形图

6. 两步之间的循环结构的编程方法

图 8－28a 是在两步之间进行循环的结构,如果仍用前面的方法设计梯形图,其梯形图如图 8－28c 所示,系统就不能正常工作。例如,当步 M0.2 为活动步,且转移条件 I0.2＝1 时,M0.3 启动电路接通,但是这时与 M0.3 线圈串联的 M0.2 的动断触点是断开的,所以 M0.3 的线圈不能通电。出现上述问题的原因就在于步 M0.2、步 M0.3 互为前步,又互为后步。遇到这种情况如何解决?这就需要在循环结构中增加一个过渡步 M0.1,这一步只起延时作用,其延时的时间可以很短(如 0.1s),这对系统的运行不会有任何影响,却解决了上述矛盾。

7. 由功能流程图设计梯形图应用举例

专用钻床用来实现两只钻头同时钻孔,如图 8－29 所示。当操作人员放好工件后,按下启动按钮 I0.0,开始夹紧工件,待完全夹紧后,两只钻头开始同时进行钻削,待钻削深度达到要求后碰到行程开关 I0.2 和 I0.4,然后两个钻头开始分别返回,返回到位后行程开关 I0.3 和 I0.5 发出信号,钻头停止上行,当两钻头都上行到位后,工件开始松开,松开到位后加工过程结束,系统返回初始状态。

在图 8-29 所示的功能流程图中,用存储器位 M0.0～M0.1 来代表各步。两只钻头和各自的行程开关组成了两个子系统,这两个子系统在钻孔时进行并行工作,因此用并行的两个子程序来分别表示这两个子系统内部的工作情况。

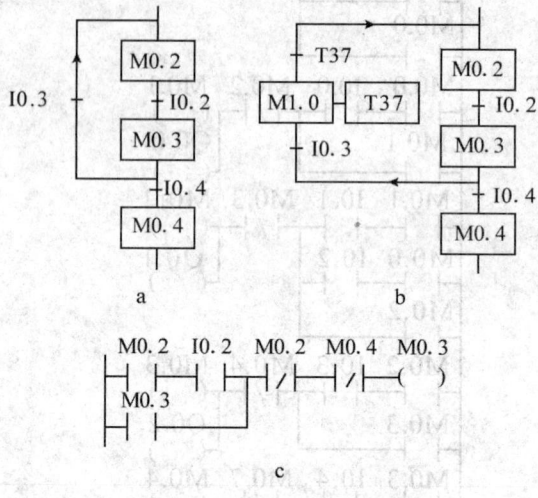

图 8-28 仅有两步循环处理

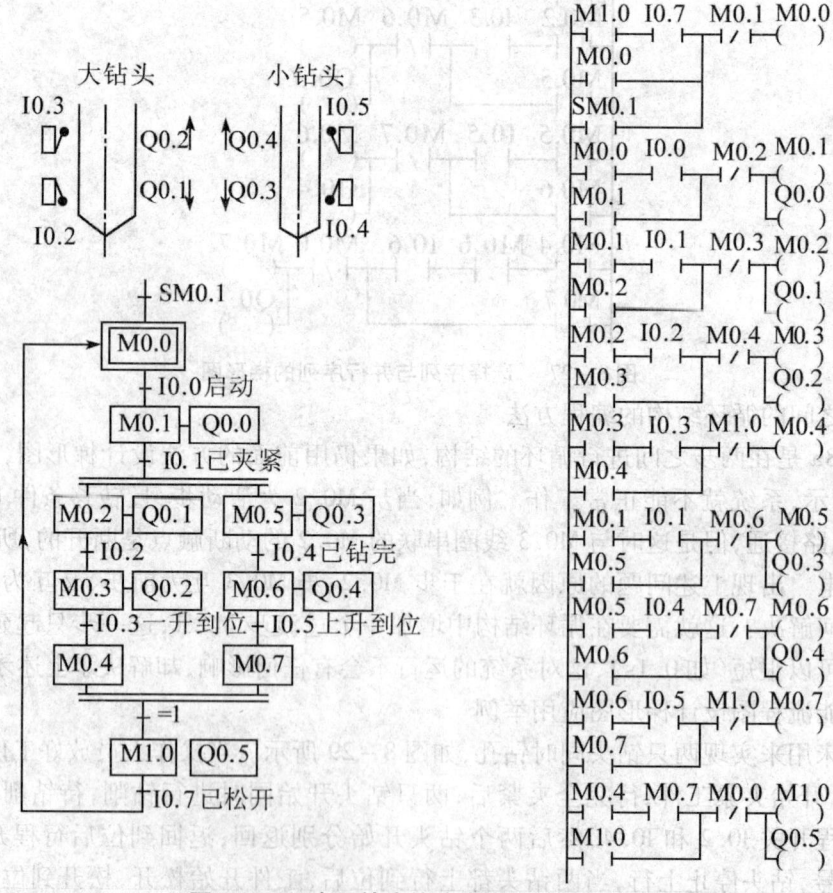

图 8-29 专用钻床的功能流程图与梯形图

在步 M0.1、Q0.0 为 1 时，夹紧电磁阀线圈通电，工件开始夹紧，夹紧后压力继电器动合触点 I0.1 闭合，使步 M0.2 和步 M0.5 同时变为活动步，Q0.1、Q0.3 为 1，大小钻头同时开始下行进给。当大小孔钻完后，Q0.2、Q0.4 分别为 1，钻头开始向上运动，返回初始位置后，限位开关 I0.3、I0.5 均为 ON，等待步 M0.4 和步 M0.7 分别变为活动步，就会实现步 M0.4、步 M0.7 到步 M1.0 的转移。在步 M1.0 变为活动步时，Q0.5 = 1，控制工件松开，待完全松开后限位开关 I0.7 = 1，系统返回初始步。

步 M1.0 之前有一个并行序列的合并，转移条件满足时实现转移，需要把所有前步 M0.4、M0.7 的动合触点与 I0.7 的动合触点串联作为 M1.0 的启动电路。M1.0 变为活动步后，其动断触点断开，使 M0.4 和 M0.7 的线圈断电，步 M0.4 和步 M0.7 都变为不活动步。

并行序列中的各子序列分别表示系统的几个独立部分的工作情况，事实上它们的工作往往不是同时结束的，为了实现各序列同时结束，可采用以下三种方法：

（1）在各序列结束处设置一个等待步。只有当各等待步同时变为活动步时才能实现转移，结束各序列。

（2）如果可以肯定某一序列总是最后结束，那么在它的末尾可以不设等待步，但是其他序列则仍应设置等待步。

（3）各序列都不设等待步。以图 8-29 为例，使步 M0.3、步 M0.6 结束的转移条件分别是 I0.3 和 I0.5，可以取消等待步 M0.4 和 M0.7，用 I0.3、I0.5 代替图中的转移条件"=1"。为了及时断开先结束的序列的最后一步（M0.3 和 M0.6）的输出负载 Q0.2 和 Q0.4 的线圈。不管采用以上哪种处理方法，虽然流程图并不完全相同，并行序列合并编程的方法却是相同的。

8. 根据流程图用置位、复位指令设计梯形图的方法

（1）顺序结构功能流程图编程的方法：从图 8-30 可以看出这种编程方法编制的梯形图与功能流程图的关系。实现图中 I0.0 对应的转移需要同时满足两个条件，即转移的前步必须是活动步（M0.0 = 1）和转移条件满足（I0.0 = 1）。在梯形图中，可以用 M0.0 和 I0.0 的动合触点组成的串联电路来表示上述条件。该电路接通时，两个条件同时满足，此时应将该转移的后步变为活动步（M0.1 置位），将其前步变为不活动步（M0.0 复位），这种编程方法与转移实现的基本原则之间有着严格的对应关系，用它编制复杂的功能流程图的梯形图时，更能发挥出其优越性。

某组合机床动力头在初始状态是停在最左边，限位开关 I0.3 为 1 状态，如图 8-30 所示。按下启动按钮 I0.0，动力滑台的进给运动如图 8-30 所示。工作一个循环后，返回后停在初始位置，控制电磁阀的 Q0.0 ~ Q0.2 在各工步的状态如图 8-30 中的功能流程图所示。

在功能流程图（图 8-30a）中，如果某一转移的所有前步都是活动的，并且满足相应的转移条件，则转移实现。与有向连线相连的转移后步变为活动步，相应的所有前步变为不活动步。在置位复位指令进行编程时，用该转移的所有前步对应的存储器位的动合触点与转移对应的触点串联，作为对所有后步对应的存储器位进行置位的条件，同时它也是对所有前步对应的存储器位进行复位的条件。在任何情况下，代表存储器位的控制电路都可以用这一原则来设计，每个转移对应一个这样的控制置位复位的电路块，有多少个转移，就有多少个这样的电路块。这种设计方法特别有规律，在设计复杂流程图的梯形图程序时既容易掌握，又不容易出错。

注意：使用这种编程方法时，不能将输出线圈与复位置位指令块并联，这是因为前步与转移条件串联组成的电路的接通时间很短（只有一个扫描周期），当转移条件被满足后前步被马

上复位,该串联电路断开,而输出线圈至少应该在某一步对应的全部时间内通过,所以应根据功能流程图,用代表步的存储器位的动合触点或它们的并联电路来驱动输出位对应的线圈。

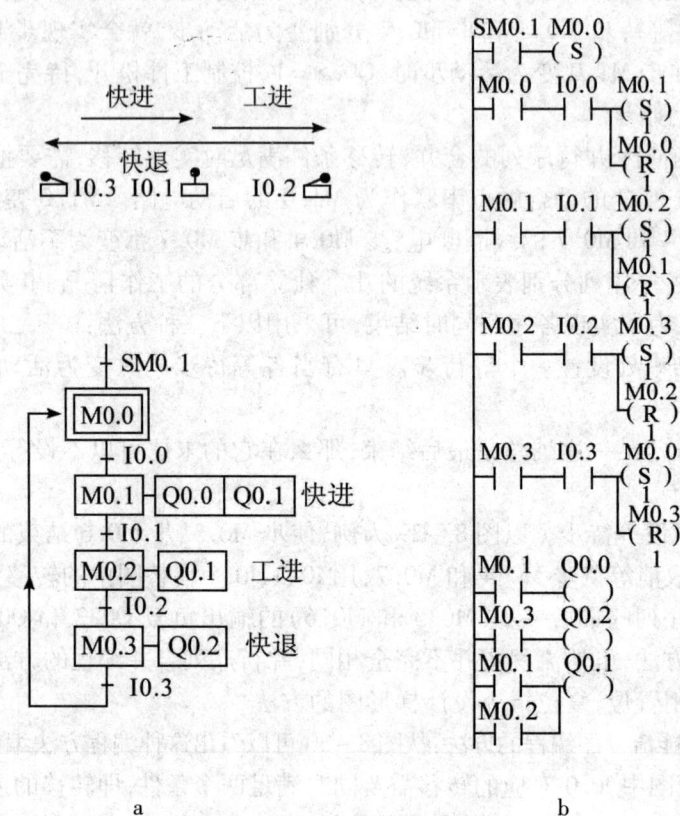

a　　　　　　　　　　b
图 8-30　动力头的功能流程图与梯形图

(2) 选择序列的流程图的编程方法:如果某一转移与并行序列的分支、合并无关,它的前步和后步都只有一个,需要置位和复位的存储器位都只有一个,因此对选择序列的分支与合并的编程方法实际上与顺序结构完全相同。

在图 8-31 所示的流程图中,除 I0.3 与 I0.6 对应的转移外,其余的转移均与并行序列无关,I0.0～I0.2 对应的转移与选择序列的分支、合并有关,每个转移都只有一个前步与后步。与并行序列无关的转移是非常标准的,每个控制置位复位的电路块都有其前步对应的存储器位和转移对应的触点组成的串联电路、一条置位指令、一条复位指令组成。

(3) 并行序列的流程图的编程方法:图 8-31 中的步 M0.2 之后有一个并行序列的分支,当 M0.2 是活动步,且转移条件 I0.3 满足时,步 M0.3 与步 M0.5 应同时为活动步,这是利用 M0.2 和 I0.3 的动合触点串联组成的电路使步 M0.3 和步 M0.5 同时置位来实现的;与此同时,使其前步 M0.2 变为不活动步,这是利用复位指令对步 M0.2 复位来实现的。

I0.6 对应的转移之前有一个并行序列的合并,该转移实现的条件是所有的前步都是活动步,且转移条件满足。由此可知,应将 M0.4、M0.6 和 I0.6 的动合触点串联,作为使 M0.7 置位和使 M0.4、M0.6 复位的条件。

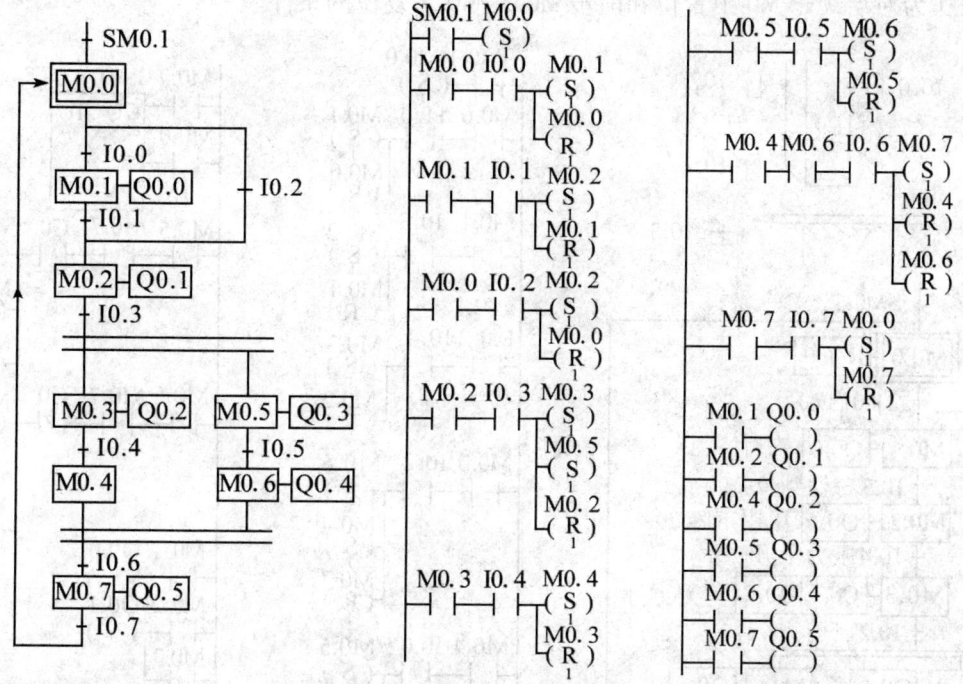

图 8-31　选择序列与并行序列

图 8-32 中转移的上面是并行序列的合并,转移的下面是并行序列的分支,该转移实现的条件是所有前步都是活动步,同时满足 $\overline{I0.1} + I0.3 = 1$,因此应将 I0.3 的动合触点和 I0.1 动断触点并联形成的电路块与 M1.0、M1.1 相串联,作为使 M1.2、M1.3 置位和使 M1.0、M1.1 复位的条件。

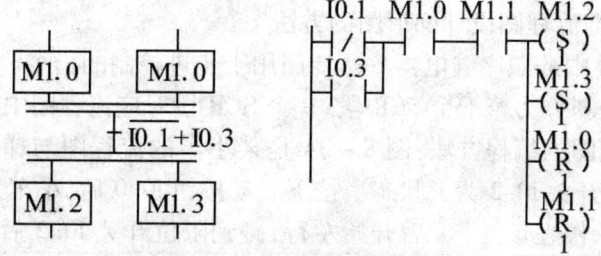

图 8-32　转移的同步实现

(4) 根据流程图用置位、复位指令设计梯形图应用举例:图 8-33 是本章前面介绍过的剪板机的流程图和以转移为中心设计的梯形图程序。流程图中共有 9 个转移,转移条件 SM0.1 只需对初始步 M0.0 置位。除了与并行序列的分支、合并有关的转移以外,其余的转移都只有一个前步和候补,对应的电路快都有两个触点串联组成电路,驱动一条置位指令和一条复位指令。在并行序列的分支处,用 M0.3 和 I0.2 的动合触点串联组成的电路对两个后步 M0.4、M0.6 置位,对前步 M0.3 复位。在并行序列合并处的水平线之下,有一选择序列的分支,当剪切完成工件数量等于计数器 C0 的设定值时,C0 的动合触点闭合,返回初始步 M0.0。需要将该转移的两个前步 M0.5、M0.7 的动合触点和 C0 的动合触点串联,作为对后步 M0.0 置位和两个前步 M0.5、M0.7 复位的条件。若剪切完成的数量小于计数器 C0 设定值时,C0 的动合触点闭合,将返回到步 M0.1,所以将该转移的两个前步 M0.5、M0.7 的动合触点和 C0 的动断触点串联,作为对后续步 M0.1 置位和前步 M0.5、M0.7 复位的条件。

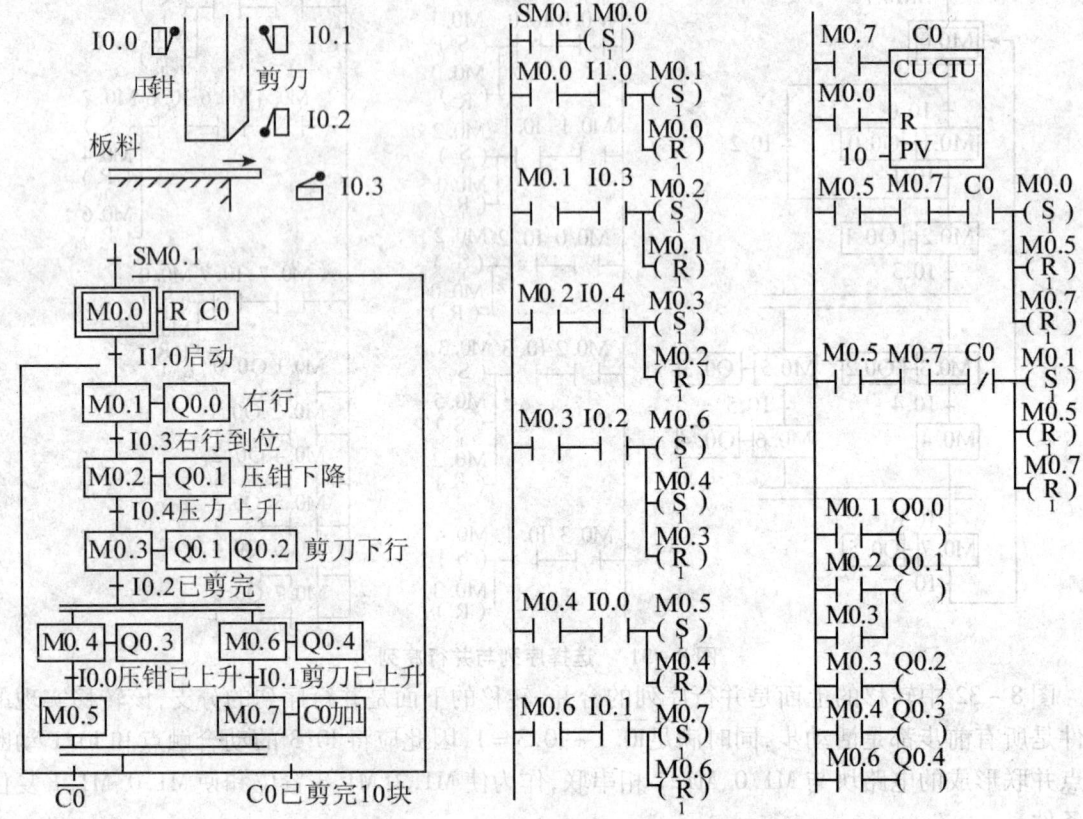

图 8-33　剪板机的流程图与梯形图

9. 用 SCR 指令根据流程图设计梯形图的方法

S7-200 系列 PLC 中的顺序继电器 S 是专门用于步进控制的指令。顺序控制继电器指令被 LSCR 与 SCRE 指令划分为若干个 SCR 段,一个 SCR 段对应流程图中的一步。

(1)顺序结构流程图的编程方法:图 8-34 是某小车的流程图与梯形图。设小车在初始位置时停在左边,限位开关 I0.2 为 1 状态。按下启动按钮 I0.0 后,小车开始向右运动,当右行碰到限位开关 I0.1 后,停在该处,3s 后开始左行,碰到限位开关 I0.2 后停止运动。根据输出量的状态变化,显然一个工作周期可以分为左行、暂停、右行 3 步,另外还应设置等待启动的初始步,并分别用 S0.0~S0.3 来代表这 4 步。启动按钮 I0.0 和限位开关 I0.1、I0.2 的动合触点,T37 的延时接通动合触点是各步进行转移应满足的条件。

首次扫描时,SM0.1 的动合触点只接通一个扫描周期,使顺序继电器 S0.0 位置位,初始步变为活动步。按下启动按钮 I0.0,顺序继电器转移指令的线圈得电,使 S0.1 变为 1 状态,S0.0 变为 0 状态。系统从初始步变为右行步,开始执行 S0.1 对应的 SCR 段。在该段中由于 SM0.0 一直为 1 状态,其动合触点闭合,Q0.0 的线圈得电,小车右行。当碰到右行限位开关时,其动合触点 I0.1 闭合,该段中的转移线圈得电,将 S0.1 步变为停止步,S0.2 步变为活动步,T37 线圈开始通电计时;当延时时间到,T37 动合触点闭合,该段中的转移线圈得电,使 S0.2 步停止,开始执行 S0.3 右行步。直到返回初始位置后,碰到左限位开关,右行步 S0.3 停止,初始步 S0.0 又变为活动步。

在设计梯形图时，用 LSCR 和 SCRE 指令作为 SCR 段的开始和结束。在 SCR 段中用动合触点 SM0.0 的动合触点驱动该步中的输出线圈，并用转移条件对应的触点和电路来驱动后步的 SCRT 指令。

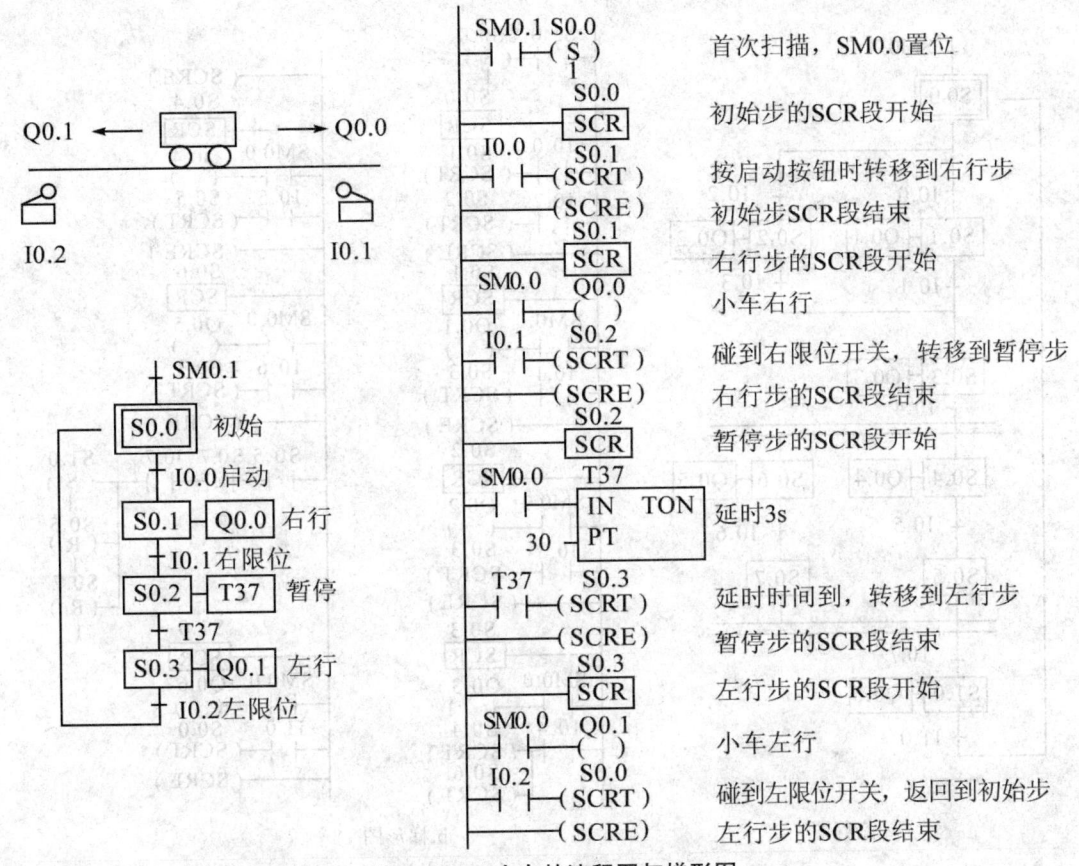

图 8－34　小车的流程图与梯形图

(2) 选择序列的流程图的编程方法：图 8－35 中的步 S0.0 之后有一个选择序列的分支，当它是活动步并且转移条件 I0.0 满足时，后步 S0.1 变为活动步，S0.0 步变为停止步；如果步 S0.0 为活动步且转移条件 I0.2 满足时，后部 S0.2 变为活动步，前步 S0.0 变为停止步。

当 S0.0 为 1 时，它对应的 SCR 段被执行，此时若转移条件 I0.0 为 1，该程序段中的转移指令被执行，将步 S0.1 置位，步 S0.0 复位；若 I0.2 的动合触点闭合，该段中转移指令将步 S0.2 置位，将步 S0.0 复位。

图 8－35 中，步 S0.3 之前有一个并行序列的合并，当步 S0.1 为活动步，且转移条件 I0.1 满足，或步 S0.2 为活动步，且转移条件 I0.3 满足，步 S0.3 都应变为活动步；在步 S0.1、步 S0.2 对应的 SCR 段中，分别用 I0.1 和 I0.3 的动合触点驱动段转移指令 SCRT。

(3) 并行序列的流程图的编程方法：图 8－35 中的步 S0.3 之后有一个并行序列的分支，当步 S0.3 为活动步并且转移条件 I0.4 满足时，步 S0.4、步 S0.6 应同时变为活动步，这是用步 S0.3 对应的 SCR 段中的 I0.4 的动合触点同时驱动转移指令的线圈来实现 S0.4、S0.6 置位，同时使 S0.3 复位，变为停止步。

步 S1.0 之前有一个并行序列的合并，I0.7 对应的转移实现条件是所有前步都为活动步且转移条件 I0.7 满足。由此可知,应将 S0.5、S0.7、I0.7 的动合触点串联起来控制 S1.0 的置位和 S0.5、S0.7 的复位,使步 S1.0 变为活动步,步 S0.5、S0.7 变为停止步。

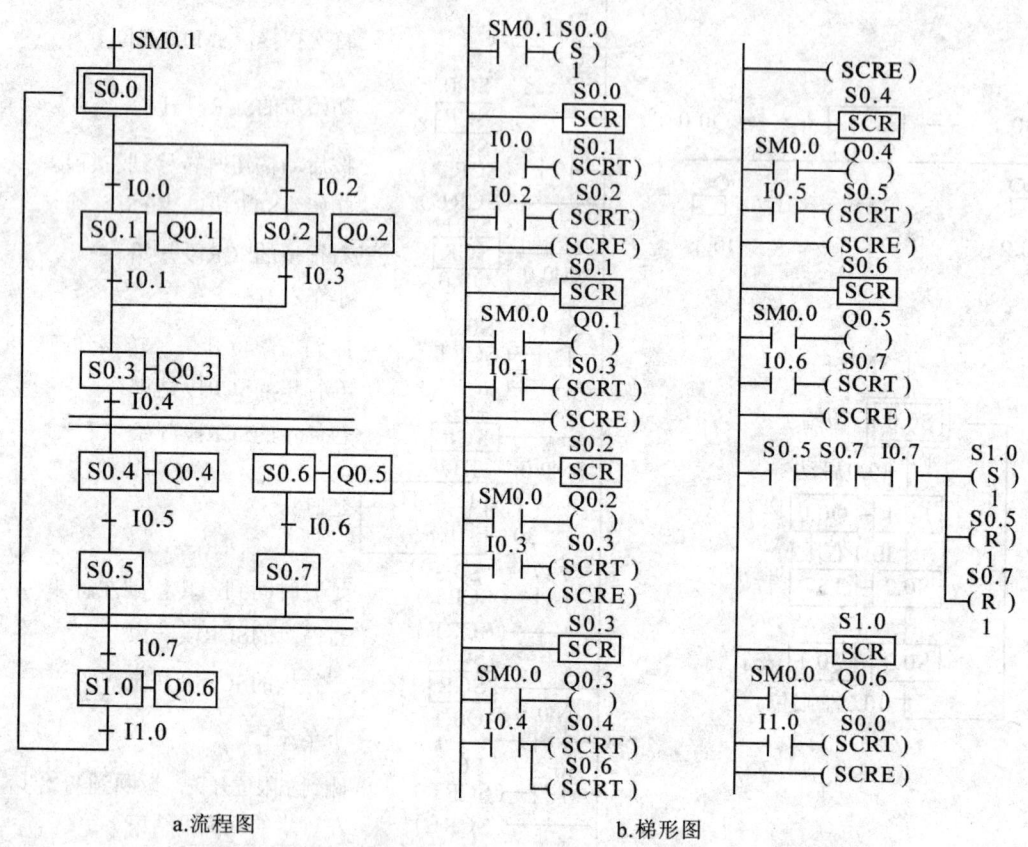

图 8-35　选择序列、并行序列的流程图与梯形图

(4)用 SCR 指令根据流程图设计梯形图应用举例:某轮胎内胎硫化机的流程图如图 8-36 所示,对应的梯形图程序如图 8-37 所示。其一个工作周期由初始、合模、反料、硫化、放汽和开模 6 步组成,用 S0.0~S0.5 来表示这 6 步。

在反料和硫化阶段,Q0.2 为 1 状态,蒸汽进入模具。在放汽阶段,Q0.2 为 0 状态,放出蒸汽,同时 Q0.3 使放汽指示灯亮。反料阶段允许打开模具。急停按钮可以停止开模,也可以将合模改为开模。在运行中发现:"开模到位"和"合模到位"限位开关的故障率较高,容易出现合模、开模已到位,但相应电机不能停机的现象,甚至可能损坏设备。为了解决这一问题,在程序中设置诊断和报警功能,在开模和和合模时,用 T40 进行延时,在正常情况下,开合模到位时,T40 的延时时间还没到就被复位,所以它不起作用。限位开关出现故障时,T40 使系统进入报警步 S0.6,开模或合模电机自动断电,同时 Q0.4 接通报警装置,操作人员按复位按钮 I0.5 解除报警。

注意:当步 S0.2、步 S0.3 为当前步时,Q0.0 应为 1 状态,但是 S7-200 系列 PLC 的同一个线圈在梯形图中只能出现一次,所以应将触点 S0.2、S0.3 并联后控制线圈 Q0.2。

第八章 PLC控制系统的应用设计

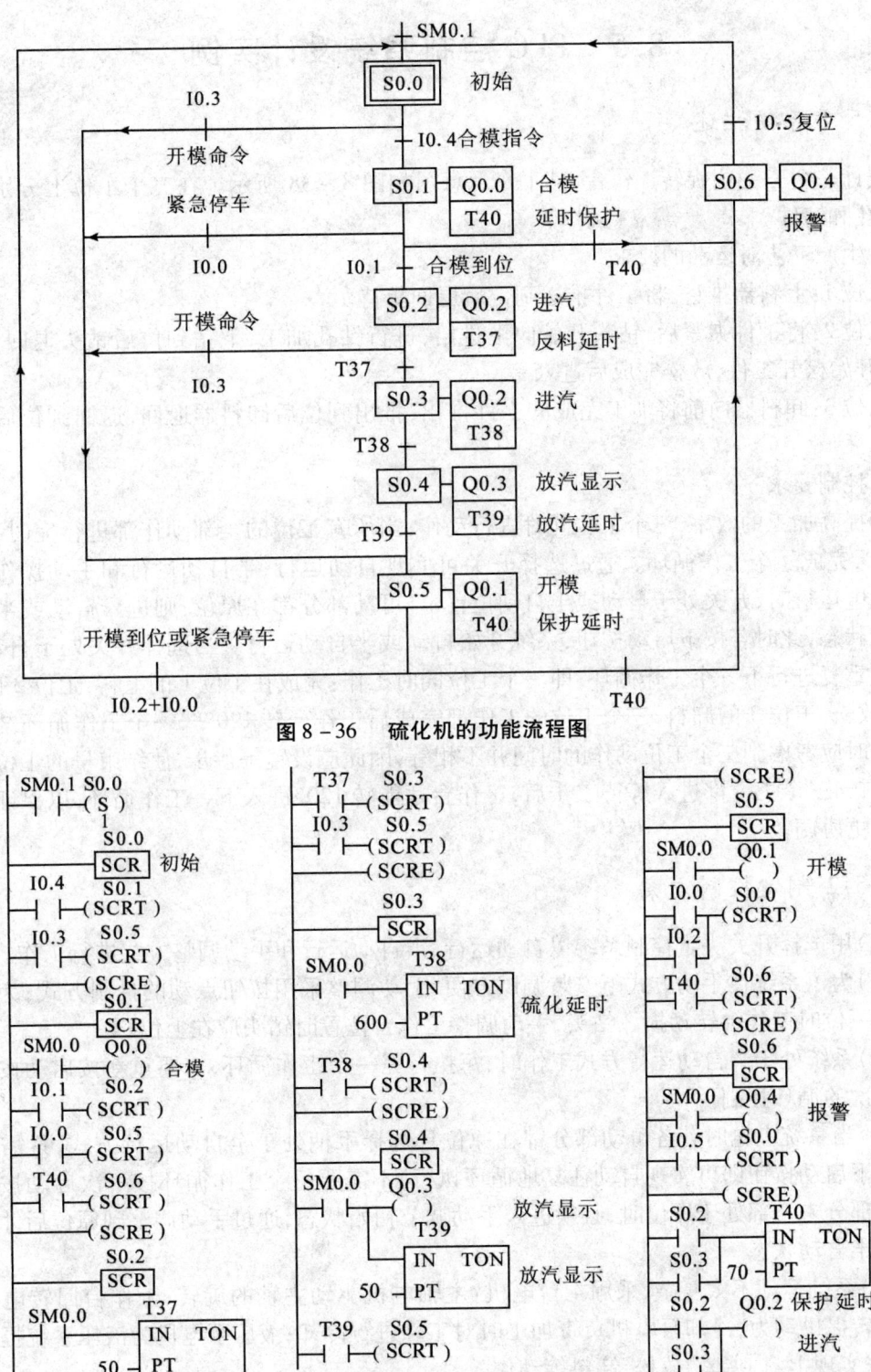

图8-36 硫化机的功能流程图

图8-37 硫化机的梯形图

8.5 PLC控制系统设计实例

8.5.1 系统描述

设计一个三工位旋转工作台,其工作示意图如图8-38所示。在三个工位上分别完成上料、钻孔和卸件。

1. 生产工艺对运动的要求

工位1:上料器推进,将工件推送到位后退回等待。

工位2:将工件夹紧后,钻头开始向下进给,进行钻孔加工,下钻到位后钻头退回,退回到位后,开始松开工件,放松完成后进入等待。

工位3:卸料器向前将加工完成的工件推出,推出到位后卸料器退回,退回到位后进入等待。

2. 控制要求

为提高加工的效率,三个工位同时进行动作,当所有工位的全部动作都进行完时,工作台转120°,完成一个工作循环。通过选择开关可实现自动运行、半自动运行和手动操作。如果系统上电运行时,开关处于自动或半自动位置,且可动部分都在原位,则进入自动或半自动运行初始状态,此时若按下启动按钮,系统开始自动或半自动运行。当选择开关处于自动位置,则自动重复进行下一个工作循环,即三个工位同时工作:完成在工位1的上料,工位2的夹紧、钻孔、放松,工位3的卸料,三个工位的工作都完成后工作台转120°。一个工作循环结束。进行控制时应考虑到三个工位动作的时间并不相等,因此应设置等待步,使结束早的工位进入等待,只有当三个工位都进入等待工步后,工作台才能转120°进入下一工作循环,以保证各工位的工作更协调。

8.5.2 制定控制方案

(1)用选择开关决定控制系统以自动运行、半自动运行和手动调整方式进行工作。

(2)为了系统在手动方式下安装调试方便,手动调整采用按钮点动的控制方式;为了防止钻头在下位时工作台转动损坏钻头,手动调整工作台位置时钻头应在上位。

(3)系统处于半自动运行方式工作时,每执行完一个工作循环,需要重新按启动按钮才能进入下次的循环控制。

(4)当系统上电时若各可动部分都在原位且选择手柄处于全自动运行方式,只需要在开机时按下启动按钮即可实现自动往复地循环执行,不需要每个工作循环按一次启动按钮。若各可动部分未全部处于原位时,必须进入手动调节初始状态,通过手动调整到原位后才转换到自动或半自动状态。

(5)系统运动不太复杂,采用4台电机:主轴电机驱动主轴的旋转;工作台回转电机为工作台回转提供动力;冷却泵电机负责加工时对工件进行冷却;液压泵电机为液压系统提供动力源,用来实现上料、夹紧、放松、卸料等动作。

(6)对于部分与顺序控制和工作循环过程无关的主令不见和控制不见,如冷却泵电机的启动停控制、液压泵电机的启动停、主轴电机的启动停止控制等,采用不进入PLC的方法,以节省PLC的I/O点数。PLC的输入点连接工作方式选择开关、点动开关、启动按钮、压力继电器的开关等,共计22个输入点;输出点连接工作台回转电机的交流接触器,液压控制的各电磁阀,共计9个输出点。

(7)由于点数不多,所以用户选择中小型PLC即可实现控制。可用CPU224主机模块加I/O扩展模块,也可以选择使用一台CPU226主机模块。此例我们选用一台CPU226主机模块进行控制。

8.5.3 系统硬件的配置及输入输出对照表

用一台CPU226单机实现对回转工作台系统的控制。为了提高系统的抗干扰能力,数字量输入点采用数字滤波,不使用脉冲捕捉功能。输出表设置为封锁输出方式。

本系统为典型的顺序控制,用功能流程图可以很容易地进行程序设计。建立所有现场信号与PLC的符号地址和PLC的直接地址的对应表。输入和输出信号的对照见表8-1和8-2。

表8-1　　　　　　　　　　　　输入信号对照表

信号名称	外部元件	内部地址	信号名称	外部元件	内部地址
总停按钮	SB1	不进PLC	钻头上升按钮	SB7	I1.1
主动电机启动停止	SA1	不进PLC	卸料器推出按钮	SB8	I1.2
液压电机启动停止	SA2	不进PLC	卸料器退回按钮	SB9	I1.3
冷却电机启动停止	SA3	不进PLC	工作旋转按钮	SB10	I1.4
手动运行选择	SA4-1	I0.0	送料推进到位行程开关	SQ1	I1.5
半自动运行选择	SA4-2	I0.1	送料器退回到位行程开关	SQ2	I1.6
全自动运行选择	SA4-3	I0.2	钻头下钻到位行程开关	SQ3	I1.7
半自动运行按钮	SB1	I0.3	钻头上升到位行程开关	SQ4	I2.0
上料器推进按钮	SB2	I0.4	卸料器推出到位行程开关	SQ5	I2.1
上料器退回按钮	SB3	I0.5	卸料器退回到位行程开关	SQ6	I2.2
工件夹紧按钮	SB4	I0.6	工作台旋转到位行程开关	SQ7	I2.3
放松按钮	SB5	I0.7	工件夹紧完成压力继电器	SP1	I2.4
钻头下钻控制按钮	SB6	I1.0	工件放松完成压力继电器	SP2	I2.5

表8-2　　　　　　　　　　　　输出信号对照表

信号名称	外部元件	内部地址	信号名称	外部元件	内部地址
主轴电机接触器	KM1	不进PLC	工件夹紧电磁阀	YV3	Q0.2
液压电机接触器	KM2	不进PLC	工件放松电磁阀	YV4	Q0.3
冷却电机接触器	KM3	不进PLC	钻头下钻电磁阀	YV5	Q0.4
旋转电机接触器	KM4	Q0.0	钻头退回电磁阀	YV6	Q0.5
送料推进电磁阀	YV1	Q0.1	卸料推出电磁阀	YV7	Q0.6
送料退回电磁阀	YV2	Q1.0	卸料退回电磁阀	YV8	Q0.7

8.5.4 设计主电路及 PLC 外部界线图

主电路的设计可参考第二章(电气控制电路的基本环节)的有关内容,此处从略。根据输入输出对照表可以设计出 PLC 的外部界线图,如图 8-39 所示。

注意:PLC 实际界线时,还应考虑以下几个方面:

(1)应有电源输入线,通常为 220V、50Hz 交流电源,允许电源电压有一定的浮动范围。并且必须有保护装置,如熔断器等。若是干扰较强或对可靠性要求很高的场合,应在 PLC 的电源输入端加装带屏蔽层的隔离变压器和低通滤波器。

(2)输入和输出端子每 8 个为一组,共用一个 COM 端。PLC 应单独接地,不要和其他电器元件公用接地线,接地线面积应大于 $2mm^2$,并尽可能靠近 PLC。

(3)PLC 输出端接有线圈和电磁阀等感性元件时必须加保护电路,例如并接阻容吸收回路(对于交流电源)或续流二极管(对于直流电源)。

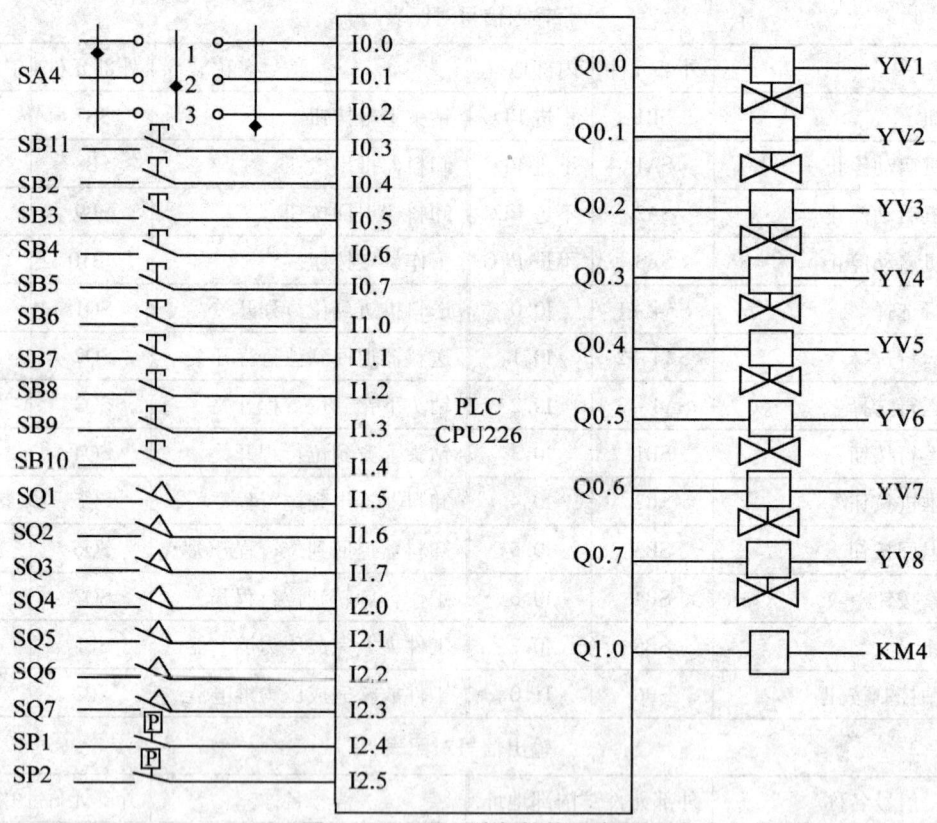

图 8-39 PLC 外部接线示意图

8.5.5 设计功能流程图

根据生产工艺对控制系统的要求,系统上电时,若方式选择开关置于手动方式,通过手动调整结束后,系统回到初始步;如果选择开关置于自动或半自动位置,且各可动部分均到达原位,可完成手动状态向自动或半自动状态的切换。当然系统在自动或半自动状态时,只要将选择手柄置于手动位置,在循环的开始和结束时均可进入手动调节转状态。若系统上电时选择开关在自动或半自动位置,但是可动部分未全部达到原位时,应禁止系统进入自动或半自动状态。由于系统的三个工位同时工作,因此采用并行序列结构。为了编程方便,可以直接用内部存储器位(M)来代表各步的编号。图 8-40 所示为自动或半自动部分的流程图,图 8-41 所示为手动部分的流程图。

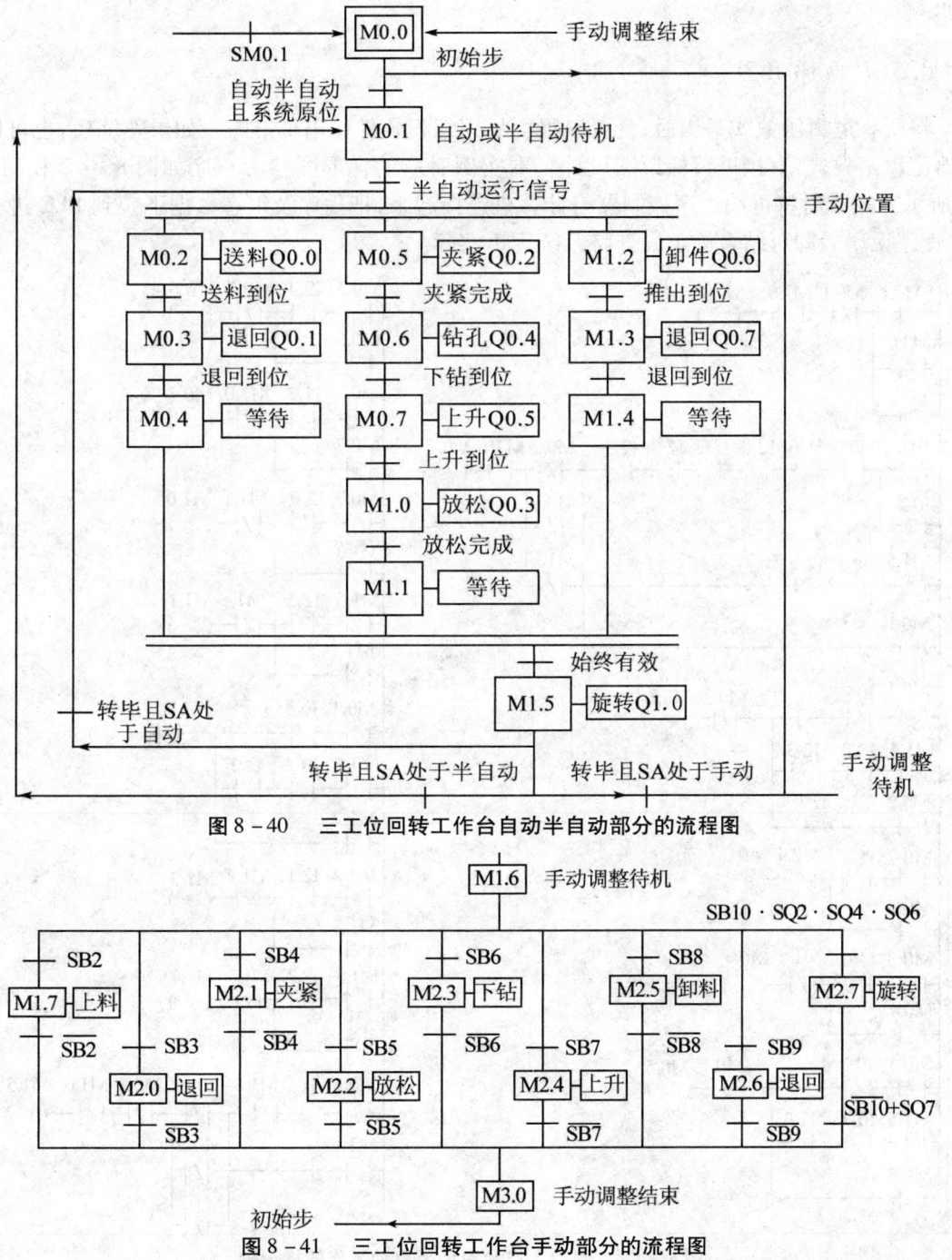

图 8-40 三工位回转工作台自动半自动部分的流程图

图 8-41 三工位回转工作台手动部分的流程图

8.5.6 写出逻辑函数表达式

根据前面所画功能流程图,我们就可以很方便地写出与流程图各步对应的逻辑函数式,本例采用关断优先规则进行编写。写逻辑函数式的方法详见本章 8.4 节,请大家进行思考,此处从略。

8.5.7 画梯形图

将所有逻辑函数式写出后,就可以很容易用编程软件作出梯形图。如果熟练后,也可以不写出逻辑函数式,直接进行梯形图设计。本实例对应的梯形图参考程序如图 8 – 42 和图 8 – 43 所示。完成后将可编程序控制器与计算机连接起来,把程序及组态数据下装到 PLC 进行调试,程序无误后即可结合施工设计将系统用于实际。

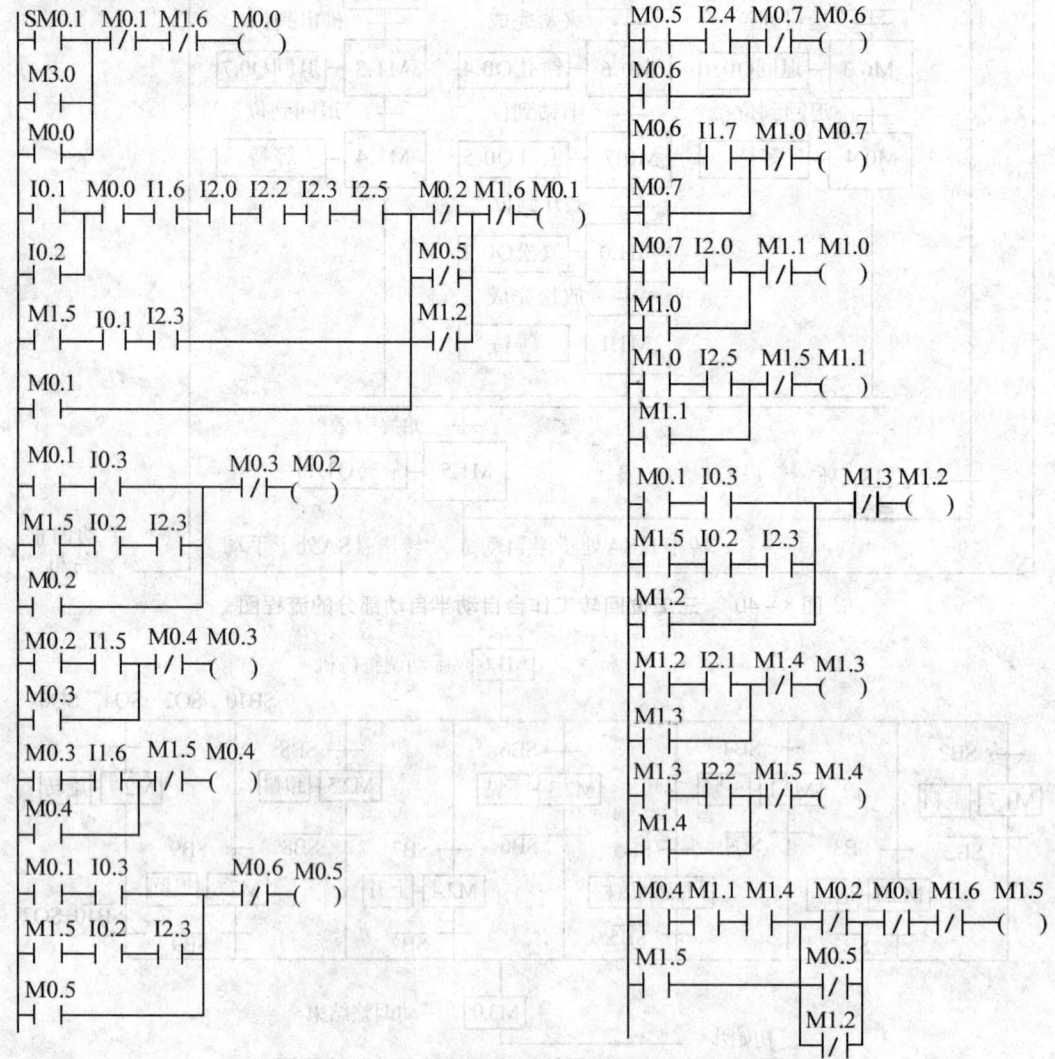

图 8 – 42　回转工作台自动半自动工作的梯形图

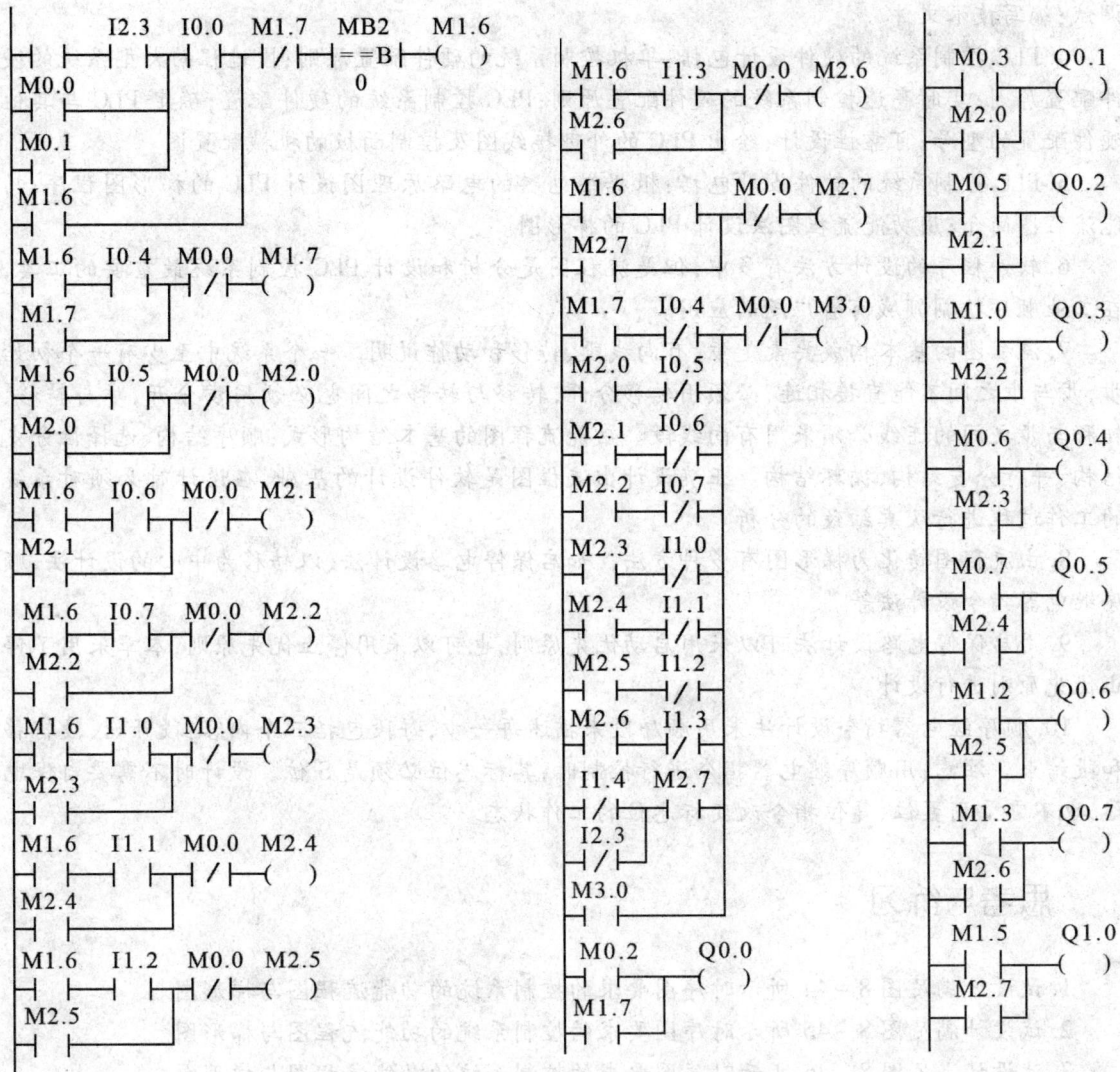

图 8-43 回转工作台的手动调节梯形图

本章小结

本章首先介绍了PLC控制系统的设计原则和设计步骤,然后重点介绍了PLC控制系统的硬件配制和软件设计,软件是PLC应用的核心。应重点掌握用流程图进行软件设计的方法。

1. PLC控制系统的设计应遵循一定的原则,并严格按照步骤进行。

2. PLC控制系统的设计原则:树立实践的观点和长远的观点,兼顾系统运行的质量、成本、效益等多方面的问题,使所设计的PLC控制系统运行起来经济、实用、先进、可靠、操作简单、维修方便。对于任何一种PLC控制系统来说,可靠性都是第一位的,只有在保证可靠性的前提下才能谈经济性和实用性等问题。

3. PLC控制系统的设计步骤:明确设计任务和技术条件;确定PLC控制系统的类型;制定

控制方案;详细描述控制对象;详细描述操作员站;PLC 的硬件配置;设计用户程序;现场安装调试;编写技术文件。

4. PLC 控制系统的硬件设计包括:单机控制系统的硬件配置原则;慢过程的大型系统的硬件配置原则;实时高速控制系统的硬件配置原则;PLC 控制系统的硬件配置;确定 PLC 与其他硬件配置的型号;可靠性设计;绘出 PLC 的外部接线图及控制面板的机械配置图。

5. PLC 控制系统的软件设计包括:根据继电器的电路原理图设计 PLC 的梯形图程序;功能流程图简介;用功能流程图法设计 PLC 的梯形图。

6. 软件程序的设计方法有多中,但是流程图是分析和设计 PLC 控制系统最重要的工具,在工业顺序控制领域有着广泛的应用。

7. 流程图的基本构成要素是步、有向线段、转移和动作说明。一个系统中至少有一个初始步,步与步之间不能直接相连,必须用转移分开,转移与转移之间也必须用步分开,步与转移、转移与步之间的连线必须采用有向线段。功能流程图的基本结构形式:顺序结构、选择性分支结构、并行分支结构、循环结构。正确设计出流程图是软件设计的基础,在设计时必须对系统的工作过程进行认真细致的分析。

8. 由流程图转化为梯形图有多种方法,,如启保停电路设计法、以转移为中心的设计法、顺序继电器指令设计法等。

9. 用启保停电路设计法可以采用启动优先原则,也可以采用停止优先原则,本章采用了停止优先原则进行设计。

10. 顺序继电器指令设计法采用顺序段来描述每一步,每段包括三个内容:段开始、段转移和段结束。注意:用顺序继电器指令进行控制时,其标志位必须是 S 位。设计时不需要自保电路,也不需要用置位、复位指令改变标志位的工作状态。

思考与练习

1. 试设计满足图 8-44 所示时序图要求的控制系统的功能流程图与梯形图。
2. 试设计满足图 8-45 所示时序图要求的控制系统的功能流程图与梯形图。
3. 试设计满足图 8-46 所示时序图要求的控制系统的功能流程图与梯形图。

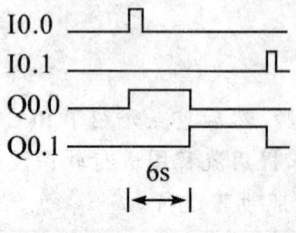

图 8-44 题 1 的时序图

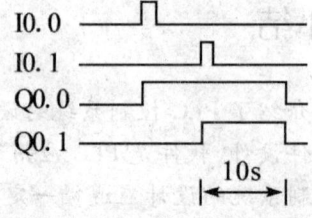

图 8-45 题 2 的时序图

4. 设计一个可以实现一台双向旋转的 PLC 的功能流程图和梯形图程序。其控制要求是:

(1) 当电机处于停转状态时,若按下正向按钮,电机立刻正转;若按下反向按钮,则电机立刻反转。

(2) 当电机处于正向旋转状态时,若按下反向按钮,先切断电机电源,5s 后才能接通反向旋转的主电路,以保证电机有足够的时间刹车停转;反之亦然。

(3) 若按下停止按钮时电机立刻停转,若同时按下正、反两个按钮时,电机停转而不启动是相应步之间转移的条件。试画出控制系统的功能流程图与梯形图程序。

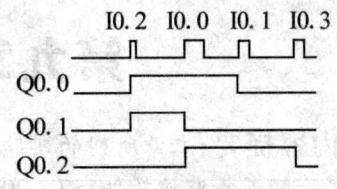

图 8-46　题 3 的时序图

5. 冲床的运动示意图如图 8-47 所示。初始时机械手在最左边,I0.4 为 ON;冲头在最上面,I0.3 为 ON;机械手松开(Q0.0 为 OFF)。按下启动按钮 I0.0,Q0.0 变为 ON,工件被夹紧并保持,2s 后 Q0.1 变为 ON,机械手右行,直到碰到 I0.1,以后将按顺序完成以下动作:冲头下行,冲头上行,机械手左行,机械手松开(Q0.0 为 OFF),延时 2s 后,系统返回初始状态。

6. 设计一个 PLC 控制的交通指挥灯的流程图和梯形图程序,各限位开关提供的信号,其控制要求是:

(1) 交通灯处于白天模式时,东西方向、南北方向各灯图按图 8-48 的时序图循环工作。

(2) 夜间时,东西、南北方向红灯均闪烁,闪烁频率为 1Hz。

(3) 紧急状态时,可以使南北方向红灯常亮,禁止南北方向的车辆通行,东西方向绿灯常亮,使东西方向的车辆正常通行;也可以使南北方向绿灯常亮,南北方向的车辆正常通行,东西方向红灯常亮,禁止东西方向的车辆通行。

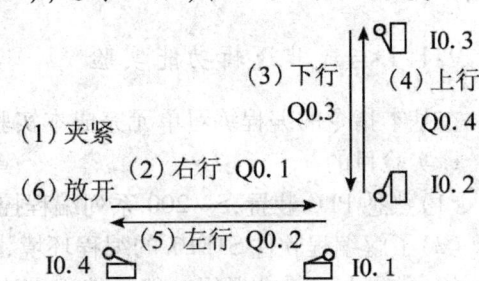

图 8-47　题 5 的设计要求图

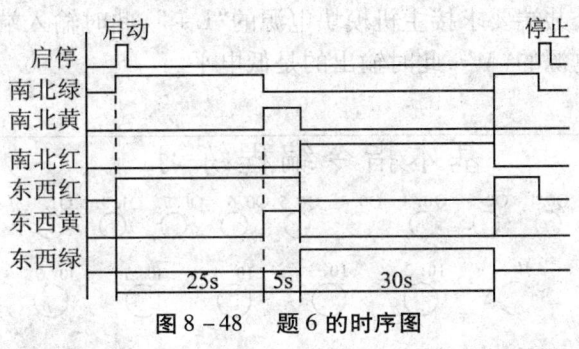

图 8-48　题 6 的时序图

7. 试用 SCR 指令设计满足图 8-44、图 8-45、图 8-46 要求的梯形图程序。

第九章 实验与实训

●**内容提要**：本章所列的实验与实训内容均基于"THSMS-B 网络型 PLC 控制实验装置"，该实验装置集监控软件、S7-200PLC 的 CPU224 主机单元及 I/O 扩展单元、PC/PPI 编程电缆、编程器、网络转换器、实验板于一体，具有数字控制和网络通信的功能。本章主要介绍 S7-200PLC 的基本指令练习以及 17 个 PLC 实际应用的模拟实验，最后介绍了 6 个普通电气接线训练实验。

9.1 基本指令的编程练习

9.1.1 与或非逻辑功能实验

在基本指令的编程练习单元完成本实验。

1. 实验目的

（1）熟悉 PLC 装置，S-200 系列编程控制器的外部接线方法。

（2）了解编程软件 STEP7 的编程环境，软件的使用方法。

（3）掌握与、或、非逻辑功能的编程方法。

2. 实验说明

首先应根据参考程序，判断 Q0.0、Q0.1、Q0.2 的输出状态，在拨动输入 I0.1、I0.2、I0.3，观察输出指示灯 Q0.1、Q0.2、Q0.3 是否符合与、或、非逻辑的正确结果。

在本装置中输入公共端要求接主机模块电源的"L+"，此时输入端是低电平有效；输出公共端要求接主机模块电源的"M"，此时输出的是低电平。

3. 实验面板图

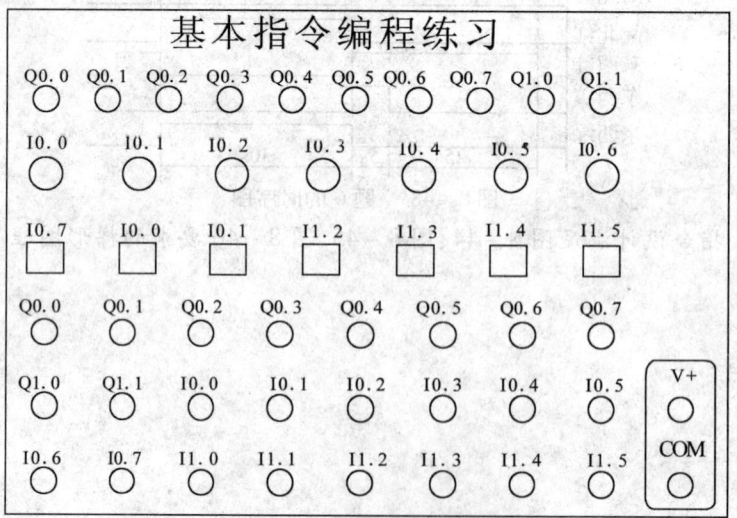

图 9-1 实验面板图

图中的接线孔通过防转座插锁紧线与 PLC 的主机相输入输出插孔相接。I 为输入点,Q 为输出点。

上图中下面排 I0.0～I1.5 为输入按键和开关,模拟开关量的输入。上边一排 Q0.0～Q1.1 是 LED 指示灯,接 PLC 主机输出端,用以模拟输出负载的通与断。

4. 梯形图参考程序

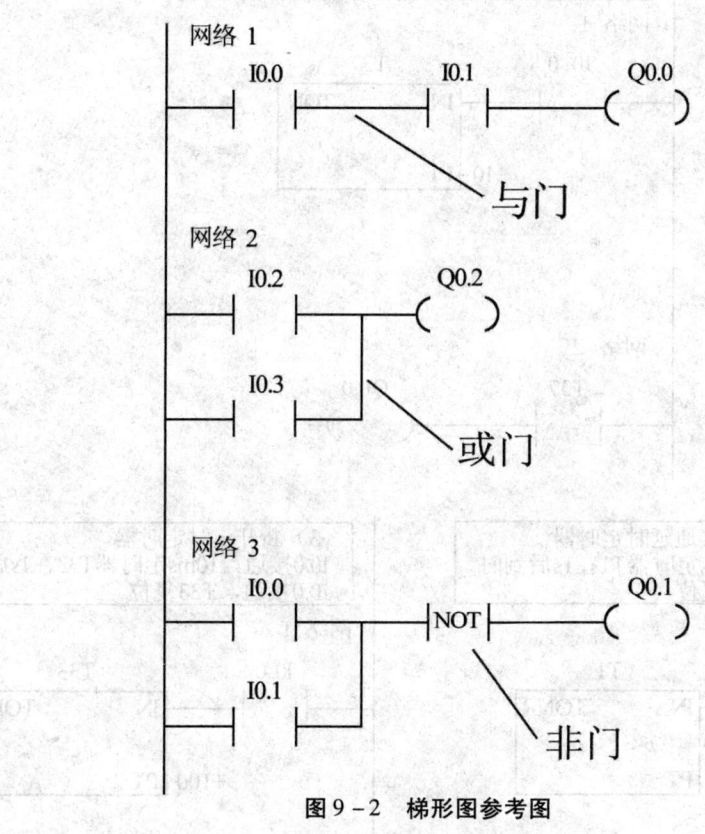

图 9-2　梯形图参考图

9.1.2 定时器/计数器功能实验

1. 实验目的

掌握定时器、计数器的正确编程方法,并学会定时器和计数器扩展方法,用编程软件对可编程控制器的运行进行监控。

2. 实验说明

SIMATIC 定时器可分为接通延时定时器(TON),有记忆的接通延时定时器(TONR)和断开延时定时器(TOF)。

SIMATIC 计数器可分为递增计数器(CTU),递减计数器(CTD)和递增/递减计数器(CTUD)。在运行程序之前,首先应该根据梯形图分析各个定时器、计数器的动作状态。

3. 梯形图参考程序

(1) 定时器参考程序(图9-3)

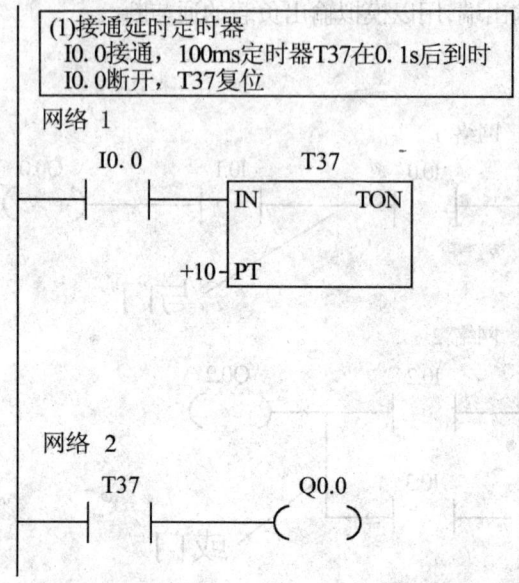

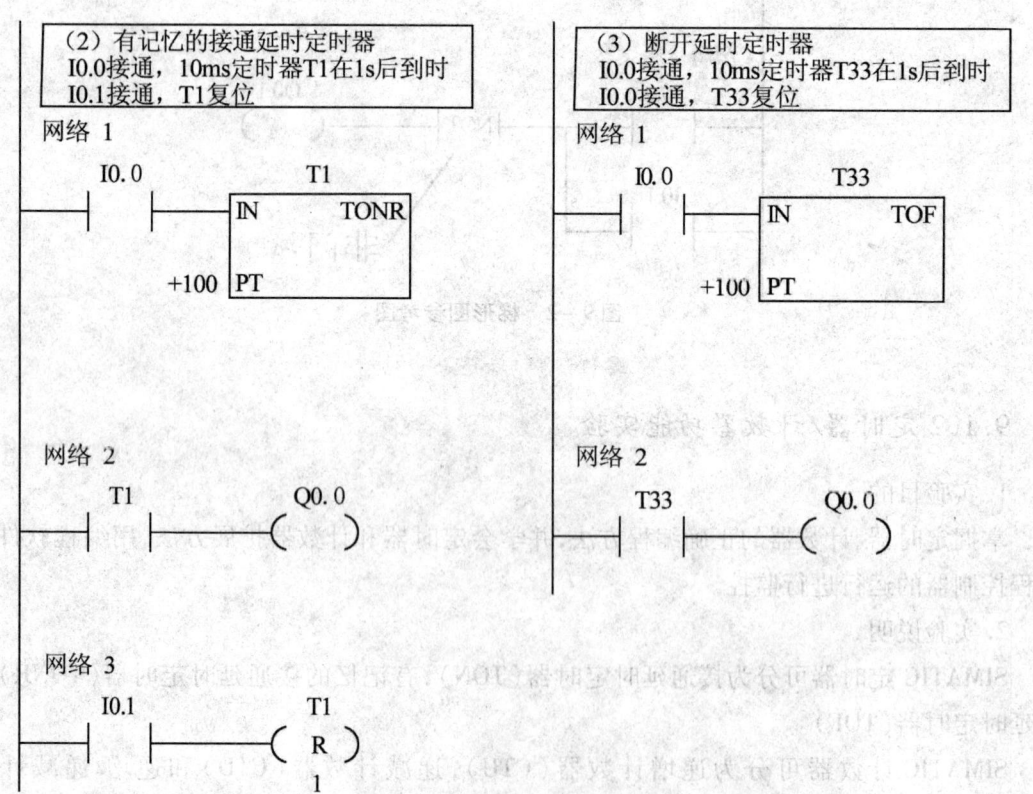

图9-3 定时器参考程序

(2)计数器参考程序(图9-4)

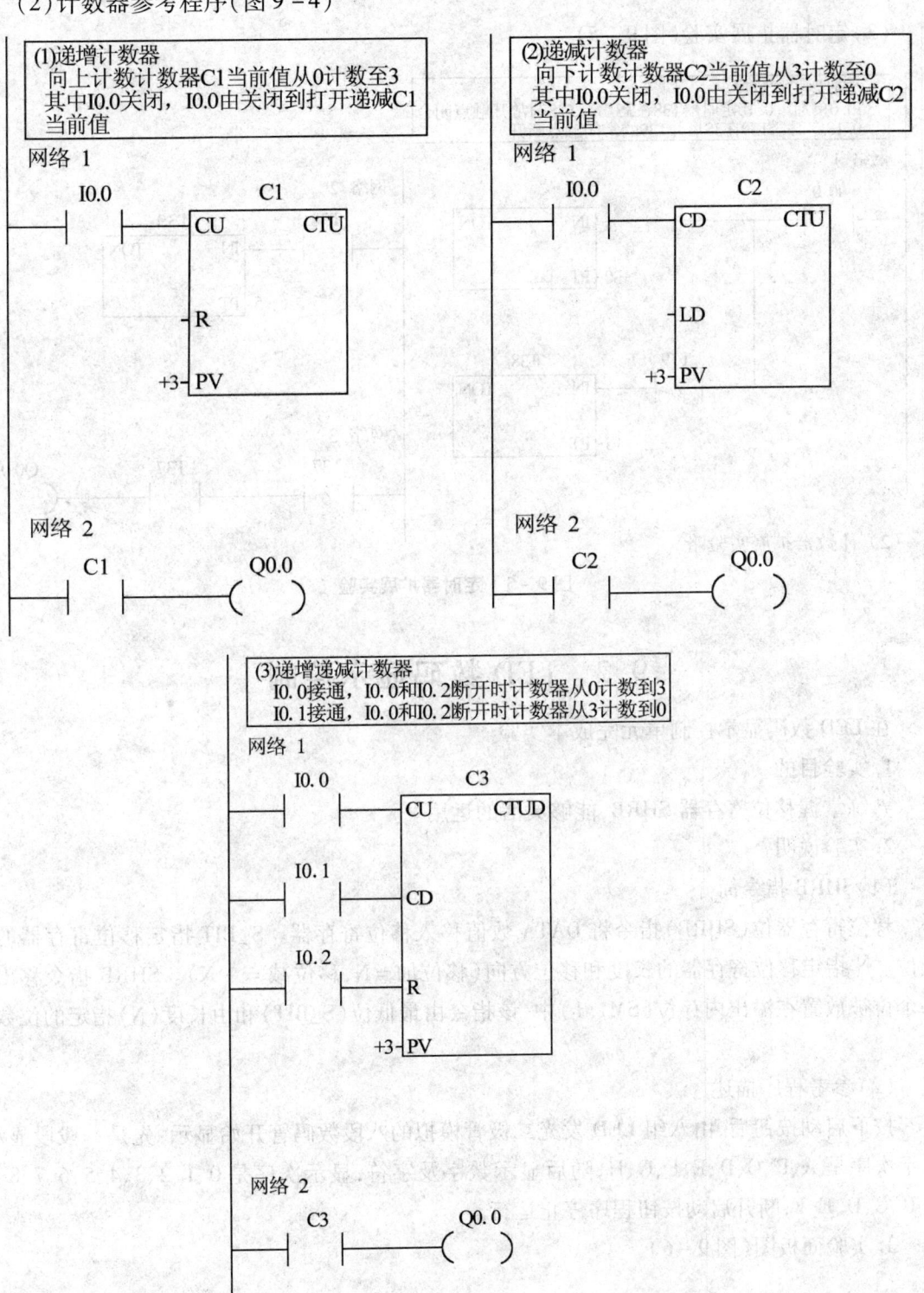

图9-4 计数器参考程序

(3)定时器扩展实验(图9-5)

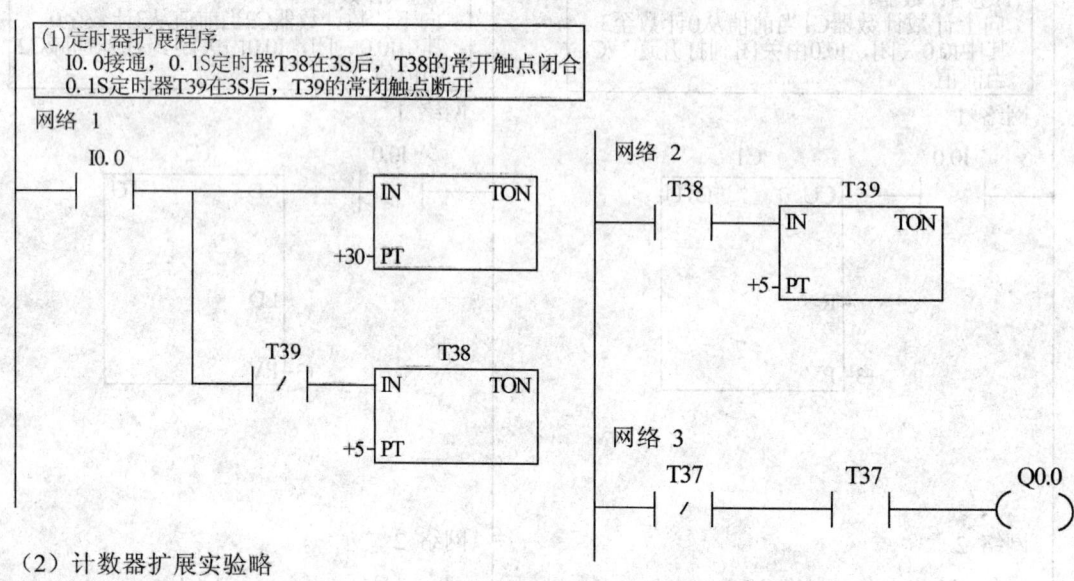

(2)计数器扩展实验略

图9-5 定时器扩展实验

9.2 LED 数码显示控制

在 LED 数码显示控制单元完成本实验。

1. 实验目的

熟练掌握移位寄存器 SHRB,能够灵活的运用。

2. 实验说明

(1)SHRB 指令简介

移位寄存器位(SHRB)指令将 DATA 数值移入移位寄存器。S_BIT 指定移位寄存器的最低位。N 指定移位寄存器的长度和移位方向(移位加 = N,移位减 = - N)。SHRB 指令移出的每个位被放置在溢出内存位(SM1.1)中,该指令由最低位(S_BIT)和由长度(N)指定的位数定义。

(2)参考程序描述

按下启动按钮后,由八组 LED 发光二极管模拟的八段数码管开始显示:先是一段段显示,显示次序是 A、B、C、D、E、F、G、H,随后显示数字及字符,显示次序是 0、1、2、3、4、5、6、7、8、9、A、B、C、D、E、F,断开启动按钮程序停止运行。

3. 实验面板图(图9-6)

LED 数码显示控制

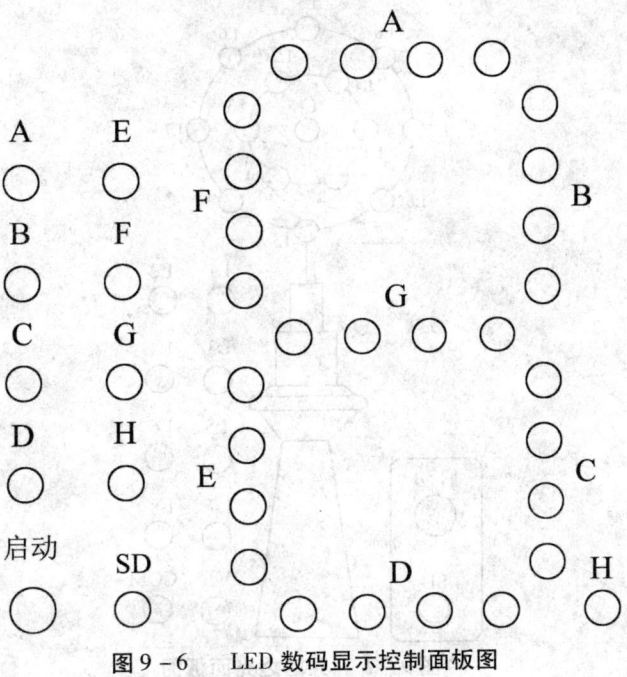

图 9-6　LED 数码显示控制面板图

4. 实验步骤

（1）输入输出接线。

输入	SD						
	I0.0						
输出	H	A	B	C	D	E	F	G
	Q0.7	Q0.0	Q0.1	Q0.2	Q0.3	Q0.4	Q0.5	Q0.6

（2）打开主机电源将程序下载到主机中。

（3）启动并运行程序观察实验现象。

9.3　天塔之光模拟控制

在天塔之光单元完成本实验。

1. 实验目的

了解并掌握移位寄存器位 SHRB 应用及编程方法。

2. 实验说明

合上启动开关后，按以下规律显示：L1→L1、L2→L1、L3→L1、L4→L1、L2→L1、L2、L3、L4→L1、L8→L1、L7→L1、L6→L1、L5→L1、L8→L1、L5、L6、L7、L8→L1→L1、L2、L3、L4→L1、L2、L3、L4、L5、L6、L7、L8→L1……循环执行。

3. 实验面板图（图 9-7）

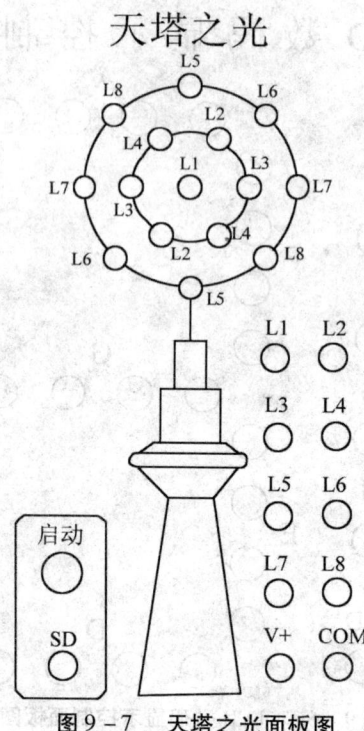

图 9-7 天塔之光面板图

4. 实验步骤

（1）输入输出接线。

输入 SD	输出	L1	L2	L3	L4	L5	L6	L7	L8
I0.0		Q0.0	Q0.1	Q0.2	Q0.3	Q0.4	Q0.5	Q0.6	Q0.7

（2）打开主机电源将程序下载到主机中。
（3）启动并运行程序观察实验现象。

9.4 步进电机运动控制

在步进电机单元完成本实验。

1. 实验目的

了解移位寄存器位指令 SHRB 在控制系统中的应用及编程方法。

2. 实验说明

使用移位寄存器指令,可以大大简化程序设计。移位寄存器指令所描述的操作过程如下：若在输入端输入一串脉冲信号,在移位脉冲作用下,脉冲信号依次移位到各个寄存器的内部继电器中,并将这些内部继电器的状态输出,每个内部继电器可在不同的时间内得到由输入端输入的一串脉冲信号。

3. 实验面板图（图 9-8）

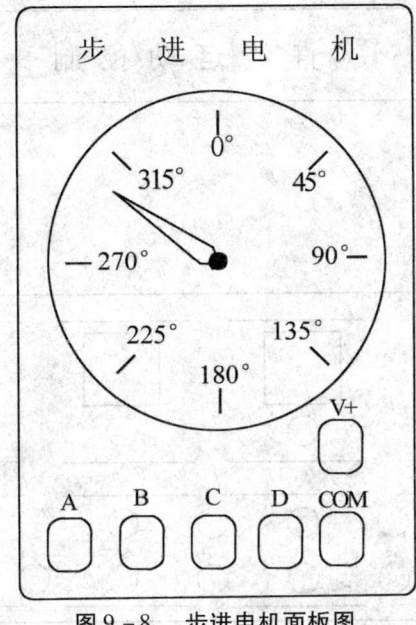

图9-8 步进电机面板图

4. 实验步骤

(1) 输入输出接线。

输入		SD		
		I0.0		
输出	A	B	C	D
	Q0.3	Q0.0	Q0.1	Q0.2

(启动开关与LED数码显示的共用)

(2) 打开主机电源将程序下载到主机中。

(3) 启动并运行程序观察实验现象。

9.5 直线运动控制系统

在直线运动单元完成本实验。

1. 实验目的

熟练掌握移位寄存器,能够灵活的运用。

2. 实验说明

M1发光二极管点亮表明电机正转,M2发光二极管点亮表明电机反转;S1、S3、S5、S7表示直线运动控制指示灯,S2、S4、S6表示滑块定位指示灯;系统启动后,滑块以S1→S7→S1→S5→S3→S7→S5→S7→S1为一个运行周期而重复往返运行,断开启动开关程序停止运行。

3. 实验面板图(图9-9)

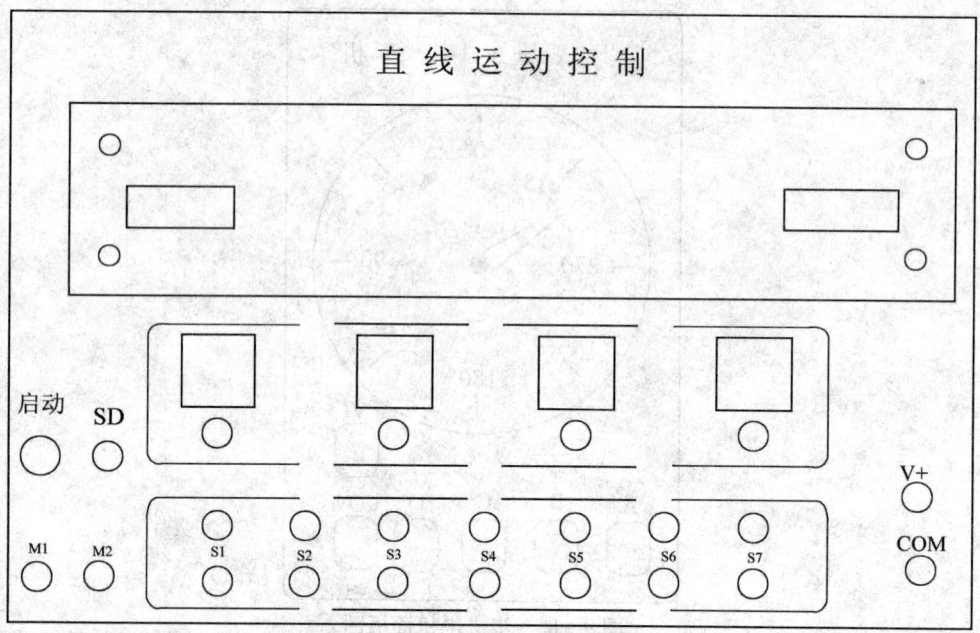

图 9-9　直线运动控制面板图

4. 实验步骤

(1) 输入输出接线。

输入	SD	S1	S3	S5	S7
	I0.4	I0.0	I0.1	I0.2	I0.3
输出	M1 M2 S2	S4	S6		
	Q0.4	Q0.0	Q0.1	Q0.2	Q0.3

(2) 打开主机电源开关将程序下载到主机中。
(3) 启动并运行程序观察实验现象。

9.6　温度 PID 实验

在温度控制单元完成本实验。

1. 实验目的

熟悉使用西门子 S7-200 系列 PLC 的 PID 控制,通过对实物的控制,熟练地掌握 PLC 控制的流程和程序调试。

2. 实验说明

初始状态,在室温模拟量模块输出一个电压值(<5V),加热块开始对物体加热,随着温度上升,PT100 反馈给 PLC 一个正比例电压信号,模拟量模块输出电压逐渐减小,当电压减到 0V 时则停止对物体的加热。

不要把实验目标值设置过高,以免损坏实验装置。一般设置为高于室温 10℃~20℃ 即可。

由于季节或气温的影响,如果在不同的时间和环境内使用同一种参数做此实验,则可能造成控制效果的优劣差异。为了弥补这方面的差异,也为了达到更好地控制目的,请在不同的时间和环境下设置更佳的P、I、D参数。

在实验的过程中,由于硬件及其他原因,系统温度与系统输出电压之间可能存在一定的误差,因此,为了更好的控制系统温度,目标值的设定应遵循以下步骤:

先把中断程序中的目标值MD104设定为较大的数值,启动系统加热,进入监控模式。当系统温度上升到预期目标值,把此值填入中断程序中的目标值MD104中(控制在50℃时,目标值约为0.25),再次下载程序,从新启动PTD控制即可。

3. 实验面板图(图9-10)

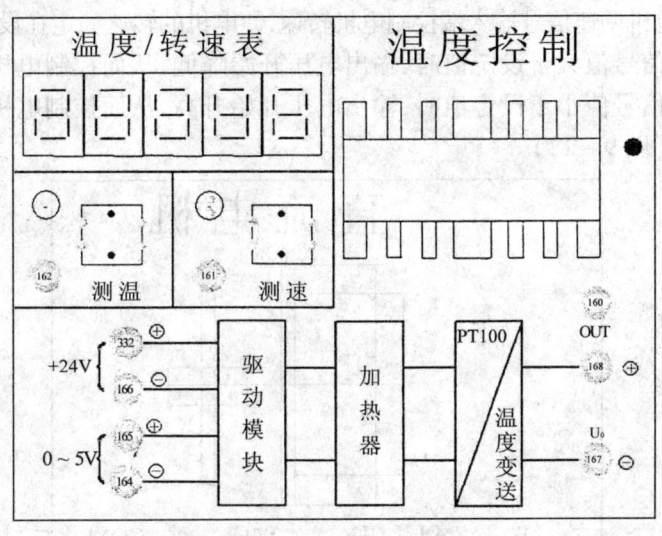

图9-10 温度PID实验面板图

4. 实验步骤

(1)输入输出接线图(图9-11)。

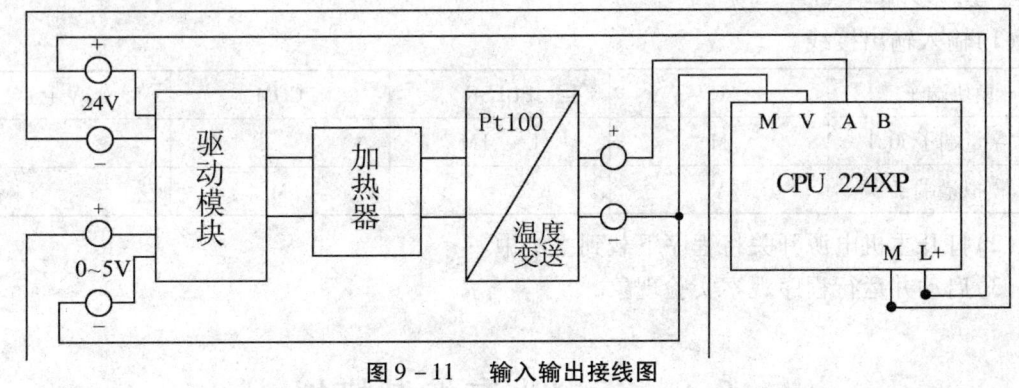

图9-11 输入输出接线图

(2)打开主机电源将程序下载到主机中。
(3)启动并运行程序观察实验现象。

9.7 直流电机调速实验

在直流电机单元完成本实验。

1. 实验目的

熟悉使用高速计数器的使用,通过对实物的控制,熟练地掌握 PLC 控制的流程和程序调试。

2. 实验说明

转速控制目标值设约为 2000 转/分,系统启动后电机运行,PLC 的高速计数器采集直流调速模块脉冲输出端(PULSE)的脉冲信号,在程序中进行 PID 运算,通过模拟量输出端输出电压信号,送到直流调速模块的电机调速信号输入端控制电机转速,使电机的转速稳定在设定值。

当采集的脉冲信号值大于设定值时,输出电压开始降低,从而控制电机减速。

当采集的脉冲信号值小于设定值时,输出电压开始升高,从而控制电机加速。

3. 实验面板图(图 9 – 12)

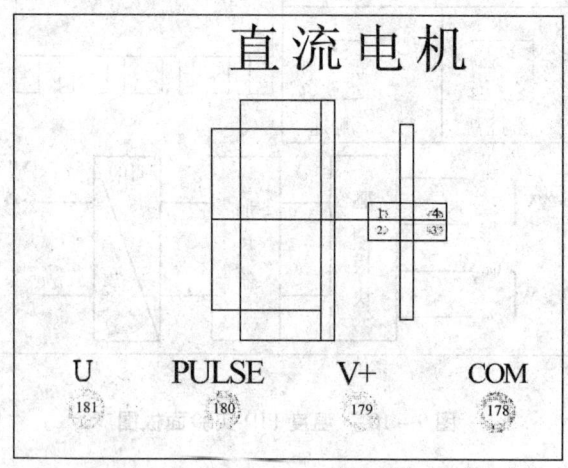

图 9 – 12　直流电机调整实验面板图

4. 实验步骤

(1) 输入输出接线。

模块端子	U	PULSE	COM	V +
数字量端子 I0.1	M	L + 、1M		
模拟量端子	V		M	

(2) 打开主机电源开关将程序下载到主机中。

(3) 启动并运行程序观察实验现象。

9.8 运料小车控制模拟

在运料小车单元完成本实验。

1. 实验目的

用 PLC 构成运料小车控制系统,掌握多种方式控制的编程。

2. 实验说明

系统启动后,选择手动方式(按下微动按钮 A4),通过 ZL、XL、RX、LX 四个开关的状态决定小车的运行方式。装料开关 ZL 为 ON,系统进入装料状态,灯 S1 亮,ZL 为 OFF,右行开关 RX 为 ON,灯 R1、R2、R3 依次点亮,模拟小车右行,卸料开关 XL 为 ON,小车进入卸料状态,XL 为 OFF,左行开关 LX 为 ON,灯 L1、L2、L3 依次点亮,模拟小车左行。选择自动方式(按下微动按钮 A3),系统进入装料→右行→卸料→装料→左行→卸料→装料循环状态。选择单周期方式(按下微动按钮 A2),小车运行来回一次。选择单步方式,按一次微动按钮 A1 一次,小车运行一步。

3. 实验面板图(图 9-13)

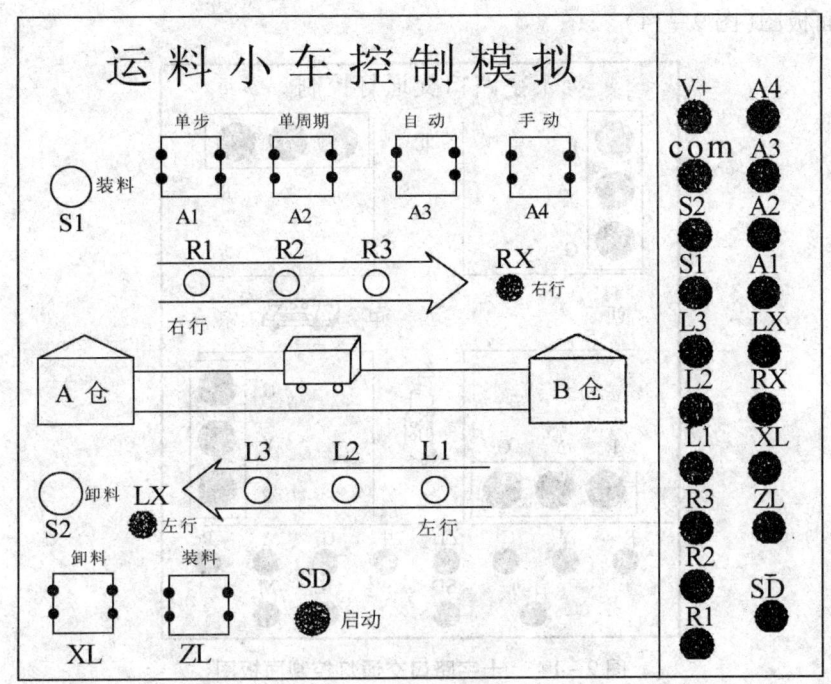

图 9-13 运料小车控制模拟面板图

4. 实验步骤

(1)输入输出接线。

输入	手动	启动	装料	卸料	右行	左行	单步	单周期	自动
	I0.0	I0.1	I0.2	I0.3	I0.4	I0.5	I0.6	I0.7	I1.0
输出		装料	卸料	R1	R2	R3	L1	L2	L3
		Q0.0	Q0.1	Q0.2	Q0.3	Q0.4	Q0.5	Q0.6	Q0.7

(2)打开主机电源将程序下载到主机中。
(3)启动并运行程序观察实验现象。

9.9 十字路口交通灯控制

在十字路口交通灯单元完成本实验。

1. 实验目的

熟练使用基本指令,根据控制要求,掌握PLC的编程方法和程序调试方法,了解使用PLC解决一个实际问题。

2. 实验说明

信号灯受一个启动开关控制,当启动开关接通时,信号灯系统开始工作,且先南北红灯亮,东西绿灯亮。当启动开关断开时,所有信号灯都熄灭;南北红灯维持25秒,在南北红灯亮的同时东西绿灯也亮,并维持20秒;到20秒时,东西绿灯闪亮,闪亮3秒后熄灭。在东西绿灯熄灭时,东西黄灯亮,并维持2秒。到2秒时,东西黄灯熄灭,东西红灯亮,同时,南北红灯熄灭,绿灯亮,东西红灯亮维持30秒。南北绿灯亮维持20秒,然后闪亮3秒后熄灭。同时南北黄灯亮,维持2秒后熄灭,这时南北红灯亮,东西绿灯亮。周而复始。

3. 实验面板图(图9-14)

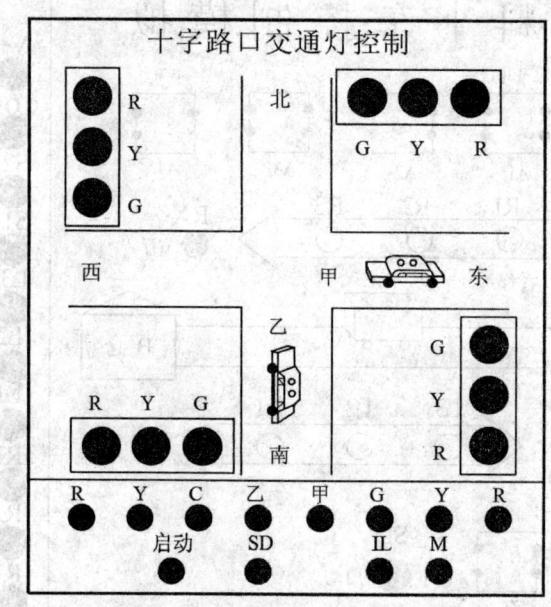

图9-14 十字路口交通灯控制面板图

4. 实验步骤

(1)输入输出接线。

输入	SD	输出	R	Y	G	输出	R	Y	G
	I0.0	南北	Q0.2	Q0.1	Q0.0	东西	Q0.5	Q0.4	Q0.3

(2)打开主机电源将程序下载到主机中。

(3)启动并运行程序观察实验现象。

9.10 十字路口交通灯控制(带倒计时显示)

在十字路口交通灯单元完成本实验。

1. 实验目的

熟练使用基本指令,根据控制要求,掌握PLC的编程方法和程序调试方法,了解使用PLC解决一个实际问题。

2. 实验说明

信号灯受一个启动开关控制,当启动开关接通时,信号灯系统开始工作,且先南北红灯亮,东西绿灯亮,东西和南北的 LED 数码管由 25 秒开始倒计时,当启动开关断开时,所有信号灯都熄灭,LED 数码管复位显示 25;南北红灯亮维持 25 秒,在南北红灯亮的同时东西绿灯也亮,并维持 20 秒;东西和南北的 LED 数码管也开始由 25 秒开始倒计时,到 20 秒时,东西绿灯闪亮,闪亮 3 秒后熄灭。在东西绿灯熄灭时,东西黄灯亮,并维持 2 秒。到 2 秒时,东西黄灯熄灭,东西红灯亮,同时,南北红灯熄灭,绿灯亮,东西和南北的 LED 数码管又由 25 秒开始倒计时。东西红灯亮维持 30 秒。南北绿灯亮维持 20 秒,然后闪亮 3 秒后熄灭。同时南北黄灯亮,维持 2 秒后熄灭,这时南北红灯亮,东西绿灯亮。周而复始。

3. 实验面板图(图 9 – 15)

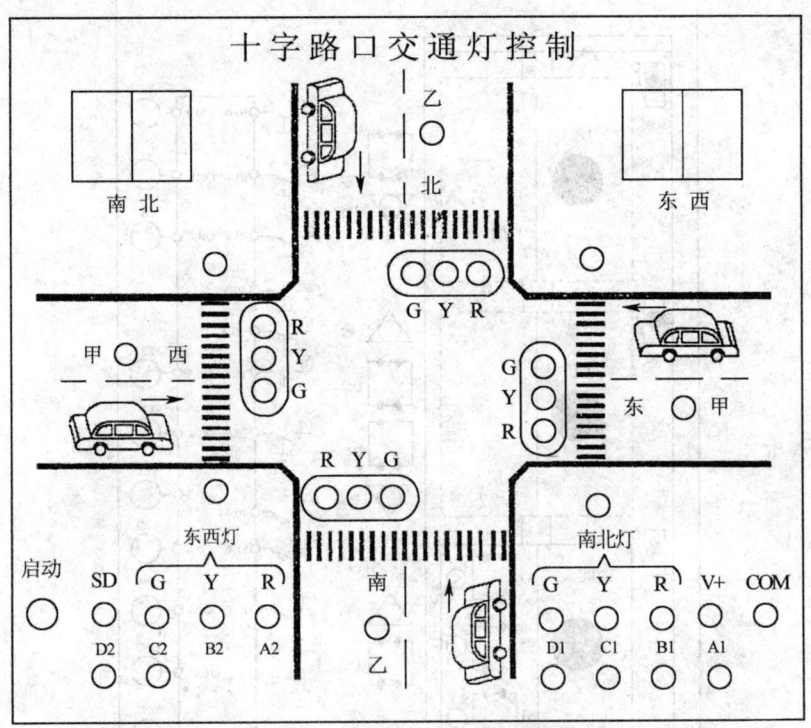

图 9 – 15 十字路口交通灯控制面板图(倒计时)

4. 实验步骤

(1)输入输出接线。

输入	R	SD	输出	G	Y	R	输出	G	Y
	Q0.5	I0.0	南北	Q0.0	Q0.1	Q0.2	东西	Q0.3	Q0.4
输出			D2	C2	B2	A2	D1	C1	B1	A
			Q2.1	Q2.0	Q1.1	Q1.0	Q0.7	Q0.6		

(2)打开主机电源将程序下载到主机中。
(3)启动并运行程序观察实验现象。

9.11 三层电梯控制系统的模拟

在电梯控制单元完成本实验。

1. 实验目的

（1）通过对工程实例的模拟，熟练地掌握 PLC 的编程和程序高度方法。

（2）进一步熟悉 PLC 的 I/O 连接。

（3）熟悉三层楼电梯采用轿厢外按钮控制的编程方法。

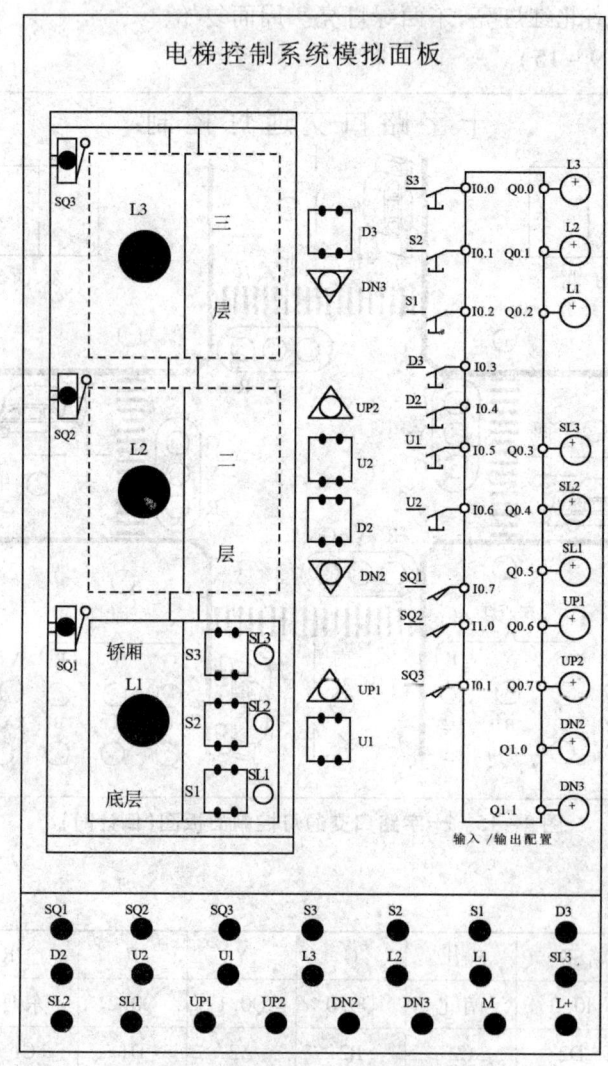

图 9-16　三层电梯控制系统的模拟面板图

2. 实验说明

电梯由安装在各楼层厅门口的上升和下降呼叫按钮进行呼叫操纵，其操纵内容为电梯运行方向。电梯轿厢内设有楼层内选按钮 S1~S3，用以选择需停靠的楼层。L1 为一层指示、L2 为二层指示、L3 为三层指示，SQ1~SQ3 为到位行程开关。电梯上升途中只响应上升呼叫，下降途中只响应下降呼叫,任何反方向的呼叫均无效。例如,电梯停在一层,在二层轿厢外呼叫时,必须按二层上升呼叫按钮,电梯才响应呼叫(从一层运行到二层),按二层下降呼叫无效;反之,若电梯停在三层,在二层轿厢外呼叫时,必须按二层下降呼叫按钮,电梯才响应呼叫(从三层运行到二层),按二层上升呼叫按钮无效。

3. 实验面板图(见图 9 – 16)
4. 实验步骤

(1)输入输出接线。

①输入:

序号	名 称	输入点	序号	名 称	输入点
0	三层内选按钮 S3	I0.0	5	二层上呼按钮 U2	I0.5
1	二层内选按钮 S2	I0.1	6	一层上呼按钮 U1	I0.6
2	一层内选按钮 S1	I0.2	7	三层行程开关 SQ3	I0.7
3	三层下呼按钮 D3	I0.3	8	二层行程开关 SQ2	I1.0
4	二层下呼按钮 D2	I0.4	9	一层行程开关 SQ1	I1.1
			10	复位 RST	I1.2

②输出:

序号	名 称	输入点	序号	名 称	输入点
0	三层指示 L3	Q0.0	4	轿厢上升指示 UP	Q0.4
1	二层指示 L2	Q0.1	5	三层内选指示 SL3	Q0.5
2	一层指示 L1	Q0.2	6	二层内选指示 SL2	Q0.6
3	轿厢下降指示 DOWN	Q0.3	7	一层内选指示 SL1	Q0.7

(2)打开主机电源将程序下载到主机中。
(3)启动并运行程序观察实验现象。

9.12 三相鼠笼式异步电动机点动控制和自锁控制

在电机控制单元完成本实验。

1. 实验目的

(1)通过对三相鼠笼式异步电动机点动控制和自锁控制线路的实际安装接线,掌握由电气原理图变换成安装接线图的知识。

(2)通过实验进一步加深理解点动控制和自锁控制的特点。

2. 实验说明

(1)点动控制。

启动:按启动按钮 SB1,I0.0 的动合触点闭合,Q0.3 线圈得电,即接触器 KM4 的线圈得电,0.1S 后 Q0.0 线圈得电,即接触器 KM1 的线圈得电,电动机作星形连接启动。每按动 SB1 一次,电机运转一次。

(2)自锁控制。

启动:按启动按钮 SB2,I0.1 的动合触点闭合,Q0.3 线圈得电,即接触器 KM4 的线圈得电,0.1S 后 Q0.0 线圈得电,即接触器 KM1 的线圈得电,电动机作星形连接启动。只有按下停止按钮 SB3 时电机才停止运转。

3. 实验面板图(图 9-17)

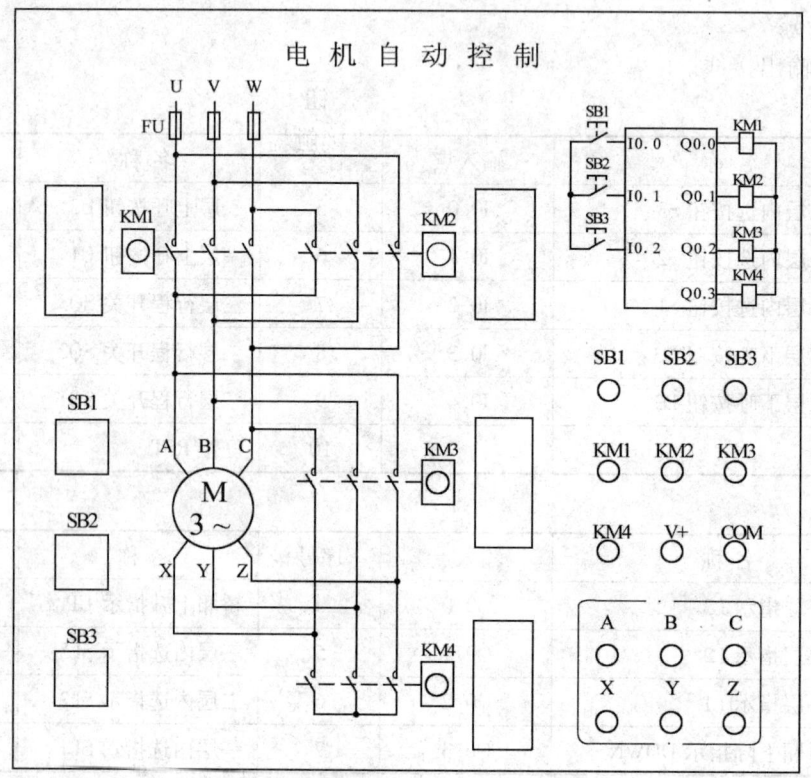

图 9-17 电机自动控制面板图

4. 实验步骤

(1)输入输出接线。

输入	SB3	SB1	SB2
	I0.2	I0.0	I0.1
输出	KM1	KM4	
	Q0.0	Q0.3	

(2)打开主机电源将程序下载到主机中。
(3)启动并运行程序观察实验现象。

9.13 三相鼠笼式异步电动机连锁正反转控制

在电机控制单元完成本实验。

1. 实验目的

(1)通过对三相鼠笼式异步电动机连锁正反转控制线路的安装接线,掌握由电气原理图接成实际操作电路的方法。

(2)加深对电气控制系统各种保护、自锁、互锁等环节的理解。

(3)学会分析、排除继电-接触控制线路故障的方法。

2. 实验说明

启动:按启动按钮 SB1,I0.0 的动合触点闭合,M20.0 线圈得电,M20.0 的动合触点闭合,Q0.0 线圈得电,即接触器 KM1 的线圈得电,0.5s 后 Q0.3 线圈得电,即接触器 KM4 的线圈得电,电动机作星形连接启动,此时电机正转;按启动按钮 SB2,I0.2 的动合触点闭合,M20.1 线圈得电,M20.1 的动合触点闭合,Q0.1 线圈得电,即接触器 KM2 的线圈得电,0.5s 后 Q0.3 线圈得电,电动机作星形连接启动,此时电机反转;在电机正转时反转按钮 SB2 是不起作用的,只有当按下停止按钮 SB3 时电机才停止工作;在电机反转时正转按钮 SB1 是不起作用的,只有当按下停止按钮 SB3 时电机才停止工作。

3. 实验面板图(图 9-17)

4. 实验步骤

(1)输入输出接线。

输入	SB3	SB1	SB2
	I0.0	I0.1	I0.2
输出	KM4	KM1	KM2
	Q0.3	Q0.0	Q0.1

(2)打开主机电源将程序下载到主机中。

(3)启动并运行程序观察实验现象。

9.14 三相鼠笼式异步电动机带延时正反转控制

在电机控制单元完成本实验。

1. 实验目的

(1)通过对三相鼠笼式异步电动机时正反转控制线路的安装接线,掌握由电气原理图接成实际操作电路的方法。

(2)加深对电气控制系统各种保护、自锁、互锁等环节的理解。

(3)学会分析、排除继电-接触控制线路故障的方法。

2. 实验说明

启动:按启动按钮 SB1,I0.0 的动合触点闭合,Q0.3 的线圈得电,Q0.0 的线圈也同时得电,此时电机正转,延时 3s 后,Q0.0 的线圈失电,Q0.1 的线圈得电,此时电机反转;按启动按钮 SB2,I0.1 的动合触点闭合,Q0.3 的线圈得电,Q0.1 的线圈也同时得电,此时电机反转,延时 4s,Q0.1 的线圈失电,Q0.0 的线圈得电,此时电机正转;按停止按钮 SB3 电机停止运转。

3. 实验面板图(图 9-17)

4. 实验步骤

(1)输入输出接线。

输入	SB1SB2	SB3	
	I0.2	I0.0	I0.1
输出	KM4	KM1	KM2
	Q0.2	Q0.0	Q0.1

(2)打开主机电源将程序下载到主机中。

(3)启动并运行程序观察实验现象。

9.15 三相鼠笼式异步电动机星/三角换接启动控制

在电机控制单元完成本实验。

1. 实验目的

(1)了解时间继电器的使用方法及在控制系统中的应用。

(2)熟悉异步电动机 Y-△降压启动控制的运行情况和操作方法。

2. 实验说明

启动:按启动按钮 SB1,I0.0 的动合触点闭合,M20.0 线圈得电,M20.0 的动合触点闭合,同时 Q0.0 线圈得电,即接触器 KM1 的线圈得电,1s 后 Q0.3 线圈得电,即接触器 KM3 的线圈得电,电动机作星形连接启动;6s 后 Q0.3 的线圈失电,同时 Q0.2 线圈得电,电动机转为三角形运行方式,按下停止按钮 SB3 电机停止运行。

3. 实验面板图(图 9-17)

4. 实验步骤

(1)输入输出接线。

输入		SB1	SB3
		I0.0	I0.2
输出	KM1	KM3	KM4
	Q0.3	Q0.0	Q0.2

(2)打开主机电源将程序下载到主机中。

(3)启动并运行程序观察实验现象。

9.16 装配流水线的模拟控制

在装配流水线单元完成本实验。

1. 实验目的

了解移位寄存器在控制系统中的应用及针对位移寄存器指令的编程方法。

2. 实验说明

在本实验中,传送带共有十六个工位。工件从 1 号位装入,依次经过 2 号位、3 号位……16 号工位,在这个过程中,工件分别在 A(操作1)、B(操作2)、C(操作3)三个工位完成三种装配操作,经最后一个工位送入仓库。

按下启动开关 SD,程序按照 D→A→E→B→F→C→G→H 流水线顺序自动循环执行;在任意状态下选择复位按钮程序都返回到初始状态;选择移位按钮,每按动一次,工作运行一步。

3. 实验面板图(图 9-18)

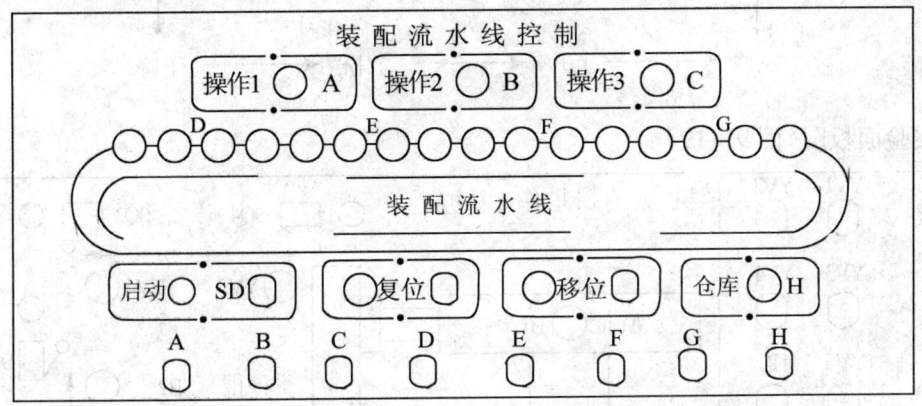

图 9-18　装配流水线控制面板图

4. 实验步骤

(1) 输入输出接线。

输入		启动	移位	复位				
		I0.0	I0.1	I0.2				
输出	D	A	E	B	F	C	G	H
	Q0.7	Q0.0	Q0.1	Q0.2	Q0.3	Q0.4	Q0.5	Q0.6

(2) 打开主机电源将程序下载到主机中。

(3) 启动并运行程序观察实验现象。

9.17　机械手动作的模拟

在机械手单元完成本实验。

1. 实验目的

用数据移位指令来完成机械手动作的模拟。

2. 实验说明

图 9-19 为一个将工件由 A 点传送到 B 点的机械手,上升/下降和左移/右移的执行用双线圈二位电磁阀推动气缸完成。当某个电磁阀线圈通电,就一直保持现有的机械动作,例如一旦下降的电磁阀线圈通电,机械手下降,即使线圈再断电,仍保持现有的下降动作状态,直到相反方向的线圈通电为止。另外,夹紧/放松由单线圈二位电磁阀推动气缸完成,线圈通电执行夹紧动作,线圈断电时执行放松动作。设备装有上、下限位开关和左、右限位开关,它的工作过程如图 9-19 所示,有八个动作,即为:

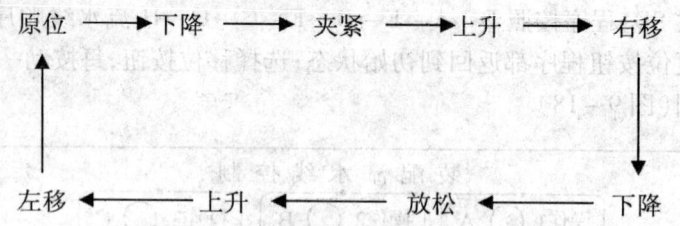

3. 实验面板图(图 9 – 19)

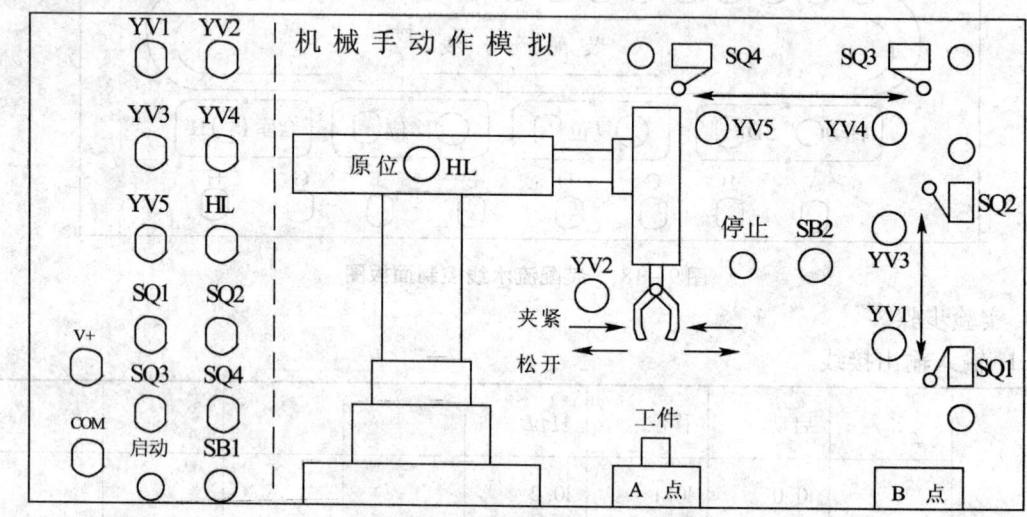

图 9 – 19　机械手动作模拟面板图

4. 实验步骤

(1)输入输出接线。

输入	SQ4	SB1	SB2	SQ1	SQ2	SQ3
	I0.4	I0.0	I0.5	I0.1	I0.2	I0.3
输出	HL	YV1	YV2	YV3	YV4	YV5
	Q0.5	Q0.0	Q0.1	Q0.2	Q0.3	Q0.4

(2)打开主机电源将程序下载到主机中。
(3)启动并运行程序观察实验现象。

9.18　加工中心的模拟控制

在加工中心单元完成本实验。

1. 实验目的

(1)通过对加工中心实验的模拟,掌握动用 PLC 解决实际问题的方法。
(2)熟练掌握 PLC 的编程和调试方法。

2. 实验说明

T1、T2 为钻头,用其实现钻功能;T3、T4 为铣刀,用其实现铣刀功能。X 轴、Y 轴、Z 轴模拟加工中心三坐标的六个方向上的运动。围绕 T1 – T4 刀具,分别运用 X 轴的左右运动;Y 轴的前后运动;Z 轴的上下运动实现整个加工过程的演示。在 X、Y、Z 轴运动中,用 DECX、DECY、

DECZ 按钮模拟伺服电机的反馈控制。

用 X 左、X 右拨动开关模拟 X 轴的左、右方向限位;用 Y 前、Y 后模拟 Y 轴的前、后限位;用 Z 上、Z 下模拟刀具的退刀和进刀过程中的限位现象。

3. 实验面板图(图 9-20)

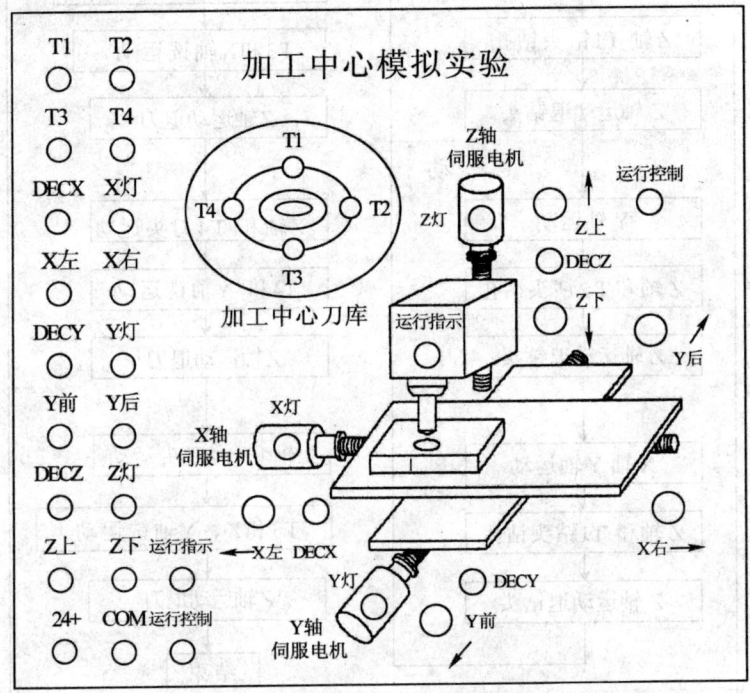

图 9-20　加工中心模拟实验面板图

4. 实验步骤

(1)输入输出接线。

①自动演示过程的接线

运行控制	运行指示	X 灯	Y 灯	Z 灯	T1	T2	T3	T4
I0.0	Q0.7	Q0.0	Q0.3	Q0.1	Q0.2	Q0.4	Q0.5	Q0.6

②现场工作过程的接线

输入	Z 下	运行控制	DECX	DECY	DECZ	X 左	X 右	Y 前	Y 后	Z 上
	I0.0	I0.1	I0.2	I0.3	I0.4	I0.5	I0.6	I0.7	I1.0	I1.1
输出		运行指示	T1	T2	T3	T4	X 灯	Y 灯	Z 灯	
		Q0.0	Q0.1	Q0.2	Q0.3	Q0.4	Q0.5	Q0.6	Q0.7	

5. 工作过程分析

(1)自动演示循环工作过程分析(图 9-21)

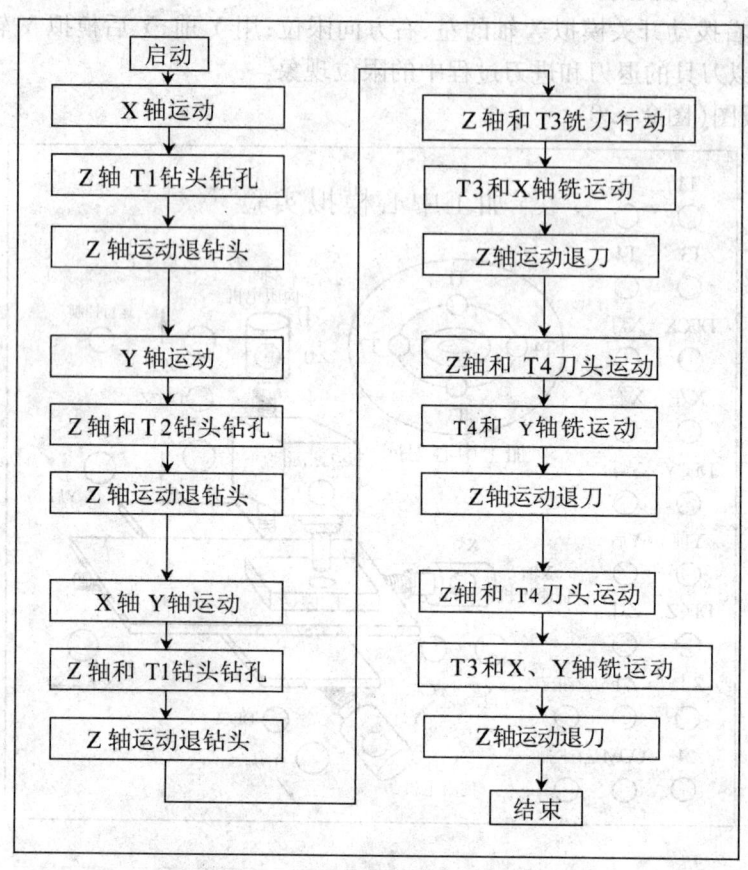

图 9-21 自动演示循环工作过程

(2) 现场模拟工作过程分析

①拨动"运行控制"开关,启动系统。"X 轴运行指示灯"亮,模拟工件正沿 X 轴向左运行。

②触动"DECX"按钮三次,模拟工件沿 X 轴向左运行三步,拨动"X 左"限位开关,模拟工件已到指定位置。此时 T2 钻头沿 Z 轴向下运动(Z 灯、T2 灯亮)。

③触动"DECZ"按钮三次,模拟 T2 钻头向下运行三步,对工件进行钻孔。拨动"Z 下"限位开关置 ON,模拟钻头已对工件加工完毕;继续触动"DECZ"按钮三次,模拟 T2 钻头返回刀库,使"Z 上"限位开关置 ON,将取铣刀 T4,准备对工件进行铣加工。

④同上,触动"DECZ"按钮三次,使"Z 下"限位开关为 ON,"Y 轴运行指示灯"亮,模拟对工件的铣加工。

⑤触动"DECY"按钮四次后,拨动"Y 前"限位开关为 ON,模拟铣刀已对工件加工完毕,系统进入退刀状态(Z 轴运行指示灯亮)。

⑥再次触动"DECZ"按钮三次,置位"Z 上"限位开关,模拟铣刀 T4 已回刀库,"X 灯"亮,进入下一轮加工循环。

注:除"运行控制"开关之外,各钮子开关动作之后都须复位。

9.19 低压电器的识别

1. 实训目的
(1)认识常用的低压电器；
(2)熟悉电器型号的意义。
2. 实训内容
(1)根据摆放的低压电器的实物,写各电器的名称。例如,可以摆放常用的 HK2、HR3、HZ10、DW10、DZ5、LA18、JS7、CJ10、RC1A、RL1、RT0、JR16、CZ0 等系列低压电器。
(2)指导教师在上述电器系列不同规格的电器中,选择出部分电器(应不少于五个类组 10 件电器),列出清单,学生按照清单选择出电器元件。
(3)去掉上述电器元件实物的型号,选择并正确写出各电器元件的型号。

9.20 交直流电压继电器动作电压的整定

1. 实训目的
(1)熟悉电压继电器的结构、工作原理、型号规格及使用方法。
(2)掌握交直流电压继电器的吸合电压和释放电压的整定方法。
2. 实训内容
(1)首先选择待整定的交、直流电压继电器各一个,记录型号及参数,然后选择图 9 - 22 中的其他设备。
(2)按图 9 - 22 连接线路,图中的指示灯 HL 用于指示衔铁动作,当衔铁吸合带动继电器自身的动合触点闭合,从而接通指示灯电路,只要指示灯一亮即可知道衔铁已经动作。

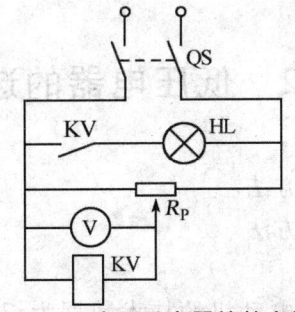

图 9 - 22　电压继电器的整定线路

(3)吸合电压的整定。交直流电压继电器均可采用滑线变阻器取分压的方法以获取其吸合电压 U_X。合上刀闸 QS,接通电源,移动滑动端点,将电压调节到所要求的吸合电压值。吸合电压值调好后,滑动端点就不再改变了。这时,改变释放弹簧的松紧,直到衔铁刚好产生吸合动作即指示灯为止。

(4)释放电压的整定。释放电压 U_F 的整定实验电路同图 9 - 22,但调整方法不同。先合刀闸 QS,接通电源使衔铁吸合。移动滑动端点,将线圈电压减小到所要求的释放电压为止。若衔铁不释放,则拉开刀闸 QS,在衔铁内侧面加装非磁性垫片。重新合刀闸,若衔铁还不释放,则再打开刀闸 QS,增加非磁性垫片的厚度,直至衔铁刚好产生释放动作为止。这时指示灯从亮到不亮表示衔铁从吸合转入释放状态。

9.21 万能转换开关的使用

1. 实训目的

(1)了解万能转换开关的结构、工作原理和接线。

(2)掌握用一块电压表测量三相电源电压的方法。

2. 实训内容

(1)选择实训材料。三相胶盖闸刀开关 HK2-15/3 一个，LW6 系列万能转换开关一个，电压表一块，万用表一块，电工工具及导线。

(2)观察并记录所选的万能转换开关有几个触点，操作手柄有几个位置。

(3)将万能转换开关的操作手柄置不同的位置，用万用表分别观测各触点的通断情况，由此画出万能转换开关的图形符号和接通表。

(4)设计出用一块电压表通过万能转换开关测量三相电源线电压的线路，然后，按图接线。参考线路如图 9-23 所示。

(5)按线完成后用万用表进行认真的检查，防止出现短路现象。

(6)确定线路无误后，合刀闸 QS。当万能转换开关 SA 的手柄置于"0"位置时，所有触点均不通，电压表指示为零；当万能转换开关 SA 的手柄置于"1"位置时，触点"1"、"2"接通，电压表指示为 U_{L1L2}；当万能转换开关 SA 的手柄置于"2"位置时，触点"2"、"3"接通，电压表指示为 U_{L2L3}；当万能转换开关 SA 的手柄置于"3"位置时，触点"3"、"4"接通，电压表指示为 U_{L3L1}。

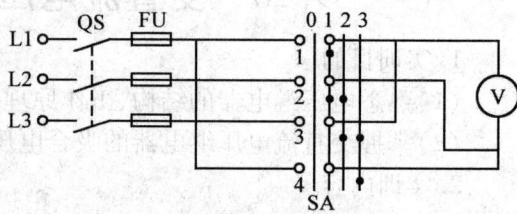

图 9-23 三相电源电压测量线路

9.22 低压电器的选择

1. 实训目的

(1)熟悉常用低压电器的选择方法。

(2)熟悉常用低压电器的整定方法。

2. 实训内容

(1)Y-132M-4 型三相异步电动机的技术数据为：7.5kW、380V、15.4A、三角形联结、1400r/min，电动机为连续工作制，根据这些条件，选配刀开关、熔断器、热继电器、接触器。

(2)指出热继电器发热元件的电流应如何整定。

9.23 根据电气原理图绘制电气接线图

1. 电气原理图

图 9-24、图 9-25、图 9-26 分别为三相异步电动机单方向启动、停止及点动控制、正反转控制和星-三角降压启动控制的电气原理图，根据这些原理图绘制出电器布置图和电气接线图。

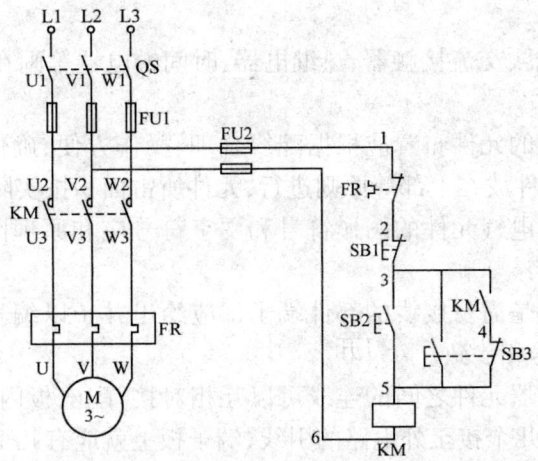

图 9-24　三相异步电动机单方向启动、停止及点动控制线路

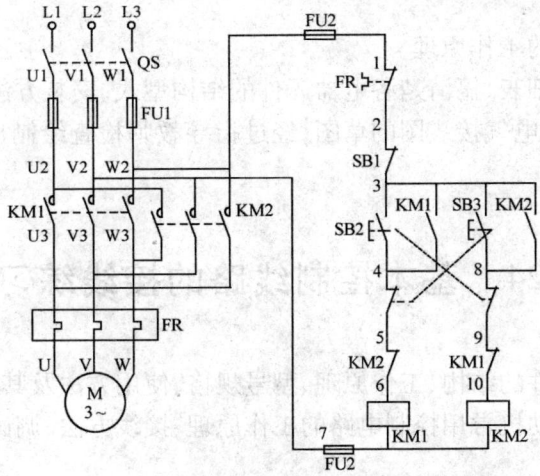

图 9-25　三相异步电动机正、反转控制线路

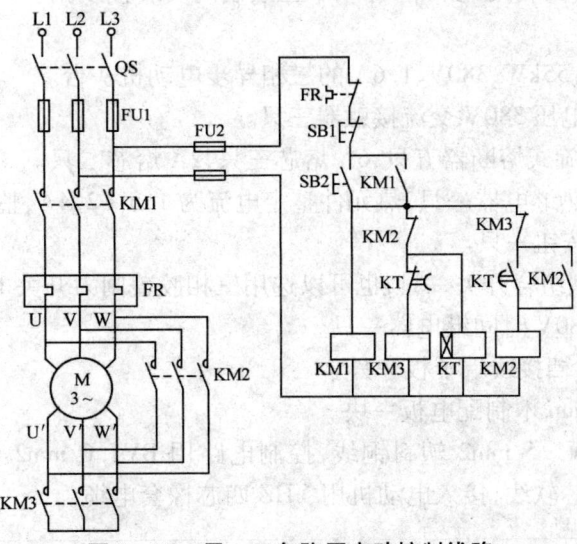

图 9-26　星-三角降压启动控制线路

2.绘图要求

(1)电源开关、熔断器、交流接触器、热继电器、时间继电器等画在配电板内部,电动机、按钮画在配电板外部。

(2)安装在配电板上的元件布置应根据配线合理、操作方便、确保电器间隙不能太小、重的元件放在下部、发热元件放在上部等原则进行,元件所占面积按实际尺寸以统一比例绘制。

(3)安装接线图中各电气元件的图形符号和文字符号应和原理图完全一致,并符合国家标准。

(4)各电器元件上凡是需要接线的部件端子都应绘出并予以编号,各接线端子的编号必须与原理图中的导线编号相一致。

(5)电气配电板内电器元件之间的连线可以互相对接,配电板内接至板外的连线通过接线端子进行,配电板上有几个接至外电路的引线,端子板上就应有几个线的接点。

(6)因配电线路连线太多,因而规定走向相同的相邻导线可以绘成一股线。

3.实训步骤

(1)弄清电气原理图的工作原理。

(2)列出电器元件明细表,搞清楚各电器元件的结构型式、安装方法及安装尺寸。

(3)绘制电器布置图、电气接线图的草图,经过指导教师检查绘制出正规的电器布置图和电气接线图。

9.24 基本控制线路的接线练习

1.实训目的

(1)熟悉常用电器元件的结构、工作原理、型号规格、使用方法及其在控制线路中的作用。

(2)熟悉三相异步电动机常用控制电路的工作原理、接线方法、调试及故障排除的技能。

2.线路图

本实训项目的线路图利用"实训9.23"中已绘制的安装接线图。

3.主要材料

(1)Y801-4型、0.55kW、380V、1.6A 的三相异步电动机一台。

(2)CJ40-10型、电压380V交流接触器三只。

(3)RL1-15型螺旋式熔断器五只,6A熔芯三只,2A熔芯二只。

(4)JR0-20/3型热继电器一只,热元件整定电流为 1.5~2.4A,整定为1.6A。

(5)LA10-3H型按钮一只。

(6)HZ10-10/3型组合开关一只,也可以选用三相胶盖闸刀开关 HK-3型一只。

(7)JX7-1A型、380V时间继电器一只。

(8)JX2-10型10档接线端子板一只。

(9)450mm×600 mm 木制配电板一块。

(10)主电路用 BV1.5 mm2 塑料铜线,控制电路用 BV1.0 mm2 塑料铜线,接入按钮用 BVR0.75 mm2 塑料铜芯软线,接入电动机用 YHZ 四芯橡套电缆。

4.实训要求

(1)安装时除电动机外的其他电器必须排列整齐、合理,并牢固安装在配电板上。

(2)控制板采用板前接线,接到电动机和按钮盒的导线必须经过接线端子引出,并应有保护接零。

(3)板面导线敷设必须平直、整齐、合理,各接点必须紧密可靠,并保持板面整洁。

(4)安装完毕后,应仔细检查是否有误,如有误应改正,然后向指导教师提出通电请求,经同意后才能通电试车。

(5)通电试车时,不得对线路进行带电改动。出现故障时必须断电进行检修,检修完毕后必须再次向指导教师提出通电请求,直到试车达到满意为止。

(6)操作启动和停止按钮,认真观察电动机的启动、运行、停车情况。